财 政 部 规 划 教 材
全国高职高专院校财经类教材

税 务 代 理

窦庆菊 主编

经 济 科 学 出 版 社

图书在版编目（CIP）数据

税务代理／窦庆菊主编. —北京：经济科学出版社，
2010.8（2014.2重印）

财政部规划教材. 全国高职高专院校财经类教材

ISBN 978 - 7 - 5058 - 9604 - 8

Ⅰ.①税…　Ⅱ.①窦…　Ⅲ.①税收管理－代理（经
济）－高等学校：技术学校－教材　Ⅳ.①F810.423

中国版本图书馆 CIP 数据核字（2010）第 151820 号

责任编辑：张惠敏
责任校对：王苗苗
技术编辑：李　鹏

税务代理

窦庆菊　主编

经济科学出版社出版、发行　新华书店经销

社址：北京市海淀区阜成路甲 28 号　邮编：100142

教材编辑中心电话：88191344　发行部电话：88191540

网址：www. esp. com. cn

电子邮件：espbj3@ esp. com. cn

北京密兴印刷厂印装

787 × 1092　16 开　19.5 印张　400000 字

2010 年 9 月第 1 版　2014 年 2 月第 2 次印刷

ISBN 978 - 7 - 5058 - 9604 - 8　定价：33.00 元

编 审 说 明

    本书由财政部教材编审委员会组织编写并审定，同意作为全国高职高专院校财经类通用教材出版。书中不足之处，请读者批评指正。

财政部教材编审委员会

编写说明

税务代理行业是鉴证类社会中介行业，它既服务于国家，也服务于纳税人，具有涉税鉴证与涉税服务双重职能。发展税务代理行业是完善社会主义市场经济体制并服务于国家税收的需要。

为了适应高职高专财经类专业面向税务中介机构培养从事涉税业务事项代理的高技能人才的需要，按照"能力本位，工学结合"的高职人才培养目标要求，体现"教、学、做"的教学理念，在财政部全国财政干部教育中心的安排下，我们编写了《税务代理》理论与实践一体化教材。

本教材力求实效、新颖，突出实务性和可操作性。书中列举了大量来源于税收实践、企业实际的案例、图表；每章章前有学习目标，节前有引导语，中间穿插案例分析、问题讨论、温馨提示、动手操作、知识链接等内容，章末有关键术语、实训练习，实践训练，方便教学和自学使用。本书不仅可以作为全国高职高专院校财经类专业教材，也可作为企业家、经理人、财会人员和税务工作者的参考用书。

本教材共分十章，第一章、第十章由山西省财政税务专科学校窦庆菊教授编写；第二章、第六章由江西财经职业学院徐双泉副教授编写；第四章、第八章由山西省财政税务专科学校郝宝爱副教授编写；第三章、第九章由内蒙古财经职业学院张志杰副教授编写；第五章、第七章由湖南财政经济学院贺飞跃副教授编写。

全书由窦庆菊教授总纂，由山西省财政税务专科学校李瑶教授和北京财贸职业学院乔梦虎副教授担任主审。

在编写过程中，参阅了税务代理方面最新的研究成果，其他专业人士编写的税务代理书籍，税务中介机构的实践第一手资料，在此一并表示感谢。由于作者理论水平与实践经验有限，书中疏误之处难免，恳请专家学者和广大读者批评指正。

编　者

目 录

第 一 章

税务代理概述

第一节　税务代理的概念与特征

税务代理是一种独立于税务机关和纳税人而专门从事税务中介服务的行业，是现代市场经济社会中税收征收管理体系的重要环节。税务代理对维护纳税人权利，减轻税务机关负担，促进税收执法转型有着很重要的意义。

一、税务代理的概念

税务代理是税务代理人在法定的代理范围内，接受纳税人、扣缴义务人的委托或授权，依据国家税收法律和行政法规的规定，以纳税人、扣缴义务人的名义，代为办理税务事宜的各项行为的总称。

税务代理是一种法律行为。税务代理过程是税收法律履行的过程。税务代理人根据税法规定，以最大限度地维护被委托人的利益为出发点，在遵守税法的原则下办理各项涉税事务。因此，税务代理人不仅要有丰富的税收法律专业知识，而且还要有熟练的企业经济业务核算经验，并能严格依法办事。税务代理机构不能超越法律法规规定的内容从事代理活动，若代理过程中违反税法，应承担相应的法律责任。

温馨提示：税务代理行为是以纳税人、扣缴义务人的名义进行的，因此，税务代理的法律后果直接归属于纳税人、扣缴义务人。

税务代理是一种代理服务行为。税务代理机构凭借掌握的税收、财务及相关的经济法规专业知识，向委托人提供智力服务，并力求使这种服务应用于委托人的管理经营活动。因此，服务是税务代理的宗旨。服务的质量主要体现在通过代理服务提高纳税人税收法律知识水平，正确履行纳税义务，避免因不知法而导致不必要的处罚，维护纳税人及扣缴义务人自身的合法权益。同时，还应在合法的基础上进行纳税筹划，节省不必要的税收支出，减少损失。税务代理服务是一种有偿服务，代理人根据提供服务的范围和质量收取费用。

税务代理是一种民事法律行为。代理人和委托人双方是平等的法律主体，税务代理是自愿行为。即纳税人可以委托代理人代办，也可以不委托代理人代办，纳税人有选择代理人的权利，代理人亦有选择纳税人的权利。总之，税务代理双方是双向自愿选择关系，但这种代理关系又是负有法律责任的契约行为，双方在这一契约履行期间均有一定的法律义务和责任。

二、税务代理的基本特征

税务代理作为民事代理中的一种委托代理，一方面具有民事代理的特性，另一方面作为一种利用专门知识提供的社会服务，又有其独特的性征。

（一）主体资格的特定性

在税务代理法律关系中，代理行为发生的主体资格是特定的。作为被代理人的委托方是负有纳税义务的纳税人或负有扣缴义务的扣缴义务人；作为代理人的受托方是经批准具有税务代理执业资格的注册税务师和税务师事务所。代理人除了具有《民法通则》要求的民事权利能力和民事行为能力外，还需要有税收、财会、法律等专门知识，不符合条件的单位和个人均不能从事税务代理业务。

（二）委托事项的法定性

税务代理的委托事项，要由法律作出专门规定，负有法律责任。代理人不得委托代理法律规定之外的事项，尤其是法律规定只能由委托方自己从事的行为或违法的行为，也不得代理应由税务机关行使的行政职权。

（三）代理服务的有偿性

税务代理是我国社会主义市场经济服务体系的一个重要组成部分。税务代理业务是智能性科技与劳动相结合的中介服务业务，它以服务为宗旨，以社会效益为目的，在获取一定报酬的前提下，既服务于纳税人、扣缴义务人，又间接地服务于税务机关。税务代理的有偿性决定了税务代理的独立性。税务代理机构是独立的经济主体，它不受制于征收机关和纳税人中的任一方，因此能够保证税务代理在处理税收事务中以事实为依据，以法律为准绳，秉公执法，客观公正。

（四）税收法律责任的不可转嫁性

税务代理是一项民事活动，税务代理关系的建立并不改变纳税人、扣缴义务人对其本身所固有的税收法律责任的承担。在代理活动中产生的税收法律责任，无论是来自纳税人、扣缴义务人的原因，还是来自代理人的原因，其承担者均应当是纳税人或是扣缴义务人，不能因为建立了税务代理关系，而转移了纳税人、扣缴义务人的税收法律责任。但是，这并非表明注册税务师在税务代理过程中对因为自己的过错导致纳税人、扣缴义务人的损失不负有任何责任。纳税人、扣缴义务人可以就税务代理人因为自己的过错造成的损失，根据民事诉讼的规定，提起违约或侵权之诉，要求民事赔偿。

（五）操作的规范性

税务代理本身从从业人员执业资格的取得到税务代理关系法律主体双方的权利与义务，从受理业务范围到税务代理程序等各个方面，都有明确的规章制度和办事秩序，这些规章制度促进了税务代理人员办事效率的提高，并强化了对税务代理双方的约束机制。可见，税务代理应当根据有关税务代理的法律及其他相关法律、法规所规范的程序来办理。有关文书的确立包括双方签订的委托协议书、委托方签发的授权委托书等都必须有规范性，没有规范性，税务机关不予承认，税务代理也就不能成立。税务代理的这种规范性特征是由税务机关、纳税人、税务代理人三方的共同需要所决定的。

三、税务代理的基本程序

税务代理的基本程序是指税务代理人员，包括注册税务师和从事税务代理业务的助理人员，在执行税务代理业务时所遵循的基本工作步骤。税务代理的具体业务不同，税务代理的程序也不完全相同，这里只介绍基本的工作程序。即税务代理工作按性质划分的3个阶段。

（一）代理准备阶段

代理准备阶段是整个代理工作的基础和起点，准备工作做得如何直接关系到代理工作的进度、质量乃至成败。当纳税人、扣缴义务人向税务代理机构提出委托代理的意向，代理机构通过调查了解，确定是否接受该项代理业务，代理和被代理双方充分协调取得一致意见后，签订委托税务代理协议书，并由注册税务师及其所在的税务代理机构和被代理人签名盖章。委托税务代理协议书是税务代理双方协商一致签订的文件，以此明确税务代理关系的成立，以及对约定事项的理解。协议书具有合约的性质，一经双方签字，即成为税务代理机构与委托人之间在法律上生效的契约。税务代理机构在受理某项代理业务后，应确定税务代理风险，编制税务代理计划、安排实施代理工作。需要注意的是，《注册税务师资格制度暂行规定》中所确定的代理业务都是由税务代理机构承办的，注册税务师及其业务助理人员不能直接接受委托人的委托，承办代理业务。

（二）代理实施阶段

代理实施阶段是税务代理全过程的中心环节，其工作是按照代理计划，根据委托代理协议书约定的代理事项、权限、期限开展工作。

 温馨提示：税务代理整个工作的成功，精心准备、规范操作至关重要。

（三）代理完成阶段

代理完成阶段是实质性的代理业务结束，此阶段的工作主要是整理代理业务工作底稿，编制有关表格，并将有关资料存档备查。

税务代理关系的终止包括自然终止、人为终止。自然终止是指税务代理时间已经到期，税务代理委托合同书届时失去效力，税务代理关系自然解除；人为终止是因为税务代理人或被代理人发生某些变故，代理工作无法进行下去，税务代理关系人为解除。

第二节 我国的税务代理制度

税务代理制度是税务代理行业应当共同遵守的规程或行动准则。当今世界上大多数国家都实行了税务代理制度，建立较早、专业化程度较高、较规范完善的，首推日本的"税理士制度"。我国国家税务总局于 1994 年颁布的《税务代理试行办法》是我国税务代理制度正式诞生的标志。目前我国已陆续出台了一系列旨在规范税务代理行业的法律、法规，这表明我国的税务代理制度日趋完善。

一、税务代理业务范围

税务代理的业务范围是指按照国家有关法律法规的规定，允许注册税务师所从事的代理业务内容。我国税务代理的业务范围主要包括涉税服务业务和涉税鉴证业务两个方面。

（一）涉税服务业务范围

> **知识链接：** "税理士"是日语中的专有名词，意思是专门代理或帮助纳税人依法履行纳税义务的税务专家。而"税理士制度"则是日本政府以《税理士法》的形式确定实行的税务代理制度，它是社会提供的纳税服务专业化的一种形式。

涉税服务是税务师事务所及其注册税务师，向委托人或者委托人指向的第三人，提供涉税信息、知识和相关劳务等不具有证明性的活动。涉税服务业务包括税务咨询类服务、申报准备类服务、涉税代理类服务和其他涉税服务等四种类型，约十个方面。

1. 办理税务登记手续。税务登记是税务机关对纳税人的生产经营活动进行登记管理的一项制度，也是纳税人遵守国家税收法律法规、履行纳税义务、接受税务监督的一项必要措施。税务登记包括开业税务登记、变更税务登记和注销税务登记三种形式。税务登记要求税务代理人遵守"及时"和"真实"的原则。"及时原则"要求严格按照税收法律法规规定的期限，向纳税人所在地的税务机关办理申报登记；"真实原则"要求在办理税务登记时要实事求是，如实填报登记项目，不得隐瞒谎报、弄虚作假、逃避纳税登记。

2. 办理除增值税专用发票外的发票领购手续。根据我国有关法律法规的规定，增值税专用发票的领购必须由纳税人自行办理，因此税务代理人只能代为办理领购增值税专用发票以外的发票的领购手续。

3. 办理纳税申报或扣缴税款报告。税务代理人按照法定的纳税程序，代理纳税人、扣缴义务人定期向税务机关书面报告生产经营情况、税款缴纳情况、告知纳税所属时期等事项。无论纳税人有无收入，税务代理人在接受委托之后，都要在规定的期限内向税务机关办理纳税申报或扣缴税款报告，并如实填报纳税申报表、代扣代缴税款表及有关申报材料。

4. 办理缴纳税款和申请退税。税务代理人接受纳税人、扣缴义务人的委托，代为办理缴纳税款的各种手续并缴纳税款；代为准备退税申请材料并办理退税申请。要求税款计算和提供的材料必须真实准确，并在规定的期限内办理。

5. 制作涉税文书。涉税文书按主体的不同可分为征税主体制作的涉税文书和纳税主体制作的涉税文书。在税务代理中，税务代理人是站在纳税主体的角度，所以制作的涉税文书也是从纳税人、扣缴义务人角度制作的涉税文书。

6. 审核纳税情况。税务代理人接受纳税人、扣缴义务人的委托，对其执行国家税收法律法规及计算缴纳税款的情况进行审核。这是纳税主体对自身纳税情况的一种委托检查，不同于税务机关的税务检查，其目的是让税务代理人站在外部人的角度，客观、公正地查清纳税人的税务问题，以保证正确纳税，减少纳税风险。

7. 建账建制，办理账务。税务代理人接受纳税人、扣缴义务人的委托，根据国家税收法律和税务机关的规定代办建立纳税人、扣缴义务人内部核算制度，并根据国家有关规定，代为建立会计账簿。因此要求税务代理人运用税法和会计相关规定，使建立的制度能对纳税人的税务处理活动起到控制作用，并使税务处理过程与会计处理过程相辅相成，紧密结合。

8. 税务咨询、受聘税务顾问。税务代理人运用专门知识提供涉税服务，其中包括向纳税人、扣缴义务人宣传国家的税收法律法规和税收政策，进行纳税筹划等。

9. 税务行政复议。税务代理人按照委托协议授权和国家法律的规定，对纳税人、扣缴义务人认为税务机关侵犯其合法权益的行为向上级税务机关申请行政复议。

10. 国家税务总局规定的其他业务。

（二）涉税鉴证业务范围

涉税鉴证是指鉴证人接受委托，凭借自身的税收专业能力和信誉，通过执行规定的程序，依照税法和相关标准，对被鉴证人的涉税事项作出评价和证明的活动。涉税鉴证业务包括纳税申报类鉴证、涉税审批类鉴证和其他涉税鉴证等三种类型：

1. 纳税申报类鉴证。纳税申报类鉴证是指鉴证人接受委托，对被鉴证人的纳税申报信息实施必要审核程序，并出具鉴证报告，以增强税务机关对该项信息

温馨提示：为完善注册税务师执业规范体系，明确涉税鉴证和涉税服务的业务标准，保障涉税中介服务当事人的合法权益，促进税收专业服务市场的健康发展，国家税务总局制定了《注册税务师涉税鉴证业务基本准则》和《注册税务师涉税服务业务基本准则》，自 2010 年 1 月 1 日起施行。

信任程度的一种业务。如企业所得税汇算清缴纳税申报的鉴证，就是税务师事务所接受委托，对企业所得税汇算清缴纳税申报的信息实施必要审核程序，并出具鉴证报告。

2. 涉税审批类鉴证。涉税审批类鉴证是指鉴证人接受委托，对被鉴证人发生的各项需审批的涉税业务事项进行必要的审核程序，并出具涉税鉴证证明，作为税务机关接受审批的证明材料。对鉴证人为纳税人提供虚假证明，导致未缴、少缴税款的，按《中华人民共和国税收征收管理法》及其实施细则的规定处理。目前税务中介机构从事的涉税审批类鉴证主要有企业税前弥补亏损、财产损失的鉴证等。企业税前弥补亏损是指经过中介机构认定可以在税前弥补的亏损。企业的各项财产损失，按财产的性质分为货币资金损失、坏账损失、存货损失、投资转让或清算损失、固定资产损失、在建工程和工程物资损失、无形资产损失、其他资产损失；按申报扣除程序分为自行申报扣除财产损失和经审批扣除财产损失。企业发生的各项需审批的财产损失应在年度终了后15日内集中一次报税务机关审批。其中经审批扣除财产损失需出具经审计的财产损失鉴证报告。企业发生的财产损失，应在损失发生

当年申报扣除，不得提前或延后。

3. 其他涉税鉴证。国家税务总局和省税务局规定的其他涉税鉴证业务。

二、税务代理人及其机构

税务代理人是指具有丰富的税收实务工作经验和较高的税收、会计专业理论知识以及法律基础知识，经国家税务总局及其省、自治区、直辖市国家税务局批准，从事税务代理的专门人员及其工作机构。因此，税务代理人包括注册税务师及其工作的税务师事务所。注册税务师必须加入税务师事务所，并由税务师事务所统一与纳税人、扣缴义务人签订委托协议；税务师事务所作为从事税务代理业务的中介服务机构，必须配备一定数量的注册税务师。我国对注册税务师资格取得、注册管理、权利义务及其税务师事务所的设立、审批等都制定了一系列的法律、法规进行规范、调整。

（一）注册税务师

注册税务师是依法取得注册税务师资格证书并注册的专业人员。在我国，注册税务师是专门从事税务代理活动的职业者。

1. 注册税务师资格的取得。注册税务师应是精通税法和财务会计制度，并能熟练进行实务操作的专业技术人员。注册税务师须具备从事税务代理工作的专业素质和工作技能，通过参加全国统一考试获取注册税务师资格证。实行注册税务师资格考试是保证职业准入控制的基本前提。注册税务师执业资格考试实行全国统一大纲、统一命题、统一组织的考试制度。全国统一考试原则上每年举行一次。

2. 注册税务师注册登记。经考试合格取得《中华人民共和国注册税务师执业资格证书》（以下简称资格证书）的人员申请从事税务代理业务，应在取得证书后 3 个月内到所在省、自治区、直辖市及计划单列市注册税务师管理机构申请办理注册登记手续。省局管理中心审核后，对在税务师事务所执业满二年的，给予执业备案，在证书备注栏加盖"执业备案"章；对在税务师事务所执业不满二年或者暂不执业的，给予非执业备案，在证书备注栏加盖"非执业备案"章。

注册税务师不予执业备案的情况包括：①无民事行为能力或者限制民事行为能力的；②受刑事处罚，自处罚执行完毕之日起未满三年的；③被开除公职，自开除之日起未满二年的；④在从事涉税服务和鉴证业务中有违法行为，自处罚决定之日起未满二年的；⑤在从事涉税服务和鉴证业务中有违规行为，自处理决定之日起未满一年的；⑥国家税务总局规定的其他情形。

注册税务师应当注销执业备案的情况包括：①死亡或者失踪的；②同时在两个以上税务师事务所执业的；③在从事涉税服务和鉴证业务中有违法行为的；④年检不合格或者拒绝在规定期限内进行年检的；⑤违反行业管理规范，连续两年有不良从业记录的；⑥国家税务总局规定的其他情形。

省局管理中心应当将本地区注册税务师的备案情况上报总局管理中心。执业备案和注销备案的注册税务师应当向社会公告。

（二）税务代理机构

我国的税务代理机构是税务师事务所和经有关主管部门批准可以从事税务代理业务的其他机构，如会计师事务所、律师事务所、审计师事务所、税务咨询机构等。

税务师事务所。税务师事务所可以由注册税务师合伙设立，也可成立负有限责任的法人。设立税务师事务所应具备一定数量的专职从业人员，其中至少应该有5名以上的注册税务师。设立税务师事务所应向主管审批部门提出申请，并提交以下资料：事务所的名称、组织机构、业务场所；事务所主要负责人、从业人员、税务师的有关情况及证明材料；事务所的有关规章制度、合同、协议书；主管审批部门要求提供的其他证明材料。

其他机构。经有关主管部门批准可以从事税务代理业务的会计师事务所、律师事务所、审计师事务所、税务咨询机构，必须在本机构内部设立专门的税务代理部门、配备5名以上专职的注册税务师，方可从事代理业务。

1. 税务代理机构的性质。税务师事务所是专门从事税务代理的工作机构，由注册税务师出资设立，其组织形式为有限责任制和合伙制，以及国家税务总局规定的其他形式。税务师事务所应当依法纳税，并建立健全内部管理制度，严格财务管理，建立职业风险基金，办理职业保险。

税务师事务所承接委托业务，应当与委托人签订书面合同并按照国家价格主管部门的有关规定收取费用。

2. 税务代理机构的行业自律组织。注册税务师协会是由注册税务师和税务师事务所组成的行业自律性社会团体。中国注册税务师协会是注册税务师和税务师事务所的全国组织；省、自治区、直辖市、计划单列市注册税务师协会是注册税务师和税务师事务所的地方组织。注册税务师协会应依法取得社会团体法人资格。注册税务师应当加入注册税务师协会。

3. 税务代理机构的政府管理机构。国家税务总局与各省、自治区、直辖市和计划单列市税务局是注册税务师行业的业务主管部门，分别委托各自所属的注册税务师管理中心行使对注册税务师和税务师事务所的行政管理职能，并监督、指导注册税务师协会的工作。注册税务师管理中心担负着组织注册税务师资格考试和认定、税务师事务所资质的审核和市场准入的审批、职业规范的管理和监督等职责。注册税务师管理中心作为税务机关主管注册税务师行业行政管理工作的职能部门，要切实履行和充分发挥行业管理的职能作用，把规范行业管理作为工作重点，切实提高管理水平。

各级税务机关应当依法支持注册税务师和税务师事务所执业，及时提供税收政策信息和业务指导。对税务师事务所承办的涉税服务业务，税务机关应当受理；对税务师事务所按有关规定从事涉税鉴证业务出具的鉴证报告，税务机关应当承认其涉税鉴证作用。税务机关应当加强对税务师事务所及注册税务师的执业情况的监督和检查。

三、税务代理业务的执行

税务代理业务的实施是整个税务代理工作的中心环节，其实施的质量直接关系到委托人和税务机关的利益，也影响到国家税收法律法规运行的质量。因此，我国对税务代理业务的执行，作了专门的法律规定，以规范税务代理法律关系双方的权利义务，从而保证税务代理业务能合法、有效地运行，真正发挥税务代理的作用。

根据《税务代理业务规程（试行）》的规定，我国的税务代理业务执行可以分为委派税务代理业务、拟订税务代理计划、编制税务代理报告、制作、保存税务代理工作底稿、出具税务代理工作报告几个阶段。

（一）委派税务代理业务

税务代理不是以税务代理执业人员的名义直接接受委托，而是以税务师事务所的名义统一接受委托人的委托，签订税务代理委托协议。税务代理执业人员承办税务代理业务由税务师事务所委派。税务师事务所在与委托人签订税务代理委托协议后，应根据委托事项的复杂难易程度及税务代理执业人员的工作经验、知识等情况，将受托的业务委派给具有相应胜任能力的税务代理执业人员承担。税务代理执业人员应严格按照税务代理委托协议约定的范围和权限开展工作。

（二）拟订税务代理计划

实施复杂的税务代理业务，应在税务代理委托协议签订后，由项目负责人编制代理计划，经部门负责人和主管经理（所长）批准后实施。税务代理计划一般应包括以下内容：①委托人的基本情况；②代理事项名称、要求及范围；③审验重点内容及重点环节的选择；④采取的方法及所需的主要资料；⑤代理工作及实施进度和时间预测；⑥人员安排及分工；⑦风险评估；⑧代理费用预算；⑨其他。

（三）编制税务代理报告

代理计划经批准后，代理项目负责人及其执业人员应根据代理协议和代理计划的要求，向委托方提出为完成代理工作所需提供的情况、数据、文件资料。根据委托人的授权和工作需要，承办的执业人员应对委托人提供的情况、数据、资料的真实性、合法性、完整性进行验证、核实。在此基础上，制作税务代理报告、涉税文书，经征求委托人同意后，加盖公章送交委托人或主管税务机关。税务代理报告实行三级审核签发制，即代理项目负责人、部门经理、经理（所长）签字后，方可加盖公章送出。代理项目负责人、部门经理、经理（所长）应为执业注册税务师。执业注册税务师对其代理的业务所出具的所有文书有签名盖章权，并承担相应的法律责任。

税务代理过程中，税务代理执业人员遇到下列情况之一，必须及时向所在的税务师事务所和主管税务机关报告：①现行税收法律、法规没有明确规定或规定不够明确的；②委托人授意代理人员实施违反国家法律、法规行为，经劝告仍不停止其违法活动的；③委托人自行实施违反国家法律、法规行为，经劝告不停止其违法活动的。

（四）制作、保存税务代理工作底稿

税务代理工作底稿是税务代理执业人员在执业过程中形成的工作记录、书面工作成果和获取的资料。税务代理工作底稿应如实反映代理业务的全部过程和所有事项，以及开展业务的专业判断。依照税务代理事项要求编制的税务代理工作底稿，应当内容完整、格式规范、记录清晰、结论准确。不同的代理事项应编制不同的工作底稿，其基本内容包括：①委托人名称；②委托业务项目名称；③委托业务项目时间或期限；④委托业务实施过程记录；⑤委托业务结论或结果；⑥编制者姓名及编制日期；⑦复核者姓名及复核日期；⑧其他说明事项。

税务师事务所要建立健全工作底稿逐级复核制度，有关人员在编制和复核工作底稿时，必须按要求签署姓名和日期。税务师事务所要指定专人负责税务代理工作底稿的编目、存档和保管工作，确保工作底稿的安全。

（五）出具税务代理工作报告

税务代理执业人员在委托事项实施完毕后，应当按照法律、法规的要求，以经过核实的

数据、事实为依据，形成代理意见，出具税务代理工作报告。税务代理工作报告是税务代理执业人员就其代理事项的过程、结果，向委托人及其主管税务机关或者有关部门提供的书面报告，包括审核意见、鉴定结论、证明等。税务代理工作报告应根据代理项目的不同分别编写，其内容主要有：①标题；②委托人名称；③代理事项的具体内容、政策依据；④代理过程；⑤存在问题及调整处理意见或建议；⑥代理结论及评价；⑦有关责任人签字、盖章。

对外出具的代理报告，由承办的具有注册税务师资格的执业人员签字，经有关人员复核无误后，加盖税务师事务所公章，交委托人签收。委托人对代理事项不要求出具代理报告的，受托人可不出具代理报告，但应保存完整的代理业务工作底稿。

四、税务代理业务的收费

税务代理作为一种利用专业知识提供的有偿服务，须收取一定的费用。税务代理机构提供服务并实施收费应遵循公开、公正、诚实信用的原则和公平竞争、自愿有偿、委托人付费的原则。税务代理收费实行政府指导价，收费标准由各省、自治区、直辖市价格主管部门商同级税务主管部门制定中准价和浮动幅度，指导税务代理服务机构制定具体收费标准。制定收费标准应以税务代理服务人员的平均工时成本费用为基础，加法定税金和合理利润，并考虑市场供求状况制定。计费方式原则上实行定额计费或按人员工时计费，对确实不宜按定额或人员工时计费的，可以按代理标的额的一定比率计费，但应规定最高限额。税务代理机构应在收费场所的显著位置公布服务程序或业务规程、服务项目和收费标准，实行明码标价，自觉接受委托人及社会各方面的监督，严格执行国家有关收费管理的法规和政策，建立健全内部收费管理制度，自觉接受价格主管部门的监督检查。

税务代理机构接受委托办理有关涉税事宜时，应与委托人签订委托协议书。因税务代理机构的过错或其无正当理由要求终止委托关系的，或因委托人过错或其无正当理由要求终止委托关系的，有关费用的退补和赔偿依据《合同法》办理。税务代理机构有下列行为之一的，由价格主管部门依据《价格法》和《价格违法行为行政处罚规定》予以查处：①超出指导价浮动幅度制定收费标准的；②提前或推迟执行政府指导价的；③自立收费项目和收费标准收费的；④采取分解收费项目、重复收费、扩大收费范围等方式变相提高收费标准的；⑤违反规定以保证金、抵押金等形式变相收费的；⑥强制或变相强制服务并收费的；⑦不按规定提供服务而收取费用的；⑧不按规定进行明码标价的；⑨对委托人实行价格歧视的；⑩其他违反规定的收费行为。

各省、自治区、直辖市价格主管部门会同同级税务主管部门可制定本地区税务代理收费的具体管理办法。

第三节 税务代理法律责任与风险控制

税务代理的特点是委托代理，而作为独立市场主体的纳税人或扣缴义务人为谋求自身利益的最大化，其委托代理的意向往往与税收法律法规及主管税务机关的要求存在一定偏离度，特别是一些纳税意识淡薄的企业委托代理的目的就是为了尽可能地少缴税款，甚至要求采用少报收入、虚列成本费用的手段逃避纳税。税务师事务所作为独立核算、自负盈亏的社会中介机构，自身亦受利益机制的制约，为稳定和拓宽业务面，往往甘于铤而走险，因此风险在所难免。

一、税务代理法律关系

 问题讨论：如何理解税务代理机构、税务机关和注册税务师协会之间的关系。

税务代理法律关系是指税务代理人受纳税人、扣缴义务人委托办理税务事宜而产生的受托方与委托方之间的权利与义务关系，属于民事法律关系。作为一种民事活动，税务代理关系的确立不会改变纳税人、扣缴义务人本身的税收法律责任，即税收法律责任的承担者仍然是纳税人和扣缴义务人，税收征纳关系也不会因税务代理关系的建立而转移。但是，如果因为税务代理人的工作失误而导致纳税人、扣缴义务人发生不必要的损失，税务代理人应承担民事法律责任。

（一）税务代理法律关系的确立

税务代理协议书的签订是税务代理法律关系确立的标志。税务代理协议书是代理资格的证明，具有合同和契约的性质。税务代理协议书必须以书面形式签订，不得用口头或其他形式，一般由准备具体从事该委托人所委托税务事宜的注册税务师起草，一经税务代理人与委托人签字盖章，即产生法律效力；未经签订委托代理协议书而开展税务代理业务的，不受法律保护。

一般情况下，税务代理协议书应包括的内容有：（1）代理人，指接受委托从事税务代理业务的注册税务师及其工作机构；（2）被代理人，指委托税务代理人办理税务事宜的纳税人或扣缴义务人；（3）代理事项，指税务代理人接受委托代为办理的具体税务事宜；（4）代理权限，指税务代理人接受委托代为办理税务事宜时，所拥有的权利和享受权利的限度；（5）代理期限，指税务代理人代为办理税务事宜的时间范围；（6）收取费用的标准及付费的方式；（7）委托人应协助的工作，指税务代理人代办委托税务事宜时，委托人应提供的帮助和支持；（8）违约责任及赔偿方式；（9）其他有关事宜。

【税务代理协议书示例】

税务代理委托协议书

甲方：　　　　　　　　　　　　　　乙方：
甲方代表人：　　　　　　　　　　　乙方代表人：
地址：　　　　　　　　　　　　　　地址：
电话：　　　　　　　　　　　　　　电话：
联系人：　　　　　　　　　　　　　联系人：
税务登记证号：
　　　兹有＿＿＿＿＿＿（甲方）委托＿＿＿＿＿＿税务师事务所（乙方），提供代理服务。
经双方协商，现将双方责任及有关事项约定如下：
　　一、委托事项：
　　（一）项目名称：（略）

（二）具体内容及要求：（略）

（三）完成时间：（略）

二、代理费用及支付方式：

（一）完成约定事项的代理费用为人民币（大写）＿＿＿＿＿元，差旅、食宿等费用另行计算。

（二）上述费用按＿＿＿＿＿方式，自协议签订后＿＿＿＿＿日内支付完毕。

三、甲方义务及责任：

（一）甲方应积极配合乙方代理人员工作并提供必要的工作条件。

（二）甲方必须向乙方及时提供与委托事项有关的会计凭证、账册、报表及其他涉税资料，并对其真实性、合法性、完整性负责。如因甲方提供的涉税资料失实，造成代理结果错误的，乙方不负赔偿责任。

（三）甲方不得授意乙方代理人员实施违反税收法律、法规的行为。如有此类情况，经劝告仍不停止的，乙方有权终止代理，依约所收费用按未服务的时间计算退还甲方。

（四）甲方应按照约定的条件，及时足额支付代理费。不按约定时间支付的，应按约定数额的＿＿＿＿＿比例支付违约金。

四、乙方的义务及责任：

（一）乙方接受委托后，应及时委派代理人员为甲方提供约定的服务。

（二）乙方委派的代理人员必须对执业中知悉的甲方商业秘密保密，维护甲方的合法权益。

（三）乙方必须按时出具代理报告。如超过约定时限，给甲方造成损失的，应按收取代理费的＿＿＿＿＿比例支付违约金。

（四）因乙方失误造成甲方不正确纳税，被税务机关处以补税、罚款、加收滞纳金的，由甲方负责补税，乙方对损失承担相应的赔偿责任。

五、协议签订后，双方应积极按约履行，不得无故终止。如有法定情形或特殊原因确需终止的，提出终止的一方应及时通知另一方，并给对方以必要的准备时间。

六、协议履行中如遇情况变化，应变更、补充有关条款的，由双方协商议定。

七、协议履行中如有争议，双方应协商解决，协商不成，可通过诉讼方式解决。

八、本协议经双方法定代表人签字加盖公章后生效。

九、本协议有效期自此协议签订之日起至＿＿＿＿＿时止。

十、本协议一式两份，甲乙双方各执一份，并具有同等法律效力。

十一、本协议未尽事宜，经双方协商同意后，可另行签订补充协议。

签订时间： 年 月 日

签订地点：

（二）税务代理法律关系的变更

委托代理协议书签订后，注册税务师及其助理人员应按协议约定的税务代理事项进行工作，但遇有下列问题之一的，应由协议双方协商对原订协议书进行修改和补充。

1. 委托代理项目发生变化的。这里有两种情况，第一种是原委托代理项目有了新发展，代理内容超越了原约定范围，经双方同意增加或减少代理内容的；第二种是由于客观原因，委托代理内容发生变化需要相应修改或补充原协议内容的。

2. 注册税务师发生变化的。

3. 由于客观原因，需要延长完成协议时间的。

上述内容的变化都将使税务代理关系发生变化，因此，必须先修订委托代理协议书，并经过委托方和受托方以及注册税务师共同签章后才能生效，修订后协议书具有同等法律效力。

（三）税务代理关系的终止

税务代理关系的终止有两种情况：一是自然终止；二是人为终止。

1. 自然终止。按照法律规定，税务代理期限届满，委托代理协议届时失效，税务代理关系便自然终止。

2. 人为终止。包括被代理人单方面终止和代理人单方面终止。

按照规定，有下列情况之一的，被代理人在代理期限内，可以单方面终止代理行为：

（1）注册税务师已死亡；

（2）注册税务师被注销资格的；

（3）注册税务师未按委托代理协议书的规定办理代理业务的；

（4）税务代理机构已破产、解体或被解散的。

按照规定，有下列情形之一的，注册税务师及其代理机构在委托期限内，也可以单方面终止代理行为：

（1）委托方死亡或解体；

（2）委托方授意注册税务师实施违反国家法律、行政法规的行为，经劝告仍不停止其违法活动的；

（3）委托方提供虚假的生产经营情况和财务会计报表，造成代理错误，或被代理人自己实施违反国家法律、行政法规的行为。

不论是被代理人还是代理人，在按规定单方面终止代理关系时，终止方应及时通知另一方，并向当地税务机关报告，同时公布终止决定。

二、税务代理人的权利与义务

注册税务师作为独立、公正的税务专家，深得社会公众的信赖，而这种信赖也是其存在和发展的前提。为维护这种信赖，保障注册税务师在执业过程中能履行其社会职责，法律必须赋予其一定的权利，同时承担相应的义务。

（一）注册税务师的权利

1. 注册税务师有权依照法律规定代理由纳税人、扣缴义务人委托的税务事宜。

2. 注册税务师依法从事税务业务，受国家法律保护，任何机关、团体、单位和个人不得非法干预。

3. 注册税务师有权根据代理业务需要，查询纳税人、扣缴义务人的有关财务会计资料和文件，查看业务现场和设施。纳税人、扣缴义务人应当向代理人提供真实的经营情况和财务资料。

4. 注册税务师可向当地税务机关订购或查询税收政策、法律、法规和有关资料。

5. 注册税务师对纳税人、扣缴义务人违反税收法律、法规的委托有权拒绝。

6. 注册税务师对其代理的业务所出具的所有文书有签名盖章权。

7. 注册税务师对税务机关的行政决定不服的，可依法向税务机关申请行政复议或向人民法院起诉。

（二）注册税务师的义务

1. 统一受理业务的义务。注册税务师承办业务，由其所在的税务师事务所统一受理并与委托人签订委托代理协议书，按照国家统一规定的标准收取代理费用。一个注册税务师不能同时在两个或两个以上税务师事务所执业。

2. 如实提供相关信息的义务。注册税务师在办理代理业务时，应向纳税人、扣缴义务人或有关税务机关出示由国家税务总局或省、自治区、直辖市及计划单列市注册税务师管理机构核发的注册登记证明，按照主管税务机关的要求，如实提供有关资料，不得隐瞒、谎报，并在税务文书上署名盖章。

3. 回避义务。注册税务师承办代理业务，如与委托人存在某种利害关系，可能影响代理业务公正执行的，应当主动向所在的税务师事务所说明情况或请求回避。

4. 特定情况的报告义务。注册税务师如遇下列情况之一，必须及时向所在的税务师事务所和主管税务机关报告：①现行税收法律、法规没有明确规定或规定不够明确的；②纳税人、扣缴义务人授意注册税务师实施违反国家法律、法规行为，经劝告仍不停止违法活动的；③纳税人、扣缴义务人自行实施违反国家法律、法规行为，经劝告仍不停止其违法活动的。

5. 保守获知的秘密的义务。注册税务师在从事代理义务期间和停止代理业务后，都不得泄露因代理业务而得知的秘密。

6. 建立税务代理档案的义务。注册税务师必须建立档案管理制度，保证税务代理档案的真实、完整。税务代理档案是如实记载代理业务始末、保存计税资料、涉税文书的案卷。代理业务完成后，应及时将有关代理资料按要求整理归类、装订、立卷，保存归档。税务代理业务档案包括：与委托人签订的委托协议；税务代理工作底稿、重要文字记录、各种财务报表、计算表、汇总表、核对表；本所人员从事代理业务所出具的各类审核意见书、鉴证报告、说明书、报表等；与委托人或税务机关商谈委托业务时形成的有关文件、会议记录等书面资料；委托人的基本情况资料及有关法律性资料；其他有关代理业务资料。税务代理业务档案需妥善保存，专人负责。税务代理业务档案保存应不少于五年。

7. 公平竞争的义务。注册税务师在执业中应当尊重同行，同业互助，公平竞争，共同提高执业水平。不得贬损、排挤同行，不得使用不正当手段招揽业务。同时，注册税务师不得为获取代理业务而弄虚作假，不得对自身的执业能力进行夸张或作容易引人误解的宣传。

8. 接受培训的义务。注册税务师按规定接受专业技术人员继续教育，不断更新知识，掌握最新的税收政策法规，提高操作技能。接受注册税务师管理机构组织的专业培训和考核，并作为重新注册登记的必备条件之一。

三、税务代理法律责任

为了维护税务代理双方的合法权益，保证税务代理活动的顺利进行，根据我国相关法律法规的规定，对于税务代理法律关系主体因违法行为应当依法承担相应的法律责任。税务代理的法律责任一般有三种类型：一是行政处罚，即对违反税收法规或其他法规的税务代理行为给予行政上的处罚；二是触犯刑律的要追究刑事责任；三是经济责任的赔偿，即由于代理行为给被代理人造成经济损失的，要负赔偿责任。

（一）委托方的法律责任

1. 根据《中华人民共和国合同法》第一百零七条规定，委托方违反代理协议的规定，致使税务代理人不能履行或不能完全履行代理协议而产生法律后果的责任应全部由委托方承担，并且按规定向受托方支付违约金和赔偿金。

2. 《税务代理业务规程（试行）》第二十三条规定，代理项目实施中，凡是由于委托方未及时提供真实的、完整的、合法的生产经营情况、财务报表及有关纳税资料，造成代理工作失误的，由委托方承担责任。

（二）受托方的法律责任

1. 《税收征收管理法实施细则》对税务代理的处罚规定。税务代理人超越代理权限、违反税收法律、行政法规，造成纳税人未缴或者少缴税款的，除由纳税人缴纳或者补缴应纳税款、滞纳金外，对税务代理人处纳税人未缴或者少缴税款50%以上3倍以下的罚款；情节严重的，撤销执业备案或者收回执业证，并提请工商行政管理部门吊销税务师事务所的营业执照。

2. 《注册税务师管理暂行办法》对税务代理的处罚规定。注册税务师有下列行为之一的，由省税务局予以警告或者处一千元以上五千元以下罚款，责令其限期改正，限期改正期间不得对外行使注册税务师签字权；逾期不改正或者情节严重的，应当向社会公告。

（1）执业期间买卖委托人股票、债券的；

（2）以个人名义承接业务或者收费的；

（3）泄露委托人商业秘密的；

（4）允许他人以本人名义执业的；

（5）利用执业之便，谋取不正当利益的；

（6）在一个会计年度内违反本办法规定二次以上的。

税务师事务所有下列行为之一的，由省税务局予以警告或者处一千元以上一万元以下罚款，责令其限期改正；逾期不改正或者情节严重的，向社会公告。

（1）未按照本办法规定承办相关业务的；

（2）未按照协议规定履行义务而收费的；

（3）未按照财务会计制度核算，内部管理混乱的；

（4）利用执业之便，谋取不正当利益的；

（5）采取夸大宣传、诋毁同行、以低于成本价收费等不正当方式承接业务的；

（6）允许他人以本所名义承接相关业务的。

注册税务师和税务师事务所出具虚假涉税文书，但尚未造成委托人未缴或者少缴税款的，由省税务局予以警告并处一千元以上三万元以下的罚款，并向社会公告。

3. 根据《民法通则》规定，税务代理因工作失误或未按期完成税务代理事务等未履行税务代理职责，给委托方造成不应有的损失的，应由受托方负责。

（三）税务代理双方共同承担的法律责任

根据《民法通则》第六十七条规定，税务代理人知道被委托代理的事项违法仍然进行代理活动的，或者被代理人知道代理人的代理行为违法不表示反对的，由被代理人和代理人共同承担法律责任。涉及刑事犯罪的，还要移送司法部门依法处理。

四、税务代理风险控制

（一）税务代理执业风险

税务代理执业风险指税务代理人员因未能完成代理事项和履行代理职责所要承担的法律责任。其产生风险的原因主要源自委托人即纳税人、扣缴义务人和代理人员及其机构自身。

1. 从委托人方面产生的风险因素

（1）委托人委托时的纳税意识。委托人即纳税人、扣缴义务人纳税意识的强弱不同、委托代理的初衷不同，对代理方造成的执业风险大小也会不同。对于纳税意识较强的委托人来说，其委托的目的是想通过代理人员的指导和帮助，降低纳税风险，尽可能杜绝因不通晓税法发生纳税方面的错误而导致被课以重罚，或者因不了解税收政策而失去获得税收权益的机会。因此，税务代理人员只要能严格按照规范化的工作程序履行职责，企业能够提供完整的计税资料，其风险一般就不会太高。对于纳税意识薄弱的委托人则不同，他们委托的目的是为了通过代理人员的运作尽可能地少缴税款，降低正常的税收负担，或者采取少报收入、虚列成本费用的手段逃避纳税，或者请求对违法事项合法化处理，如咨询虚开票的程序等，在这种情况下，代理人员及其机构作为中介人，就很难完全深入企业纳税业务各环节，无法圆满完成全面委托工作，这就可能会形成很高的代理风险。

（2）委托人的委托代理意向与合作态度。有的委托人的纳税意识并不差，但是对委托代理工作的特殊性不很理解，委托代理的意向与税收法律、法规和主管税务机关的要求有偏离。他们虽然签订了委托协议书，但是其在协议书中未充分表达意思，比如：业务变动时的税收征管归属、纳税地点变动等，在诸多的潜在非约定目的的驱使下，他们往往认为可以"一托万全"，加之缺乏有效的配合，使代理人员违约风险增加。

（3）委托人的财务核算基础。代理人员受托为纳税人代办涉税业务时，要求纳税人提供合格真实的计税资料（会计凭证等）、会计账簿和会计报表，以便作出真实的判断，完成合法前提下的涉税业务事项操作。纳税人的财务核算资料如果不能客观、全面、准确地反映其生产经营的完整情况，代理人就可能得出错误的判断与结论，代理风险也由此产生。

2. 执业人员及其机构方面产生的风险因素

税务代理工作属于高智力与知识型的服务性产业，必然要求执业人员具有一定的专业水平和操作技能，遵守职业道德，提高服务质量。如果执业人员不具备专业胜任能力，不能把握实际操作规范，执业风险就可能会随时发生。

（1）执业人员的职业道德水平。执业人员的职业道德水平直接影响其工作态度和服务质量。执业人员能否坚持执业准则，履行社会责任，恪守独立、客观、公正的原则，保持应有的职业谨慎，保持和提高专业胜任能力，遵守职业规范，履行对客户的责任以及对同行的责任等，对税务代理工作是否能高质量的如期完成，影响重大。如果能够坚持执业准则，则可减少诱发执业风险的因素；反之，则可能会降低执业质量，带来不可挽回的代理违约或代理失败风险。

（2）执业人员的专业胜任能力。执业人员应当具有专业知识、技能或经验，能够胜任承接的工作。"专业胜任能力"既要求执业人员具有专业知识、技能或经验，又要求其经济、有效地完成客户委托的业务。执业人员如果不能保持和提高专业胜任能力，就难以完成客户委托的业务。一个合格的执业人员不仅要充分认识自己的能力，对自己充满信心，更重要的是，必须清醒认识到自己在专业胜任能力方面的不足，不承接自己不能胜任的业务。如果不能认识到这一点，承接了难以胜任的业务，就可能给客户乃至社会公众带来危害，也会导致难以控制的执业风险。

（3）受托代理机构执业质量控制程度。形成税务代理执业风险的因素，除了执业人员本身的个人行为外，还与受托代理业务的中介机构自身有无健全的质量控制体系有关。税务代理机构要依据国家税务总局颁发的税务代理业务规程的要求，结合自身实际情况制定有关工作底稿编制、档案管理、报告审核等质量控制制度，税务代理机构的质量控制制度越完善，其税务代理执业风险就会越小。

（二）税务代理风险控制

1. 税务代理人员的业务素质

（1）税务代理人员业务素质的基本要求。税务代理人员的专业素质和实际操作能力是评价税务代理执业风险的重要因素。税务代理人员首先具备相应的执业资格，在此基础上，还必须具备较高的税收政策水平和对税收政策深层加工能力，有扎实的理论知识和丰富的实践经验。税务代理机构当务之急是加强人员培训，吸收和培养高素质人才，建立合理有效的用人制度和培训制度，充分挖掘人的潜力。要使职业人员除了精通法律、税收政策和会计外，还要通晓工商、金融、保险、贸易等方面的知识，能在短时间内掌握客户的基本情况、涉税事项和委托意图等，在获取真实、可靠、完整的信息资料的基础上，选准切入点，提供准确的涉税服务。

（2）税务代理人员的知识更新。税务代理机构的执业人员要不断研究经济发展的特点，时刻关注税收政策的变化趋势，及时系统地学习税收政策，全面准确把握税收政策及其变动，从而避免和减少因税收政策把握不准而造成的执业风险。

2. 税务代理风险控制

（1）提高风险意识。税务代理机构要树立风险意识，立足于事先防范。在接受委托时，要向委托人说明税务代理的潜在风险，并在委托合同中就有关风险问题签署具体条款，对风险有一个事先约定，减少可能发生的经济纠纷；在具体执行过程中，要注意相关政策的综合运用，从多方位、多视角对所代理项目的合法性、合理性和企业的综合效益进行充分论证。

（2）建立风险评估机制。税务代理机构要事先对税务代理项目进行风险评估，综合各项因素，评估出一个较为客观的风险值，然后再决定是否接受委托，或决定如何开展工作。其综合考虑的因素主要有：客户的期望值是否过高；客户的要求是否合法；过去及当前企业经营状况如何，所处行业的景气度如何，行业的总趋势是否发生不良变化；以往企业纳税情况如何，是否对税务事项过分敏感，以前年度是否存在重大税务、审计问题；税务管理当局对该企业依法纳税诚信度的评价如何；税务代理人员对税务事项的熟练程度如何；现行税收法律法规是否会在一定时期内发生变化，等等。

（3）建立完善的质量控制体系。执业质量对中介机构的生存和发展生死攸关。税务代理机构要建立健全质量控制体系，强化对业务质量的三级复核制；设置专门的质量控制部门（如税务代理稽核部），依据统一标准，对所内各业务部门及下属分所、成员所进行定期质量检查，做到防检结合，以防为主。要制定税务代理工作规程，对于具体的代理业务要建立项目负责制，成立项目组并明确人员的工作分工，实行项目组内部复核制、工作底稿三级稽核制等。对稽核中发现的问题要划分事故等级，通过教育、解聘甚至机构调整等办法予以纠正。

3. 税务代理业的监督管理

（1）制定税务代理执业准则。为了完善注册税务师执业规范体系，明确涉税鉴证和涉税服务的业务标准，国家税务总局制定并于2010年1月1日实施了《注册税务师涉税鉴证业务基本准则》和《注册税务师涉税服务业务基本准则》，这将有利于保障涉税中介服务当事人的合法权益，促进税收专业服务市场的健康发展。

（2）规范税务代理机构内部运行机制。税务代理机构要健全内部治理结构，提高管理的科学化和民主化程度，强化内部管理。税务代理机构要独立面向市场，参与公平竞争，提高代理水平；要完善劳动人事、分配制度，形成有效的激励和约束机制，对不符合要求的从业人员要及时调整或清理，调动员工的积极性；要树立质量意识，坚持独立、客观、公正的原则，抵制各种违规违纪的行为，树立良好的职业形象，提高代理业信誉。

（3）加大对税务代理行业自律。可以借鉴国外的经验，实施同业复核制度，充分发挥行业自律的力量。行业协会除履行服务、协调等职能外，重点是充实管理职能，制定行规行约，加强自律管理。对进入本行业的机构和人员进行资格预审，防止非执业人员从事执业活动，对执业质量进行检查督促，并对存在问题实行行业惩戒或提请政府部门进行行政处罚等。

关键术语

1. 税务代理　2. 税务代理制度　3. 涉税鉴证　4. 涉税服务　5. 税务代理执业风险

实训练习

【实训题1】

【实训资料】某市税务机关对辖区内一企业进行税务检查时发现，该企业有未按规定计提增值税销项税金，形成少缴税款10 170.94元的违法事实。税务机关同时发现，该企业的纳税申报事宜一直由当地某税务师事务所代理，该事务所与企业的税务代理协议约定，企业纳税申报由事务所全权负责，出现涉税违法行为由事务所承担责任。

【实训要求】根据案例，分析税务代理人所承担的法律责任。

【实训题2】

【实训资料】某省国家税务局拟在201×年8月—10月对食品生产企业增值税缴纳情况进行专项稽查，根据计划部署，要求各个相关企业于201×年7月底前自行或者委托税务师事务所进行检查，并将检查及补缴税款情况以书面报告形式报所在县（或市）税务稽查局。

201×年4月15日某县欣欣食品厂的相关人员找到中信税务师事务所的执业注册税务师李某，要求为本厂增值税缴纳情况进行代理检查，出具增值税纳税情况鉴证报告，并代为撰写向县税务稽查局的自查报告，同时表示此项业务的报酬可以不通过税务师事务所而直接付给李某个人。

按照注册税务师执业的有关要求签订协议后，李某及其辅助人员于201×年4月20日对欣欣食品厂增值税纳税情况进行审核，发现该厂存在虚开农产品收购凭证问题，且数额巨大，食品厂负责人要求李某在鉴证报告和自查报告中对上述事项不予反映。

【实训要求】

（1）李某能否代欣欣食品厂撰写向县税务稽查局的自查报告？说明原因。

（2）此项业务李某能否个人收款？并简述理由。

（3）对欣欣食品厂虚开农产品收购凭证问题，李某在执业时应如何处理？

实践训练

中信税务师事务所承接了润泽商贸有限公司 2009 年企业所得税汇算清缴的鉴证业务。双方商量的付费金额为 80 000 元。

【实习实训要求】

请替该事务所草拟委托代理协议书。

第 二 章

一般涉税事务的税务代理

---- 学习目标 ----

1. 掌握代理税务登记的操作要点
2. 掌握代理增值税一般纳税人认定登记的操作要点
3. 掌握代理审核发票的内容及方法
4. 熟悉发票领购操作规定
5. 熟悉发票填开的具体要求和操作要点

第一节　税务登记代理

税务登记是整个税收征收管理的首要环节，是税务机关对纳税人的基本情况及生产经营项目进行登记管理的一项基本制度，也是纳税人已经纳入税务机关监督管理的一项证明。根据法律、法规规定具有应税收入、应税财产或应税行为的各类纳税人，都应依照有关规定办理税务登记。

一、企业税务登记代理

（一）代理开业税务登记

根据《税收征管法》的规定，需要办理开业税务登记的纳税人包括两类：一是领取营业执照从事生产经营活动的纳税人。包括企业，企业在外地设立的分支机构和从事生产经营的场所，个体工商户，从事生产经营的机关团体、部队、学校和其他事业单位。二是其他纳税人。对不从事生产经营活动，但依法负有纳税义务的单位和个人，除临时取得应税收入或发生应税行为外，也应该按规定向税务机关办理税务登记。

问题讨论：

1. 办理开业税务登记需提供哪些证明、资料？

2. 办理注销税务登记具体步骤有哪些？

3. 如何办理一般纳税人认定登记？

此外，依法负有代扣代缴或者代收代缴税款义务的扣缴义务人，也应该依法办理扣缴税款登记。

1. 代理开业税务登记申报

（1）按法定时限申报登记。具体规定为：

① 从事生产、经营的纳税人领取工商营业执照（含临时工商营业执照）的，应当自领取工商营业执照之日起 30 日内申报办理税务登记，税务机关核发税务登记证及副本（纳税人领取临时工商营业执照的，税务机关核发临时税务登记证及副本）；

② 从事生产、经营的纳税人未办理工商营业执照但经有关部门批准设立的，应当自有关部门批准设立之日起 30 日内申报办理税务登记，税务机关核发税务登记证及副本；

③ 从事生产、经营的纳税人未办理工商营业执照也经有关部门批准设立的，应当自纳税义务发生之日起 30 日内申报办理税务登记，税务机关核发临时税务登记证及副本；

④ 有独立的生产经营权、在财务上独立核算并定期向发包人或者出租人上交承包费或租金的承包承租人，应当自承包承租合同签订之日起 30 日内，向其承包承租业务发生地税务机关申报办理税务登记，税务机关核发临时税务登记证及副本；

⑤ 从事生产、经营的纳税人外出经营，自其在同一县（市）实际经营或提供劳务之日起，在连续的 12 个月内累计超过 180 天的，应当自期满之日起 30 日内，向生产、经营所在地税务机关申报办理税务登记，税务机关核发临时税务登记证及副本；

⑥ 境外企业在中国境内承包建筑、安装、装配、勘探工程和提供劳务的，应当自项目合同或协议签订之日起 30 日内，向项目所在地税务机关申报办理税务登记，税务机关核发临时税务登记证及副本。

上述规定以外的其他纳税人，除国家机关、个人和无固定生产、经营场所的流动性农村小商贩外，均应当自纳税义务发生之日起 30 日内，向纳税义务发生地税务机关申报办理税务登记，税务机关核发税务登记证及副本。

问题讨论：

1. 办理税务登记的起始时间有哪几种？

2. 核发临时税务登记有哪些情形？

3. 无须办理税务登记的情形有哪些？

（2）填写《申请税务登记报告书》。详细写明申请税务登记的原因和要求。

（3）提供办理登记所必备的资料和复印件。注册税务师在代理开业税务登记时，应向被代理人索要办理开业税务登记所必需的证件和资料，并向税务机关出示。申报办理开业税务登记时应出示的证件和资料主要有四项：①工商营业执照或其他核准执业证件；②有关合同、章程、协议书；③组织机构统一代码证书；④法定代表人或负责人或业主的居民身份证、护照或者其他合法证件。

2. 代理填报《税务登记表》

《税务登记表》的主要内容包括：①单位名称、法定代表人或者业主姓名及其居民身份证、护照或者其他合法证件的号码；②住所、经营地点；③登记类型；④核算方式；⑤生产经营方式；⑥生产经营范围；⑦注册资金（资本）、投资总额；⑧生产经营期限；⑨财务负责人、联系电话；⑩国家税务总局确定的其他有关事项。

《税务登记表》分三种类型，分别适用于单位纳税人、个体经营、临时经营。

适用于单位纳税人的税务登记表具体格式见表2-1。注册税务师应根据企业的经济类型领取相应的表式，填写完毕后将登记表及有关资料报送税务机关审核。

表2-1　　　　　　　　　　　　　　　税务登记表
（适用于单位纳税人）

填表日期：

纳税人名称			纳税人识别号				
登记注册类型			批准设立机关				
组织机构代码			批准设立证明或文件号				
开业（设立）日期		生产经营期限		证照名称		证照号码	
注册地址			邮政编码		联系电话		
生产经营地址			邮政编码		联系电话		
核算方式		请选择对应项目打"√"	□独立核算		□非独立核算		
从业人数		其中外籍人数			临时税务登记有效期		
单位性质		请选择对应项目打"√" □企业　□事业单位　□社会团体　□民办非企业单位　□其他					
网站网址			国标行业		□□□□□□□		
适用会计制度		请选择对应项目打"√" □企业会计制度　□小企业会计制度　□金融企业会计制度　□行政事业单位会计制度					
经营范围		请将法定代表人（负责人）身份证件复印件粘贴在此处。					

联系人　项目内容	姓名	身份证件		固定电话	移动电话	电子邮箱
		种类	号码			
法定代表人（负责人）						
财务负责人						
办税人						

税务代理人名称		纳税人识别号		联系电话		电子邮箱	

注册资本或投资总额	币种	金额	币种	金额	币种	金额

投资方名称	投资方经济性质	投资比例	证件种类	证件号码	国籍或地址

自然人投资比例		外资投资比例		国有投资比例	
分支机构名称		注册地址		纳税人识别号	

总机构名称		纳税人识别号	
注册地址		经营范围	
法定代表人姓名	联系电话	注册地址邮政编码	

代扣代缴、代收代缴税款业务情况	代扣代缴、代收代缴税款业务内容	代扣代缴、代收代缴税种

附报资料：		
经办人签章： ____年____月____日	法定代表人（负责人）签章： ____年____月____日	纳税人公章： ____年____月____日

以下由税务机关填写：

纳税人所处街乡			隶属关系	
国税主管税务局		国税主管税务所（科）	是否属于国税、	
地税主管税务局		地税主管税务所（科）	地税共管户	
经办人（签章）： 国税经办人： 地税经办人： 受理日期： _____年___月___日		国家税务登记机关 （税务登记专用章）： 核准日期： _____年___月___日 国税主管税务机关：		地方税务登记机关 （税务登记专用章）： 核准日期： _____年___月___日 地税主管税务机关：
国税核发《税务登记证副本》数量：　　　本　　发证日期：_____年___月___日				
地税核发《税务登记证副本》数量：　　　本　　发证日期：_____年___月___日				

3. 代理领取税务登记证件

税务机关将税务登记资料审核完毕，发放税务登记证时，注册税务师应及时到税务机关领取税务登记证件，并将其交给企业，进行税务登记证使用管理方面的辅导。

（二）代理变更税务登记

变更税务登记是指纳税人办理纳税登记后，需要对原登记内容进行更改，而向税务机关申报办理的税务登记。其适用范围主要包括：（1）改变名称；（2）改变法人代表；（3）改变经济性质；（4）增设或撤销分支机构；（5）改变住所或经营地点（涉及主管税务机关变动的办理注销登记）；（6）改变生产、经营范围或经营方式；（7）增减注册资本；（8）改变隶属关系；（9）改变生产经营期限；（10）改变开户银行和账号；（11）改变生产经营权属以及改变其他税务登记内容。

1. 代理变更税务登记申报。纳税人在工商行政管理机关办理变更登记的，应当自工商行政管理部门办理变更登记之日起30日内，向原税务机关申报办理变更税务登记。

办理变更税务登记需提供的证件、资料包括：（1）工商变更登记表及工商营业执照复印件；（2）纳税人变更登记内容的决议及有关证明文件；（3）税务机关发放的原税务登记证件（登记证正、副本和登记表等）；（4）其他有关资料。

纳税人按照规定不需要在工商行政管理机关办理变更登记，或者其变更登记的内容与工商登记内容无关的，应当自税务登记内容实际发生变化之日起30日内，或者自有关机关批准或者宣布变更之日起30日内，持下列证件到原税务登记机关申报办理变更税务登记：（1）纳税人变更登记内容的有关证明文件；（2）税务机关发放的原税务登记证件（登记证正、副本和登记表等）；（3）其他有关资料。

2. 代理填写《税务登记变更表》（见表2-2）提交税务机关审核。注册税务师领取《变更税务登记表》以后，应根据企业的实际情况，详细填写纳税人识别号、纳税人名称、填表日期、变更登记事项及其变更前后的内容，并办理签章手续。

表 2－2 变更税务登记表

纳税人名称				纳税人识别号	
变更登记事项					
序号	变更项目	变更前内容	变更后内容	批准机关名称及文件	
送缴证件情况：					
纳税人 经办人： 法定代表人（负责人）： 纳税人（签章） 年 月 日 年 月 日 年 月 日					
经办税务机关审核意见： 经办人： 负责人： 税务机关（签章） 年 月 日 年 月 日 年 月 日					

3. 领取变更后的税务登记证及有关资料。注册税务师应及时到税务机关领取重新核发的税务登记证及有关资料，送交企业存档。

（三）代理注销税务登记

纳税人发生解散、破产、撤销以及其他情形，依法终止纳税义务的，应当在向工商行政管理机关或者其他机关办理注销登记前，持有关证件和资料向原税务登记机关申报办理注销税务登记；按规定不需要在工商行政管理机关或者其他机关办理注销登记的，应当自有关机关批准或者宣告终止之日起 15 日内，持有关证件和资料向原税务登记机关申报办理注销税务登记。

纳税人因住所、经营地点变动，涉及改变税务登记机关的，应当在向工商行政管理机关或者其他机关申请办理变更、注销登记前，或者住所、经营地点变动前，持有关证件和资料，向原税务登记机关申报办理注销税务登记。

1. 代理注销税务登记申报。注册税务师应按照规定的期限以纳税人的名义向税务机关办理注销税务登记申报，填报《注销税务登记申请审批表》（见表 2－3）并提交相关证明文件和资料。

2. 代理填报《注销税务登记申请审批表》。根据企业的实际情况填写《注销税务登记申请审批表》，经企业盖章后报送税务机关办理审批手续。将已领购的或已购未用的发票、《发票领购簿》、《税务登记证》等税收票证交回税务机关审验核销。

3. 代理领取注销税务登记的有关批件。税务机关在纳税人结清全部纳税事项后，核发《注销税务登记通知书》。注册税务师应及时到税务机关领回有关注销税务登记的批件、资料，交给纳税人。

表2-3 注销税务登记申请审批表

纳税人名称			纳税人识别号	
注销原因				
附送资料				
纳税人 经办人： 年 月 日		法定代表人（负责人）： 年 月 日		纳税人（签章）： 年 月 日
以下由税务机关填写				
受理时间	经办人： 年 月 日		负责人： 年 月 日	
清缴税款、滞纳 金、罚款情况	经办人： 年 月 日		负责人： 年 月 日	
缴销发票情况	经办人： 年 月 日		负责人： 年 月 日	
税务检查意见	检查人员： 年 月 日		负责人： 年 月 日	
收缴税务证件 情况	种类	税务登记证 正本	税务登记证 副本	临时税务 登记证正本	临时税务 登记证副本
	收缴数量				
	经办人： 年 月 日		负责人： 年 月 日	
批准意见	部门负责人： 年 月 日		税务机关（签章） 年 月 日	

二、纳税事项税务登记代理

（一）增值税一般纳税人认定登记

　　温馨提示：一般纳税人一经认定不得转为小规模纳税人，但是小规模纳税人可以转为一般纳税人。

　　1. 一般纳税人的认定标准。一般纳税人的认定标准为：从事货物生产或者提供应税劳务的纳税人，以及以从事货物生产或者提供应税劳务为主，并兼营货物批发或者零售的纳税人，年应税销售额在50万元以上（不含50万元）的；其他纳税人年应税销售额在80万元以上（不含80万元）的。

　　以从事货物生产或者提供应税劳务为主，是指纳税人的年货物生产或者提供应税劳务的销售额占年应税销售额的比重在50%以上（年销售额超过50%）。

　　年应税销售额超过以上标准的非企业性单位、不经常发生应税行为的企业可选择按小规模纳税人纳税；其他个人按小规模纳税人纳税。

　　2. 代理增值税一般纳税人认定登记操作要点。

　　（1）根据需要，注册税务师应要求企业提供有关资料，如企业设立的合同、章程，企业申办工商登记、税务登记的报表和证件，企业已实现销售的情况，会计、财务核算的原始资料等。对企业可能实现或已经实现的年度应税销售额，企业会计、财务处理的方法和管理制度，企业财务人员的办税能力能否具备增值税一般纳税人的条件等问题，写出有关增值税一般纳税人认定登记的核查报告，作为《增值税一般纳税人申请认定表》的附件，报送主管国税局。

（2）对于税务机关审核后认定为正式一般纳税人的企业，注册税务师可将加盖一般纳税人戳记的税务登记证副本、《增值税一般纳税人申请认定表》交企业存档，并告知增值税一般纳税人办税的要求。如果企业暂被认定为辅导期一般纳税人，应指导企业准确核算增值税的进项税额、销项税额，接受国家对辅导期一般纳税人的管理。

【案例2-1】××管件有限公司委托××税务师事务所代理增值税一般纳税人登记手续。经查，该公司根据合同规定生产，经营规模为每年加工生产各种铸铁件1 200吨，其产品全部由合资韩方在中国境外销售，年出口销售额200万美元，销售利润率应保持16%以上。该公司会计年度采用历年制，按照企业会计准则的有关规定进行财务处理。法定代表人张玉珠，身份证件号码是34052419800101001×。公司财务会计2人，均有会计师执业证书，其中财务负责人刘英，身份证件号码是130503196704010012，有高级会计师资格证书；办税人员王辉，身份证件号码是510102197803122108，有中级会计师资格证书。

注册税务师经过上述调查向主管国税局提交"关于××管件有限公司申请认定增值税一般纳税人的核查报告"，并填写《增值税一般纳税人申请认定表》，如表2-4所示。

表2-4　　　　　　　　　　　增值税一般纳税人申请认定表

纳税人名称	××管件有限公司		纳税人识别号		210211610450116
法定代表人（负责人、业主）	张玉珠	证件名称及号码	身份证 34052419800101001×	联系电话	13603597652
财务负责人	刘英	证件名称及号码	身份证 130503196704010012	联系电话	13565790121
办税人员	王辉	证件名称及号码	身份证 510102197803122108	联系电话	15234678910
生产经营地址	××省××县××镇××村				
核算地址	××省××县××镇××村				
纳税人类别：企业☑　企业性单位□　非企业性单位□　个体工商户□　其他□					
纳税人主业：工业☑　商业□　其他□					
认定前累计应税销售额（连续不超过12个月的经营期内）			年　月至　　年　月共　　　元。		
纳税人声明	上述各项内容真实、可靠、完整。如有虚假，本纳税人愿意承担相关法律责任。 （签章）： 20××年11月5日				
税务机关					
受理意见	受理人签名： 　年　月　日				
查验意见	查验人签名： 　年　月　日				
主管税务机关意见	（签章） 　年　月　日				
认定机关意见	（签章） 　年　月　日				

关于××管件有限公司申请认定增值税一般纳税人的核查报告

××国税局对外税务分局：

××管件有限公司是中韩合资经营企业，于 201× 年 10 月办理工商登记，生产经营所在地是××镇××村，有房屋产权证明。注册资本额为 320 万元人民币。其中：中外双方固定资产投资额为 248.2 万元。该公司主要生产各种铸铁管件，有合资外方负责韩国、欧美等市场，设备生产能力为年加工铸铁管件 1 200 吨，预计出口销售额 200 万美元。

该公司已按企业会计准则的规定设置了有关账簿，企业财务主管和办税员均有会计师资格证书和会计人员上岗证。根据上述调查资料，我所认定××管件有限公司符合增值税一般纳税人认定的条件，报请贵局审核批准。

××税务师事务所

注册税务师××

201× 年 11 月 5 日

（二）纳税人税种认定登记代理

税种认定登记是在纳税人办理了开业税务登记和变更税务登记之后，由主管税务机关（县级以上国税局、地税局）根据纳税人的生产经营项目，进行使用税种、税目、税率的鉴定，以指导纳税人、扣缴义务人办理纳税事宜。

1. 代理税种认定登记。注册税务师应在核查纳税人有关资料的基础上，结合纳税事项深入调查。特别是对于增值税企业的混合销售行为，兼营非应税劳务的纳税事项，生产加工应税消费品的企业消费税适用税目、税率的纳税事项，外商投资企业生产性与非生产性的认定，以及产品出口企业、先进技术企业的认定，应详细核查纳税人的合同、章程有关的批文和证件，会计科目处理及原始凭证等资料，逐一核实认定后，再向主管税务机关提交核查报告和《纳税人税种登记表》，履行申报手续。

2. 在取得主管税务机关税种认定的通知之后，注册税务师应指导纳税人具体的办税事宜。如果纳税人对税务机关的认定提出异议，应进一步调查并提出意见，提交主管税务机关重新加以认定。对于税种认定涉及国税、地税两套税务机构的纳税人，应分别申办税种认定手续。

【案例 2-2】××管件有限公司委托××税务师事务所办理税种认定登记手续，注册税务师除取得前述资料以外，有关纳税事项其他情况核查如下：

（1）××管件有限公司具有进出口经营权，出口货物采用进料加工复出口的贸易形式，出口方式主要采用自营出口。

（2）根据××管件有限公司合同第 14 条的规定，该公司的产品直接由外方组织在中国境外销售，或者通过中国境内外贸企业代理出口，在中国境内不销售本公司的产品，中国境内、境外亦不设立专营销售的分支机构。

（3）根据公司合同附件"中方和外方投资明细表"，注册税务师的"验资报告"，经核查"实收资本"、"固定资产"账户及相关原始凭证，确认中方以厂房投资面积 726 平方米，原值 41 万元人民币；办公楼投资 152 平方米，原值 9.2 万元人民币。外方以交通工具投资的车辆有：2 吨叉车 1 辆，载重 3 吨的生产用车 1 辆，8 人座位面包车 1 辆，折合人民币共计 28.9 万元。

注册税务师将上述调查资料整理成"关于××管件有限公司税种认定登记的核查报告"，填表如表 2-5 所示。

表 2-5　　　　　　　　　　　　　　　　纳税人税种登记表

纳税人识别号：| 2 | 1 | 0 | 2 | 1 | 1 | 6 | 1 | 0 | 4 | 5 | 0 | 1 | 1 | 6 |

纳税人名称：××管件有限公司

一、增值税				
类别	1. 销售货物　☑ 2. 加工　　　□ 3. 修理修配　□ 4. 其他　　　□	货物或项目名称	主营	各式铸铁管件的加工出口
			兼营	
纳税人认定情况	1. 增值税一般纳税人☑　2. 小规模纳税人 □　3. 暂定增值税一般纳税人 □			
经营方式	1. 境内经营货物 □　2. 境内加工修理 □　3. 自营出口 □　4. 间接出口 □　5. 收购出口 □ 6. 加工出口 □			
备注：自营出口和委托代理出口采用进料加工等出口方式				
二、消费税				
类别	1. 生产　　□ 2. 委托加工□ 3. 零售　　□	应税消费品名称	1. 烟 □　2. 酒及酒精 □　3. 化妆品 □　4. 护肤、护发品 □ 5. 贵重首饰及珠宝玉石 □　6. 鞭炮、烟火 □　7. 汽油 □ 8. 柴油 □　9. 汽车轮胎 □　10. 摩托车 □　11. 小汽车 □	
经营方式	1. 境内销售 □　2. 委托加工出口 □　3. 自营出口 □　4. 境内委托加工 □			
备注：自营出口				
三、营业税				
经营项目	主营			
	兼营			
备注：				
四、内资企业、外商投资企业和外国企业所得税				
法定或申请 纳税方式	1. 按实纳税 □　2. 核定利润率计算纳税 □　3. 按经费支出换算收入计算纳税 □　4. 按佣金率 换算收入纳税 □　5. 航空、海运企业纳税方式 □　6. 其他纳税方式 □			
非生产性收入占 总收入的比例（％）	生产性收入占全部销售收入的比例为100%			
备注：季度预缴方式：1. 按上年度四分之一 □　　2. 按每季度实际所得 □				
五、资源税				
产品名称			应税项目	
备注：				
六、土地增值税				
七、房产税				
计税类别	1. 自有房产 □　　2. 出租房产 □			
备注：房屋面积878平方米，原值50.2万元人民币				
八、车船税				
车船类别	1. 机动船 □　2. 非机动船 □　3. 机动车 □　4. 非机动车 □			
九、城镇土地使用税				
税额类别				
备注：				
十、城市维护建设税				
十一、教育费附加				
十二、矿区使用费				
原　油	不超过一百万吨 □　一百万吨至一百五十万吨 □　一百五十万吨至二百万吨 □　二百万吨至 三百万吨 □　三百万吨至四百万吨 □　四百万吨以上 □			
天然气	不超过二十亿立方米 □　二十亿至三十五亿立方米 □　三十五亿至五十亿立方米 □　五十亿 立方米以上 □			
预缴方式	分次 □　　分期 □			

以下由税务机关填写

税种	税目或品目	子目	申报期限	纳税期限	行业	征收率或单位税额	征收分类	缴库方式	预算款名	预算项名	级次分配比例	是否单独纳税
鉴定人		鉴定日期			录入人			录入日期			

第二节 发票领购与审查代理

发票是指一切单位和个人在购销商品、提供或者接受劳务服务以及从事其他经营活动时，所提供给对方的收付款的书面证明。它是财务收支的法定凭证，是会计核算的原始凭据，也是税务检查的重要依据。

一、发票领购代理实务

问题讨论：
1. 开具发票需注意哪些问题？
2. 如何鉴别发票的真伪？

注册税务师代理发票领购事宜，首先要了解发票的种类与适用范围、税务机关有关发票管理权限的划分、发票领购的管理制度等各项规定，然后根据纳税人适用的发票种类和领购发票的方式，办理发票领购事宜。

（一）发票的种类与使用范围

根据《发票管理办法》和国家税务总局的有关规定，发票的管理权限按流转税主体税种划分。增值税纳税人使用的发票由国家税务局管理，营业税纳税人使用的发票由地方税务局管理，因此，增值税企业发票领购到国税局办理，营业税企业发票领购到地税局办理。如企业以增值税为主并兼有营业税经营项目，应分别到国税和地税主管税务机关办理。

发票种类繁多，主要按行业特点和纳税人的生产经营项目分类。每种发票都有特定的使用范围。

1. 增值税专用发票。增值税专用发票（以下简称专用发票）只限于增值税一般纳税人领购使用，增值税小规模纳税人和非增值税纳税人不得领购使用。从行业划分来讲，它是工业、商业企业用于结算销售货物和加工修理修配劳务使用的发票。增值税一般纳税人应按照规定领购使用专用发票。

2. 普通发票。普通发票主要由营业税纳税人和增值税小规模纳税人使用，增值税一般纳税人在不能开具专用发票的情况下也可使用普通发票，所不同的是具体种类要按适用范围选择。如普通发票中的商业批发零售发票、加工修理修配发票是由增值税纳税人使用的，而属于结算服务收入、运输收入等的普通发票主要由营业税纳税人使用。普通发票由行业发票和专用发票组成。前者适用于某个行业的经营业务,后者仅适用于某一经营项目,可以说是在行业发票划分的基础上再细分,其作用在于控制一些特定经营项目的税收征管和进行社会经济管理,除此以外,其结算内容在票面设计上也有特殊要求,如广告费用结算发票、出售地下水专用发票、商品房销售发票等。

(1)增值税纳税人使用的普通发票。增值税纳税人使用的普通发票主要有:工业企业产品销售统一发票,工业企业材料销售统一发票,工业企业加工产品统一发票,工业加工修理统一发票,商业零售统一发票,商业批发统一发票,农林牧水产品收购统一发票,废旧物资收购发票,机动车专项修理专用发票,电业局电力销售专用发票,自来水公司水销售专用发票,公共事业联合收费处缴费专用发票,临时经营发票等。

(2)营业税纳税人使用的普通发票。营业税纳税人使用的普通发票主要有:建筑安装企业统一发票,旅店业统一发票,饮食业统一发票,广告业统一发票,社会服务业统一发票,代理购销业务统一发票,商品房销售专用发票,社会办医疗机构收费统一发票,产权交易专用发票,房屋出租专用发票,全国联运行业统一发票,水路货运结算发票,临时经营发票等。

3. 专业发票。专业发票是指国有金融、保险企业的存贷、汇兑、转账凭证,保险凭证;国有邮政、电信企业的邮票、邮单、话务、电报收据;国有铁路、民用航空企业和交通部门、国有公路、水上运输企业的客票、货票等。经国家税务总局或者省、市、自治区税务机关批准,专业发票可由政府主管部门自行管理,不套印税务机关的统一发票监制章,也可根据税收征管的需要纳入统一发票管理。

(二)发票领购管理规程

1. 发票领购的适用范围

(1)依法办理税务登记的单位和个人,在领取《税务登记证》后可以申请领购发票,属于法定的发票领购对象;

(2)依法不需要办理税务登记的单位,发生临时经营业务需要使用发票的,可以凭单位介绍信和其他有效证件,到税务机关代开发票;

(3)临时到本省、自治区、直辖市以外从事经营活动的单位和个人,凭所在地税务机关开具的《外出经营活动税收管理证明》,在办理纳税担保的前提下,可向经营地税务机关申请领购经营地的发票。

2. 发票领购手续

按照发票管理法规的规定,申请领购发票的单位和个人应当提出购票申请,同时提供经办人身份证明、税务登记证件及财务印章、发票专用章的印模等资料,经主管税务机关审核后发给《发票领购簿》。领购发票的单位和个人凭《发票领购簿》核准的种类、数量,向主管税务机关领购发票。需要临时使用发票的单位和个人,可以直接向税务机关申请办理发票的开具。

对于跨省、市、自治区从事临时经营活动的单位和个人申请领购发票,税务机关应要求提供保证人,或者缴纳不超过1万元的保证金,并限期缴销发票。

(三)代理领购发票操作要点

1. 代理自制发票审批程序与操作要点

《发票管理办法实施细则》规定:凡有固定生产经营场所,财务核算和发票管理制度健全，发票使用量较大的单位，可以申请印制印有本单位名称的发票即自制发票。如果统一发票式样不能满足业务需要，也可以自行设计本单位的发票式样，报经县（市）以上税务机关批准到指定的印刷厂印制。自制发票仅限于普通发票。

（1）用票单位根据业务特点和经营需要，设计发票式样，预计使用数量；

（2）代理填写《企业自制发票申请审批表》，写明所需发票的种类、名称、格式、联次和需求数量，连同发票式样一同提交主管税务机关审批；

（3）取得税务机关核准的《发票印制通知书》后，到指定的印刷厂印制。

发票印制完毕，注册税务师应指导用票单位建立发票领用存的管理制度，按季度向主管税务机关报送《发票领用存情况季报表》。

2. 代理统印发票领购操作要点

（1）统印发票的领购方式。统印发票的领购方式有三种：

① 批量供应。税务机关根据用票单位业务量对发票需求量的大小，确定一定时期内的合理领购数量，用量大的可以按月提供，用量不太大的可以按季领购，防止其积存较多发票而引起管理上的问题。这种方式主要适用于财务制度较健全、有一定经营规模的纳税人。

② 交旧购新。用票单位交回旧的（即已填用过的）发票存根联，经主管税务机关审核后留存，才允许购领新发票。主管税务机关对旧发票存根联进行审核，主要看其存根联是否按顺序号完整保存，作废发票是否全份缴销，填开的内容是否真实、完整、规范等。

③ 验旧购新。这种方式与交旧购新基本相同，主要一点区别是税务机关审验旧发票存根以后，由用票单位自己保管。

后两种方式适用于财务制度不太健全、经营规模不大的单位和个体工商业户，以便于税务机关能及时检查并纠正其发票使用过程中出现的问题。

（2）代理统印发票领购操作要点。

① 注册税务师应根据用票单位适用的发票领购方式，办理发票领购手续。在初次办理统印发票领购时，应填写《发票领购申请审批表》，经核准后，持《普通发票领购簿》、单位公章、经办人印章等到主管税务机关办理发票领购手续，按规定缴纳发票工本费，并取得收据。

② 发票领购后，注册税务师应将其与《发票领购簿》记载的种类、数量、字轨号码进行核对，确认无误后交给用票单位并履行签收手续。

③ 对于再次领购发票的用票单位，注册税务师应按税务机关发票保管与使用的规定，认真审核发票存根联的各项内容，对于发现的问题应提示用票单位予以纠正后，再按用票单位适用的购票方式办理发票领购手续。

④ 对于用票单位已经发生的发票丢失、发票使用不符合规范等问题，注册税务师应指导用票单位向主管税务机关提交检查报告，并办理有关手续。

二、发票开具

（一）发票开具要求

1. 发票开具使用的要求。任何填开发票的单位和个人必须在发生经营业务并确认营业收入时，才能开具发票，未发生经营业务一律不得开具发票；不得转借、转让或者代开发票；未经税务机关批准，不得拆本使用发票；不得自行扩大专用发票的使用范围，如将增值税专用发票用于非增值税一般纳税人。

2. 发票开具时限的要求。企业结算货款的方式不同，开具发票的时限要求也不同。如增值税专用发票开具的时限规定为：采用预收货款、托收承付、委托银行收款结算方式的，为货物发出的当天；采用交款发货结算方式的，为收到货款的当天；采用赊销、分期付款结算方式的，为合同约定的收款日期的当天；将货物交给他人代销，为收到受托人送交的代销清单的当天；设有两个以上机构并实行统一核算的纳税人，将货物从一个机构移送其他机构用于销售，按照规定应当征收增值税的，为货物移送的当天；将货物作为投资提供给其他单位或者个体经营者，将货物分给股东或投资者的，均为货物移送的当天。增值税一般纳税人必须按照规定的时限开具增值税专用发票，不得提前或滞后。

3. 发票开具地点的要求。发票限于领购单位和个人在本省（直辖市、自治区）范围内开具。有些省级税务机关规定仅限于在本县、市内开具；有些省级税务机关虽然规定在本省（直辖市、自治区）跨县、市开具，但附有限定条件。任何单位和个人未经批准，不得跨规定的使用区域携带、邮寄或者运输发票，更不得携带、邮寄或者运输发票出入国境。

4. 电子计算机开具发票的要求。用票单位使用电子计算机开具发票，必须报经主管税务机关批准，并使用税务机关统一监制的机外发票，即经税务机关批准的在定点印制发票企业印制的供电子计算机开具的发票。同时，开具后的存根联应当按照顺序号装订成册，以备税务机关检查。

（二）发票的取得与保管

1. 发票的取得。为了便于进行会计核算，任何单位和从事生产经营活动的个人在购买商品、接受服务以及从事其他经营活动中支付款项，应当向收款方索取发票。根据《发票管理办法》规定，在取得发票时，不得要求变更品名和金额。同时，不符合规定的发票，即应经而未经税务机关监制的发票；填写项目不齐全，内容不真实，字迹不清楚的发票；没有加盖财务印章或者发票专用章的发票；伪造、作废以及其他不符合税务机关规定的发票，一律不得作为财务报销凭证，任何单位和个人有权拒收。

2. 发票的保管。任何单位和个人不得转借、转让、代开发票；未经税务机关批准，不得拆本使用发票；不得自行扩大专业发票使用范围。禁止倒买倒卖发票、发票监制章和发票防伪专用品。发票限于领购单位和个人在本省、自治区、直辖市内开具。省、自治区、直辖市税务机关可以规定跨市、县开具发票的办法。任何单位和个人未经批准，不得跨规定的使用区域携带、邮寄、运输空白发票。禁止携带、邮寄或者运输空白发票出入境。开具发票的单位和个人应当建立发票使用登记制度，设置发票登记簿，并定期向主管税务机关报告发票使用情况。开具发票的单位和个人应当在办理变更或者注销税务登记的同时，办理发票和发票领购簿的变更、缴销手续。开具发票的单位和个人应当按照税务机关的规定存放和保管发票，不得擅自损毁。已开具的发票存根联和发票登记簿，应当保存五年。保存期满，报经税务机关查验后销毁。

三、发票审查代理

（一）代理发票审查的基本内容

代理发票审查一般不单独进行，而是注册税务师在计算填报纳税申报表和办理发票领购手续之前所做的准备工作，当然，在审查纳税情况时，代理发票审查也是不可缺少的环节。

注册税务师接受纳税人委托进行发票审查时，首先应明确发票审查的目的和要求，以及审查的对象和范围，然后深入纳税人的生产经营场所进行实地审查。

温馨提示：税务机关在发票管理中有权进行下列检查：

（1）检查印制、领购、开具、取得和保管发票的情况；

（2）调出发票查验；

（3）查阅、复制与发票有关的凭证、资料；

（4）向当事各方询问与发票有关的问题和情况；

（5）在查处发票案件时，对与案件有关的情况和资料，可以记录、录音、录像、照相和复制。

1. 普通发票代理审查操作要点

（1）审查发票基础管理情况。发票基础管理工作的状况，直接影响到发票使用、保管等各个环节的管理成效。发票基础管理工作包括用票单位发票管理人员的配备、发票存放的安全性、发票取得与开具管理环节的严密性等。

（2）审查发票领购、发放、保管情况。对发票领购环节主要审查发票领购的手续是否合法，有无私印、私售发票的问题；对发票发放环节主要审查发票的发放是否符合规定的范围，按序时登记并有领取人的签收手续；对发票保管环节主要审查发票存根、库存未用的发票是否保存完整，账面数与实际库存数是否相等，有无发生丢失、霉烂等情况；已用的发票存根联及作废发票是否完整保存，是否按规定造册登记并报税务机关销毁。

（3）审查发票使用情况。注册税务师审查发票的使用情况，主要从三个方面入手：

第一，审查发票开具内容是否真实，即票面各项内容所反映的业务是否为用票单位的真实情况；

第二，审查发票有无超经营范围填开的问题，填开的方法是否符合规定要求，如发票各栏项目的填写是否准确无误，各联次是否一次性开具，是否加盖了财务专用章或发票专用章，大小写金额是否封顶等；

第三，审查发票取得是否符合发票管理制度的规定，有无转借、代开或虚开发票的问题。对于从中国境外取得的发票如有疑问，可要求纳税人提供境外公证部门或注册会计师的确认证明。

2. 增值税专用发票代理审查操作要点

增值税专用发票是纳税人经济活动中的重要原始凭证，是兼记销货方纳税义务和购货方进项税额的合法证明，对增值税的计算和管理起着决定性的作用。因此，做好增值税专用发票的代理审查工作，对保证纳税人正确核算应纳税额是十分重要的。增值税专用发票的审查除上述审查普通发票的操作要点以外，还应侧重以下几个方面：

（1）增值税专用发票开具的范围。审查发生销售免税项目、在境外销售应税劳务、向消费者销售应税项目时，用票单位是否有开具增值税专用发票的问题。

（2）增值税专用发票抵扣联的取得。对用票单位取得增值税专用发票的时间、内容、税额计算等方面进行详细核查，凡属于未按规定取得增值税专用发票的情况，应提示纳税人不得计算抵扣进项税额。

（3）增值税专用发票的缴销。为了保证增值税专用发票的安全使用，纳税人要按规定的期限缴销，如从开具第一张专用发票的时间算起至 60 天内要办理缴销手续。对于填开有误的专用发票要加盖"误填作废"的条形专用章后予以缴销。

（二）代理发票审查的基本方法

注册税务师审查发票的方法可以因事而异，其目的是帮助纳税人严格按照发票管理制度的规定取得和开具发票，保证原始凭证的真实性与合法性。

1. 对照审查法

（1）用《发票领购簿》记载的购、用、存册数和实际购、用、存册数对照，看有无丢失、借用发票等情况。

（2）将企业填开的发票与销项税额，取得的发票与进项税额，销项税额、进项税额与应纳税额分别进行核对，从中发现问题。具体审查公式为：

① 填开发票的销售额 × 适用税率 = 销项税额

② 取得发票的销售额 × 适用税率 = 票面的进项税额

③ 当期销项税额 - 当期进项税额 = 本期应纳税额

【案例 2 - 3】×× 税务师事务所受托对亚桑公司 2008 年 10 月~2009 年 12 月的发票使用情况进行审查。注册税务师通过增值税应交税费明细账与增值税专用发票抵扣联等进项原始凭证核对，其他业务收入与开出发票的记账联核对等方法，发现问题如下：

1. 2008 年 12 月筹建期内采购低值易耗品从某商场取得增值税专用发票未附"销货清单"3 份。

2. 2009 年 2 月 5 日、11 日、23 日从某生铁厂采购原料取得的增值税专用发票抵扣联 3 份为旧版专用发票，应予以缴销金额为 124 000 元，已计提进项税额 21 080 元。

3. 2008 年 10 月~12 月销售边角余料取得其他业务收入 74 100 元，已作销售处理，但是开具企业事业单位往来结算收据，属于以非经营性票据结算经营性收入。

4. 2009 年 10 月~12 月该公司采购原材料，取得运费发票 6 份未加盖财务专用章，金额 25 070 元。

针对上述问题，注册税务师提出如下建议：

对旧版作废发票，应要求销货方收回并重新开具增值税专用发票；对未开具销货清单和未加盖财务专用章的问题，要求销售方予以补正，否则，应将已提取的进项税额从增值税应交税费明细账的贷方转出，补缴增值税；对于销售边角料应到主管国税局申请购买工业企业产品销售普通发票，用以结算收入。

2. 票面逻辑推理法

（1）发票各内容之间逻辑关系分析法。

① 根据销售货物或劳务的名称可确定是否是应税业务。

② 根据销售货物或劳务的名称可确定适用税率。

③ 购销双方的纳税人名称与税务登记号是否存在直接的对应关系。

④ 计量单位、数量、单价、金额、税率和税额之间是否存在逻辑关系。

（2）发票与企业经济业务的对应关系分析法。

发票的取得→存货↑→货币资金↓或应付账款↑

发票的填开→存货↓→货币资金（应收账款）↑

3. 发票真伪鉴别方法

在实际工作中，用票单位和个人往往会遇到真伪发票的鉴别问题。因此，注册税务师学会鉴别真伪发票的方法，对于指导纳税人依法取得合法有效的结算凭证，保护自身的经济利益是十分有益的。

（1）普通发票真伪鉴别方法。

① 发票监制章是识别发票真伪的法定标志之一。全国统一启用的新版发票的"发票监制章"，其形状为椭圆形，上环刻制"全国统一发票监制章"字样，下环刻制"税务局监制"字样，中间刻制国税、地税税务机关所在地的省、市全称或简称，字体为正楷，印色为大红色，套印在发票联的票头正中央。

② 从发票联底纹、发票防伪专用纸等方面识别。这些防范措施也是识别发票真伪的重要依据。

③ 采用发票防伪鉴别仪器，识别是否为统一的防伪油墨。

（2）增值税专用发票真伪鉴别方法。

为鉴别增值税专用发票的真伪，首先应了解其防伪措施，然后，采取特定的审查方法来鉴别其真伪。

① 对照光线审查增值税专用发票的发票联和抵扣联，看是否为国家税务总局统一规定的带有水印图案的防伪专用纸印制。

② 用紫外线灯和发票鉴别仪鉴别无色和有色荧光防伪标志。

【案例2-4】 ××科学仪器有限公司是高新技术企业，生产高分子光谱科学仪器。该公司除销售产品外，还提供计算机软件和光谱分析服务，属于增值税混合销售并有营业税纳税义务的企业。为了能指导企业正确区分纳税义务，准确认定销售和经营收入适用税种、税目，××税务师事务所按季度审查该公司发票使用及计税情况，2008年第4季度审查后的资料如下：

1. 取得采购计算机增值税专用发票金额30万元，原材料、包装物、低值易耗品增值税专用发票价税合计129万元，已按票面注明税额计提进项税额。其中：有6台计算机（单价4 500元）用于色谱柱分析服务，随同材料采购支付的运输费用2.2万元，已按7%计提进项税额。其中有3份套印××市国税局发票监制章的发票，运费金额0.62万元。

2. 2008年第4季度销售产品和提供色谱柱分析服务开具发票情况如下：

（1）销售光谱分析柱增值税专用发票价税合计375万元；

（2）销售外购计算机和色谱分析柱计算机软件产品，开具增值税专用发票价税合计112万元，同时提供的软件产品分析服务开具服务业收入发票金额合计28万元，并按5%计算缴纳营业税；

（3）向医院、高新技术企业提供色谱柱分析服务开具服务业收入发票结算收入44.10万元；

（4）向科研单位和大专院校提供色谱分析服务，以往来款项结算凭证"企事业单位收款收据"结算收入26万元，挂在往来款项未作计税收入。

3. 发票开具与取得其他方面的问题如下：

（1）营销部租用金鼎大厦写字间租赁费8万元，取得的原始凭证为服务业收入发票；

（2）外购低值易耗品取得增值税专用发票7份，小写金额未封顶3份；

（3）该公司销售软件产品的同时发生的混合销售行为，未在同一张增值税专用发票或产品销售发票上开具并分别列示计税收入。

根据上述资料编制××科学仪器有限公司发票代理审查报告如下：

关于××科学仪器有限公司代理发票审查的报告

××科学仪器有限公司：

我们接受委托对贵公司2008年第4季度发票开具、取得及相关纳税情况进行审查，根据贵公司提供的原始凭证和财务核算资料，经审查发现问题如下：

一、贵公司采购计算机中的6台用于非应税劳务，每台计算机的价税合计金额4 500元，按《增值税暂行条例》的规定其进项税额不予抵扣，应作为固定资产计入采购成本，并应作出增值税应交税费明细账进项税额转出3 923.08元的会计处理。

二、贵公司销售计算机软件的同时提供分析服务应按混合销售计算缴纳增值税，而不是按开出发票的类别区分适用的税种，已纳营业税税额应按增值税进行调整，今后凡有类似业务应开具增值税专用发票或工业企业产品销售统一发票。

三、贵公司向大专院校科研单位提供光谱分析服务，应以服务业收入统一发票进行结算并记入营业收入账户，已取得劳务收入26万元，应按服务业5%的税率缴纳营业税1.3万元。

四、运费发票按××市发票管理制度的规定：从2004年1月1日起，凡用于结算营业税收入的发票均由地方税务局管理，统一套印××市地方税务局发票监制章，原套印国税局发票监制章的运输费用统一结算发票应予以作废缴销。因此，贵公司取得的已作废的运费发票应要求提供劳务的单位重新开具，否则，不予列支成本、费用和计提进项税额。

五、贵公司营销部租用写字间，提供房屋使用权的单位应到主管地方税务机关开具"房屋租赁统一发票"，并按租金收入5%缴纳营业税，缴纳12%房产税。收款方开具的服务业统一发票不能作为费用列支凭证。

六、贵公司开具发票所涉及销售产品或非应税劳务应作明确的列示：

第一，销售产品、计算机、计算机软件收入为增值税应税销售额，如果同时提供色谱柱的分析服务应为混合销售，在同一张发票上应分别填写计税金额，计算缴纳增值税。而且，只能使用增值税专用发票或工业企业产品销售发票与付款方结算。

第二，单独提供色谱柱分析服务包括提供技术资料和培训服务，在与接受应税劳务的单位进行结算时，一律开具服务业统一发票，其项目应填写光谱分析服务，计算缴纳营业税。

七、贵公司采购和财务人员在取得发票作为原始凭证入账前，应认真审核其发票的类别所适用的业务范围，发票的版本是否为旧版发票，发票各栏目的填写和印章有无错误或缺漏，如有问题应及时与收款方沟通解决。

上述问题请贵公司尽快予以纠正。有关税额计算和账务处理的调整，在年度汇算清缴所得税前，由我所协助贵公司进行。

××税务师事务所

注册税务师 ××

2009年1月18日

关键术语

1. 税务登记 2. 增值税专用发票 3. 普通发票 4. 专业发票 5. 统印发票领购方式

实训练习

【实训题1】

【实训资料】 宏达电脑咨询公司为集体企业，纳税人识别号为210203100112345，注册资本20万元，自2009年2月成立以来，主要从事技术咨询服务及对电脑操作人员的培训业务，兼做销售电脑软件。2009年8月1日该公司变成股份制企业，并更名为中天电脑股份有限公司，增加注册资本50万元。公司决定改变经营策略，以生产销售电脑软件为主，兼作技术咨询服务。并招聘4名财会专业人员，设置了总账、明细账及银行存款、现金明细账，预计年销售额可达1 000万元。

【实训要求】

(1) 说明代理该公司变更税务登记操作要点，并填写"税务登记变更表"。

(2) 说明代理该公司增值税一般纳税人认定登记操作要点。

【实训题2】

【实训资料】 龙华超市有限公司是一家从事商品百货的商贸企业，2009年被认定为一般纳税人企业。自用房屋三层，二、三层为自营超市经营场所，一层出租给10个服装商店出售服装。为了能准确地指导企业正确区分纳税义务，准确认定销售和经营收入适用税种、税目，2009年7月29日诚信税务师事务所委派注册税务师李某对其2009年第2季度的发票使用和计税情况进行了审查，企业2009年第2季度的主要资料如下：

1. 采购电视机10台用于放置在经营场所，改善购物环境。取得了增值税专用发票一张，发票注明价款80 000元，税款13 600元，企业将发票中注明的税款计入了进项税额中核算。

2. 2009年第2季度的经营收入开具发票如下：

(1) 销售食品开具商业零售普通发票208万元，计入增值税销项税额8万元。

(2) 销售服装开具商业零售普通发票117万元，并按照发票金额的5%给予销售人员提成，在计算销售收入时直接从销售额中扣减。

(3) 取得房屋租金收入30万元，开具商业零售普通发票，并按照17%的税率计算了销项税额，收入在其他业务收入科目中核算。

(4) 销售给某加工厂工作服100套，手套100套，在厂家的要求下，开具了增值税专用发票，发票注明价款1万元。

(5) 销售冰箱10台，在消费者的要求下，提供送货业务，开具收款收据收取运费300元，作为企业的福利基金，计入了"应付职工薪酬——福利费"中。

3. 发票取得方面的情况：

(1) 取得供电公司开具的电费增值税专用发票，注明价款20 000元，按照适用的税率全部计入进项税额核算。经过企业核算，其中：一层应当负担5 850元，开具收款收据向一层的出租方收回。

（2）向小规模纳税人购买管理用办公用品，支付货款2 000元，取得普通发票一张，大写金额2 000元，小写金额20 000元，企业按照2 000元计入管理费用中。

（3）外购商品用于销售，取得增值税专用发票，发票注明价款352万元，税款63.36万元，企业已经计入库存商品和进项税额中核算。

【实训要求】根据以上资料，代诚信税务师事务所及注册税务师李某编制龙华超市有限公司发票代理审查报告。

实践训练

代理税务登记与发票领购业务，是税务代理机构经常性的一项工作，一个合格的税务代理人员必须具备这一技能，才能熟练做好这一工作。

【实习实训要求】

（1）要求学生在熟悉代理税务登记业务操作规程的前提下，会填制税务登记表。

（2）通过税务中介机构实习，熟悉发票领购业务的操作规程，能够模拟进行发票领购操作过程。

第 三 章

增值税代理

---- 学习目标 ----------------------------------

1. 掌握增值税会计核算及会计处理
2. 精通一般纳税人与小规模纳税人增值税申报代理业务
3. 掌握代理出口货物退税申报业务
4. 能够根据会计资料结合实际业务代理增值税纳税审查业务
5. 熟悉增值税纳税筹划方法

第一节　增值税会计核算

增值税征税范围涉及工业生产企业及商业企业经济业务，纳税人在货物购进、领用、销售过程中，都要进行包括增值税在内的经济业务会计核算，因此，作为从事税务代理业务的专业人员必须熟悉并掌握增值税会计核算内容。

一、会计科目设置

（一）"应交税费"科目

本科目核算企业按照税法规定应缴纳的各种税费，包括增值税、消费税、营业税、所得税、资源税、土地增值税、城市维护建设税、房产税、土地使用税、车船税、教育费附加、矿产资源补偿费等。

企业（保险）按规定应缴纳的保险保障基金、代扣代缴的个人所得税，也通过本科目核算。

企业不需要预计应缴数所缴纳的税金，如印花税、耕地占用税和车辆购置税等，不在本科目核算。

企业通过"应交税费"科目，总括反映各种税费的缴纳情况，并按照"应交税费"的税种进行明细核算。本科目贷方登记应缴纳的各种税费等，借方登记实际缴纳的各种税费；期末贷方余额反映企业尚未缴纳的税费；期末如为借方余额，反映企业多缴或尚未抵扣的税金。

（二）"应交增值税"明细科目

本科目为"应交税费"科目下设置的二级明细科目。该科目核算企业应交增值税的发生、抵扣、缴纳、退税及转出等情况。对于一般纳税人来说，由于反映事项较多，在账户设置上采用多栏式账户的方式，在借方和贷方分别设置了若干个专栏。

1. 一般纳税人"应交税费——应交增值税"科目下设专栏如图。

借　方					贷　方				
进项税额	已交税费	减免税款	出口抵减内销产品应纳税款	转出未交增值税	销项税额	出口退税	进项税额转出	转出多交增值税	

2. 小规模纳税人"应交税费——应交增值税"科目设置。小规模纳税人需设置本科目，但不进行三级明细核算。小规模纳税人在本科目借方反映已缴纳的增值税额，贷方反映应缴纳的增值税额；期末借方余额反映多缴的增值税额，期末贷方余额反映未缴的增值税额。

（三）"未交增值税"明细科目

本科目属于二级明细科目，用来核算一般纳税人企业应缴未缴增值税额和尚未抵扣完毕的进项税额及转入多缴的增值税额。

企业一般在月末将应缴未缴的增值税额从"转出未交增值税"专栏转入"未交增值税"，会计处理为借记"应交税费——应交增值税（转出未交增值税）"，贷记"应交税费——未交增值税"。

对于上期留抵税额及本期多交的增值税额，企业一般从"转出多交增值税"专栏转入"未交增值税"，会计处理为，借记"应交税费——未交增值税"，贷记"应交税费——应交增值税（转出未交增值税）"。

本科目月末借方余额反映企业期末留抵的税额和多交的增值税额，贷方余额反映本期欠交结转下期缴纳的增值税税额。

（四）"增值税检查调整"专门账户

根据国家税务总局《增值税日常稽查办法》的规定，增值税一般纳税人在税务机关对其增值税纳税情况进行检查后，凡涉及增值税涉税账务调整的，应设立"应交税费——增值税检查调整"专门账户。

凡需要调增销项税额或进项税转出及调减进项税额的，应借记有关科目，贷记本科目；

凡需要调减销项税额或进项税转出及调增进项税额的，应借记本科目，贷记有关科目。全部调整事项入账后，应结出本账户的余额，并对该余额进行处理。本账户期末无余额。本账户借贷方发生额和余额均要填入增值税申报表。

二、增值税会计核算

(一) 工业企业增值税会计核算

增值税会计核算与其他税种会计核算相比，内容多，核算复杂。应纳税额的计算实行税款抵扣制度，即本期应纳税额等于本期销项税额减本期进项税额。

> 问题讨论：有很多企业财务人员认为，"应交税费——未交增值税"二级明细科目根据实际情况可以不设，企业期末"应交税费——应交增值税"科目借贷方余额就分别反映了欠缴税金及留抵税额。谈谈你的看法？

1. 销项税额的会计处理

(1) 纳税人销售货物 (包括销售已使用过的固定资产) 或对外提供劳务，将自产、委托加工或购买的货物分配给股东或投资者，用于职工个人福利，按照实现的销售额和收取的增值税额之和，借记"银行存款"、"应收账款"、"应收票据"、"应付利润"、"应付职工薪酬"，按照实现的销售额，贷记"主营业务收入"、"其他业务收入"，根据按规定收取的增值税额，贷记"应交税费——应交增值税（销项税额）"等。

【案例 3-1】A 公司本月对外销售货物 10 箱，每箱售价 50 元，同时经银行代垫运费 200 元。该货物增值税税率为 17%，则企业会计处理为：

借：应收账款　　　　　　　　　　　　　　　　　　　6 050

　　贷：主营业务收入　　　　　　　　　　　　　　　5 000

　　　　应交税费——应交增值税（销项税额）　　　　850

　　　　银行存款　　　　　　　　　　　　　　　　　200

【案例 3-2】A 公司将其生产的产品作为春节福利发放给职工，产品每台售价 14 000 元，共有职工 200 名，适用的增值税税率为 17%，则会计处理为：

借：应付职工薪酬——非货币性福利　　　　　　　　3 276 000

　　贷：主营业务收入　　　　　　　　　　　　　　　2 800 000

　　　　应交税费——应交增值税（销项税额）　　　　476 000

(2) 视同销售的会计处理。企业将自产货物无论用于对内还是对外使用，属于视同销售；企业将购买的货物用于对外使用，也属于视同销售，需要按照货物成本和计算的增值税销项税额，借记"在建工程"、"应付职工薪酬"、"长期投资"、"营业外支出"等相关科目，贷记"应交税费——应交增值税（销项税额）"、"库存商品"、"自制半成品"等，其纳税义务发生时间为货物移送使用时间。

> 温馨提示：视同销售是指企业并未取得货币或其他实物、有价证券等，在会计上不作销售处理，但在税法上要求计算缴纳增值税的行为。其计税价格为售价。

【案例 3-3】A 公司 11 月份特制微波炉一批，作为礼物赠送给自己的长期客户，该批产品无同类产品的销售价格。已知该产品的实际成本为 8 000 元，成本利润率为 10%。则会计处理为：

组成计税价格 = 8 000 × (1 + 10%) = 8 800（元）

增值税税额 = 8 800 × 17% = 1 496（元）

借：营业外支出   10 296

    贷：库存商品——微波炉   8 800

         应交税费——应交增值税（销项税额）   1 496

（3）带包装销售的会计处理。

① 随同产品出售并单独计价的包装物，其包装物收入应并入主营业务收入中一并缴纳增值税；随同产品出售单独计价，另外又收取的押金收入逾期未退还的，借记"其他应付款"等科目，贷记"应交税费——应交增值税（销项税额）"、"营业外收入"。

【案例3-4】A公司销售给甲公司带包装产品一批，包装物单独计价，开具的增值税专用发票上注明，产品不含税售价70 000元，包装物不含税售价3 000元，增值税款12 410元，款项尚未收到。则企业会计处理为：

借：应收账款   85 410

    贷：主营业务收入   70 000

       其他业务收入   3 000

       应交税费——应交增值税（销项税额）   12 410

② 纳税人为销售货物而出租或出借包装物收取的押金，逾期未退还的，依据增值税法规定，按照所包装货物适用的税率征收增值税。企业取得押金收入时，借记"银行存款"，贷记"其他应付款"；因逾期未退还包装物而没收押金时，借记"其他应付款"，贷记"其他业务收入"、"应交税费——应交增值税（销项税额）"。

【案例3-5】A公司5月份销售带包装货物50件，不含税售价300元/件，每件收取包装物押金23.4元，约定包装物2个月后归还，但一直到7月底对方因包装物损毁无法退还。则企业会计处理为：

温馨提示：出租包装物租金收入应作为价外收费计入销售额征收增值税。

收到包装物押金时：

借：银行存款   1 170

    贷：其他应付款   1 170

没收押金时：

借：其他应付款   1 170

    贷：其他业务收入   1 000

       应交税费——应交增值税（销项税额）   170

（4）增值税出口退税和减免与返还的会计处理。

① 企业实际收到即征即退、先征后退、先征后返返还的增值税后，应按《企业会计制度》的规定进行会计处理，于实际收到退回的增值税税款时：

借：银行存款

    贷：补贴收入

对于直接减免的增值税，企业应借记"应交税费——应交增值税（减免税额）"，贷记"补贴收入"账户。

② 出口货物采用"免抵退"方法实行退税的企业，按规定计算的当期应予抵扣的税额，

借记"应交税费——应交增值税（出口抵减内销产品应纳税额）"，贷记"应交税费——应交增值税（出口退税）"。因应抵扣的税额大于应纳税额而未全部抵扣，按规定应予退回的税款，借记"应收补贴款"科目，贷记"应交税费——应交增值税（出口退税）"；收到退回的税款，借记"银行存款"科目，贷记"应收补贴款"科目。

（5）小规模纳税人销售货物或提供应税劳务的会计处理。小规模纳税人应纳税额的计算不实行税款抵扣的方法，其应纳税额为销售额乘以征收率，因此，只通过"应交税费——应交增值税"反映应交、欠交和上交的情况。

【案例3-6】世衡企业为小规模纳税人，5月份产品含税销售收入20 600元，货款尚未收到。则企业会计处理为：

借：应收账款　　　　　　　　　　　　　　　　　　　　　　20 600
　　贷：主营业务收入　　　　　　　　　　　　　　　　　　20 000
　　　　应交税费——应交增值税　　　　　　　　　　　　　　600

次月初，上交本月增值税600元，会计分录为：

借：应交税费——应交增值税　　　　　　　　　　　　　　　600
　　贷：银行存款　　　　　　　　　　　　　　　　　　　　600

2. 进项税额的会计处理

我国现行增值税实行税款抵扣制，凡经认证通过的进项税额均可抵扣。但是，下列项目的进项税额不得从销项税额中抵扣：

① 用于非增值税应税项目、免征增值税项目、集体福利或者个人消费的购进货物或者应税劳务；

② 非正常损失的购进货物及相关的应税劳务；

③ 非正常损失的在产品、产成品所耗用的购进货物或者应税劳务；

④ 国务院财政、税务主管部门规定的纳税人自用消费品；

①至④项规定的货物的运输费用和销售免税货物的运输费用。

对于上述外购业务，纳税人在购进时支付的进项税额，不允许计入"应交税费——应交增值税"明细账借方进项税金专栏，只能计入外购货物或劳务的成本中。其会计分录为，按照购进货物或劳务的实际成本及支付的增值税税额，借记"原材料"、"在建工程"等，贷记"银行存款"等。

【案例3-7】A企业因改建扩建工程需要购入一批物资，取得增值税专用发票上注明，价款30 000元，增值税额5 100元，货款已用银行存款支付。则企业会计处理为：

借：在建工程——工程物资　　　　　　　　　　　　　　　35 100
　　贷：银行存款　　　　　　　　　　　　　　　　　　　35 100

对准予抵扣的进项税额，若购进业务发生后，扣税凭证通过认证，进项税额即可抵扣。进项税额可借记"应交税费——应交增值税（进项税额）"，若购进业务发生后，扣税凭证已取得，但尚未通过认证，企业可增设"待扣税金——待扣增值税"账户，借方反映已取得发票但尚未进行认证的进项税额，贷方反映符合抵扣条件转入"应交税费——应交增值税"借方的增值税额。

（以下案例，业务发生时取得的进项税额均为认证通过的专用发票上记载的进项税额）

① 国内采购货物进项税额会计处理。企业从国内采购货物，按专用发票上注明的价款

加上扣除了增值税额后的运杂费，借记"材料采购"、"原材料"、"包装物"、"低值易耗品"、"固定资产"按照专用发票上注明的进项税额及运杂费按规定计算的进项税额之和，借记"应交税费——应交增值税（进项税额）"，贷记"银行存款"、"应付账款"、"应付票据"等。

【案例3-8】A公司4月份购入钢锭一批，已取得增值税专用发票上注明的价款30 000元，增值税5 100元，款项已付。则会计处理为：

借：原材料　　　　　　　　　　　　　　　　　30 000
　　应交税费——应交增值税（进项税额）　　　5 100
　　贷：银行存款　　　　　　　　　　　　　　　　35 100

② 接受投资转入货物的进项税额的会计处理。投资者投入的货物，按确认的实际成本，借记"原材料"科目，按专用发票上注明的增值税额，借记"应交税费——应交增值税（进项税额）"科目，按照投资合同或协议确认的价值加上投入材料的进项税额，贷记"实收资本（或股本）"科目，若投资者投入原材料的价值超过协议出资额的部分，贷记"资本公积"科目。

【案例3-9】A公司4月份接受甲公司投入的原材料，投资各方协议确认的投资者投入原材料价值为2 000 000元，专用发票上注明的增值税额为340 000元，假定投资协议约定的价值是公允价。A公司协议的出资额1 600 000元，则会计处理为：

借：原材料——材料　　　　　　　　　　　　　2 000 000
　　应交税费——应交增值税（进项税额）　　　340 000
　　贷：实收资本——法人资本　　　　　　　　　1 600 000
　　　　资本公积——资本溢价　　　　　　　　　740 000

③ 接受捐赠转入货物的进项税额的会计处理。企业接受捐赠转入的货物按照捐赠方开来的专用发票上注明的增值税额，借记"应交税费——应交增值税（进项税额）"账户，按确认的货物的价值借记"原材料"或"固定资产"账户，按接受捐赠的非货币资产的公允价值贷记"营业外收入"等科目。

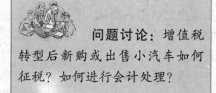 问题讨论：增值税转型后新购或出售小汽车如何征税？如何进行会计处理？

【案例3-10】A公司8月份接受乌兰集团公司捐赠的甲材料一批，收到的专用发票上注明甲材料价款100 000元，增值税税额17 000元，则会计处理为：

借：原材料　　　　　　　　　　　　　　　　　100 000
　　应交税费——应交增值税（进项税额）　　　17 000
　　贷：营业外收入　　　　　　　　　　　　　　117 000

问题讨论：接受捐赠计入营业外收入会导致企业利用捐赠调节本年利润吗？

④ 接受应税劳务进项税额的会计处理。企业接受加工、修理修配劳务，按专用发票上注明的增值税额，借记"应交税费——应交增值税（进项税额）"，按照专用发票上记载的应计入加工、修理修配劳务成本的金额，借记"委托加工材料"、"其他业务支出"等账户，按应付或实付的金额，贷记"银行存款"或"应付账款"等账户。

【案例3-11】A公司委托宇通木器厂加工一批包装用木箱,发出材料价款60 000元,支付加工费4 000元,取得加工费专用发票注明进项税额680元。支付给承运部门的往返运费340元,已取得运输发票(已认证通过)。加工完毕入库。则会计处理为:

(1) 发出材料时:

借:委托加工物资 60 000

　　贷:原材料 60 000

(2) 支付加工费时:

借:委托加工物资 4 000

　　应交税费——应交增值税(进项税额) 680

　　贷:银行存款 4 680

(3) 支付运费:

借:委托加工物资 316.2

　　应交税费——应交增值税(进项税额) 23.8

　　贷:银行存款 340

(4) 加工完毕收回时:

借:包装物 64 316.2

　　贷:委托加工物资 64 316.2

⑤ 购进免税农产品进项税额的会计处理。按购进农产品的买价和规定的扣除率13%计算的增值税额借记"应交税费——应交增值税(进项税额)",按买价扣除增值税后的余额借记"原材料"、"物资采购"等账户,按照应付或实际支付的货款贷记"应付账款"或"银行存款"。

【案例3-12】金旗王酒厂(增值税一般纳税人)从常青农场购入高粱200吨,购进价800元/吨,取得农场开具的普通发票注明价款160 000元。则会计处理为:

借:原材料 139 200

　　应交税费——应交增值税(进项税额)

　　　　　　　　　　　 20 800

　　贷:银行存款 160 000

⑥ 对运输费用允许抵扣的进项税额的会计处理。纳税人购进或者销售货物以及在生产经营过程中支付运输费用的,按照运输费用结算单据上注明的运输费用金额和7%的扣除率计算的进项税额允许从认证通过当期销项税额中扣除。

温馨提示:增值税一般纳税人取得2010年1月1日以后开具的增值税专用发票、公路内河货物运输业统一发票和机动车销售统一发票,应在开具之日起180日内到税务机关办理认证,并在认证通过的次月申报期内,向主管税务机关申报抵扣进项税额。

【案例3-13】A公司销售自产G型钢管一批,支付运费5 800元,取得承运部门开具的运费发票,注明运费8 400元,保险费及装卸费700元,货款已付。则会计处理为:

借:营业费用 8 512

　　应交税费——应交增值税(进项税额) 588

　　贷:银行存款 9 100

⑦ 购进的货物发生非正常损失及改变用途的进项税额会计处理。

a. 发生非正常损失的进项税额会计处理。按照税法规定，外购货物发生的非正常损失，其相应的进项税额不允许抵扣。因此，在会计处理上，其相应的进项税额一并计入"待处理财产损溢"，账户，按照实际入库材料负担的增值税额，借记"应交税费——应交增值税（进项税额）"账户，按照实际入库材料借记"原材料"账户，按照应付或实际支付的货款贷记"银行存款"、"应付账款"等账户。

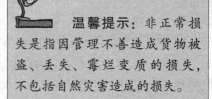

温馨提示：非正常损失是指因管理不善造成货物被盗、丢失、霉烂变质的损失，不包括自然灾害造成的损失。

【案例 3 – 14】A 公司外购原料 10 吨，取得的专用发票上注明价款 19 800 元，增值税额 3 366 元，货款已付，途中管理不善被盗 1 吨。则会计处理为：

借：待处理财产损溢 2 316.6
　　应交税费——应交增值税（进项税额） 3 029.4
　　原材料 17 820
　　贷：银行存款 23 166

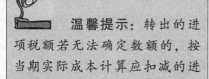

温馨提示：转出的进项税额若无法确定数额的，按当期实际成本计算应扣减的进项税额。

b. 购进货物改变用途转出进项税额的会计处理。企业为了生产购进货物或应税劳务，支付的进项税额在购入时计入"进项税额"专栏；在生产过程中购进的货物改变了用途，用于非增值税应税项目、免征增值税项目、个人消费等，则这部分货物实际负担的进项税额应当从进项税额中转出。其会计分录为，借记"在建工程"等，贷记"应交税费——应交增值税（进项税额转出）"。

【案例 3 – 15】A 公司因改扩建仓库，从库房领用购入生产用钢材 3 吨，按照会计核算方法确定的钢材实际成本为 18 000 元，适用的增值税税率 17%。则在移送使用时，会计处理为：

借：在建工程 21 060
　　贷：原材料 18 000
　　　　应交税费——应交增值税（进项税额转出） 3 060

⑧ 企业应交增值税的会计处理。企业在对销项税额、进项税额进行正确计算并会计处理后，月末，若"应交税费——应交增值税"账户为贷方余额，则表示企业应交的增值税税额。会计处理为：

借：应交税费——应交增值税（转出未交增值税）
　　贷：应交税费——未交增值税

次月初，企业缴纳增值税时，

借：应交税费——未交增值税
　　贷：银行存款

（二）商品流通企业增值税会计核算

1. 商品购进阶段。商业批发企业增值税会计核算与工业企业基本相同，这里不再重复。

商业零售企业销售阶段增值税的核算因其采用售价金额核算方法，在货物购进时与其他企业会计处理有所不同。首先，企业购进商品按不含税成本借记"材料采购"科目，按进项税额借记"应交税费——应交增值税（进项税额）"科目，按已付的全部款项贷记"银行存款"科目；其次，商品入库时，按含税售价借记"库存商品"科目，按不含税的进价贷记"材料采购"科目，按含税的进销差价贷记"商品进销差价"科目。

【案例 3－16】某商业零售企业 5 月份购进某品牌冰箱 100 台，每台冰箱进价 2 000 元，取得增值税专用发票注明价款 200 000 元，增值税进项税额 34 000 元。假设含税售价每台冰箱 2 925 元，根据有关单证，企业会计处理为：

（1）企业购货取得购货发票时：

借：材料采购   200 000

     应交税费——应交增值税（进项税额）   34 000

     贷：银行存款   234 000

（2）货物验收入库时：

借：库存商品   292 500

     贷：材料采购   200 000

     商品进销差价   92 500

2. 商品销售阶段。零售企业销售商品时，首先按含税售价，借记"银行存款"等科目，贷记"主营业务收入"科目，同时按含税售价结转商品销售成本，借记"主营业务成本"科目，贷记"库存商品"科目。其次，计算出销项税额，将商品销售收入调整为不含税的收入，借记"主营业务收入"科目，贷记"应交税费——应交增值税（销项税额）"科目。最后，月末，按含税的商品进销差价率计算已销商品应分摊的进销差价，根据计算出来的已销商品应分摊的进销差价，调整商品销售成本，即借记"商品进销差价"科目，贷记"主营业务成本"科目。这样处理账务，平时"主营业务收入"和"主营业务成本"科目并不反映真正的"收入"和"成本"。但是，使柜台价签上的标价与库存价格相符，有利于落实实物负责制。

假设上例冰箱全部售出，会计处理为：

（1）商品售出收到销货款

借：银行存款   292 500

     贷：主营业务收入   292 500

借：主营业务成本   292 500

     贷：库存商品   292 500

（2）月末，按规定的方法计算不含税销售额和销项税额

不含税销售额 = 292 500 ÷ (1 + 17%) = 250 000（元）

销项税额 = 250 000 × 17% = 42 500（元）

借：主营业务收入   42 500

     贷：应交税费——应交增值税（销项税额）   42 500

（3）月末结转商品进销差价

借：商品进销差价   92 500

     贷：主营业务成本   92 500

3. 商业企业增值税应纳税额的会计处理。商业企业增值税应纳税额的会计处理与工业企业基本相同，这里不再赘述。

（三）案例分析

【案例3-17】某工厂201×年4月份发生如下经济业务（案例中所有购进业务取得的增值税专用发票均已经认证通过）：

（1）4月1日，企业从本市购入A材料一批，共3 000公斤，单价30元，增值税专用发票注明增值税额为15 300元，货款已经支付。

假定该企业材料按实际成本计价，则：

借：原材料——A材料　　　　　　　　　　　　　　　　　　90 000
　　应交税费——应交增值税（进项税额）　　　　　　　　　15 300
　　贷：银行存款　　　　　　　　　　　　　　　　　　　　105 300

（2）4月2日，企业从外地××企业购入B种材料一批，共150吨，单价4 000元，增值税额为102 000元。该企业代垫运输费30 000元，按7%扣除率计算，增值税额为2 100元。

按实际成本计价，则：

借：原材料——B材料　　　　　　　　　　　　　　　　　　627 900
　　应交税费——应交增值税（进项税额）　　　　　　　　　104 100
　　贷：应付账款——××企业　　　　　　　　　　　　　　732 000

（3）4月3日，企业因材料质量问题将A材料1 000公斤退还给供货方，收回价款30 000元，增值税额为5 100元。已取得对方开具的红字专用发票。则：

借：银行存款　　　　　　　　　　　　　　　　　　　　　35 100
　　应交税费——应交增值税（进项税额）　　　　　　　　　5 100
　　贷：原材料（或材料采购）——A材料　　　　　　　　　30 000

（4）4月3日，企业以商业汇票方式购入低值易耗品一批，价款50 000元，增值税额为8 500元。则：

借：低值易耗品　　　　　　　　　　　　　　　　　　　　50 000
　　应交税费——应交增值税（进项税额）　　　　　　　　　8 500
　　贷：应付票据　　　　　　　　　　　　　　　　　　　　58 500

（5）4月5日，企业收到其投资者作为投资转入的货物一批，其中：机器一台，双方确认的价值为200 000元（假定双方协议价是公允价），取得投资方提供的专用发票上注明的增值税额为34 000元；原材料一批，投资者提供的专用发票上注明的增值税额为17 000元，双方确认的价值（已扣增值税）为120 000元。则：

借：固定资产　　　　　　　　　　　　　　　　　　　　　200 000
　　原材料　　　　　　　　　　　　　　　　　　　　　　120 000
　　应交税费——应交增值税（进项税额）　　　　　　　　　51 000
　　贷：实收资本——某投资者　　　　　　　　　　　　　　371 000

（6）4月6日，企业收到某客商赠送低值易耗品一批，双方确认的货物不含税价为30 000元，增值税专用发票上注明的增值税额为5 100元。则：

借：低值易耗品　　　　　　　　　　　　　　　　　　　　30 000
　　应交税费——应交增值税（进项税额）　　　　　　　　　5 100

　　　　贷：营业外收入　　　　　　　　　　　　　　　　　　　　　　　　　35 100

　　（7）4月8日，企业汽车损坏，委托某修理厂进行修理，支付修理费7 000元，增值税专用发票注明的增值税额为1 190元。则

　　　　借：管理费用　　　　　　　　　　　　　　　　　　　　　　　　　　7 000
　　　　　　应交税费——应交增值税（进项税额）　　　　　　　　　　　　　1 190
　　　　　　贷：银行存款　　　　　　　　　　　　　　　　　　　　　　　　8 190

　　（8）4月10日，企业购入生产经营用汽车一辆，取得税控系统开具的机动车销售统一发票，注明价款为230 000元，增值税额为39 100元，货款未付。则：

　　　　借：固定资产　　　　　　　　　　　　　　　　　　　　　　　　　250 000
　　　　　　应交税费——应交增值税（进项税额）　　　　　　　　　　　　39 100
　　　　　　贷：应付账款　　　　　　　　　　　　　　　　　　　　　　289 100

　　（9）4月12日，企业购入建筑材料一批，价款为9 000元，专用发票上注明增值税额为1 530元，用于企业职工食堂的修缮，货款已付。则：

　　　　借：应付职工薪酬　　　　　　　　　　　　　　　　　　　　　　　10 530
　　　　　　贷：银行存款　　　　　　　　　　　　　　　　　　　　　　　10 530

　　（10）4月15日，企业对外销售甲产品一批，开具增值税发票注明价款670 000元，增值税税额113 900元，代垫运输费30 000元。运费发票已转交给购货方，则：

　　　　借：银行存款　　　　　　　　　　　　　　　　　　　　　　　　813 900
　　　　　　贷：主营业务收入　　　　　　　　　　　　　　　　　　　　670 000
　　　　　　　　应交税费——应交增值税（销项税额）　　　　　　　　　113 900
　　　　　　　　应收账款　　　　　　　　　　　　　　　　　　　　　　30 000

　　（11）4月15日，企业将乙产品一批，于五一节时作为礼品全部发放给职工，按企业同类产品的平均售价计算，该批产品售价为60 000元，生产成本为35 000元。则：

　　　　借：应付职工薪酬　　　　　　　　　　　　　　　　　　　　　　　70 200
　　　　　　贷：主营业务收入　　　　　　　　　　　　　　　　　　　　60 000
　　　　　　　　应交税费——应交增值税（销项税额）　　　　10 200（60 000×17%）

　　（12）4月16日，某单位将A产品一部分退还给企业，价款为110 000元，增值税额为18 700元，企业已开具红字专用发票，退货款已支付。

　　　　按规定，纳税人因销货退回而退还给对方的增值税税额，应从当期的销项税额中扣减。则：

　　　　借：主营业务收入　　　　　　　　　　　　　　　　　　　　　　110 000
　　　　　　贷：银行存款　　　　　　　　　　　　　　　　　　　　　　128 700
　　　　　　　　应交税费——应交增值税（销项税额）　　　　　　　　18 700

　　（13）4月16日，企业用A产品一批，向某公司投资，双方协议价格为70 000元，增值税额为11 900，该批货物生产成本为45 000元。

　　　　借：长期投资　　　　　　　　　　　　　　　　　　　　　　　　81 900
　　　　　　贷：库存商品　　　　　　　　　　　　　　　　　　　　　　45 000
　　　　　　　　资本公积　　　　　　　　　　　　　　　　　　　　　　25 000
　　　　　　　　应交税费——应交增值税（销项税额）　　　　　　　　11 900

（14）4月18日，企业销售乙产品一批，不含税价款500 000元，随同产品出售但单独计价包装物10 000个，不含税价款每个6元，货款未收。则：

借：应收账款   655 200

  贷：主营业务收入   500 000

    其他业务收入   60 000

    应交税费——应交增值税（销项税额） 95 200

（15）4月20日，企业将随同产品出售但单独计价，另外又收取的某单位逾期未退还包装物押金46 800元转作营业外收入。则：

借：其他应付款   46 800

  贷：营业外收入   40 000[46 800÷（1＋17%）]

    应交税费——应交增值税（销项税额） 6 800（46 800－40 000）

（16）4月20日，由于仓库被盗企业丢失甲产品、乙产品一批，成本为8 000元，经过计算，其所耗用的材料和有关货物的进项税额为1 360元。

发生非正常损失时：

借：待处理财产损溢——待处理流动资产损溢   9 360

  贷：库存商品   8 000

    应交税费——应交增值税（进项税额转出） 1 360

（17）4月21日，企业将购进的B种材料5吨，用于企业在建工程。按企业材料成本计算方法确定，该材料成本为20 000元，其进项税额为3 400元。则：

借：在建工程   23 400

  贷：原材料   23 400

（18）4月23日，某工厂委托企业加工材料，收取加工费22 000元，开具增值税专用发票注明的增值税额为3 740元。则：

借：银行存款   25 740

  贷：其他业务收入   22 000

    应交税费——应交增值税（销项税额） 3 740

（19）4月30日，企业"应交税费——应交增值税"账户情况如下：

应交税费——应交增值税

1	15 300.00	10	113 900.00
2	104 100.00	11	10 200.00
3	5 100.00	12	18 700.00
4	8 500.00	13	11 900.00
5	51 000.00	14	95 200.00
6	5 100.00	15	6 800.00
7	1 190.00	16	1 360.00
8	39 100.00	17	0.00
9	0.00	18	3 740.00
本月合计：219 190.00			224 400.00
本月转出 5 210.00			

转出后本月"应交税费——应交增值税"期末余额为零。

结转本期增值税：

借：应交税费——应交增值税   5 210.00

  贷：应交税费——未交增值税   5 210.00

缴纳本期增值税：

借：应交税费——未交增值税   5 210.00

  贷：银行存款   5 210.00

第二节　增值税纳税申报代理

  代理纳税申报事宜时，首先要对企业取得的进项税发票进行认证，通过税务机关认证的进项税额方可抵扣；其次，进行计算机抄税；然后是纸质申报。2009 年 1 月 1 日起，增值税纳税申报期延长至每月 15 日。

一、代理一般纳税人纳税申报

  代理增值税一般纳税人申报有严格的程序和严密的体系。纳入纳税申报电子信息采集系统的增值税一般纳税人，在进行纳税申报时，应提供相关的报表与数据。

（一）代理一般纳税人纳税申报所需数据

1. 必报资料

（1）《增值税纳税申报表（适用于增值税一般纳税人）》及其《增值税纳税申报表附列资料（表一）（表二）》和《固定资产进项税额抵扣情况表》；

（2）使用防伪税控系统的纳税人，必须报送记录当期纳税信息的 IC 卡（明细数据备份在软盘上的纳税人，还须报送备份数据软盘）；

（3）《资产负债表》和《利润表》；

（4）《成品油购销存情况明细表》（发生成品油零售业务的纳税人填报）；

（5）《海关完税凭证抵扣清单》及其电子数据的软盘（或其他存储介质）；

（6）《增值税运输发票抵扣清单》及其电子数据的软盘（或其他存储介质）；

（7）主管税务机关规定的其他必报数据。

2. 备查数据

（1）已开具的普通发票存根联；

（2）符合抵扣条件并且在本期申报抵扣的增值税专用发票抵扣联；

（3）海关进口货物完税凭证、运输发票、购进农产品普通发票的复印件；

（4）收购凭证的存根联或报查联；

（5）代扣代缴税款凭证存根联；

（6）主管税务机关规定的其他备查数据。

（二）代理一般纳税人纳税申报操作规范

1. 增值税一般纳税人防伪税控系统

（1）增值税一般纳税人防伪税控系统管理。防伪税控系统，是指经国务院同意推行的，使用专用设备和通用设备，运用数字密码和电子存储技术管理专用发票，强化增值税专用发票防伪功能，实现对增值税一般纳税人税源监控的计算机管理系统。专用设备，是指金税卡、IC 卡、读卡器和其他设备；通用设备，是指计算机、打印机、扫描仪和其他设备。

主管税务机关根据防伪税控系统推行计划确定纳入防伪税控系统管理的企业，企业需办理防伪税控企业认定登记。防伪税控企业办理完认定登记后，由主管税务机关负责向其发行开票子系统。防伪税控企业要购入、安装防伪税控系统。

一般纳税人应通过增值税防伪税控系统（以下简称防伪税控系统）使用专用发票。使用包括领购、开具、缴销、认证纸质专用发票及其相应的资料电文。

（2）防伪税控系统专用发票的领购、开具管理。一般纳税人领购专用设备后，凭《最高开票限额申请表》、《发票领购簿》到主管税务机关办理初始发行。主管税务机关将一般纳税人的下列信息加载到空白金税卡和 IC 卡：①企业名称；②税务登记代码；③开票限额；④购票限量；⑤购票人员姓名、密码；⑥开票机数量；⑦国家税务总局规定的其他信息。

一般纳税人发生上列第①③④⑤⑥⑦项信息变化，应向主管税务机关申请变更发行；发生第②项信息变化，应向主管税务机关申请注销发行。

防伪税控企业凭《发票领购簿》、IC 卡和经办人身份证明领购专用发票。主管税务机关核对企业出示的相关资料与税控 IC 卡记录内容准确无误后，按照专用发票发售管理规定，通过企业发票发售子系统发售专用发票，并将专用发票的起始号码及发售时间登录在税控 IC 卡内。

防伪税控企业必须按照《增值税专用发票使用规定》开具专用发票。专用发票由基本联次或者基本联次附加其他联次构成，基本联次为三联：发票联、抵扣联和记账联。发票联，作为购买方核算采购成本和增值税进项税额的记账凭证；抵扣联，作为购买方报送主管税务机关认证和留存备查的凭证；记账联，作为销售方核算销售收入和增值税销项税额的记账凭证。其他联次用途，由一般纳税人自行确定。专用发票开具要求是：①项目齐全，与实际交易相符；②字迹清楚，不得压线、错格；③发票联和抵扣联加盖财务专用章或者发票专用章；④按照增值税纳税义务的发生时间开具。

（3）防伪税控系统增值税专用发票的认证。用于抵扣增值税进项税额的专用发票经税务机关认证相符（国家税务总局另有规定的除外），其所注明的进项税额才可以抵扣。防伪税控企业和未纳入防伪税控系统管理的企业，在取得防伪税控系统开具的专用发票抵扣联后，应当根据增值税有关扣税规定核算当期进项税额，于纳税申报时或纳税申报前，报主管税务机关认证。主管税务机关应在企业申报月份内完成企业申报所属月份的防伪税控专用发票抵扣联的认证。

认证是税务机关通过防伪税控系统对专用发票所列数据的识别、确认。认证相符，是指纳税人识别号无误，专用发票所列密文解译后与明文一致。认证完毕后，税务机关在认证相符的专用发票上加盖"认证相符"戳记，将认证相符和认证不符的专用发票抵扣联原件退还给纳税人，同时向企业下达"认证结果通知单"和"认证结果清单"，防伪税控企业应当将抵扣联原件及"认证结果通知单"和"认证结果清单"一起按月装订成册备查。

一般纳税人丢失已开具专用发票的发票联和抵扣联，如果丢失前已认证相符的，购买方凭销售方提供的相应专用发票记账联复印件及销售方所在地主管税务机关出具的《丢失增值税专用发票已报税证明单》，经购买方主管税务机关审核同意后，可作为增值税进项税额的抵扣凭证；如果丢失前未认证的，购买方凭销售方提供的相应专用发票记账联复印件到主管税务机关进行认证，认证相符的凭该专用发票记账联复印件及销售方所在地主管税务机关出具的《丢失增值税专用发票已报税证明单》，经购买方主管税务机关审核同意后，可作为增值税进项税额的抵扣凭证。

一般纳税人丢失已开具专用发票的抵扣联，如果丢失前已认证相符的，可使用专用发票发票联复印件留存备查；如果丢失前未认证的，可使用专用发票发票联到主管税务机关认证，专用发票发票联复印件留存备查。

一般纳税人丢失已开具专用发票的发票联，可将专用发票抵扣联作为记账凭证，专用发票抵扣联复印件留存备查。

专用发票抵扣联无法认证的，可使用专用发票发票联到主管税务机关认证。专用发票发票联复印件留存备查。

（4）防伪税控系统增值税专用发票的认证时间。增值税一般纳税人取得 2010 年 1 月 1 日以后开具的增值税专用发票、公路内河货物运输业统一发票和机动车销售统一发票，应在开具之日起 180 日内到税务机关办理认证。

实行海关进口增值税专用缴款书（以下简称海关缴款书）"先比对后抵扣"管理办法的增值税一般纳税人取得 2010 年 1 月 1 日以后开具的海关缴款书，应在开具之日起 180 日内向主管税务机关报送《海关完税凭证抵扣清单》（包括纸质数据和电子数据），申请稽核比对。

未实行海关缴款书"先比对后抵扣"管理办法的增值税一般纳税人取得 2010 年 1 月 1 日以后开具的海关缴款书，应在开具之日起 180 日后的第一个纳税申报期结束以前，向主管税务机关申报抵扣进项税额。

2. 增值税一般纳税人纳税申报操作规程

（1）认证。购进货物或应税劳务，取得增值税专用发票抵扣联后，在纳税申报时或纳税申报前到税务机关进行认证，认证相符后抵扣联所载进项税额才可以抵扣。

（2）纳税申报必报数据及备查数据。必报资料应加装封面，装订成册，根据各地要求报送份数，报送不同部门；备查数据应装订成册并按照《中华人民共和国税收征收管理法》有关规定保管。

纳税人应在规定期限内向主管征税机关申报大厅申报缴纳增值税，并按相应的填表说明填报增值税纳税申报表及纸质资料（按照税务机关要求一式二份或三份）和报送有关电子数据的软盘（或其他存储介质），纸质数据加装封面后递交税务机关；税务机关签收后，将纸质资料一份退还纳税人，其余留存。

（3）抄税。纳税人每月将防伪税控开票系统中的数据抄至"税控 IC 卡"上，在办理纳税申报的同时报送，税务机关抄税后，将"税控 IC 卡"退给纳税人。纳税人必须在纳税申报的同时进行抄税。

（三）代理填制一般纳税人纳税申报表

【案例 3-18】德实有限责任公司为经营金属门窗制造的工业企业，增值税一般纳税人，2009 年 11 月账务资料如表 3-1 所示：

表 3 – 1　　　　　　德实有限责任公司 2009 年 11 月涉税会计处理

凭证日期	科目名称	摘要	借方金额	贷方金额
2009 – 11 – 30	应收账款\阳光实业股份有限公司	收入	2 200 000	
2009 – 11 – 30	主营业务收入	收入		1 880 341.88
2009 – 11 – 30	应交税费\增值税\销项税额	收入		319 658.12
2009 – 11 – 30	应收账款\阳光实业股份有限公司	收入	800 000	
2009 – 11 – 30	其他业务收入\劳务收入	收入		800 000
2009 – 11 – 30	应付账款\市外	付材料款	80 000	
2009 – 11 – 30	银行存款\中国银行金桥支行	付材料款		80 000
2009 – 11 – 30	制造费用\水电费	车间用电	6 833.62	
2009 – 11 – 30	应交税费\增值税\进项税额	车间用电	1 161.72	
2009 – 11 – 30	其他应收款\市内单位	车间用电		7 995.34
2009 – 11 – 30	原材料	购原材料	15 699.34	
2009 – 11 – 30	应交税费\增值税\进项税额	购原材料	2 668.89	
2009 – 11 – 30	应付账款\市外	购原材料		18 368.23
2009 – 11 – 30	原材料	购料	58 252.43	
2009 – 11 – 30	应交税费\增值税\进项税额	购料	1 747.57	
2009 – 11 – 30	应付账款\市内	购料		60 000
2009 – 11 – 30	原材料	付材料款	95 062.97	
2009 – 11 – 30	应交税费\增值税\进项税额	付材料款	16 160.71	
2009 – 11 – 30	应付账款\市外	付材料款		111 223.68
2009 – 11 – 30	原材料	购料	99 985.33	
2009 – 11 – 30	应交税费\增值税\进项税额	购料	16 997.51	
2009 – 11 – 30	应付账款\市外	购料		116 982.84
2009 – 11 – 30	原材料	购原材料	72 423.59	
2009 – 11 – 30	应交税费\增值税\进项税额	购原材料	12 312.01	
2009 – 11 – 30	应付账款\市外	购原材料		84 735.6
2009 – 11 – 30	原材料	购料	105 520.52	
2009 – 11 – 30	应交税费\增值税\进项税额	购料	17 938.48	
2009 – 11 – 30	应付账款\市外	购料		123 459
2009 – 11 – 30	原材料	购料	6 928	
2009 – 11 – 30	应付账款\市内	购料		6 928
2009 – 11 – 30	原材料	购原材料	7 695	
2009 – 11 – 30	应付账款\市内	购原材料		7 695

注：德实有限责任公司 2009 年 10 月未抵扣进项税余额为 178 063.88 元。

根据以上资料，企业 11 月份增值税纳税申报表如表 3 – 2，表 3 – 3，表 3 – 4 所示：

表 3 - 2　　　　　增值税纳税申报表（适用于增值税一般纳税人）

根据《中华人民共和国增值税暂行条例》第二十二条和第二十三条的规定制定本表。纳税人不论有无销售额，均应按主管税务机关核定的纳税期限填报本表，并于次月一日起十五日内，向当地税务机关申报。

税款所属时间：自 2009 - 11 - 1　至 2009 - 11 - 30　填表日期 2009 - 12 - 10　　金额单位：元至角分

纳税人识别号	15010570144×××		注册地址	××开发区		行业		金属加工	
纳税人名称	德实有限责任公司			××开发区		法定代表人		×××	
开户银行及账号	中国银行××市支行		企业登记注册类型	私营公司		电话号码		000000	

项　目	栏次	一般货物及劳务		即征即退货物及劳务	
		本月数	本年累计	本月数	本年累计
销售额 （一）按适用税率征税货物及劳务销售额	1	1 880 341.88	3 075 641.12	0.00	0.00
其中：应税货物销售额	2	1 880 341.88	3 075 641.12		
应税劳务销售额	3				
纳税检查调整的销售额	4				
（二）按简易征收办法征税货物销售额	5				
其中：纳税检查调整的销售额	6				
（三）免、抵、退办法出口货物销售额	7				
（四）免税货物及劳务销售额	8	0.00	0.00		
其中：免税货物销售额	9				
免税劳务销售额	10	0.00	0.00		
税款计算 销项税额	11	319 658.12	522 641.06		
进项税额	12	68 986.89	435 927.90		
上期留抵税额	13	178 063.88	—		
进项税额转出	14				
免抵退货物应退税额	15				
按适用税率计算的纳税检查应补缴税额	16				
应抵扣税额合计	17 = 12 + 13 - 14 - 15 + 16	247050.77			
实际抵扣税额	18（如 17 < 11，则为 17，否则为 11）	247 050.77	435 927.90		
应纳税额	19 = 11 - 18	72 607.35	82 990.27		
期末留抵税额	20 = 17 - 18	0.00	—		
简易征收办法计算的应纳税额	21				
按简易征收办法计算的纳税检查应补缴税额	22				
应纳税额减征额	23				
应纳税额合计	24 = 19 + 21 - 23	72 607.35	82 990.27		
税款缴纳 期初未缴税额（多缴为负数）	25	0.00	0.00		
实收出口开具专用缴款书退税额	26				
本期已缴税额	27 = 28 + 29 + 30 + 31	0.00	10 382.92		
① 分次预缴税额	28		—		
② 出口开具专用缴款书预缴税额	29		—		
③ 本期缴纳上期应纳税额	30		10 382.92		
④ 本期缴纳欠缴税额	31				
期末未缴税额（多缴为负数）	32 = 24 + 25 + 26 - 27	72 607.35	72 607.35		
其中：欠缴税额（≥0）	33 = 25 + 26 - 27		—		
本期应补（退）税额	34 = 24 - 28 - 29				
即征即退实际退税额	35	—	—		
期初未缴查补税额	36				
本期入库查补税额	37				
期末未缴查补税额	38 = 16 + 22 + 36 - 37				

授权声明	如果你已委托代理人申报，请填写下列资料： 授权人签字：	纳税人声明	此纳税申报表是根据《中华人民共和国增值税暂行条例》的规定填报的，我相信它是真实的、可靠的、完整的。 声明人签字：

以下由税务机关填写：

收到日期：　　　　　　　　　　　　　接收人：

表 3-3

增值税纳税申报表附列资料（表一）
（本期销售情况明细）

纳税人识别号	15010570144×××		纳税人名称	德实有限责任公司									
填表日期	2009-12-10		所属时间	2009-11-1	至	2009-11-30				金额单位：元至角分			

一、按适用税率征收增值税货物及劳务的销售额和纳税销项税额明细

项目	栏次	应税货物 17%税率			应税货物 13%税率			应税劳务			小计		
		份数	销售额	销项税额	份数	销售额	销项税额	份数	销售额	销项税额	份数	销售额	销项税额
防伪税控系统开具的增值税专用发票	1	0	0.00	0.00							0	0.00	0.00
非防伪税控系统开具的增值税专用发票	2												
开具普通发票	3	0	0.00	0.00					0.00	0.00	0	0.00	0.00
未开具发票	4	0	1 880 341.88	319 658.12					0.00	0.00	0	1 880 341.88	319 658.12
小计	5=1+2+3+4		1 880 341.88	319 658.12		0.00	0.00		0.00	0.00		1 880 341.88	319658.12
合计	7=5+6		1 880 341.88	319 658.12		0.00	0.00		0.00	0.00		1 880 341.88	319 658.12

纳税检查调整 6

二、按简易办法征收增值税货物销售和应纳税额明细

项目	栏次	应税货物 6%征收率			应税货物 4%征收率			小计		
		份数	销售额	应纳税额	份数	销售额	应纳税额	份数	销售额	应纳税额
防伪税控系统开具的增值税专用发票	8									
非防伪税控系统开具的增值税专用发票	9									
开具普通发票	10					0.00	0.00			
未开具发票	11		0.00	0.00		0.00	0.00			
小计	12=8+9+10+11									
纳税检查调整	13									
合计	14=12+13		0.00	0.00		0.00	0.00			

三、免征增值税货物及劳务销售额明细

项目	栏次	免税货物		免税劳务		小计	
		份数	销售额	份数	销售额	份数	销售额
防伪税控系统开具的增值税专用发票	15						
开具普通发票	16	0	0.00	0	0.00	0.00	0.00
未开具发票	17						
小计	18=15+16+17	0	0.00	0	0.00	0.00	0.00

表 3 – 4 　　　　　　　　增值税纳税申报表附列资料（表二）

（本期进项税额明细）

纳税人识别号	150105701442928	纳税人名称	德实有限责任公司		
填表日期	2009 – 12 – 10	所属时期	2009 – 11 – 1　至　2009 – 11 – 30	金额单位：元至角分	

一、申报抵扣的进项税额				
项　目	栏次	份数	金额	税额
（一）认证相符的防伪税控增值税专用发票	1	10	453 777.80	689 86.89
其中：本期认证相符且本期申报抵扣	2	10	453 777.80	68 986.89
前期认证相符且本期申报抵扣	3	0	0	0
（二）非防伪税控增值税专用发票及其他扣税凭证	4	0	0.00	—
其中：海关完税凭证	5			
农产品收购凭证及普通发票	6			
废旧物资发票	7			
运费发票	8			
6% 征收率	9			
3% 征收率	10			
（三）期初已征税款	11	—	—	
当期申报抵扣进项税额合计	12	10	453 777.80	68 986.89

二、进项税额转出额		
项　目	栏次	税额
本期进项税转出额	13	0.00
其中：免税货物用	14	
非应税项目用	15	
非正常损失	16	
按简易征收办法征税货物用	17	
免抵退税办法出口货物不得抵扣进项税额	18	
纳税检查调减进项税额	19	
未经认证已抵扣的进项税额	20	
	21	

三、待抵扣进项税额				
项　目	栏次	份数	金额	税额
（一）认证相符的防伪税控增值税专用发票	22			
期初已认证相符但未申报抵扣	23			
本期认证相符但本期未申报抵扣	24			
期末已认证相符但未申报抵扣	25			
其中：按照税法规定不允许抵扣	26			
（二）非防伪税控增值税专用发票及其他扣税凭证	27			
其中：海关完税凭证	28			
农产品收购凭证及普通发票	29			
废旧物资普通发票	30			
货物运输发票	31			
6% 征收率	32			
3% 征收率	33			
	34			

四、其他				
项　目	栏次	份数	金额	税额
本期认证相符的全部防伪税控增值税专用发票	35	10	453 777.80	689 86.89
期初已征税款挂账额	36	—	—	
期初已征税款余额	37	—	—	
代扣代缴税额	38	—	—	

二、代理小规模纳税人纳税申报

(一) 代理小规模纳税人纳税申报操作规范

小规模纳税人应纳税额计算简单，代理纳税申报较为简便。代理人员应认真审核销售账簿，计算增值税应纳税额，并填写小规模纳税人纳税申报表，在规定的增值税申报期内，每月 1 日至 15 日，到主管税务机关申报纳税。

小规模纳税人纳税申报报送资料为：①纸质小规模纳税人纳税申报表（一式两份）和电子报表；②财务报表。

(二) 小规模纳税人纳税申报表

1. 增值税纳税申报表（适用于小规模纳税人）（见表 3 - 5）

表 3 - 5　　　　　　　　　增值税纳税申报表（适用于小规模纳税人）

纳税人识别号：15000000000000000

纳税人名称：（公章）　德曼公司

税款所属期：　2010 - 2 - 1　至　2010 - 2 - 28

	项　　目	栏次	本期数	本年累计
一、计税依据	(一) 应征增值税货物及劳务不含税销售额	1		
	其中：税务机关代开的增值税专用发票不含税销售额	2		
	税控器具开具的普通发票不含税销售额	3		
	(二) 销售使用过的应税固定资产不含税销售额	4	—	—
	其中：税控器具开具的普通发票不含税销售额	5	—	—
	(三) 免税货物及劳务销售额	6		
	其中：税控器具开具的普通发票不含税销售额	7		
	(四) 出口免税货物销售额	8		
	其中：税控器具开具的普通发票不含税销售额	9		
二、税款计算	本期应纳税额	10	0.00	
	本期应纳税额减征额	11		
	应纳税额合计	12 = 10 - 11	0.00	0.00
	本期预缴税额	13		—
	本期应补退税额	14 = 12 - 13	0.00	—

纳税人或代理人申明：　此纳税申报表是根据国家税收法律填报的，我确定它是真实的、可靠的、完整的。	如纳税人填报，由纳税人填写以下各栏：	
	办税人员（签章）：	财务负责人（签章）：
	法定代表人（签章）：	联系电话：
	如委托代理人填报，由代理人填写以下各栏：	
	代理人名称：	经办人：
	代理人（公章）：	联系电话：

受理人：　　　　　　　　受理日期：　　　　　　　受理税务机关（签章）

2. 填表说明

（1）本表"税款所属期"是指纳税人申报的增值税应纳税额的所属时间，应填写具体的起止年、月、日。

（2）表内各栏次内容根据2009年1月颁布的《增值税暂行条例》及其实施细则内容填写。

三、代理出口货物退税申报

1. 代理生产企业出口货物"免、抵、退"税申报（见表3-6、表3-7）

（1）申报程序。生产企业在货物出口并按照会计制度的规定在财务上作销售处理后，向主管税务机关办理免、抵、退税申报。退税申报期为每月1~15日（逢节假日顺延）。

出口企业须在货物报关出口之日起，90天内向主管退税的税务机关申报办理出口货物退（免）税手续；180天内向主管退税的税务机关提供收汇核销单。除另有规定外，逾期税务机关将不予受理退（免）税申报和批准退（免）税。

（2）申报资料。生产企业于每月15日前向退税部门办理免、抵、退税申报时，应提供下列凭证资料：

① 免、抵、退税申报电子数据（包括明细申报数据和汇总申报数据）；

②《生产企业出口货物免、抵、退税申报汇总表》（电子申报系统打印）；

③《生产企业出口货物免、抵、退税申报明细表》（电子申报系统打印）；

④ 经征收部门审核签章的当期《增值税纳税申报表》；

⑤ 有进料加工业务的还应填报：

a. 新办的进料加工海关登记手册原件；

b. 要核销的进料加工海关登记手册原件；

c. 进口货物报关单；

d. 经税务机关签章的代理进口货物证明（代理进口货物提供）；

e. 《生产企业进料加工海关登记手册申报明细表》（电子申报系统打印）；

f. 《生产企业进料加工进口料件申报明细表》（电子申报系统打印）；

g. 《生产企业进料加工贸易免税申请表》（电子申报系统打印）；

h. 《生产企业进料加工海关登记手册核销申请表》（电子申报系统打印）；

⑥ 注明登记出口销售入账时间、金额的出口销售发票；

⑦ 出口货物报关单（出口退税专用）；

⑧ 出口收汇核销单（出口退税专用）；

⑨ 主管退税机关要求提供的其他证件资料。

生产企业委托外贸企业代理出口的货物，还需附送《代理出口货物证明》及《代理出口协议》。

表 3 - 6　　　　　　　　　　生产企业出口货物免、抵、退税申报汇总表　　　　　单位：元至角分

企业代码：		企业名称：		
纳税人识别号：		所属期：　　　年　月		
项目	栏次	当期	本年累计	与增值税纳税申报表差额
		（a）	（b）	（c）
免抵退出口货物销售额（美元）	1			—
免抵退出口货物销售额	2 = 3 + 4			—
其中：单证不齐销售额	3			—
单证齐全销售额	4			—
前期出口货物当期收齐单证销售额	5		—	—
单证齐全出口货物销售额	6 = 4 + 5			—
免税出口货物销售额（美元）	7			—
免税出口货物销售额	8			—
全部出口货物销售额（美元）	9 = 1 + 7			—
全部出口货物销售额	10			—
不予免抵退出口货物销售额	11			—
出口销售额乘征退税率之差	12			—
上期结转免抵退税不得免征和抵扣税额抵减额	13		—	—
免抵退税不得免征和抵扣税额抵减额	14			—
免抵退税不得免征和抵扣税额	15（如 12 > 13 + 14 则为 12 - 13 - 14，否则为 0）			
结转下期免抵退税不得免征和抵扣税额抵减额	16（如 13 + 14 > 12 则为 13 + 14 - 12，否则为 0）		—	—
出口销售额乘退税率	17			—
上期结转免抵退税额抵减额	18		—	—
免抵退税额抵减额	19			—
免抵退税额	20（如 17 > 18 + 19 则为 17 - 18 - 19，否则为 0）			—
结转下期免抵退税额抵减额	21（如 17 < 18 + 19 则为 18 + 19 - 17，否则为 0）		—	—
增值税纳税申报表期末留抵税额	22		—	—
计算退税的期末留抵税额	23 = 22 - 15c		—	—
当期应退税额	24（如 20 > 23 则为 23，否则为 20）		—	—
当期免抵税额	25 = 20 - 24		—	—
前期单证收齐	26			—
前期信息齐全	27			
出口企业	退税部门	退税机关审批意见		
兹声明以上申报无讹并愿意承担一切法律责任。 经办人： 财务负责人：　　（公章） 企业负责人：　　年　月　日	经办人： 科（所）长： 负责人：　　（章） 　　年　月　日	经办人： 科（所）长： 负责人：（章） 　　年　月　日		

注：（1）本表一式四联，退税机关审核签章后返还企业二联，其中一联作为下期《增值税纳税申报表》附表；征税机关和退税机关各留存一联；

（2）第（c）列"与增值税纳税申报表差额"为退税机关审核确认的第（b）列"累计"申报数减《增值税纳税申报表》对应项目的累计数的差额。企业应作相应账务调整并在下期增值税纳税申报时对《增值税纳税申报表》进行调整。

填表说明

（1）根据《中华人民共和国税收征收管理法实施细则》第 38 条及国家税务总局有关规定制定本表。

（2）本表适用于增值税一般纳税人填报。具备增值税一般纳税人资格的生产企业自营或委托出口的货物，在申报出口货物退税时，均适用本表。

（3）表内各栏次内容根据《国家税务总局关于印发（生产企业出口货物免抵退税管理操作规程）（试行）的通知》相关规定填写。

表 3-7 　　　　　　　　　　　生产企业出口货物免抵退税申报明细表

企业代码：

企业名称：

纳税人识别号：　　　（　）出口货物（　）单证收齐　所属期：　年　月　　　　　单位：元至角分

序号	出口发票号码	出口报关单号	出口日期	代理证明号	核销单号	出口商品代码	出口商品名称	计量单位	出口数量	出口销售额		征税率(%)	退税率(%)	出口销售额乘征退税率之差	出口销售额乘退税率	海关加工手册号	单证不齐(齐全)标志	备注
										美元	人民币							
1	2	3	4	5	6	7	8	9	10	11	12	13	14	$15=12\times(13-14)$	$16=12\times14$	17	18	19
合　计																		

单证齐全且信息齐全销售额　　元；单证不齐或信息不齐销售额　　元

出口企业	退税部门
兹声明以上申报无讹并愿意承担一切法律责任。 经办人： 财务负责人：　　　　　　　　　（公章） 企业负责人：　　　　　　　年 月 日	经办人： 科（所）长： 负责人：　　　　　　　　　（章） 　　　　　　　　　　　　年 月 日

注：（1）此表一式四联，出口企业留存一联；资料中装订一联；征税机关和退税机关各留存一联。

（2）中标销售的机电产品，应在备注（第19栏）内填注 ZB 标志。税务机关人工审单时应审核规定的特殊退税凭证，计算机审核时将做特殊处理。

（3）第18栏"单证不齐标志"缺少报关单的填列 B，缺少核销单的填列 H，缺少代理证明的填列 D，缺少两单以上的，同时填列两个以上对应字母。

2. 申报要求

（1）《增值税纳税申报表》有关项目的申报要求。

①"出口货物免税销售额"（《增值税纳税申报表》第9栏）按当期报关出口并在财务上作出口销售的全部免、抵、退人民币销售额填报；

②"免、抵、退税不得免征和抵扣税额"（《增值税纳税申报表》第16栏"免、抵、退货物不得抵扣税额"）按当期全部免、抵、退税人民币销售额与征退税率之差的乘积计算填报，有进料加工业务的应扣除"免、抵、退税不得免征和抵扣税额抵减额"；

③"免、抵、退税不得免征和抵扣税额抵减额"按退税部门上期开具的《生产企业进料加工贸易免税证明》中的"免、抵、退税不得免征和抵扣税额抵减额"填报（填报在《增值税纳税申报表》第17栏"其他"栏内）。当"免、抵、退税不得免征和抵扣税额抵减额"大于"免、抵、退税不得免征和抵扣税额"时，"免、抵、退税不得免征和抵扣税额"按0填报，其差额结转下期；

④"免、抵、退税货物已退税额"（《增值税纳税申报表》第23栏"免、抵、退货物已退税额"）按照退税部门审核确认的上期《生产企业出口货物免、抵、退税申报汇总表》中的"当期应退税额"填报；

⑤《生产企业出口货物免、抵、退税申报汇总表》中的 C 栏"与增值税纳税申报表差

额"的数据是为退税部门审核确认的"累计"申报数减《增值税纳税申报表》对应项目的累计数的差额。企业应作相应账务调整，并在下期增值税纳税申报时，对《增值税纳税申报表》有关数据进行调整。

（2）《生产企业出口货物免、抵、退税申报汇总表》有关项目的申报要求。

①"出口销售额乘征退税率之差"按企业当期全部（包括单证不齐全部分）免、抵、退税出口货物人民币销售额与征退税率之差的乘积计算填报；

②"免、抵、退税不得免征和抵扣税额抵减额"按退税部门当期开具的《生产企业进料加工免税证明》中的免、抵、退税额抵减额填报；

③"出口销售额乘退税率"按企业当期出口单证齐全部分及前期出口当期收齐单证部分且经过退税部门审核确认的免、抵、退税出口货物人民币销售额与退税率的乘积计算填报；

④"免、抵、退税额抵减额"按退税部门当期开具的《生产企业进料加工免税证明》中的免、抵、退税额抵减额填报；

⑤"与增值税纳税申报表差额"为税务机关审核确认的"累计"申报数减增值税纳税申报。

（3）《生产企业出口货物免、抵、退税申报明细表》的申报要求。

①生产企业应按当期出口单证（含当期出口单证齐全或不齐情况）和前期出口当期收齐单证等两种情况分别填报《生产企业出口货物免、抵、退税申报明细表》（以下简称《明细表》），对单证不齐无法填报的项目暂不填写，在"单证不齐标志"或"单证齐全标志"栏内做相应标志。

单证齐全是指单证齐全并经税务机关预审与电子信息一致，有单证而电子信息核对不上的仍视为"单证不齐"（除另有规定者外，下同）。

②对前期申报错误的，当期可进行调整。前期少报出口额或低报征、退税率的，可在当期补报；前期多报出口额或高报征、退税率的，当期可以红字（或负数）数据冲减；也可用红字（或负数）将前期错误数据全额冲减，再重新申报蓝字数据。对于按会计制度规定允许扣除的运费、保险费和佣金，与原预估入账值有差额的，也按此规则进行调整。本年度出口货物发生退运的，可在下期用红字（或负数）冲减出口销售收入进行调整。

第三节　增值税纳税审查代理

增值税纳税审查是建立在精通增值税税收法规，能准确计算增值税应纳税额，能熟练进行增值税会计处理的基础之上的。

一、纳税审查的基本方法与内容

（一）纳税审查的基本方法

注册税务师为客户提供纳税审查服务，一是履行代理职责；二是按照有关行政法规规定进行纳税鉴证业务，前者是为了指导或帮助纳税人、扣缴义务人做好纳税自查工作，自行补缴少缴或未缴的税款，以履行代理的职责；后者，应按照税收政策法规要求，如实提供纳税人各税缴纳等情况的报告。

纳税审查方法主要分为详查法和抽查法、顺查法和逆查法、核对法和查询法、比较分析法和控制计算法。实际审查中，应根据审查的时间、范围、对象不同，灵活运用各种方法。

1. 详查法和抽查法。详查法又称全查法，与抽查法对应。是指对被查纳税人、扣缴义务人在一定时期内的所有会计凭证、账簿、报表及各种存货进行全面、系统审查的一种方法。这种方法的优点是，审查全面彻底，结果可靠。缺点是，工作量大、耗时费力，因此不宜普遍采用。一般适用于审查规模较小，经济业务量较少，会计核算较简单的纳税人、扣缴义务人或者财务管理混乱，纳税问题较多的纳税人。

抽查法又称选查法，与详查法对应。是对纳税人、扣缴义务人的会计凭证、账簿、报表及各种存货，有选择性地抽取一部分进行审查。抽查法针对性强，突出重点，能够提高纳税审查的工作效率，但因审查的范围有限，易漏掉有问题的会计资料和凭证。抽查有较高的风险，影响到纳税审查的质量，所以纳税代理人在用这种方法进行纳税审查时，应对纳税人、扣缴义务人相关方面予以评价。抽查法适用于对经济业务量较大的纳税人、扣缴义务人的审查。

2. 顺查法和逆查法。顺查法是指按照会计核算程序，依次审查原始凭证、账簿、会计报表，并将其相互核对，从而审核纳税情况的一种审查方法。顺查法优点是，对账务资料的审查比较系统、全面，易于查清问题的来龙去脉。缺点是，不易抓住问题的重点。适用于审查经济业务量较少的纳税人、扣缴义务人。逆查法是指逆会计核算的顺序，从分析审查会计报表开始，对于有疑点的地方再进一步审查账簿和凭证。由于会计报表总括的反映了纳税人的生产经营及纳税情况，首先审查会计报表，易于发现问题的主要线索，抓住重点。适用于注册税务师对于纳税人、扣缴义务人的税务状况较为了解的情况。

3. 核对法和查询法。核对法是指通过对有钩稽关系的会计凭证、账簿、报表之间的相互核对如账账、账证、账表、账实之间相互核对，看内容金额是否相符，核算是否符合记账规则和程序，验证其在纳税方面存在的问题。查询法是在查账过程中，根据查账的线索，通过询问或调查的方式，取得必要的数据或旁证的一种审查方法。查询法便于了解现实情况，常与其他方法一起使用。

4. 比较分析法和控制计算法。比较分析法是将纳税人、扣缴义务人审查期间的账表资料和账面财务指标进行横向或纵向比较，分析其异常变化或差异情况，从中发现存在问题的一种审查方法。比较法是常用的一种方法，但分析比较的结果只能为进一步审查提供线索。控制计算法是根据被查纳税人有关财务数据之间必然的联系，相互的制约，进行测算以验证其账面数据、申报的资料是否正确的审查方法。如以产核销、以耗定产都属于这种方法。由于这种方法是一种推算，因此，必须采用其他方法进一步查证核实。

（二）纳税审查的基本内容

1. 代理纳税审查的基本内容。代理人员依据《企业会计准则》、《企业财务通则》及不同行业会计制度，现行税收政策法规及职业素质要求，通过对会计报表、会计账簿、会计凭证及各项纳税资料的审查，分析判断企业会计核算的内容、涉税会计处理、企业各税计税依据、应纳税额计算等是否正确，是否及时、足额履行了纳税义务，是否依照征管法规定办理了税务登记，建账建制，保管账簿，纳税申报等。

通过审查，及时发现问题，提出改进措施，帮助企业改善经营管理。

2. 会计报表的审查。会计报表是总括反映纳税人一定时期经济活动和财务收支状况的书面报告。审查会计报表可以掌握被查纳税人生产经营及财务收支的变化情况，对纳税人纳税方面的问题有一总体把握。审查会计报表是纳税审查的重要环节，通常情况下，纳税审查是从审查和分析会计报表开始的，同时，通过对各种报表的相关指标及相互关系的审查分析，发现存在的问题，进一步确定审查的重点。

（1）资产负债表的审查。

① 对流动资产各项目的审查与分析。若流动资产实际占用数增长过快，应注意是因材料或商品集中到货或因价格变动等因素引起，还是由于管理不善、物资积压、产品滞销或者是虚增库存成本所造成，以便进一步分析企业有无弄虚作假、乱挤成本等问题。

② 对长期股权投资、固定资产、无形资产及长期待摊费用的审查与分析。对长期股权投资的审查主要是核实长期股权投资数额的大小，分析核算方法的应用是否得当。

固定资产的审查分析，首先了解资产增减变动的情况；其次，在核实固定资产原值的基础上，进一步核实固定资产折旧额，审查企业折旧计算方法是否得当，计算结果是否正确。

对"在建工程"项目的审核，应注意了解企业有无工程预算，各项在建工程费用支出是否核算真实，有无工程支出与生产经营支出混淆情况等。

对"长期待摊费用"项目的审核，应注意核实有无为取得各项固定资产、无形资产所发生的支出，以及筹建期间应当计入资产价值的汇兑损益、利息支出等计入"长期待摊费用"账户，有无将融资租入固定资产的改扩建支出计入"长期待摊费用"账户，计入该账户的固定资产大修理支出有无达到其原值的50%。

注意企业有无将不属于开办费支出的由投资者负担的费用计入"长期待摊费用"账户。

（2）损益表的审查。

① 销售收入的审查。如果销售数量下降，应注意企业有无销售产品不通过"主营业务收入"账户核算的情况或企业领用本企业产品而不计入"主营业务收入"的情况。

② 营业税金及附加的审查。由于销售收入与营业税金有密切的联系，两者是否成正比例地增减。

其他业务成本是否与其他业务收入相配比，有无将不属于其他业务成本的费用摊入的现象。

③ 营业外收支项目的审查与分析。对于营业外收入，应注意企业有无将应列入主营业务收入的款项或收益直接记作营业外收入，漏报流转税额。

3. 会计账簿的审查与分析。

（1）序时账的审查与分析。银行日记账应当与银行对账单及收入明细账核对，了解每一笔款项的来龙去脉，是否有收入不入账或以其他名义挂账，发现问题进一步核对原始凭证。

（2）总分类账的审查与分析。总分类账是按会计制度中的会计科目设置的。反映的是纳税人总体的经济业务发生情况，不能提供较详细的具体资料，发现问题只能作为深入检查的线索。因此，账簿审查的重点是明细账的审查。审查总分类账应注意审查期，期初期末余额与资产负债表前期、本期数字是否一致；审查期发生数与损益表数字是否一致；与所辖明细账对比，数字是否相符，方向是否一致，内容是否相同。

（3）明细分类账的审查与分析。明细分类账是在总账的基础上，根据实际需要，在总账科目下设置二级或明细科目，对资产、负债、所有者权益、损益、成本等经济业务进行明细核算的账簿。总账发现的问题，必须通过进一步审查明细账核实，但通过明细账发现的问题，一般还必须通过检查会计凭证核实。审查方法主要有：

① 审查明细账的期初余额与上期期末余额是否相符。审查是否利用年初换账、转账的机会，任意调整账户余额，以达到逃避纳税的目的；

② 审查明细账的摘要栏和发生额，了解每笔经济业务是否真实合法，若发现疑点应进一步审查会计凭证，核实问题；

③ 审查实物明细账的计量、计价是否正确，注意收入、发出、结存之间的单价是否接近，如有问题应验证核实；

④ 审查账户的余额是否正常。一是注意余额的方向是否符合规律；二是注意余额的大小是否正常。对在账面上发现的各种可疑问题应通过进一步检查会计凭证核实。

4. 会计凭证的审查与分析。会计凭证是记录经济业务，明确经济责任，进行会计处理并据以登记账簿的书面证明，也是进行纳税审核核实问题的重要依据。在明细账中发现的问题，一般还需通过会计凭证予以核实，所以在各税审核中，凭证的审核是必不可少的。注册税务师所给出的结论，需要有相关的凭证予以支持。

会计凭证按照填制程序和用途一般可分为原始凭证和记账凭证两类。原始凭证是在经济业务发生的过程所取得或填制的，用来记录经济业务发生、执行或完成情况的书面证明，在法律上具有证明效力，所以也可叫作"证明凭证"，是进行会计核算的原始资料和重要依据。原始凭证按其取得的来源不同，可以分为自制原始凭证和外来原始凭证两类。记账凭证是会计人员根据审核无误的原始凭证或汇总原始凭证而填制的，作为登记账簿直接依据的会计凭证。

（1）原始凭证的审查。

① 对外来原始凭证的审查。外来原始凭证包括收入和支付凭证两大类，其中又主要是购进货物和劳务的发票。购进货物和劳务的发票是构成企业成本、费用的主要依据，因此外来原始凭证的审查重点应当是其真实性和合法性的审查。

a. 审查凭证合法性。审查原始凭证记载的经济业务内容是否符合政策法规和财务会计制度规定的范围和标准。

b. 审查凭证内容是否真实和完整及凭证所记载的经济业务本身的真实性。

对凭证各项目经济内容、数字、文字要注意有无涂改、污损、伪造等问题；各项内容是否齐全，单价、数量、金额是否相符。最终审核分析该经济业务的真实性。如有疑问，通过账实核对等方法发现问题。

c. 审查凭证手续和单据附件是否完备。要注意审查有无经手人、验收人、批准人的签章手续，单据附件是否齐全。如购进的已入账的固定资产无运费、装卸费、安装费的支出凭证，可能存在将其费用挤入生产经营成本中的问题。

② 对自制原始凭证的审核。自制原始凭证包括收入凭证、支付凭证和成本费用计算结转凭证三类。因手工开具发票的减少，收入类凭证的审查重点应放在对购货方索要发票的监管上。注册税务师应根据纳税人生产经营状况和规模，结合序时账分析收入规模的大小，而不仅仅是纳税人提供的原始凭证所记载的收入量；对自制支付凭证的审查，主要检查开支范围和标准是否符合财务制度及税法的规定；对自制成本费用计算结转凭证的审查，主要是划

清生产与非生产、当期与非当期、标准与超标准成本费用界限，核实各项成本费用计算结转的正确性。

（2）记账凭证的审查。记账凭证是登记账簿的直接依据，是对原始凭证的归类和汇总，所以审查会计凭证首先应审查记账凭证。记账凭证的审查应从以下几个方面进行。

① 审查会计科目的对应关系是否正确。会计事项处理及其科目的对应关系在会计制度里一般都有明确规定，税法对一些涉税事项的会计处理也有规定，用错或少用会计科目都会影响到税款的正确计算。比如，增值税条例规定，逾期一年以上的包装物押金应并入到收入中缴纳增值税，其会计处理为："借：其他应付款，贷：应交税费——应交增值税（销项税额）贷：营业外收入"，如果直接贷记营业外收入就会导致少缴增值税。

② 审查记账凭证所用会计科目与原始凭证反映的经济业务内容是否相符。审查记账凭证的摘要，所用会计科目与所附原始凭证经济业务内容是否相符，如果不符，注意是否存在涉税问题。例如，摘要内容为会议费，会计处理为"借：管理费用，贷：银行存款"，所附原始凭证中有购买烟酒的发票，而购买烟酒的费用应当计入业务招待费，在计算所得税时，只能按照规定比例扣除。

③ 审查所附原始凭证有无短缺，两者的内容是否一致。审查记账凭证所附原始凭证所载金额与记账凭证所载金额是否一致，所附单据是否完整。

二、增值税一般纳税人的纳税审查

对增值税的审查应当按照应纳税额计算的过程，重点对增值税征税范围、销售额、销项税额，购进支付金额、进项税额，应纳税额进行审查。

（一）适用税率的审查

1. 兼营不同税率的货物或应税劳务，审查其是否分别核算，税率是否正确；

2. 逾期不再退回的包装物押金，是否已按所包装货物的适用税率计算增值税。

（二）增值税纳税范围的审查

1. 审核企业销售所有货物是否都计算缴纳了增值税；

2. 提供加工和修理修配劳务是否计算缴纳了增值税，有无同非增值税应税劳务混淆未申报缴纳增值税；

3. 审核从境内保税地购进的应税货物是否申报了增值税；

4. 审核视同销售货物。审核将自产、委托加工的货物用于任何方面，是否都申报缴纳了增值税；外购货物除了用于福利或非增值税应税项目，用于其他方面，是否都申报缴纳了增值税。

（三）销项税额的审查

销项税额是销售额乘以增值税税率计算出来的增值税税额，销售额是计算销项税额的依据，所以销项税额审核的重点是销售额。

1. 销售额的审查。销售额是指纳税人销售货物或提供增值税应税劳务向购买方收取的价款以及一切价外费用。对销售额的审查应从以下几个方面进行。

（1）审查纳税人是否收取价外费用而未并入收入中一并缴纳增值税。增值税条例及其实施细则中规定，收取的价外费用除符合扣除条件的，应当一并并入收入中征增值税，并且，价外费用要作为含税收入处理。

问题讨论：价外收费与平销返利有何区别？

对价外费用应注意审核销售货物或提供增值税应税劳务同一项业务中，有无同时贷记"营业外收入，应付账款，其他业务收入"，若有，应注意是否属于价外收费，可以通过审查明细账摘要，核对原始凭证查实，如果属于价外收费，应检查"应交税费——应交增值税（销项税额）"账户，看有无同时计算销项税额。

（2）审查为销售货物逾期不再退还的出租、出借的包装物押金是否已并入销售额中，按所包装的货物一并征收增值税。对包装物押金的审查应审查"其他应付款"账户，首先，审查摘要，如有押金收入，审查其出租、出借包装物时订立的合同、协议，掌握各种包装物的回收期限，如有收取的一年以上的包装物押金仍然挂在"其他应付款"账户上，应作转账处理，并依法计算补缴增值税；其次，审查其他应付款账上的押金收入是否通过其借方转入"应付福利费"、"盈余公积"等账户，使得增值税金少计，营业外收入少计；最后，审查对销售的除啤酒、黄酒外酒类产品收取的押金，是否按照税法规定"无论何时返还以及会计上如何核算，均应并入销售额征税。"注意纳税人收到押金时，贷记"其他应付款"时，有无同时贷记"应交税费——应交增值税"。

（3）审查有无销售货物或提供应税劳务价格明显偏低，无正当理由的情况。注册税务师应当注意审查销售收入明细账，查实收入，同时审查产品出库单，库存商品明细账，查实销售数量，核定销售单价，与同期同类商品比较，有价格明显偏低的商品，应按税法规定重新核定价格计算增值税。

（4）对折扣销售的审查应注意折扣额和销售额是否在同一张发票上注明，如果按折扣后的销售额另开发票，注意是否冲减了销售额，少计增值税。

审查时，首先审查主营业务收入明细账贷方有无红字冲销，借方除结转收入外有无发生额，若有应调出记账凭证，核实所付发票，看折扣额的处理是否符合税法规定，如另开发票则将折扣额并入销售额中征税；其次，应将主营业务收入账户收入数与增值税申报表上的销售额核对，若销售额小于收入数则说明可能存在折扣销售另开发票的问题，同时，也可计算差额数与企业销售折扣额是否一致，如一致，说明可能存在另开发票问题，同样调出记账凭证核实处理；审查企业实行折扣方式销售货物的合同（协议）等书面规定的资料，看是否与执行的折扣标准相符。

（5）发生销售退回和销售折让应审查是否有《开具红字增值税专用发票通知单》，是否按照《通知单》所载销货退回和折让额冲减销售额。首先审查纳税人"主营业务收入"明细账，"应交税费——应交增值税"明细账，若有冲减销售收入，冲减税金情况，应审查有无《通知单》及红字专用发票，没有《通知单》及红字专用发票一律不得冲减；其次，有无将销售折扣作折让处理。

（6）纳税人以物易物或用应税货物抵偿债务，是否并入销售额，计算增值税销项税金。首先应审核"库存商品"账户，若贷方对应账户为"原材料"、"低值易耗品"、"在建工程"、"固定资产"、"应付账款"，属于异常会计分录，说明以物易物未通过销售，未计算增值税销项税；其次，核准价格，核查库存商品账户确定兑换、抵债产品的金额及数量，计算单价并与同期同类应税商品对比，确定兑换、抵债商品价格，作出正确处理。

（7）以旧换新方式销售货物，应重点审查新货物的销售额，注意纳税人是否未按新货物的同期销售价格确认应税销售额，而是以实际收到的销售额入账，从而少计收入，少计增值税销项税金。审查方法为，审查"主营业务收入"明细账，对销售价格明显偏低又无正当理由的，可进一步查证核实，重新调整其销售额。

（8）还本销售方式应审查有无从收入中减除还本支出，造成少计销售额。审查时，首先了解企业有无还本销售业务，如有，重点审查"营业费用"账户摘要记录，看该账户有无还本支出核算业务，列账是否正确。其次分析，如果没有还本支出核算，一般是按扣除还本支出后的余额计销售，企业应按照还本支出凭证的汇总数补计销售收入，补缴增值税。

（9）加工业务收入的审查。审查企业对外提供有偿加工货物的应税劳务，取得的收入是否计入应税销售额。其方法是：①审查"主营业务收入"账户，"其他业务收入"等账户贷方发生额，审查摘要及原始凭证，注意有无加工、修理修配劳务收入未计算销项税；②审查"原材料"账户，注意有无将自产品加工或代垫辅助材料未作收入实现的行为。

（10）销售残次品和下脚料等的审查。销售"残次品"、"半残品"、"边角料"、"下脚料"，按税法规定属于销售货物，其会计处理同正常销售业务一样。而企业常见的做法是冲减"生产成本"、"管理费用"、"制造费用"、"库存商品"或计入营业外收入，造成少计增值税金，因此，应重点审查"生产成本"、"产成品"、"制造费用"、"管理费用"等科目借方红字；"营业外收入"科目贷方发生额。结合明细账摘要、原始凭证等，查明企业是否存在少计税金问题。

2. 视同销售的审查。

（1）委托代销的审查。将货物交付他人代销应审查是否按规定视同销售将其金额并入销售额中。审查企业是否有委托代销业务，若有，①注意收到代销清单是否贷记收入，同时贷记增值税销项税额；有无将代销手续费从销售额中扣除减少收入的现象；②通过代销合同确定实际销售时间，审查是否延期作销售。

（2）受托代销的审查。审查销售代销货物是否按规定视同销售计算增值税。①了解被审单位是否有代销业务，并了解会计处理过程；②关注"应付账款"、"其他应付款"的动向。

温馨提示： 代销方式分为两种方式，一种为买断式代销，一种为手续费式代销，两种方式下，增值税的纳税人不同，后一种还涉及营业税。对代销方式首先应确定属于哪种代销方式，再确定增值税审核范围。

（3）审查将自产或委托加工的货物用于非应税项目、集体福利，是否按规定进行账务处理并计算销项税额。应当从以下几个方面进行审查：一是审查"库存商品"，"委托加工物资"贷方对应科目，也可通过产品出库单，查知产品去向；二是通过非应税项目核算科目"主营业务收入"、"主营业务成本"、"在建工程"、"应付职工薪酬"反向逆查；三是非应税项目领用自产或委托加工的物资，应注意有无同时贷记"应交税费——应交增值税（销项税额）"等税费，计算的税费是否准确。计税价格不可以是成本价，而应当是视同售价；四是自用商品领用时间，审查是否有人为延期作账，核对领用单记载时间与编制记账凭证时间是否一致。

（4）审查将自产、委托加工或购买的货物对外投资，分配给股东、投资者、无偿赠送他人。审查其是否按规定进行视同销售的会计处理，是否计算了增值税额。审查方法：一是审查"原材料"、"自制半成品"、"库存商品"、"固定资产"账户贷方对应科目，如果为

问题讨论： 将自产产品用于集体福利和个人福利，会计处理有何不同？对增值税有影响吗？

"长期投资"、"应付利润"、"营业外支出"，则属于企业将原材料、产成品用于长期投资，分配给股东，无偿赠送等，审查企业是否同时贷记"应交税费——应交增值税（销项税额）"，如无，则要求企业补缴增值税；二是审查税费计算是否正确。计税价格应当与同类商品售价相同。

（5）移送货物用于销售的审查。一是审查移送机构是否为统一核算的机构，可以通过工商登记，营业执照查明；二是审查异地分支机构互供商品是否实现销售，主要通过"产成品"、"库存商品"账户和资金结算往来账户进行审查。

3. 对混合销售和兼营非应税劳务的审查。

（1）混合销售行为的审查。重点审查企业税务登记表中的经营范围，判定其行为是否属于混合销售；审查混合销售行为申报销项税额的收入额是否正确。混合销售行为如征增值税，应以纳税申报表申报数为依据，结合主营业务收入，其他业务收入明细账，查明申报数是否正确。

（2）兼营行为的审查。对兼营行为首先应通过税务登记证登记的经营范围核实是否属于兼营行为；其次，通过主营业务收入、其他业务收入账户明确企业是否分别核算兼营收入。对纳税人未分别核算或不能准确核算非应税劳务销售额的，由主管税务机关核定货物或应税劳务销售额。

对混合销售行为取得的收入及兼营非应税劳务取得的收入是否全部入账计算增值税，还需要将收入明细账与银行对账单，银行存款日记账核对，审查企业是否将收到的款项挂在往来或营业外收入账上。逐一分析每笔汇入款项的支付单位及汇入款项性质，并通过审查原始凭证查实。

4. 销售自己使用过的固定资产的审查。2009 年实施增值税转型后，对纳税人销售使用过的固定资产（非不动产），根据财税〔2008〕170 号文的规定：自 2009 年 1 月 1 日起，纳税人销售自己使用过的固定资产（以下简称已使用过的固定资产），应区分不同情形征收增值税：

（1）销售自己使用过的 2009 年 1 月 1 日以后购进或者自制的固定资产，按照适用税率征收增值税；

（2）2008 年 12 月 31 日以前未纳入扩大增值税抵扣范围试点的纳税人，销售自己使用过的 2008 年 12 月 31 日以前购进或者自制的固定资产，按照 4% 征收率减半征收增值税；

（3）2008 年 12 月 31 日以前已纳入扩大增值税抵扣范围试点的纳税人，销售自己使用过的在本地区扩大增值税抵扣范围试点以前购进或者自制的固定资产，按照 4% 征收率减半征收增值税；销售自己使用过的在本地区扩大增值税抵扣范围试点以后购进或者自制的固定资产，按照适用税率征收增值税。

因此，对企业销售自己使用过的固定资产的审查，一要明确固定资产购入时间，通过计算，确定企业销售固定资产销项税额是否正确；二要审核"固定资产清理"账户贷方，必要时与原始凭证核对，看有无少计收入，同时计算增值税，审核"应交税费——应交增值税（销项税额）"明细账，看有无少计增值税。

（四）进项税额的审查

进项税额的审核应将凭证的审核和账户审核结合起来，注意对不得抵扣的进项税额的审核，防止多计进项税额，从而少计应纳税额。对进项税额的审核，应从以下几方面进行。

1. 专用发票抵扣联的审核。根据国税发〔2006〕156 号文，一般纳税人必须通过增值税防伪税控系统使用专用发票。包括开具、认证纸质专用发票及其相应的数据电文。因此专用发票的审核重点在于对经济业务真伪性的审核。审核内容包括：

（1）企业用于抵扣的专用发票抵扣联是否已认证相符，是否与主管税务机关已签章的《认证结果通知书》和《认证结果清单》装订成册；

（2）购进货物与购货方生产经营范围是否一致。将购进货物与"原材料"、"库存商品"账户核对，与企业登记的经营范围核对，防止有虚开、代开发票。

2. 运费抵扣进项税额的审查。对增值税一般纳税人购进或者销售货物以及在生产经营过程中支付运输费用的，依照运输费用结算单据上注明的运输费用金额按 7% 的扣除率计算进项税额。运输费用金额，是指运输费用结算单据上注明的运输费用（包括铁路临管线及铁路专线运输费用）、建设基金，不包括装卸费、保险费等其他杂费。审核内容包括：

（1）取得的运费发票业务内容的真实性。因增值税一般纳税人取得自 2010 年 1 月 1 日以后开具的公路内河货物运输业统一发票，应在开具之日起 180 日内到税务机关办理认证，并在认证通过的次月申报期内，向主管税务机关申报抵扣进项税额。因此运费发票的审查重点在于审查运输业务的真伪。将购进货物与企业"原材料"、"低值易耗品"、"包装物"、"库存商品"账户核对，审查单据所列内容是否属于允许抵扣运费业务范围。

（2）将"应交税费——应交增值税"明细账与依运费发票计算的进项税额核对，看数额是否相等，有无多计，有无将不属于运费范围的款项也计入进项税额的情况。

3. 购进免税农产品进项税额的审查。购进免税农产品，可按照农产品收购发票或者销售发票上注明的农产品买价依 13% 的扣除率计算进项税额。农产品买价，包括纳税人购进农产品在农产品收购发票或者销售发票上注明的价款和按规定缴纳的烟叶税。

温馨提示：原增值税细则对农产品买价按支付的价款和代收代缴的农业特产税计算。因农业税停征，货物买价取消了"农业特产税"，增加了"烟叶税"以适应税法的要求。

购进农产品进项税额的审查要点包括：（1）审查企业的收购凭证。将税务机关出售的收购凭证领购簿与使用的收购凭证对照检查，审查其使用的收购凭证、取得的销售发票是否合法；（2）核实购进的货物是否为免税农产品，销售方是否为农业生产者个人，是否依收购凭证所载，规定的买价计算了进项税额，会计处理是否正确；（3）审查企业计算免税农产品进项税额的凭证与有关资金往来账户，若只有开具的凭证而无相应的资金运动或负债产生，以及虽有资金运动或负债产生但内容不一致、数量不相符的，则重点审查购进业务的真实性。

4. 进口货物进项税额的审查。首先，审查进口货物取得的抵扣凭证是否已经过认证。自 2010 年 1 月 1 日后，对一般纳税人进口货物取得海关开具的增值税专用缴款书也需在规定的时限内，到主管税务机关进行认证。认证时限如下：（1）实行海关进口增值税专用缴款书（以下简称海关缴款书）"先比对后抵扣"管理办法的增值税一般纳税人取得 2010 年 1 月 1 日以后开具的海关缴款书，应在开具之日起 180 日内向主管税务机关报送《海关完税凭证抵扣清单》（包括纸质资料和电子数据）申请稽核比对；（2）未实行海关缴款书"先比对后抵扣"管理办法的增值税一般纳税人取得 2010 年 1 月 1 日以后开具的海关缴款书，应在开具之日起 180 日后的第一个纳税申报期结束以前，向主管税务机关申报抵扣进项税额。其次，审查专用缴款书所注明的进口货物入库单，追踪进口货物的流向，若无库存，是否已作销售申报纳税。

5. 对进货退出或折让而收回的增值税税额的审查。纳税人发生销货退回或折让应凭借《开具红字增值税专用发票通知单》，取得销货方开具的红字专用发票，从进项税额中扣减。审查要点：

（1）根据主管税务机关开具的《开具红字增值税专用发票通知单》存根联，审查纳税人是否按规定保存了《通知单》，纳税人未按规定保存通知单，证明纳税人有将已收回的增值税抵扣销项税额的可能；

（2）按照《通知单》和销货方开具的红字专用发票的发票联和抵扣联，与"应交税费——应交增值税（进项税额）"核对，查明企业因销货退回和折让而发生的进项税额转出账面数与《通知单》及红字专用发票票面所载数字是否相符，转出时间与《通知单》或红字专用发票开具时间是否一致。

6. 不得从销项税额中抵扣的进项税额的审查。不得从销项税额中抵扣的进项税额，一部分属于购进不得抵扣的货物或应税劳务，随同购进业务取得的增值税专用发票所载明的进项税额，不允许计入"应交税费——应交增值税（进项税额）"明细账。对这部分业务的审查应防止企业扩大结转、计提进项税额范围；注意审查：

（1）有无非增值税劳务项目购进货物和劳务结转了进项税额；

（2）纳税人自用的应征消费税的小汽车、游艇、摩托车，是否结转了进项税额；

（3）免征增值税项目的购进货物和应税劳务，是否结转了进项税额；

（4）在建工程项目所用的购进货物和应税劳务，是否结转了进项税额；

（5）用于集体福利和个人消费的购进货物和劳务，是否结转了进项税额。

另一部分属于购进的原材料和商品改变用途，需要将其负担的进项税额由"应交税费——应交增值税（进项税额）"账户转入到相应账户里。对这部分业务的审查应注意企业在结转原材料和库存商品成本时，是否同时作了进项税转出的会计处理。同时应审查转出数字是否正确，转出时间是否及时。

（1）非增值税应税项目使用购进的已结转进项税额的货物；

（2）增值税免税项目使用购进的已结转进项税额的货物；

（3）在建工程项目领用已结转进项税额的货物；

（4）集体福利项目已结转进项税额的货物；

（5）非正常损失的在产品、产成品所耗用的购进货物或应税劳务。

7. 销售返回进项税额转出的审查。对作为增值税一般纳税人的商业企业，向供货方收取的与商品销售量、销售额挂钩（如以一定比例、金额、数量计算）的各种返还收入，均应按所购货物适用税率计算应冲减的进项税额，并冲减取得返还资金当期的增值税进项税额。

商业企业向供货方收取的各种收入，一律不得开具增值税专用发票。

当期应冲减进项税额＝当期取得的返还资金/（1＋所购货物适用增值税税率）×所购货

物适用增值税税率

审查要点为：（1）审查企业商品销售价与购进价之间是否有差额，若企业以等于或低于进价的价格销售货物，则说明商业企业有平销返利行为；（2）对账面记载及通过审查核实的企业收到的返还收入，审查其会计处理及按规定转出的进项税额是否正确。重点审查"应交税费——应交增值税（进项税转出）"账户贷方，在收到返回收入的当期有无进项税额转出的会计处理，数字是否一致。

温馨提示： 你知道吗，在新增值税实施细则里明确解释非正常损失是指因管理不善造成的货物被盗窃、发生霉烂变质等损失。不包括自然灾害造成的损失。

（五）增值税其他内容的审查

1. 增值税应交税金明细账的审查。

（1）审查该明细账中各项核算内容及会计处理方法是否符合有关增值税会计处理规定；

（2）增值税是否按月做到月税月清，有无欠税，有无将本月欠税用下期进项税额抵顶。

2. 增值税一般纳税人申报表的审查。

（1）本期销项税额。应审查"主营业务收入（出口销售收入）"、"其他业务收入"、"应交税费——应交增值税（销项税额）"等账户，审查内销货物和应税劳务的应税销售额和销项税额，出口货物的免税销售额；视同销售业务的销售额和销项税额。

（2）本期进项税额。应根据"原材料"、"应付账款"、"管理费用"、"固定资产"、"应交税费——应交增值税（进项税额）"等账户，计算确认纳税人本期进项税额、不允许抵扣的进项税额、本期应抵扣进项税额。

（3）税款计算。按照《增值税一般纳税人申报表》上的逻辑关系正确计算各项税额，确认本期应纳税额和留抵税额。

【案例 3－19】 某工业企业系增值税一般纳税人，单位审计（税务）人员于 201×年 8 月对企业 7 月份增值税纳税情况进行审核，取得该企业 7 月份会计资料如下：

（1）7 月 5 日 16 号凭证：购进原材料一批，已验收入库，取得增值税专用发票一张，注明价款 100 000 元，税额 17 000 元，取得运输部门开具的运费普通发票一张，注明运费 6 000 元，装卸费 3 000 元，款项均未支付，企业会计处理为：

借：原材料 108 370
　　应交税费——应交增值税（进项税额） 17 630
　　贷：应付账款 126 000

分析：7 月 5 日 16 号凭证：对增值税一般纳税人外购货物（不得扣除进项税额的固定资产除外）所支付的运输费用。根据运费结算单据（普通发票）所列运费金额依 7% 的扣除率计算的进项税额准予扣除，但随同运费支付的装卸费、保险费等其他杂费不得计算扣除进项税额。该企业把装卸费 3 000 元也按 7% 进行了扣税，多扣进项税额 = 3 000 × 7% = 210（元）。

（2）7 月 30 日 201 号凭证：月末盘库发生原材料盘亏，企业会计处理为：

借：待处理财产损溢 20 000
　　贷：原材料 20 000

后附：存货盘点表一张，业务内容：盘亏原材料成本 20 000 元。

分析：企业材料盘亏，盘亏材料的进项税额不得抵扣，应一并转入待处理财产损溢账户。

三、增值税小规模纳税人的纳税审查

增值税小规模纳税人重点审查销售额。主要审查销售收入是否全额入账，是否计算缴纳了增值税；有无视同销售行为，是否缴纳增值税。

（一）销售额的审查

1. 审查纳税人期初存货、本期进货和期末存货情况，根据纳税人货物的购、销、存情况，查找应税销售额和视同销售未计算增值税额的问题。

2. 审查纳税人经营资金的往来情况，审查银行存款日记账，与银行对账单核对，与企业的原材料供应商和产品买方核对，从纳税人资金收支中发现有无未计销售的问题。

（二）应纳税额的审查

1. 审查纳税人是否把含税的销售额换算成不含税的销售额，计算过程是否正确；应纳税额计算是否准确。

2. 征收率是否正确。从 2009 年 1 月 1 日起，小规模纳税人的征收率一律为 3%。

四、出口货物退（免）税的审查

对出口退税业务，应从企业出口货物申请报批的出口退（免）税所有重大事项的合法性、合规性、准确性方面入手，包括以下几方面内容：

（一）审查退（免）税企业主体

审查出口货物退（免）税企业主体资格。即对企业是否符合下列出口货物退（免）税主体资格条件之一，进行判断确认。

1. 经商务部及其授权单位赋予出口经营资格的外贸企业；

2. 经商务部及其授权单位赋予出口经营资格的自营生产企业和生产型集团公司，以及经省级外经贸部门批准的实行自营进出口经营资格登记制的国有、集体生产企业；

3. 外商投资企业。1994 年 1 月 1 日后批准设立的外商投资企业；1993 年 12 月 31 日前成立的外商投资在 1994 年 1 月 1 日后新上生产项目且新上生产项目生产的货物并能单独核算的；

4. 委托外贸企业代理出口的企业；

5. 特定退税企业；

6. 符合规定的其他企业。

（二）审查出口货物退（免）税的货物范围

1. 一般退（免）税货物范围应符合下列四个条件：必须是属于增值税、消费税征税范围的货物；必须是报关离境的货物；必须是在财务上作销售处理的货物；必须是出口收汇并已核销的货物。生产企业必须是出口自产产品或视同自产产品方可申报免抵退税，其他外购产品出口则视同内销征税。

2. 特准退（免）税货物符合规定范围。

3. 特准不予退税的免税出口货物符合规定条件。

4. 特准不予退（免）税的出口货物符合规定范围。

确定出口货物退（免）税的货物范围，是审查的基本依据。应审查货物是否已报关离境；出口货物是以何种贸易方式出口；是否将展品、样品等进行退（免）税申报；企业的生产规模与生产能力是否相适应，是否有外购产品进行申报，非自产产品申报退（免）税是否符合视同自产产品的相关规定；出口货物税目、税率的适用是否符合现行税法的规定。

（三）审查出口货物退（免）税的基础资料

1. 审查申请出口退（免）税企业的退税资料是否完整。审查其业务与相对应的资料内容是否一致，资料种类是否齐全完整。应提供的资料种类一般包括：出口货物报关单原件、出口发票原件、收汇核销单原件（需分开单独报送）、增值税专用发票原件（外贸企业）、申报所属期《生产企业出口货物纳税情况申报表》（生产企业）、申报所属期《纳税申报表》（生产企业）、申报所属期《生产企业出口货物退税明细申报表》（生产企业）、申报所属期《生产企业出口货物免抵退税汇总表》（生产企业）、申报所属期《生产企业进料加工贸易免税申请表》（生产企业）、退（免）税申报电子数据等税务机关要求报送的其他资料。

2. 审查出口退税申报及资料提交时间是否符合规定。办理退税时间以出口货物报关单（出口退税专用）上注明的出口日期为准，出口企业须在货物报关出口之日起，90天内向主管退税的税务机关申报办理出口货物退（免）税手续；180天内向主管退税的税务机关提供收汇核销单。除另有规定外，逾期税务机关将不予受理退（免）税申报和批准退（免）税。

3. 审查企业涉及出口退（免）税的各类单证证明的办理是否及时。

（四）审查出口货物退（免）税金额计算

1. 计算方法的审查。审查其是否符合我国现行享受出口货物退（免）税规定所适用的计算方法。

2. 计算退（免）税款的审查。审查其计算结果是否准确并符合规定要求，特别是在"免抵退"税计算方法中，税收政策、计算公式、免抵退税抵减额的确定应符合规定。重点审查的内容包括：出口货物的成交价，生产企业出口货物免抵退的计税依据，出口货物记账汇率，免抵退出口货物销售额或免税销售额的计算、申报，本期进项税额转出与本期税款计算、申报，免抵退税额（包括一般贸易和其他贸易出口）的计算等。

五、增值税纳税审查后的账务调整

代理人在审查发现问题后，不仅要提醒纳税人多退少补增值税额，还应当根据审查结果，正确、及时调整账务，这样才能使纳税人会计处理与实际纳税情况相符。

在对纳税人增值税审查中发现的问题，主要有少计进项税额，多计销项税额；少计销项税额，多计进项税额及进项税额转出。

1. 代理纳税审查在企业年度会计决算编报之前进行时。

【案例3-20】德曼窗业为增值税一般纳税人，201×年6月份带包装销售一批塑窗给良元房地产公司，塑窗总价款2 400 000万元，包装物单独作价，总价款11 700元，企业作如下分录：

借：银行存款　　　　　　　　　　　　　　　　2 819 700
　　贷：主营业务收入　　　　　　　　　　　　　　2 400 000
　　　　其他业务收入　　　　　　　　　　　　　　　11 700

应交税费——应交增值税（销项税额）	408 000

对包装物收入未计算销项税额，多计算了包装物收入。代理审核后，进行账务调整，调账分录为：

借：其他业务收入	1 700
贷：应交税费——应交增值税（销项税额）	1 700

【案例 3 – 21】 立元酒业公司 201×年 8 月份，从长青农场购入了一批高粱，取得农产品销售发票上注明价款 195 000 元，企业作如下分录：

借：原材料	195 000
贷：银行存款	195 000

代理纳税审核后发现多计了原材料成本，少计了进项税额。企业调账分录为：

借：应交税费——应交增值税（进项税额）	25 350
贷：原材料	25 350

【案例 3 – 22】 立元酒业将一批购入的原材料大米发给职工，该批大米实际成本为 30 000 元，在大米发出后，企业作分录如下：

借：应付职工薪酬	30 000
贷：原材料	30 000

代理纳税审核后，认为将原材料用于非应税项目属于不得抵扣的进项税额，应当"进项税额转出"，企业调账分录如下：

借：应付职工薪酬	3 900
贷：应交税费——应交增值税（进项税额转出）	3 900

2. 代理纳税审查在企业上年度决算后进行，且影响上年利润时。由于企业上年度已结账，所有的损益账户在当期都结转至"本年利润"账户，凡涉及调整会计利润的，不能通过正常的会计核算程序对"本年利润"科目进行调整，而应通过"以前年度损益调整"科目进行调整。

【案例 3 – 23】 某电视生产企业上年 8 月份售给甲厂电视 200 台，含税售价总额 780 000元，成本总额 580 000 元，企业作如下分录：

借：银行存款	780 000
贷：其他应付款——甲厂	780 000
借：其他应付款——甲厂	580 000
贷：库存商品——电视机	580 000

该笔业务发生在企业年度会计决算报表编制之后，企业发生销售业务未计算销售收入，也未计算增值税。其账务调整分录如下：

① 红字冲销原分录

② 计收入

借：银行存款	780 000
贷：以前年度损益调整——电视机	666 666. 67
应交税费——应交增值税（销项税额）	113 333. 33
借：以前年度损益调整——电视机	580 000
贷：库存商品——电视机	580 000

③ 计算企业所得税

借：以前年度损益调整　　　　　　　21 666.67（86 666.67×25% = 21 666.67）

　　贷：应交税费——应交所得税　　　　　　　　　　　　　21 666.67

④ 上交企业所得税

借：应交税费——应交所得税　　　　　　21 666.67

　　贷：银行存款　　　　　　　　　　　　　　　　　　　21 666.67

⑤ 将"以前年度损益调整"科目余额结转到"利润分配——未分配利润"科目

借：利润分配——未分配利润　　　　　　65 000

　　贷：以前年度损益调整　　　　　　　　　　　　　　　65 000

第四节　增值税纳税筹划代理

纳税筹划是在不违反税收法律、法规的前提下，通过对纳税人的经营活动、投资理财活动进行事先安排，达到少缴或缓缴税款的目的。纳税筹划作为一种理财活动，是企业财务活动必不可少的一部分，从事销售或者进口货物、加工、修理修配劳务的增值税纳税人，首选筹划税种当属增值税。

一、增值税纳税筹划的基本方法

（一）增值税纳税筹划切入点

增值税纳税筹划是纳税人在现行税制条件下，充分利用各种有利的税收政策和合理安排涉税事务，进行纳税方案的优化选择，以达到节税的目的。

1. 以税收优惠政策为切入点。在增值税税收优惠条款中，有针对不同货物、不同纳税人的减免税规定，这在客观上形成了拥有相同性质征税对象税负存在高低差异的情形，因此可以利用税收政策的差异，进行纳税筹划，用好、用足税收优惠政策，达到少缴税，提高经济效益的目的。但选择税收优惠作为纳税筹划突破口时，应注意两个问题：一是纳税人不得曲解税收优惠条款，滥用税收优惠，以欺骗手段骗取税收优惠；二是纳税人应充分了解税收优惠条款，并按规定程序进行申请，避免因程序不当而失去应有的权益。

2. 以纳税人的构成为切入点。每一种税的纳税人各不相同，凡不属于税法规定增值税的纳税人，就不需缴纳此税。企业理财进行纳税筹划时，一是可以通过选择经营范围来选择是否成为增值税纳税义务人，是否避开此税；二是可以选择做增值税一般纳税人或者小规模纳税人；三是在混合销售业务中，可以选择缴纳增值税或者缴纳营业税，这要取决于企业整体的纳税方案规划。

3. 以影响应纳税额的主要因素为切入点。影响应纳税额因素有两个，即计税依据和税率，计税依据越小，税率越低，应纳税额也越小，因此，进行增值税纳税筹划，无非是从这两个因素入手，找到合理、合法的办法来降低应纳税额。

4. 以增值税税制要素结合自身客观情况为切入点。企业纳税筹划不是盲目进行的，必须在客观环境允许的范围内实施。结合企业自身经营状况，以及财务管理实际情况，充分利用增值税税制要素的相关规定，比如利用进项税额抵扣时间规定，调节当期应交增值税金的多少；在企业流动资金缺乏的情况下，利用纳税期限的规定，在申报期的最后一天交税，相当于获得了一笔短期无息贷款。

（二）利用优惠政策筹划法

在实际生活中，我们经常会遇到这样的事，企业一方面热衷于偷漏税，想尽办法冒着被发现后处罚的后果；另一方面，却连税法给予的税收优惠政策也没有用足，送上门的钱不知道拿。这就说明，企业纳税筹划意识不足。最好的筹划方法是用足用好税收优惠。税收优惠政策是指国家为了扶持某些特定地区、行业、企业和产品的发展，或者对某些有实际困难的纳税人给予照顾，在税法中作出一些特殊的规定。比如，免除其应缴纳的全部或者部分税款；或者按照其缴纳税款的一定比例给予返还，从而减轻其税收负担。这种在税法中规定的，用以减轻特定纳税人税收负担的规定，就是税收优惠政策。在增值税税制中，税收优惠方法包括低税率，减税，免税等。

1. 低税率的选择筹划。纳税人在生产经营之初，应考虑所经营的产品可否用增值税低税率货物替代，这样就可以轻而易举降低增值税税率。

2. 减免税规定的应用筹划。除了低税率外，增值税还规定了很多减免税优惠。例如，对安置残疾人就业的单位，实行由税务机关按单位实际安置残疾人的人数，限额即征即退增值税的办法。要求用人单位安置残疾人超过职工人数 25%，且残疾职工人数不少于 10 人。企业可以通过安置残疾人达到一定数量，享受即征即退的优惠。如果企业实在不能够安排这么多的残疾人，可以选择给残疾人员较少的工资，多招一些适合本单位工作的人员，做一些日常性的事务。

又如，对增值税一般纳税人销售其自行开发生产的软件产品，从 2000 年 6 月 24 日至 2010 年底以前按 17% 的法定税率征收增值税后，对其增值税实际税负超过 3% 的部分实行即征即退的税收优惠政策。如果生产销售软件的企业不能够自行开发软件又想享受该政策，可以进口软件产品，经过自己重新开发成为自行开发的产品，继而享受优惠政策。

国家实施增值税税收优惠政策，目的是鼓励某一产品的生产，某一行业的发展，以促进产业结构、产品结构协调发展，增加社会某些特殊成员的收入，以促进共同富裕等，因此，充分利用税收优惠政策筹划，是符合国家的立法精神，符合国家宏观经济政策并受国家宏观经济政策的引导，是国家允许和支持的。

（三）利用税法漏洞筹划法

利用税法漏洞进行纳税筹划，是指纳税人采用非违法手段，即表面上符合税法条文但实际上违背立法精神的手段，利用税法中的漏洞、空白获取税收利益的筹划。因此它既不合法，也不违法。它可以促使税收法律规范不断完善，不断填补空白，堵塞漏洞。

增值税税收法规在不断完善的同时，仍然可以根据纳税人的经营情况，合理筹划，合理避税。例如由于新购进机器设备所含的增值税进项税额可以抵扣，因此企业可以在不影响正常经营的前提下合理选择购进机器设备的时间，以尽量晚缴增值税。

【案例 3 - 24】甲企业增值税的纳税期限为 1 个月。201×年 4 月，其销项税额为 100 万元，购买固定资产以外的货物进项税额为 83 万元。201×年 5 月，其销项税额为 100 万元，购买固定资产以外的货物进项税额为 100 万元。甲企业欲在 201×年 4 月或 5 月购买一台价值为 100 万元（不含增值税）的设备来扩大生产，购买当月即可投入使用，预计生产出的产品自购进设备当月起 3 个月后即可对外销售并实现效益。其纳税筹划方案如下：

方案一：201×年 5 月购进设备

201×年 4 月应纳增值税 = 100 - 83 = 17 （万元）

201×年 5 月应纳增值税 = 100 - 100 - 100 × 17% = -17 （万元）。本月不缴增值税，17 万元的增值税进项税额留待以后月份抵扣。

方案二：201×年 4 月购进设备

201×年 4 月应纳增值税 = 100 - 83 - 100 × 17% = 0 （万元）

201×年 5 月应纳增值税 = 100 - 100 = 0 （万元）

由此可见，方案二比方案一少纳增值税 17 万元（17 - 0），虽然方案二在 201×年 4 月就支出了 117 万元（100 + 100 × 17%）购进设备，比方案一早支出了 1 个月，但是同样也会提前 1 个月获取收益。因此从纳税筹划的角度来看，方案二优于方案一。

又如，甲企业以 1 个月为 1 个纳税期，于每月 1 ~ 15 日申报纳税，甲企业报税员习惯每月 5 日申报纳税。假定某月该企业需申报缴纳增值税 100 万元。其纳税筹划方案如下：

方案一：在该月 5 日申报纳税

因缴税导致企业现金流量在该月 5 日就减少了 100 万元

方案二：在该月 15 日申报纳税

因缴税导致企业现金流量在该月 15 日才减少 100 万元，企业在 5 ~ 15 日之间可以将这 100 万元作为流动资金使用，相当于获取了一笔无息贷款。企业也可以把这 100 万元存入银行，获取一定的存款利息。

这种筹划虽然违背了立法精神，但其在条文上对税法是尊重的，与偷逃税有着本质的区别。

二、增值税典型业务纳税筹划

（一）纳税人选择筹划

税法依据：增值税一般纳税人销售或者进口货物，提供加工、修理修配劳务，税率一般为 17%；销售或者进口部分优惠税率货物，税率为 13%。增值税小规模纳税人增值税征收率为 3%。

筹划思路：增值税一般纳税人的优势在于可以抵扣进项税额，而增值税小规模纳税人不能抵扣进项税额；增值税一般纳税人销售货物时可以向对方开具增值税专用发票，增值税小规模纳税人则不可以（虽可申请税务机关代开，但抵扣率很低）。增值税小规模纳税人的优势在于不能抵扣的增值税进项税额将直接计入产品成本，最终可以起到抵减企业所得税的作用；增值税小规模纳税人销售货物因不开具增值税专用发票，即不必由对方负担销售价格 17% 或 13% 的增值税销项税额，因此销售价格相对较低。我们可通过比较两种纳税人的现金净流量来做出纳税人身份的选择。

【案例 3 - 25】甲饲料销售企业现为增值税小规模纳税人，年应税销售额为 80 万元（不含增值税），会计核算制度比较健全，符合转化为增值税一般纳税人的条件，适用 13% 的增值税税率。该企业从生产饲料的增值税一般纳税人处购入饲料 50 万元（不含增值税）。其纳税筹划方案如下：

方案一：仍作为增值税小规模纳税人

应纳增值税 = 80 × 3% = 2.4（万元）

应纳城建税及教育费附加 = 2.4 × (7% + 3%) = 0.24（万元）

现金净流量 = 含税销售额 - 含税购进金额 - 应纳增值税 - 应纳城建税及教育费附加 - 应纳企业所得税 = 80 × (1 + 3%) - 50 × (1 + 13%) - 2.4 - 0.24 - [80 - 50 × (1 + 13%) - 0.24] × 25% = 17.445（万元）。

方案二：申请成为增值税一般纳税人

应纳增值税 = 80 × 13% - 50 × 13% = 3.9（万元）

应纳城建税及教育费附加 = 3.9 × (7% + 3%) = 0.39（万元）

现金净流量 = 含税销售额 - 含税购进金额 - 应纳增值税 - 应纳城建税及教育费附加 - 应纳企业所得税 = 80 × (1 + 13%) - 50 × (1 + 13%) - 3.9 - 0.39 - (80 - 50 - 0.39) × 25% = 22.2075（万元）。

由此可见，方案二比方案一多获现金净流量 4.7625 万元（22.2075 - 17.445）。因此，企业应当选择方案二。

（二）企业生产经营过程典型业务筹划

1. 购进业务的纳税筹划。增值税一般纳税人购进货物或劳务，可以通过选择购进时间来推迟或提前抵扣时间，达到晚缴增值税的目的，如【案例 3 - 24】。

2. 混用进项税额的筹划。按照规定，下列项目的进项税额不得从销项税额中抵扣：

（1）用于非增值税应税项目、免征增值税项目、集体福利或者个人消费的购进货物或者应税劳务；

（2）非正常损失的购进货物及相关的应税劳务；

（3）非正常损失的在产品、产成品所耗用的购进货物或者应税劳务；

（4）国务院财政、税务主管部门规定的纳税人自用消费品。

对于税法规定不得抵扣的项目，并没有规定最初购进时不能抵扣，所以，可选择在购进时进行抵扣，等用于非应税项目时再作调整。

（三）企业销售过程中典型业务筹划

1. 是否分别核算的纳税筹划。税法依据：纳税人的下列混合销售行为，应当分别核算货物的销售额和非增值税应税劳务的营业额，并根据其销售货物的销售额计算缴纳增值税，非增值税应税劳务的营业额不缴纳增值税；未分别核算的，由主管税务机关核定其货物的销售额：①销售自产货物并同时提供建筑业劳务的行为；②财政部、国家税务总局规定的其他情形。纳税人兼营非增值税应税项目的，应分别核算货物或者应税劳务的销售额和非增值税应税项目的营业额；未分别核算的，由主管税务机关核定货物或者应税劳务的销售额。

筹划思路：既然上述两种行为未分别核算的，由主管税务机关核定货物或者应税劳务的销售额，那么，企业在分别核算导致成本过高的情况下，通过综合权衡，可以选择不分别核算，以降低总支出。

【案例 3 - 26】甲超市是增值税小规模纳税人，201 × 年 6 月共销售商品 10 万元（含增值税），同时甲超市对外提供职业介绍服务，取得收入 5 万元。甲超市因人员有限，未对两项业务分别核算。税务机关在核定时，将商品销售额核定为 9 万元，将职业介绍服务收入核定为 6 万元。若甲超市增加人员分别核算，则需要多支出人员工资等 2 000 元。其纳税筹划方案如下：

方案一：分别核算

应纳税额 = 10 ÷（1 + 3%）× 3% + 5 × 5% = 0.541（万元）

应纳城建税及教育费附加 = 0.541 ×（7% + 3%）= 0.0541（万元）

工资等多支出额 = 0.2（万元）

税费支出额合计 = 0.541 + 0.0541 + 0.2 = 0.7951（万元）

方案二：不分别核算

应纳税额 = 9 ÷（1 + 3%）× 3% + 6 × 5% = 0.562（万元）

应纳城建税及教育费附加 = 0.562 ×（7% + 3%）= 0.0562（万元）

税费支出额合计 = 0.562 + 0.0562 = 0.6182（万元）

可见，方案二比方案一少支出 0.1769 万元（0.7951 - 0.6182），因此，选择不分别核算。

2. 销售方式的纳税筹划。企业为了促销，经常会采用多种销售方式销售商品，如以旧换新、折扣销售等，不同的销售方式适用的增值税税收政策不同，也就存在着税收差别待遇。因此，在设计销售方案时，应当进行税收差别比较。选择税负最轻的销售方式。

【案例 3 - 27】某商场为增值税一般纳税人，现销售 100 元商品，成本为 70 元，为了促销，设计了三种销售方案：方案一、商品 8 折销售；方案二、凡购物满 100 元，赠送价值 20 元的小商品（成本为 16 元）；方案三、凡购物满 100 元，返还现金 20 元；（以上价格均为含税价）

假定顾客购买一件价值 100 元的商品，选择哪种促销方式所缴纳的增值税最少？

方案一：8 折销售时，销售额为 80 元，成本为 70 元，

应纳税额 = 80 ÷（1 + 17%）× 17% - 70 ÷（1 + 17%）× 17% = 1.45

方案二：购物满 100 元，销售额为 100 元，赠送价值为 20 元的商品，按照视同销售一并征收增值税；

应纳税额 = 100 ÷（1 + 17%）× 17% - 70 ÷（1 + 17%）× 17% + 20 ÷（1 + 17%）× 17% - 16 ÷（1 + 17%）× 17% = 4.65

方案三：购物满 100 元，销售额为 100 元，返还的 20 元不允许冲减销售额。

应纳税额 = 100 ÷（1 + 17%）× 17% - 70 ÷（1 + 17%）× 17% = 4.36

仅仅考虑增值税，第一种方案缴纳增值税最少，方案三次之，方案二最多。但是，企业应当考虑的是整体税收负担最轻，利润最大化。如果再考虑企业所得税，则

方案一：利润额 = 80 ÷（1 + 17%）- 70 ÷（1 + 17%）= 8.55

应纳所得税 = 8.55 × 25% = 2.14

税后净利润 = 8.55 - 2.14 = 6.41

方案二：按照规定，为其他单位和部门的有关人员发放现金、实物等应按规定代扣代缴个人所得税，税款由支付单位代扣代缴。而赠送顾客的商品价值为 20 元只能为不含税价，税款由商场代为缴纳。

因此商场代缴的个人所得税为：20 ÷（1 - 20%）× 20% = 5

利润额 = 100 ÷（1 + 17%）- 70 ÷（1 + 17%）- 16 ÷（1 + 17%）- 5 = 6.98

由于代扣代缴的个人所得税税前不允许扣除，所以

应纳税所得额 = 100 ÷（1 + 17%）+ 30 ÷（1 + 17%）- 70 ÷（1 + 17%）- 16 ÷（1 + 17%）= 37.62

应纳所得税额 $=37.62 \times 25\% = 9.41$

税后净利润 $=6.98 - 9.41 = -2.43$

方案三：个人所得税同上，为5

利润额 $=100 \div (1 + 17\%) - 70 \div (1 + 17\%) - 20 - 5 = 0.64$

应纳税所得额 $=100 \div (1 + 17\%) - 70 \div (1 + 17\%) = 25.64$

应纳所得税额 $=25.64 \times 25\% = 6.41$

税后净利润 $=0.64 - 6.41 = -5.77$

从净利润来看，上述三种方案，方案一最优，方案二次之，方案三最差。所以，在进行纳税筹划时，不能只考虑一种税，而是设计节税最优方案，进行总体筹划。

关键术语

1. 防伪税控系统　2. 详查法　3. 抽查法　4. 顺查法　5. 逆查法　6. 比较分析法

7. 控制计算法　8. 纳税筹划　9. 利用税法漏洞筹划法

实训练习

【实训题1】

【实训资料】

德实有限责任公司2009年11月涉税会计处理

凭证日期	科目名称	摘要	借方金额	贷方金额
2009 – 11 – 9	应收账款\阳光实业股份有限公司	收入	2 200 000	
2009 – 11 – 9	主营业务收入	收入		1 880 341.88
2009 – 11 – 9	应交税金\增值税\销项税额	收入		319 658.12
2009 – 11 – 9	应收账款\阳光实业股份有限公司	收入	800 000	
2009 – 11 – 9	其他业务收入\劳务收入	收入		800 000
2009 – 11 – 9	应付账款\市外	付材料款	80 000	
2009 – 11 – 9	银行存款\中国银行金桥支行	付材料款		80 000
2009 – 11 – 9	制造费用\水电费	车间用电	6 833.62	
2009 – 11 – 9	应交税费\增值税\进项税额	车间用电	1 161.72	
2009 – 11 – 9	其他应收款\市内单位	车间用电		7 995.34
2009 – 11 – 9	原材料	购原材料	15 699.34	
2009 – 11 – 9	应交税费\增值税\进项税额	购原材料	2 668.89	
2009 – 11 – 9	应付账款\市外	购原材料		18 368.23
2009 – 11 – 9	原材料	购料	58 252.43	
2009 – 11 – 9	应交税费\增值税\进项税额	购料	1 747.57	

续表

凭证日期	科目名称	摘要	借方金额	贷方金额
2009 - 11 - 9	应付账款＼市内	购料		60 000
2009 - 11 - 9	原材料	付材料款	95 062.97	
2009 - 11 - 9	应交税费＼增值税＼进项税额	付材料款	16 160.71	
2009 - 11 - 9	应付账款＼市外	付材料款		111 223.68
2009 - 11 - 9	原材料	购料	99 985.33	
2009 - 11 - 9	应交税费＼增值税＼进项税额	购料	16 997.51	
2009 - 11 - 9	应付账款＼市外	购料		116 982.84
2009 - 11 - 9	原材料	购原材料	72 423.59	
2009 - 11 - 9	应交税费＼增值税＼进项税额	购原材料	12 312.01	
2009 - 11 - 9	应付账款＼市外	购原材料		84 735.6
2009 - 11 - 9	原材料	购料	105 520.52	
2009 - 11 - 9	应交税费＼增值税＼进项税额	购料	17 938.48	
2009 - 11 - 9	应付账款＼市外	购料		123 459
2009 - 11 - 9	原材料	购料	6 928	
2009 - 11 - 9	应付账款＼市内	购料		6 928
2009 - 11 - 9	原材料	购原材料	7 695	
2009 - 11 - 9	应付账款＼市内	购原材料		7 695

【实训要求】根据给出的资料编制会计分录，登记"应交税费——应交增值税"明细账，填写一般纳税人纳税申报表。

【实训题2】

【实训资料】

××市酒厂201×年10月份发生下列业务：

1. 10月3日销售给明达烟酒公司啤酒60吨，单价2 280元/吨；白酒1 000箱，192元/箱。货款已付，取得的增值税专用发票上注明，啤酒不含税价款为136 800元，白酒不含税价款192 000元，增值税额为55 896元；另外，收取白酒优质费1 920元，收取明达烟酒公司叫来的啤酒箱押金款76 000元。企业会计处理如下：

借：银行存款　　　　　　　　　　　　　　　　46 261 600
　　贷：其他应付款——明达烟酒公司　　　　　　　　76 000
　　　　主营业务收入——啤酒、白酒　　　　　　　328 800
　　　　应交税费——应交增值税（销项税额）　　　55 896
　　　　应付账款——明达烟酒公司　　　　　　　　1 920

2. 10月9日，厂长批条以每箱170元的价格卖给郑某10箱白酒，未开具销售发票，仅依据销售科交来的收据，企业会计处理如下：

借：现金　　　　　　　　　　　　　　　　　　1 700
　　贷：其他应付款　　　　　　　　　　　　　　　1 700

3. 10 月 16 日，从××省粮油公司以 980 元/吨的价格，购进高粱 50 吨，以 1 500 元/吨的价格购进大麦 100 吨，取得增值税专用发票上注明大麦价款 150 000 元，增值税额 19 500 元；高粱价款 49 000 元，增值税额 6 370 元。支付运费取得公路内河货物运输业统一发票，注明运费 22 800 元，装卸费 7 500 元。企业会计作如下会计处理：

借：原材料——高粱	55 720
原材料——大麦	170 550
应交税费——应交增值税（进项税额）	28 900
贷：银行存款（原料款）	224 870
银行存款（付运费）	30 300

4. 10 月 17 日发出 10 箱普通白酒，成本价 95.14 元/箱，0.5 吨啤酒，成本价 928.24 元/吨；用于参加本周举行的商品交易展出，企业作如下会计处理：

借：营业费用	1 415.52
贷：库存商品——白酒	951.4
库存商品——啤酒	464.12

同类产品售价白酒 192 元/箱，啤酒 2 280 元/吨。

5. 没收 2007 年 9 月收取的天肴食府的啤酒周转箱押金。企业作如下会计处理：

借：其他应付款	4 200
贷：营业外收入	4 200

6. 用白酒换高粱，企业会计处理如下：

借：原材料——高粱	9 600
贷：库存商品——白酒	9 600

高粱买价 960 元/吨，白酒不含税售价 192 元箱。

【实训要求】

根据给出的会计分录，指出错误，作出调账分录。

实践训练

利用企业真实或模拟的增值税会计业务，要求学生完成下列工作。

1. 熟悉增值税专用发票管理的相关规定，能使用税控装置开具增值税专用发票；能完成增值税专用发票抵扣联的认证工作，并能处理诸如企业发生销货退回，什么情况下需开具红字专用发票以及如何开具红字专用发票等与发票有关的具体问题；

2. 进行企业增值税会计处理，根据给出的原始凭证编制记账凭证；登记应交税费——应交增值税明细账；

3. 填写一般纳税人，小规模纳税人增值税纳税申报表，进行纳税申报；

4. 对企业的增值税涉税会计资料审核，能够指出错误，进行调账处理；

5. 可以进行简单的增值税纳税筹划。

第 四 章

消费税代理

··········· 学习目标 ··

    1. 掌握消费税主要经济业务核算方法，能熟练办理消费税会计核算代理

    2. 掌握消费税纳税申报主要业务流程及方法，能熟练办理消费税纳税申报代理

    3. 熟悉消费税纳税审查要点及方法，并能够进行账务调整，出具纳税审查报告

    4. 熟悉消费税纳税筹划的一般方法，能为企业提出合理的纳税筹划建议

··

第一节　消费税会计核算

    当生产应税消费品的企业通过自设门市部销售产品，对外馈赠或发给职工个人等，为了准确核算生产经营过程中涉及的消费税，就应设置相应的会计科目，进行会计核算。

一、会计科目设置

（一）"应交税费——应交消费税"

    缴纳消费税的企业，在"应交税费"科目下设置"应交消费税"明细科目进行会计核算。该明细科目的借方发生额，反映企业实际缴纳的消费税和待抵扣的消费税；贷方发生额，反映按规定应缴纳的消费税；期末贷方余额，反映尚未缴纳的消费税；期末借方余额，

反映多缴或剩余待抵扣的消费税。

温馨提示：当纳税人存在利用委托加工收回的已税消费品继续加工生产应税消费品时，会出现该账户的借方发生额。

二、消费税会计核算

（二）营业税金及附加

该科目核算企业经营活动中发生纳税义务后，按照消费税政策计算的应缴纳的消费税税额。企业按规定计算确定的与经营活动相关的消费税税额，借记"营业税金及附加"科目，贷记"应交税费——应交消费税"科目。期末，应将本科目余额转入"本年利润"科目，结转后本科目无余额。

消费税是对在中华人民共和国境内生产、委托加工和进口应税消费品的单位和个人，就其取得的销售额或销售量征收的一种税。对于一般应税消费品而言，消费税只在生产、委托加工、进口环节征收，纳税人主要是工业企业。但是对于金银首饰，消费税选择在零售环节一次性征收，纳税人是金银首饰零售企业，是商业企业。下面分别介绍工业企业和商业企业的消费税核算。

（一）工业企业消费税会计核算

工业企业缴纳消费税的具体纳税环节分别是：生产并销售应税消费品的单位和个人在销售环节纳税；自产自用应税消费品的单位和个人在移送使用环节纳税；委托加工应税消费品的单位和个人，在提货环节纳税；进口应税消费品的单位和个人，在报关进口环节纳税。

1. 生产销售应税消费品的会计处理。纳税人生产的应税消费品，于销售时纳税。应税消费品用于换取生产资料、生活资料、抵偿债务、投资入股的，也视为销售行为。

（1）一般销售情况下的会计核算。在纳税人发生销售行为时，应根据开出的销售发票、商品出库单、银行进账单或现金进行会计处理。

① 按实收或应收的全部款项，借记"银行存款"或"应收票据"、"应收账款"等科目；依据开具的销售发票，按实现的不含增值税的产品销售额，贷记"主营业务收入"科目；按实现的不含增值税的单独计价包装物销售额，贷记"其他业务收入"，按收取的增值税税款，贷记"应交税费——应交增值税（销项税额）"科目。

② 结转销售成本时，根据商品出库单，借记"主营业务成本"科目，贷记"库存商品"科目。同时结转包装物成本。

③ 计提消费税时，借记"营业税金及附加"科目，贷记"应交税费——应交消费税"科目。

【案例4-1】玉泉酒厂（增值税一般纳税人），本月销售散装粮食白酒2 000斤，随同白酒出售单独计价的包装桶20个，向购买方开具了增值税专用发票，专用发票注明白酒销售额10 000元，增值税税额1 700元，包装物销售额200元，增值税税额34元。货物已发出，款项已收讫。

根据发票和进账单：

借：银行存款   11 934

  贷：主营业务收入   10 000

    其他业务收入   200

应交税费——应交增值税（销项税额）	1 734

应纳消费税 = 10 200 × 20% + 2 000 × 0.5 = 3 040（元）

借：营业税金及附加 3 040

　　贷：应交税费——应交消费税 3 040

（2）出租、出借包装物时应纳消费税的核算。纳税人在销售应税消费品时，如果包装物不作价随同产品销售，而是收取租金，此项租金应作为价外费用处理，计入销售额纳税。

如果包装物不作价随同产品销售，而是收取押金，押金则不应并入应税消费品的销售额中征税。根据收取押金开具的凭证，借记"银行存款"，贷记"其他应付款"科目。但对因逾期未收回的包装物不再退还的或者已收取的时间超过 12 个月的押金，应并入应税消费品的销售额，按照应税消费品的适用税率缴纳消费税。此时，应借记"其他应付款"科目，贷记"其他业务收入"和"应交税费——应交增值税（销项税额）"科目。同时计算的消费税，借记"营业税金及附加"科目，贷记"应交税费——应交消费税"科目。

【案例 4 - 2】佳美化妆品厂是增值税一般纳税人，5 月份销售一批胭脂、香粉给某演出团体，开具普通发票注明销售额 23 400 元，另开收据收取包装物押金 585 元，款项已经收到，货物已发出。包装物约定使用期限 3 个月。

根据销售发票和银行进账单：

借：银行存款 23 400

　　贷：主营业务收入 20 000

　　　　应交税费——应交增值税（销项税额） 3 400

根据收款收据及进账单：

借：银行存款 585

　　贷：其他应付款——演出团体 585

计提消费税：

应纳消费税 = 23 400 ÷（1 + 17%）× 30% = 6 000（元）

借：营业税金及附加 6 000

　　贷：应交税费——应交消费税 6 000

8 月份，到期收回包装物，退回押金：

借：其他应付款——演出团体 585

　　贷：银行存款 585

8 月份，到期如果未收回包装物，没收押金：

借：其他应付款——演出团体 585

　　贷：其他业务收入 500

　　　　应交税费——应交增值税（销项税额） 85

计提消费税：应纳消费税 = 585 ÷（1 + 17%）× 30% = 150（元）

借：营业税金及附加 150

　　贷：应交税费——应交消费税 150

对酒类产品生产企业销售酒类产品（除啤酒、黄酒外）而收取的包装物押金，无论押金是否退还与会计上如何核算，均须并入酒类产品销售额中，以酒类产品的适用税率征收消费税。收取的押金在计税时均应换算成不含增值税的押金。

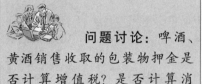

问题讨论：啤酒、黄酒销售收取的包装物押金是否计算增值税？是否计算消费税？

【**案例4-3**】如【案例4-1】，假如包装桶20个不是随同产品销售，而是周转使用，收取包装物押金234元，开具了收款收据，约定使用期为3个月。（只对包装物押金部分作会计处理，其他略。）

根据收款收据和银行进账单：

借：银行存款　　　　　　　234

　　贷：其他应付款　　　　　　　　234

当期应缴纳增值税 $= 234 \div (1 + 17\%) \times 17\% = 34$（元）

应缴纳消费税 $= 234 \div (1 + 17\%) \times 20\% = 40$（元）

借：销售费用　　　　　　　74

　　贷：应交税费——应交增值税（销项税额）　　　34

　　　　　　　　——应交消费税　　　　　　40

如期收回包装物退还押金时：

借：其他应付款　　　　　　234

　　贷：银行存款　　　　　　　　　234

不能如期收回包装物没收押金时：

借：其他应付款　　　　　　234

　　贷：其他业务收入　　　　　　　234

（3）应税消费品用于换取生产资料、生活资料、抵偿债务、投资入股时的应纳消费税处理。根据会计准则的规定，将应税消费品用于换取生产资料、生活资料、抵偿债务，都应该确认收入。根据开出的发票金额借记"材料采购"、"应付账款"、"长期投资"等科目，贷记"主营业务收入"、"应交税费——应交增值税（销项税额）"。因此而计算的应纳消费税，借记"营业税金及附加"，贷记"应交税费——应交消费税"。

温馨提示：纳税人将本企业自产的应税消费品用于抵偿债务、物物交换、对外投资，消费税的计税依据是同类消费品的最高售价，增值税的计税依据为当月同类货物平均售价。

【**案例4-4**】顺风汽车制造厂将自产汽缸容量为2.0的某品牌小轿车2辆，用于换取某汽车生产原材料100吨，取得增值税专用发票，注明价款38万元，增值税6.46万元，开出的机动车销售发票注明销售额44.46万元，该厂生产的同一型号的小汽车不含增值税销售价格分别为19.1万元/辆、19万元/辆、19.5万元/辆。消费税税率9%。企业会计处理为：

借：原材料　　　　　　　　　　　　　380 000

　　应交税费——应交增值税（进项税额）　　64 600

　　贷：主营业务收入　　　　　　　　　　380 000

　　　　应交税费——应交增值税（销项税额）　　64 600

用于换取原材料的2辆小汽车的消费税计税销售额为：$195\,000 \times 2 = 390\,000$（元）

应纳消费税 $= 390\,000 \times 9\% = 35\,100$（元）

计提消费税税金的会计处理：

借：营业税金及附加　　　　　　　　　　　　　　　　　　35 100

　　贷：应交税费——应交消费税　　　　　　　　　　　　　　　35 100

2. 自产自用应税消费品会计处理。自产应税消费品用于生产非应税消费品、在建工程、管理部门、非生产机构、提供劳务、馈赠、赞助、集资、广告、样品、职工福利、奖励等方面的，在移送使用环节计算缴纳消费税。

(1) 用于连续生产非应税消费品、管理部门、非生产机构的会计处理。将自产应税消费品用于连续生产非应税消费品、管理部门、非生产机构，属于消费税征税范围，但是不属于增值税征税范围，按会计规定，这时货物在企业内部转移使用，企业不会产生经济利益总流入，同时，商品所有权上的主要风险和报酬也没有发生转移，其与所有权相联系的继续管理权仍归企业，不满足商品销售收入确认条件，因此不能

温馨提示：当用于管理部门时，借方科目应为"管理费用"或"固定资产"，当用于销售部门时，借方科目为"销售费用"或"固定资产"。

确认收入，只能按成本结转，因此而缴纳的消费税也计入继续生产的应税消费品的生产成本或期间费用中。

【案例4-5】凯达醋酸脂厂的醋酸脂生产工艺为先自产酒精，然后利用酒精生产醋酸脂。同时该企业有时也外销一些酒精，酒精生产成本为每吨4 000元。当月与酒精有关的业务如下：

5日，销售库存酒精3吨，单价5 300元，开出增值税专用发票；

12日，销售库存酒精5吨，单价5 250元，开出增值税专用发票；

本月生产共领用酒精50吨。

本企业酒精有销售，所以将酒精自用于生产非应税消费品，计税依据是同期酒精的加权平均销售价格。

加权平均销售单价 = (5 300 × 3 + 5 250 × 5) ÷ 8 = 5 268.75 (元)

自用酒精消费税计税依据 = 5 268.75 × 50 = 263 437.5 (元)

应纳消费税 = 263 437.5 × 5% = 13 171.88 (元)

根据领料单作账：

借：生产成本　　　　　　　　　　　　　　　　　　　　213 171.88

　　贷：库存商品——酒精　　　　　　　　　　　　　　　　200 000

　　　　应交税费——应交消费税　　　　　　　　　　　　　　13 171.88

(2) 应税消费品用于在建工程、提供劳务的会计处理。将应税消费品用于在建工程、提供劳务，按规定不仅缴纳消费税，也要缴纳增值税，但是，从会计来看，这种行为货物在企业内部转移使用，企业不会产生经济利益总流入，商品所有权上的主要风险和报酬也没有发生转移，其与所有权相联系的继续管理权仍归企业，不满足销售商品收入确认条件，因此不能确认收入，只能按成本结转。

【案例4-6】顺风汽车制造厂将自产汽缸容量为2.0的某品牌小轿车1辆，转作附设广告部使用，每辆生产成本150 000元。该厂生产的同一型号的小汽车不含增值税销售价格分别为19.1万元/辆、19万元/辆、19.5万元/辆，平均销售价格为19万元。消费税税率9%。

增值税的销项税额和消费税的计税依据是小轿车的平均销售价格。

增值税销项税额 = 190 000 × 17% = 32 300（元）

消费税应纳税额 = 190 000 × 9% = 17 100（元）

根据出库单作账：

借：固定资产　　　　　　　　　　　　　　　　　　　　　199 400

　　贷：库存商品　　　　　　　　　　　　　　　　　　　　150 000

　　　　应交税费——应交增值税（销项税额）　　　　　　　32 300

　　　　　　　　——应交消费税　　　　　　　　　　　　　17 100

将属于一次性消费品的应税消费品用于提供劳务时，自产消费品的生产成本、增值税销项税额、消费税计入劳务成本。

（3）将自产应税消费品用于馈赠、赞助、集资、广告、样品的会计处理。将自产应税消费品用于馈赠、赞助，发生了消费品的所有权转移，属于将货物无偿赠送其他单位和个人，是增值税的视同销售行为，按规定缴纳增值税；将自产应税消费品用于集资，发生了消费品的所有权转移，并取得了相应的经济利益，属于事实上的销售行为，缴纳增值税；将自产应税消费品用于广告、样品，分两种情况处理，将自产产品在企业内部用于样品陈列不属于视同销售货物的征税范围，因此，不征增值税。若将样品无偿赠送他人，应视同销售货物缴纳增值税。

将自产应税消费品用于馈赠、赞助、集资和赠送客户式的广告样品，在会计上都应确认收入。会计处理方法为，按应税消费品的平均销售价格或组成计税价格确认销售收入，并据以计算增值税销项税额，按销售收入和增值税销项税额的合计数计入"营业外支出"或"销售费用"，这一业务应缴纳的消费税应该核算到"营业税金及附加"科目。

将自产产品在企业内部用于样品陈列，并不发生所有权的转移时，按该消费品的生产成本和应计算缴纳的消费税确认企业的销售费用或固定资产。

【案例4-7】5月20日，佳美化妆品厂将新上市的某种口红作为样品赠送给客户，这批产品成本20 000元，无同类产品销售价格，化妆品成本利润率5%。

增值税销项税额 = 20 000 × (1 + 5%) ÷ (1 - 30%) × 17% = 5 100（元）

应纳消费税 = 20 000 × (1 + 5%) ÷ (1 - 30%) × 30% = 9 000（元）

根据商品出库单，作如下会计处理：

借：销售费用　　　　　　　　　　　　　　　　　　　　　35 100

　　贷：主营业务收入　　　　　　　　　　　　　　　　　　30 000

　　　　应交税费——应交增值税（销项税额）　　　　　　　5 100

结转销售成本：

借：主营业务成本　　　　　　　　　　　　　　　　　　　20 000

　　贷：库存商品　　　　　　　　　　　　　　　　　　　　20 000

计提消费税：

借：营业税金及附加　　　　　　　　　　　　　　　　　　9 000

　　贷：应交税费——应交消费税　　　　　　　　　　　　　9 000

【案例4-8】顺风汽车制造厂新生产的汽缸容量为2.5升的小轿车将投放市场，于是将一辆车作为样品陈列在本企业，该汽车每辆生产成本为12万元，成本利润率是8%，消费税税率12%。

应纳消费税 = 120 000 × (1 + 8%) ÷ (1 - 12%) × 12% = 17 672.72（元）

借：固定资产 137 672.72

　　贷：库存商品 120 000

　　　　应交税费——应交消费税 17 672.72

（4）将自产应税消费品用于职工福利、奖励的会计处理。将自产应税消费品用于职工福利、奖励，属于增值税的视同销售行为，按规定计算缴纳增值税。根据会计制度规定，将自产货物用于职工福利和个人消费属于发放非货币性福利，应确认销售收入，将计算的增值税销项税额计入"应付职工薪酬"，计算的应纳消费税作为"营业税金及附加"处理。

【案例4－9】杏花啤酒厂生产某品牌啤酒，当月特制一批啤酒，作为福利发给本厂职工。这批啤酒共计2吨，生产成本共4 000元，市场不含税售价为每吨3 100元。

增值税销项税额 = 3 100 × 2 × 17% = 1 054（元）

应纳消费税 = 2 × 250 = 500（元）

根据商品出库单，作如下会计处理：

借：应付职工薪酬 7 254

　　贷：主营业务收入 6 200

　　　　应交税费——应交增值税（销项税额） 1 054

计提消费税：

借：营业税金及附加 500

　　贷：应交税费——应交消费税 500

3. 委托加工应税消费品的会计处理。委托加工应税消费品的委托方，需要在加工完成提货环节计算缴纳消费税。除受托方为个体经营者外，由受托方代收代缴消费税。

（1）受托方代收代缴消费税的会计处理。委托加工环节的消费税一般由受托方计算，在收取加工费时一并收取并代为缴纳。

收取的消费税应在受托方"应交税费——应代收代交消费税"科目核算。

【案例4－10】乙卷烟厂是增值税一般纳税人，5月份受托加工烟丝一批，收到烟叶成本20 000元，收到对方支付的加工费及辅料款共计15 000元，开具增值税专用发票，注明加工费及辅料款15 000元，增值

> 温馨提示："材料成本"是指委托方所提供的加工材料的实际成本。"加工费"是指受托方加工应税消费品向委托方收取的全部费用（包括代垫辅助材料的实际成本，不包括增值税税金）。
> 从量计征的消费品消费税计税依据是加工的应税消费品的数量。

税2 550元，乙卷烟厂当月无烟丝的销售价格，烟丝消费税税率30%，乙卷烟厂代收了消费税税额并开出了代收税款凭证。

这批烟丝计算消费税的计税依据为：$\frac{20\ 000 + 15\ 000}{1 - 30\%} = 50\ 000$（元）

代收消费税 = 50 000 × 30% = 15 000（元）

根据增值税专用发票、代收代缴税款凭证和银行进账单作如下会计处理：

借：银行存款 32 550

贷：主营业务收入	15 000
应交税费——应交增值税（销项税额）	2 550
应交税费——应代收代交消费税	15 000

代缴代收的消费税时：

借：应交税费——应代收代交消费税	15 000
贷：银行存款	15 000

（2）委托方支付消费税的会计处理。委托方在提货时支付的消费税，根据收回已税消费品的用途不同可以有两种处理方法：

当收回的已税消费品用于继续生产应税消费品时，按照消费税政策，准予从连续生产的应税消费品的应纳税额中扣除按照当期生产领用数量计算的委托加工收回的应税消费品已纳消费税税款。支付的消费税应当核算在"应交税费——应交消费税"的借方，作为待抵扣的消费税处理。

当收回的已税消费品用于直接销售的，应将支付的消费税计入委托加工物资的成本，借记"委托加工物资"科目，贷记"银行存款"或"应付账款"科目。当收回的已税消费品对外出售时，不再计算缴纳消费税。

【案例 4 – 11】上例中的委托方是健民卷烟厂，增值税一般纳税人，8 月 10 日健民卷烟厂向农业生产者收购烟叶 10 吨，收购单价 12 元/公斤，支付收购价款 12 万元，价外补贴 1 万元，款项支付，烟叶入库。8 月 15 日将其中账面价值 20 000 元的部分用于加工烟丝，发往乙卷烟厂。8 月 25 日支付加工费及辅料款共计 15 000 元，取得增值税专用发票，注明加工费及辅料款 15 000 元，增值税 2 550 元，支付消费税 15 000 元，取得对方开具的代收代缴税款凭据。8 月 27 日该批烟丝已收回并入库。甲卷烟厂将这批烟丝收回后用于继续生产品牌卷烟。

健民卷烟厂上述业务的会计处理如下：

8 月 10 日，收购的烟叶入库时，根据入库单、银行转账支票存根、烟叶税完税凭证、烟叶收购凭证作账：

应纳烟叶税税额 = 120 000 × (1 + 10%) × 20% = 26 400（元）

税前允许扣除的增值税进项税额 = [120 000 × (1 + 10%) + 26 400] × 13% = 20 592（元）

借：原材料——烟叶	135 808
应交税费——应交增值税（进项税额）	20 592
贷：银行存款	130 000
应交税费——应交烟叶税	26 400

8 月 15 日，发出账面价值 20 000 元的烟叶时，根据材料出库单作账：

借：委托加工物资	20 000
贷：原材料——烟叶	20 000

8 月 25 日，支付加工费及辅料款以及代收代缴的消费税时，根据增值税专用发票、代收代缴消费税凭证、银行付款单或支票存根作账：

借：委托加工物资	15 000
应交税费——应交增值税（进项税额）	2 550
应交税费——应交消费税	15 000

| | 贷：银行存款 | 32 550 |

8月27日，收回的2吨烟丝入库，根据入库单作会计处理：

| | 借：原材料——委托加工烟丝 | 35 000 |
| | 贷：委托加工物资 | 35 000 |

4. 进口应税消费品时的会计处理。进口应税消费品应于报关进口环节，由进口人或者其代理人向报关地海关申报纳税，应于海关填发税款缴款书之日起15日内缴纳消费税。

纳税人进口应税消费品应纳的消费税，应计入进口消费品的采购成本。借记"原材料"或"固定资产"等科目，贷记"银行存款"等科目。

【案例4-12】玉泉酒厂本月进口一批白酒共1吨，关税完税价格共40 000元人民币，关税税率10%。已缴纳关税、进口环节增值税和进口环节消费税并取得海关完税凭证，进口白酒已验收入库，企业作原材料核算。

缴纳关税税额 $= 40\,000 \times 10\% = 4\,000$（元）

缴纳进口环节增值税税额 $= (40\,000 + 4\,000 + 2\,000 \times 0.5) \div (1 - 20\%) \times 17\% = 9\,562.5$（元）

缴纳进口环节消费税税额 $= (40\,000 + 4\,000 + 2\,000 \times 0.5) \div (1 - 20\%) \times 20\% + 2\,000 \times 0.5 = 12\,250$（元）

根据材料入库单、银行付款单、海关完税凭证作账：

	借：原材料——进口白酒	16 250
	应交税费——应交增值税（进项税额）	9 562.5
	贷：银行存款	25 812.5

5. 用已税消费品连续生产应税消费品时的消费税会计处理。消费税规定，纳税人外购或委托加工收回已缴纳消费税的应税消费品继续生产应税消费品，对连续生产出来的应税消费品计算征税时，可以按照当期生产领用已税消费品数量，计算准予扣除的外购或委托加工收回应税消费品已纳的消费税税款。

（1）利用委托加工收回已税消费品连续生产应税消费品时的会计处理。委托方在收回委托加工的已税消费品时，假如收回的消费品准备用于连续生产应税消费品，就已经将受托方代收代缴的消费税核算至"应交税费——应交消费税"科目的借方。销售连续生产的应税消费品时，通过借记"营业税金及附加"，贷记"应交税费——应交消费税"核算当期应纳消费税的整体税额，企业实际应缴纳的消费税税额是整体税额减去按规定计算的准许扣除的已纳消费税额后的余额。此时的原始凭证是受托方开具的代收代缴税款凭证。

【案例4-13】接【案例4-11】，已知企业期初结存收回的委托加工烟丝0.2吨，实际成本3 600元，"应交税费——应交消费税"账户余额为1 200元，期末结存委托加工收回烟丝0.1吨。当期共销售品牌卷烟50箱，每箱不含增值税销售价格18 000元，每条调拨价格为71元，开具增值税专用发票注明销售额900 000元，增值税153 000元。适用消费税税率56%。

根据销售卷烟开具的增值税专用发票、银行进账单作账：

	借：银行存款	1 053 000
	贷：主营业务收入	900 000
	应交税费——应交增值税（销项税额）	153 000

计提消费税：

销售卷烟应纳消费税 $= 900\ 000 \times 56\% + 50 \times 150 = 511\ 500$（元）

借：营业税金及附加   511 500

　　贷：应交税费——应交消费税   511 500

单位烟丝实际成本 $= (3\ 600 + 35\ 000) \div (0.2 + 2) = 17\ 545.45$（元）

期末结余烟丝实际成本 $= 17\ 545.45 \times 0.1 = 1\ 754.55$（元）

单位成本负担消费税 $= (15\ 000 + 1\ 200) \div (3\ 600 + 35\ 000) = 42.0\%$

期末结余烟丝负担消费税 $= 1\ 754.55 \times 42.0\% = 736.91$（元）

当期允许扣除的已纳消费税 $= 1\ 200 + 15\ 000 - 736.91 = 15\ 463.09$（元）

当期实际应纳税额 $= 511\ 500 - 15\ 463.09 = 496\ 036.91$（元）

根据消费税税收缴款书作缴纳税款的会计处理：

借：应交税费——应交消费税   496 036.91

　　贷：银行存款   496 036.91

缴纳消费税后，"应交税费——应交消费税"账户借方余额 736.91 元，反映尚未扣除的已由受托方代扣代缴的消费税。

温馨提示：扣除外购应税消费品已纳消费税，一定要在购入时取得并保存增值税专用发票。

（2）用外购已税消费品连续生产应税消费品应纳消费税的会计处理。企业发生用外购已税消费品继续生产应税消费品的生产经营活动，在计提消费税时，将生产领用的外购消费品已纳消费税减去，以其余额，借记"营业税金及附加"，贷记"应交税费——应交消费税"。

【案例 4-14】佳美化妆品厂，长期外购香水精加工生产某品牌香水。5 月份期初库存外购香水精账面价值 10 万元，本期购入香水精金额 30 万元，期末库存香水精账面价值 5 万元。该企业长期从某增值税一般纳税人处购入香水精，保存了增值税专用发票原件及复印件。当月账面价值 60 万元的品牌香水销售，取得不含增值税销售额为 120 万元，款项收到，货物发出并开具增值税专用发票。

销售香水，根据开具的增值税专用发票和银行进账单作账：

借：银行存款   1 404 000

　　贷：主营业务收入   1 200 000

　　　　应交税费——应交增值税（销项税额）   204 000

计提消费税：

允许扣除的外购消费品买价 $= 100\ 000 + 300\ 000 - 50\ 000 = 350\ 000$（元）

允许扣除的外购消费品已纳税金 $= 350\ 000 \times 30\% = 105\ 000$（元）

应纳消费税 $= 1\ 200\ 000 \times 30\% - 105\ 000 = 255\ 000$（元）

借：营业税金及附加   255 000

　　贷：应交税费——应交消费税   255 000

（二）商品流通企业消费税会计核算

消费税规定，在中华人民共和国境内从事金银首饰零售业务的单位和个人，为金银首饰消费税的纳税人。委托加工、委托代销金银首饰的，受托方也是纳税人。另外钻石及钻石饰品也在零售环节纳税。

1. 自购自销金银首饰应交消费税的会计处理。商品流通企业销售金银首饰的收入记入"主营业务收入"科目，其应缴纳的消费税税额相应记入"营业税金及附加"科目。

商业零售企业实行售价金额核算，即库存商品的进、销、存都按零售价记账。商品的进价与销价的差额在"商品进销差价"账户反映。"商品进销差价"科目包括的内容有两部分：一是不含税进价与不含税售价之间的差额，二是应向消费者（或购买者）收取的增值税税额。平时商品销售后，按含增值税的售价金额结转主营业务收入，并按含税售价结转销售成本，月末集中结转商品进销差价，将主营业务成本调整为实际成本，同时，计算出销项税额，借记"主营业务收入"，贷记"应交税费——应交增值税（销项税额）"，按计算出的消费税，借记"营业税金及附加"，贷记"应交税费——应交消费税"。

【案例 4 - 15】某首饰店（一般纳税人）采取售价核算制，5 月份销售各类首饰共取得零售金额 29 250 元，其中金银及金银镶嵌首饰零售金额 17 550 元，珍珠玛瑙类首饰零售金额 11 700 元。

上述业务的会计处理如下：

（1）实现销售时的会计处理：

借：银行存款	29 250
贷：主营业务收入——金银首饰	17 550
——其他类首饰	11 700

（2）计算增值税销项税额：销项税额 = 29 250 ÷ (1 + 17%) × 17% = 4 250（元）

借：主营业务收入	4 250
贷：应交税费——应交增值税（销项税额）	4 250

（3）计提消费税：

应纳消费税 = 17 550 ÷ (1 + 17%) × 5% = 750（元）

借：营业税金及附加	750
贷：应交税费——应交消费税	750

2. 自购自用金银首饰应交消费税的会计处理。商品流通企业将金银首饰用于馈赠、赞助、集资、广告样品、职工福利、奖励等方面时，应确认销售收入，同时计提的消费税记入"营业税金及附加"。

> **温馨提示**：生产企业将自产的金银首饰奖励优秀职工，也要按规定计算缴纳消费税。

【案例 4 - 16】接上例，首饰店将部分金银合金首饰奖励优秀职工，这部分合金首饰的账面价值 5 850 元。

借：销售费用	5 850
贷：应付职工薪酬	5 850
借：应付职工薪酬	5 850
贷：主营业务收入	5 850

计提增值税销项税额：5 850 ÷ (1 + 17%) × 17% = 850（元）

借：主营业务收入	850
贷：应交税费——应交增值税（销项税额）	850

计提消费税：5 850 ÷ (1 + 17%) × 5% = 250（元）

借：营业税金及附加　　　　　　　　　　　　　　　　　　　250
　　贷：应交税费——应交消费税　　　　　　　　　　　　　　　　250

3. 以旧换新方式销售金银首饰应交消费税的会计处理。以旧换新方式销售金银首饰应按实际收取的不含增值税的全部价款计算消费税，核算到"营业税金及附加"。

【案例 4 - 17】首饰店发生以旧换新业务，新黄金饰品每克零售价 327. 6 元，旧黄金饰品每克折价 269. 1 元。通过这种方式，当月售出新黄金饰品 1 000 克，取得差价款 58 500元，已送存银行。

借：物资采购——旧饰品　　　　　　　　　　　　　　　　269 100
　　银行存款　　　　　　　　　　　　　　　　　　　　　58 500
　　贷：主营业务收入　　　　　　　　　　　　　　　　　　　327 600
计算销项税额：销项税额 = 58 500 ÷ (1 + 17%) × 17% = 8 500 （元）
借：主营业务收入　　　　　　　　　　　　　　　　　　8 500
　　贷：应交税费——应交增值税 （销项税额）　　　　　　　　8 500
计提消费税：应纳消费税 = 58 500 ÷ (1 + 17%) × 5% = 2 500 （元）
借：营业税金及附加　　　　　　　　　　　　　　　　　2 500
　　贷：应交税费——应交消费税　　　　　　　　　　　　　　2 500

第二节　消费税纳税申报代理

税务代理人员不仅要能够正确核算消费税应纳税额，还要能够遵循纳税申报操作规程，代理纳税人办理纳税申报相关事宜。

一、代理消费税纳税申报操作规范

消费税的纳税申报包括生产企业销售、自用应税消费品的纳税申报；委托加工应税消费品代收代缴申报。

（一）自产应税消费品的纳税申报

销售自产应税消费品于销售环节纳税，自用自产应税消费品于移送使用环节纳税。代理生产企业消费税纳税申报，首先应通过应税消费品出库情况判断是否属于消费税征税范围，以确定适用的税目税率，核实计税依据，按规定的消费税计算方法计算应纳消费税，如实填写纳税申报表，并在规定的期限内向主管税务机关报送纳税申报表。

（二）委托加工应税消费品的纳税申报

委托加工应税消费品由受托方办理代收代缴消费税纳税申报。税务代理人员为受托方办理纳税申报，应该判断发生业务是否属于委托加工，核查代收代缴消费税的计税依据，判断代收消费税是否正确，代为填制消费税代收代缴纳税申报表；税务代理人员为委托方纳税申报，则应收集整理受托方开具的代收税款凭证，并向税务机关提供，完成连续生产的最终应税消费品消费税计算时的已纳消费税的抵扣申报。

二、代理填制消费税纳税申报表

为了在全国范围内统一、规范消费税纳税申报资料，加强消费税管理的基础工作，国家税务总局制定了《烟类应税消费品消费税纳税申报表》、《酒及酒精消费税纳税申报表》、《成品油消费税纳税申报表》、《小汽车消费税纳税申报表》、《其他应税消费品消费税纳税申报表》。

（一）《烟类应税消费品消费税纳税申报表》的填制方法及举例

接【案例4-10】、【案例4-11】、【案例4-13】，代理健民卷烟厂和乙卷烟厂消费税纳税申报，填制纳税申报表如表4-1、表4-2和表4-3所示：

表4-1   **烟类应税消费品消费税纳税申报表**

税款所属期：201×年5月1日至201×年5月31日

纳税人名称（公章）：健民卷烟厂

纳税人识别号：3 1 0 2 2 7 1 3 4 1 6 3 0 0 8

填表日期：201×年6月8日

单位：卷烟 万支、雪茄烟 支、烟丝 千克；   金额单位：元（列至角分）

应税消费品名称 \ 项目	适用税率 定额税率	适用税率 比例税率	销售数量	销售额	应纳税额
卷烟	30元/万支	56%	250	900 000.00	511 500.00
卷烟	30元/万支	36%			
雪茄烟	—	30%			
烟丝	—	30%			
合计	—	—	—	—	511 500.00

	声明
本期准予扣除税额：15 463.09	此纳税申报表是根据国家税收法律的规定填报的，我确定它是真实的、可靠的、完整的。
本期减（免）税额：0.00	
期初未缴税额：0.00	经办人（签章）： 财务负责人（签章）： 联系电话：
本期缴纳前期应纳税额：0.00	（如果你已委托代理人申报，请填写）
本期预缴税额：0.00	**授权声明**
本期应补（退）税额：496 036.91	为代理一切税务事宜，现授权_____（地址）为本纳税人的代理申报人，任何与本申报表有关的往来文件，都可寄予此人。
期末未缴税额：496 036.91	授权人签章：

以下由税务机关填写

受理人（签章）：   受理日期： 年 月 日   受理税务机关（章）：

表 4 - 2　　　　　　　　　　**附表一　本期准予扣除税额计算表**

税款所属期：201×年 5 月 1 日至 201×年 5 月 31 日

纳税人名称（公章）：健民卷烟厂

纳税人识别号：3 1 0 2 2 7 1 3 4 1 6 3 0 0 8

填表日期：201×年 6 月 8 日

金额单位：元（列至角分）

一、当期准予扣除的委托加工烟丝已纳税款计算
1. 期初库存委托加工烟丝已纳税款：1 200.00
2. 当期收回委托加工烟丝已纳税款：15 000.00
3. 期末库存委托加工烟丝已纳税款：736.91
4. 当期准予扣除的委托加工烟丝已纳税款：15 463.09
二、当期准予扣除的外购烟丝已纳税款计算
1. 期初库存外购烟丝买价：
2. 当期购进烟丝买价：
3. 期末库存外购烟丝买价：
4. 当期准予扣除的外购烟丝已纳税款：
三、本期准予扣除税款合计：15 463.09

表 4 - 3　　　　　　　　　　**附表二　本期代收代缴税额计算表**

税款所属期：201×年 5 月 1 日至 201×年 5 月 31 日

纳税人名称（公章）：乙卷烟厂

纳税人识别号：3 1 0 2 2 7 1 3 5 2 6 3 0 0 7

填表日期：201×年 6 月 8 日

金额单位：元（列至角分）

项目 ＼ 应税消费品名称		卷烟	卷烟	雪茄烟	烟丝	合计
适用税率	定额税率	30 元/万支	30 元/万支	—	—	—
	比例税率	56%	36%	30%	30%	—
受托加工数量					2 000 公斤	—
同类产品销售价格						—
材料成本					20 000.00	—
加工费					15 000.00	—
组成计税价格					50 000.00	—
本期代收代缴税款					15 000.00	

（二）酒及酒精消费税纳税申报表填表方法及举例说明

接【案例4-1】，代理玉泉酒厂消费税纳税申报，填制纳税申报表如下：

表4-4

酒及酒精消费税纳税申报表

税款所属期：201×年5月1日至201×年5月31日

纳税人名称（公章）：玉泉酒厂

纳税人识别号：| 3 | 1 | 0 | 2 | 2 | 7 | 1 | 3 | 4 | 2 | 6 | 3 | 0 | 0 | 7 |

填表日期：201×年6月8日

金额单位：元（列至角分）

项目 应税消费品名称	适用税率		销售数量	销售额	应纳税额
	定额税率	比例税率			
粮食白酒	0.5元/斤	20%	2 000	10 200.00	3 040.00
薯类白酒	0.5元/斤	20%			
啤酒	250元/吨	—			
啤酒	220元/吨	—			
黄酒	240元/吨	—			
其他酒	—	10%			
酒精	—	5%			
合计	—	—			3 040.00

本期准予抵减税额：0.00	**声明** 此纳税申报表是根据国家税收法律的规定填报的，我确定它是真实的、可靠的、完整的。
本期减（免）税额：0.00	
期初未缴税额：0.00	经办人（签章）： 财务负责人（签章）： 联系电话：
本期缴纳前期应纳税额：0.00	
本期预缴税额：	（如果你已委托代理人申报，请填写） **授权声明**
本期应补（退）税额：3 040.00	
期末未缴税额：0.00	为代理一切税务事宜，现授权_____（地址）为本纳税人的代理申报人，任何与本申报表有关的往来文件，都可寄予此人。 授权人签章：

以下由税务机关填写

受理人（签章）： 受理日期： 年 月 日 受理税务机关（章）：

（三）其他应税消费品消费税纳税申报表填制方法及举例

接【案例 4 - 2】、【案例 4 - 7】、【案例 4 - 14】，代理佳美化妆品厂消费税纳税申报，填制纳税申报表如下：

表 4 - 5　　　　　　　**其他应税消费品消费税纳税申报表**

税款所属期：201×年 5 月 1 日至 201×年 5 月 31 日

纳税人名称（公章）：佳美化妆品厂

纳税人识别号：　3 1 0 2 2 6 2 3 4 2 6 3 0 0 9

填表日期：201×年 6 月 8 日　　　　　　　　　　　　　　金额单位：元（列至角分）

项目　　应税消费品名称	适用税率	销售数量	销售额	应纳税额
胭脂、香粉	30%		20 000.00	6 000.00
口红	30%		30 000.00	9 000.00
香水	30%		1 200 000.00	360 000.00
合计	—	—	—	375 000.00

本期准予抵减税额：105 000.00

本期减（免）税额：0.00

声明

此纳税申报表是根据国家税收法律的规定填报的，我确定它是真实的、可靠的、完整的。

经办人（签章）：

财务负责人（签章）：

联系电话：

期初未缴税额：0.00

本期缴纳前期应纳税额：0.00

本期预缴税额：0.00

本期应补（退）税额：270 000.00

（如果你已委托代理人申报，请填写）

授权声明

为代理一切税务事宜，现授权＿＿＿＿＿＿＿＿＿＿＿＿（地址）为本纳税人的代理申报人，任何与本申报表有关的往来文件，都可寄予此人。

授权人签章：

期末未缴税额：

以下由税务机关填写

受理人（签章）：　　　　　　受理日期：　年　月　日　　　　　受理税务机关（章）：

表 4 - 6　　　　　　　　　　附表一　本期准予扣除税额计算表

税款所属期：201×年 5 月 1 日至 201×年 5 月 31 日

纳税人名称（公章）：佳美化妆品厂

纳税人识别号：| 3 | 1 | 0 | 2 | 2 | 6 | 2 | 3 | 4 | 2 | 6 | 3 | 0 | 0 | 9 |

填表日期：201×年 6 月 8 日　　　　　　　　　　　　　　　　金额单位：元（列至角分）

项　目	应税消费品名称	香水		合计
当期准予扣除的委托加工应税消费品已纳税款计算	期初库存委托加工应税消费品已纳税款			—
	当期收回委托加工应税消费品已纳税款			—
	期末库存委托加工应税消费品已纳税款			—
	当期准予扣除委托加工应税消费品已纳税款			
当期准予扣除的外购应税消费品已纳税款计算	期初库存外购应税消费品买价	100 000.00		—
	当期购进应税消费品买价	300 000.00		—
	期末库存外购应税消费品买价	50 000.00		—
	外购应税消费品适用税率	30%		—
	当期准予扣除外购应税消费品已纳税款	105 000.00		—
本期准予扣除税款合计		105 000.00		

第三节　消费税纳税审查代理

作为税务代理人员，为了帮助纳税人做好纳税自查工作，受托审查纳税人的消费税纳税情况时，应掌握纳税审查重点内容与撰写纳税审查报告的要点。

一、消费税纳税审查的内容

消费税纳税人主要是除金银首饰以外的应税消费品生产企业、金银首饰零售企业以及卷烟批发企业。除个别情况外，这些企业在销售应税消费品时，需要同时缴纳增值税和消费税。消费税的审查与增值税的审查可以同步进行，对于从价定率征收消费税的应税消费品，计税依据的审查可以借鉴增值税中销售额的审查方法。但是，消费税的征收范围、计税依据、税目、税率、纳税环节以及税额扣除都有其特点，所以，代理消费税的纳税审查要把握重点。

温馨提示： 纳税人生产销售应税消费品的同时生产销售非应税消费品，要分开核算不同消费品的销售额，否则，非应税消费品要按照应税消费品的适用税率计算缴纳消费税。

（一）征税范围的审查

消费税是选择部分特殊消费品在特定环节征收的一种税，具有单环节征税的特点。纳税人经营的商品是否属于消费税征税范围，是否属于消费税纳税环节是消费税审查的重点。

1. 同时生产非应税消费品时的纳税审查。消费税选择特殊消费品征税，当纳税人既生产应税消费品，也生产非应税消费品时，审查中就应注意纳税人生产销售的商品是否属于征税范围，是否多缴或漏缴消费税。如，日化厂既生产护肤护发品，也生产化妆品；既生产普通护肤品，也生产高档护肤品，就只对化妆品和高档护肤品征收消费税。再如，金银首饰生产企业只对除金银首饰以外的贵重首饰珠宝玉石的销售额计算缴纳消费税，金银首饰零售企业只对金银首饰征税，这时就一定要分清哪种产品属于征税范围，属于征税范围的是否已计提消费税，不属于征税范围的有无多缴消费税。

征税范围的纳税审查要通过审查企业"库存商品"的总账及明细账进行，据以判断是否属于征税范围，进一步核查该商品销售取得销售收入的金额，看是否与"营业税金及附加"和"应交税费——应交消费税"相对应。

【案例 4 - 18】税务代理受托审查首饰店 6 月份消费税纳税情况，发现首饰店销售珍珠项链若干，取得含增值税销售额 58 500 元，该批珍珠项链实际采购成本是 35 000 元，企业根据销售发票、银行进账单作账如下：

借：银行存款	58 500	
贷：主营业务收入——珍珠首饰		58 500
借：主营业务收入——珍珠首饰	8 500	
贷：应交税费——应交增值税（销项税额）		8 500
借：主营业务成本	35 000	
商品进销差价	23 500	
贷：库存商品——珍珠首饰		58 500
借：营业税金及附加	2 500	
贷：应交税费——应交消费税		2 500

根据消费税政策，只有金银首饰在零售环节纳税，其他除金银首饰以外的贵重首饰及珠宝玉石在生产环节纳税，该首饰店销售珍珠项链不属于征税范围，多计提了消费税。作为税务代理，应提出如下调账意见：

作如下红字分录：

借：营业税金及附加	2 500	
贷：应交税费——应交消费税		2 500

2. 成套消费品销售时的纳税审查。纳税人将适用不同税率的应税消费品或应税消费品与非应税消费品组成套装销售，不论纳税人是否分开核算不同消费品的销售额，都应按照套装产品的总销售额从高适用税率计算消费税。

在纳税审查时，要了解纳税人生产销售情况，掌握纳税人生产、销售的应税消费品的品种，准确划分各征税对象；了解纳税人销售的基本情况，掌握纳税人有无成套销售的经济业务，假如这种业务已经发生，看其消费税计算是否适用了较高税率，是否对全部销售计算了消费税。

【案例 4 - 19】5 月 29 日，佳美化妆品厂将化妆品和护肤护发品组成套装销售，不含税销售额 500 000 元，其中化妆品销售额占 40%，护肤护发品销售额占 60%，企业计提消费税及其附加的会计处理为：

借：营业税金及附加　　　　　　　　　　　　　　　　　　　　　　　　60 000

　　贷：应交税费——应交消费税　　　　　　　　　　　　　　　　　　　　60 000

从会计处理可以看出，纳税人只按照化妆品销售额计算并计提了消费税，所以作如下调账建议：

补缴消费税 = 500 000 × 60% × 30% = 90 000（元）

借：营业税金及附加　　　　　　　　　　　　　　　　　　　　　　　　90 000

　　贷：应交税费——应交消费税　　　　　　　　　　　　　　　　　　　　90 000

3. 通过非独立核算门市部销售的消费税审查。纳税人通过自设非独立核算门市部销售自产应税消费品，应按照门市部对外销售价格或数量计算消费税。税务代理人员应了解纳税人是否存在通过门市部销售的情况，分析门市部的性质，从而正确判断消费税的纳税环节，与企业核算消费税的环节比对，看是否存在错误核算税款的情况。

【案例 4 - 20】玉泉酒厂设立一非独立核算的门市部，6 月份从酒厂购入粮食白酒 15 吨，每吨不含税价 3 800 元，对外销售粮食白酒 10 吨，取得含税销售收入 46 800 元，企业会计处理为：

借：应收账款　　　　　　　　　　　　　　　　　　　　　　　　　　66 690

　　贷：主营业务收入　　　　　　　　　　　　　　　　　　　　　　　57 000

　　　　应交税费——应交增值税（销项税额）　　　　　　　　　　　　　9 690

借：营业税金及附加　　　　　　　　　　　　　　　　　　　　　　　26 400

　　贷：应交税费——应交消费税　　　　　　　　　　　　　　　　　　　26 400

根据消费税规定，非独立核算门市部销售额是消费税计税依据。所以该企业多核算销售收入，多计提消费税。应作如下调账分录：

红字冲销原分录：

借：应收账款　　　　　　　　　66 690

　　贷：主营业务收入　　　　　　57 000

　　　　应交税费——应交增值税（销项税额）　　　　　　　　　　　　　9 690

借：营业税金及附加　　　　　　　　　　　　　　　　　　　　　　　26 400

　　贷：应交税费——应交消费税　　　　　　　　　　　　　　　　　　　26 400

重新作账：借：银行存款　　　　　　　　　　　　　　　　　　　　　46 800

　　　　　　贷：主营业务收入　　　　　　　　　　　　　　　　　　　40 000

　　　　　　　　应交税费——应交增值税（销项税额）　　　　　　　　　6 800

借：营业税金及附加　　　　　　　　　　　　　　　　　　　　　　　18 000

　　贷：应交税费——应交消费税　　　　　　　　　　　　　　　　　　　18 000

问题讨论： 生产企业纳税人通过独立核算门市部销售时，消费税计税依据如何确定呢？

4. 视同销售应税消费品的消费税审查。自产应税消费品用于生产非应税消费品、在建工程、管理部门、非生产机构、提供劳务、馈赠、赞助、集资、广告、样品、职工福利、奖励等方面的，在应税消费品的移送使用环节计算缴纳消费税。在代理纳税审查中，通过审查纳税人"库存商品"账户的贷方发生额，并与"营业外支出"、"应付职工薪酬"、"管理费用"、"销售费用"等明细账核对，看是否按规定核算并计提了消费税。

【案例 4-21】玉泉酒厂将新开发出的特级薯类白酒 1 吨送给经销部作样品，账面成本计 15 000 元，企业会计处理为：

借：销售费用   15 000

  贷：库存商品   15 000

按照消费税政策，用作样品的白酒应计算缴纳消费税，计税依据是同类消费品的平均销售价格或组成计税价格。

组成计税价格 = $[15\,000 \times (1 + 5\%) + 2\,000 \times 0.5] \div (1 - 20\%) = 20\,937.5$（元）

应纳消费税 = $20\,937.5 \times 20\% + 2\,000 \times 0.5 = 5\,187.5$（元）

作调账分录如下：

借：销售费用   5 187.5

  贷：应交税费——应交消费税   5 187.5

（二）计税依据的审查

消费税的计税依据有应税消费品的销售额和销售数量两种，在审查中应侧重审查从价征税的消费品的计税依据。

1. 价外费用的审查。审查价外费用是否准确计税应从以下几个方面入手：

（1）审查纳税人"其他业务收入"、"营业外收入"等账户，通过分析对应的原始凭证和记账凭证摘要栏，判断是否属于销售应税消费品从购货方收取的价外费用；核对"应交税费——应交消费税"账户发生额，看是否存在未按规定的消费品适用税率计算消费税的情形。

（2）重点核查"销售费用"、"管理费用"、"财务费用"、"其他业务成本"等账户的借方红字发生额或贷方发生额，分析对应的原始凭证和记账凭证，判断是否是销售应税消费品收取的价外费用冲减费用的情形。

（3）审查纳税人的"应收账款"、"应付账款"、"其他应收款"、"其他应付款"等往来账户，看是否存在销售应税消费品收取的价外费用直接通过往来账户核算而不并入销售额计算消费税的情形。

【案例 4-22】7 月份税务代理受托审查首饰店 6 月份的会计资料，发现如下会计处理：

借：库存现金   460

  贷：其他业务收入   460

后附原始凭证为首饰店销售首饰盒开具的零售单据，经了解，首饰盒是随同金银首饰销售的。分析"应交税费——应交消费税"和"应交税费——应交增值税（销项税额）"账户，发现与"主营业务收入"账户发生额具有对应性，判断销售首饰盒并未计算增值税销项税额和消费税。该企业采用售价金额核算法。

应补计增值税销项税额 = $460 \div (1 + 17\%) \times 17\% = 66.84$（元）

应补缴消费税 = $460 \div (1 + 17\%) \times 5\% = 19.66$（元）

作调账分录如下：

借：其他业务收入   66.84

  贷：应交税费——应交增值税（销项税额）   66.84

借：营业税金及附加   19.66

　　　　贷：应交税费——应交消费税　　　　　　　　　　　　　　　　　　19.66

　　2. 对包装物计税的审查要点。销售包装物少计消费税情况通常的表现有：纳税人将单独计价的包装物收入从应税消费品收入中扣除，在收取价款时直接贷记"包装物"科目；对逾期不再退还的包装物押金及已收取一年以上的包装物押金未计算消费税；对酒类产品包装物押金未及时计提消费税。应注意审查"包装物"、"其他应付款"、"其他业务收入"、"营业外收入"等科目，核实纳税人是否有应并入应税消费品销售额征收消费税的包装物出售收入及收取的包装物押金，如有，应与"应交税费——应交消费税"账户和纳税申报表相对照，审查其是否及时足额缴纳了消费税。

　　【案例4－23】税务代理人员受托审查玉泉酒厂6月份的消费税纳税情况，发现销售白酒5吨，同时收取包装物押金5 850元，增值税税率17%，消费税税率20%，会计处理如下：

　　　　借：银行存款　　　　　　　　　　　　　　　　　　　　　　5 850
　　　　　　贷：其他应付款　　　　　　　　　　　　　　　　　　　　　5 850
　　调账分录如下：
　　　　借：销售费用　　　　　　　　　　　　　　　　　　　　　　1 850
　　　　　　贷：应交税费——应交增值税（销项税额）　　　　　　　　　850
　　　　　　　　　　　　——应交消费税　　　　　　　　　　　　　1 000

　　3. 对残次应税消费品的审查要点。消费税政策规定，残次应税消费品按正品的税率缴纳消费税。税务代理在受托审查消费税纳税情况时，可以通过审查纳税人的"生产成本"、"制造费用"等成本费用类账户的红字冲销额，看是否有将残次应税消费品销售收入直接冲减有关成本费用不纳税；也可以审查"应付职工薪酬"账户的贷方发生额，看有无来自于残次品销售未计收入而增加职工福利费基金，从而少缴流转税。

　　4. 对纳税人少计、不计销售额的审查要点。
　　（1）审查各月销售收入的增长情况，并与销售成本的增长情况相对比，看双方有无关联性；
　　（2）纳税人存在预收款方式销售货物时，审查企业"预收账款"账户余额情况，将财务部门的"库存商品"账与仓库的实物进行核对，看两者是否相符，若有"库存商品"大于仓库实物账的情况，就有可能存在货已发出而未纳税的情况；
　　（3）纳税人存在分期收款销售货物时，要审查"发出商品"账户发生额和销售合同，注意企业是否在合同约定收款日计提消费税；
　　（4）纳税人存在将自产的应税消费品用于换取生产资料、消费资料、投资入股、抵偿债务的业务时，应审查"库存商品"明细账的贷方对应关系，若是借记"长期股权投资"、"原材料"、"应付账款"等，应与"应交税费——应交消费税"账户核对，判断计税依据是否为同类消费品最高售价。

　　【案例4－24】税务代理受托审查佳美化妆品厂的消费税纳税情况，将"生产成本"、"库存商品"、"主营业务成本"对照审查，经计算，生产完工产品成本减去主营业务成本比企业期末的库存商品成本多64.35万元，正好等于"分期收款发出商品"的借方余额64.35万元，销售部门又未签订购销合同，说明分期收款销售是虚假的。同时发现企业有"预收账款"贷方发生额153万元，在审查保管员的实物账时，核对出仓库实物账上的数量比财务部门的产品账上少 3 000 箱（每箱成本 117 元）。经与"预收账款"明细账核对，预收货款的产品有 153 万元的产品已经发出。并作了如下会计处理：

借：分期收款发出商品   643 500
　　贷：库存商品   643 500

经过分析，税务代理人员认为应补记销售、补征税款的会计处理如下：

（1）调增主营业务收入、计算增值税销项税额：

借：预收账款   1 530 000
　　贷：主营业务收入   1 307 692.31
　　　　应交税费——应交增值税（销项税额）
　　　　　　　　　　　　　　　　　　 222 307.69

> **温馨提示**：消费税规定，采取赊销和分期收款结算方式的，为书面合同约定的收款日期的当天，书面合同没有约定收款日期或者无书面合同的，为发出应税消费品的当天；采取预收货款结算方式的，为发出应税消费品的当天。

（2）补提消费税：

借：营业税金及附加   392 307.69
　　贷：应交税费——应交消费税   392 307.69

（3）结转销售成本：（643 500 + 3 000 × 117）= 994 500（元）

借：主营业务成本   985 500
　　贷：分期收款发出商品   643 500
　　　　库存商品   351 000

（三）适用税目、税率的审查

税务代理人员应从以下几个方面入手：

1. 了解纳税人生产经营情况，掌握纳税人生产、销售的应税消费品的品种、牌号，准确划分各种消费品的适用税率，尤其是卷烟企业生产不同规格卷烟、酒厂生产不同品种酒或酒精。

2. 审查纳税人的"主营业务收入"明细账，并与有关的会计凭证核对，审查纳税人是否将不同税率的应税消费品分开核算。

3. 审查"应交税费——应交消费税"账户，看其是否与主营业务收入相对应，是否存在错误适用消费税税率的情况。

【案例 4-25】健民卷烟厂生产健民、健乐两个品牌的卷烟，调拨价格分别为 72 元/条和 51 元/条。税务代理人员接受委托审查该厂 6 月份的消费税纳税情况。在审查中发现，纳税人在会计核算时并未对两种卷烟的销售收入分别核算，经过审查原始凭证证实当月健乐牌卷烟销售 4 500 箱，共取得销售收入 6 250 万元，健民牌卷烟销售 3 000 箱，共取得销售收入 5 625 万元，均不含增值税。

企业实际会计处理为：

借：银行存款   138 937 500
　　贷：主营业务收入   118 750 000
　　　　应交税费——应交增值税（销项税额）   20 187 500
借：营业税金及附加   54 562 500
　　贷：应交税费——应交消费税   54 562 500

税务代理人员认为，两种卷烟都应按每标准箱150元计算缴纳定额消费税，健民牌卷烟应适用56%的比例税率，健乐牌卷烟应适用36%的比例税率，但前提是两种卷烟的销售收入要分开核算。

调账分录如下：

借：主营业务收入　　　　　　　　　　　　　　　　118 750 000
　贷：主营业务收入——健乐　　　　　　　　　　　62 500 000
　　　主营业务收入——健民　　　　　　　　　　　56 250 000

补提消费税如下：

借：营业税金及附加　　　　　　　　　　　　　　　1 812 500
　贷：应交税费——应交消费税　　　　　　　　　　1 812 500

二、纳税审查报告

（一）纳税审查报告的格式和内容

税务代理人员开展消费税审查代理服务业务，可根据约定出具书面业务报告，也可以采取口头或其他约定的形式交换意见，并作相应记录。

纳税审查报告应包括如下内容：

1. 纳税审查的重点范围。主要的会计账户和原始凭证。

2. 纳税审查发现的主要问题与分析。包括确认问题的会计报表项目，有关账户的会计处理和原始凭证，以及确认问题的税法、税收政策依据、财务会计制度方面的规定等。

3. 提出切实可行的建议。针对问题确认应补缴的税额及解决办法，对有关会计处理重新作出调整后的会计分录。

4. 提出改进措施。在分析问题产生原因的基础上，提出加强财务核算管理和有关计税资料稽核工作的具体措施。

5. 纳税审查报告的日期。

6. 税务代理机构的签章。

7. 注册税务师的签章。

纳税审查报告应履行内部复核程序，由注册税务师签名和税务师事务所盖章后对外出具。在正式出具审查报告前，税务师事务所可以在不影响独立判断的前提下，与委托人就拟出具报告的有关内容进行沟通。

注册税务师在提供服务时，认为委托人提供的会计、税收等基础资料缺乏完整性和真实性，可能对服务项目的预期目的产生重大影响的，应当在报告中作出适当说明。注册税务师在涉税服务业务报告正式出具后，如果发现新的重大事项，对报告足以造成重大影响的，应当及时报告税务师事务所，作出相应的处理。

（二）纳税审查报告案例

【案例4-26】3月8日，税务代理人员受托对佳美化妆品厂当年2月的消费税纳税情况进行审查，通过审查纳税人"库存商品"、"主营业务成本"、"主营业务收入"、"营业税金及附加"等账户，发现如下几个可疑分录：

（1）2月4日：

借：原材料　　　　　　　　　　　　　　　　　　　25 000

    应交税费——应交增值税（进项税额）   4 250

     贷：库存商品   29 250

  检查原始凭证，发现企业所附原始凭证有：①原材料入库单，注明入库某化妆品生产原料2 000公斤；②进货增值税专用发票，注明购买某化妆品生产原料2 000公斤，价款25 000元，增值税税款4 250元，价税合计款29 250元；③商品出库单，注明数量200箱，成本20 000元的化妆品出库，经查该化妆品本企业销售价格统一为每箱不含增值税售价125元。

  （2）2月10日：

   借：应付账款   30 000

     贷：库存商品   30 000

  检查原始凭证，发现企业附原始凭证为商品出库单，注明数量200箱，成本20 000元、这批化妆品含增值税公允价30 000元，最高售价31 000元。记账凭证摘要栏显示是归还某企业欠款30 000元。

  （3）2月22日：

   借：管理费用   2 340

     贷：库存商品   2 000

      应交税费——应交增值税（销项税额）   340

  后附原始凭证为商品出库单，注明厂长办公室春节演出领用化妆品10套，生产成本2 000元，这批化妆品市场不含增值税售价为2 800元。

  经检查其他会计核算没有发现问题。

佳美化妆品厂消费税纳税审查报告

佳美化妆品厂：

  我们受贵厂委托，对201×年2月份的应纳消费税情况进行了审核。重点审查了"库存商品"、"主营业务成本"、"主营业务收入"、"营业税金及附加"等有关账册和原始凭证，有关问题详述如下：

  第一，消费税纳税审核中发现的主要问题：

  1. 2月4日，将自产的化妆品用于换取生产资料，按照消费税规定，属于销售化妆品，应按照同类化妆品最高售价计算缴纳消费税。

  2. 2月10日，将自产化妆品用于抵偿债务，按照消费税政策规定，属于销售化妆品，应按照同类化妆品最高售价计算缴纳消费税。

  3. 2月22日，将自产化妆品用于管理部门，按照消费税政策，属于视同销售化妆品，应计算缴纳消费税。但是这种经营活动，不属于增值税的视同销售行为，也不属于企业所得税的视同销售行为，所以，不应确认销售收入，不应计算增值税销项税额，只计算应纳消费税。

  第二，计算应补缴的税额及当期账务调整

  针对上述问题，根据现行税法有关规定，应作以下会计账务调整：

  1. 2月2日，将自产化妆品用于换取原材料，属于具有商业实质的非货币资产交换，应确认商品销售收入，计算增值税销项税额和应交消费税。

增值税销项税额 = 29 250 ÷ (1 + 17%) × 17% = 4 250（元）

应纳消费税 = 29 250 ÷ (1 + 17%) × 30% = 7 500（元）

调账分录：

借：库存商品 29 250

　　贷：主营业务收入 25 000

　　　　应交税费——应交增值税（销项税额） 4 250

结转成本：

借：主营业务成本 20 000

　　贷：库存商品 20 000

计提应交消费税：

借：营业税金及附加 7 500

　　贷：应交税费——应交消费税 7 500

2. 2月10日，将自产化妆品用于抵偿债务，实际上属于销售化妆品，应计算增值税销项税额和应交消费税。增值税销项税额 = 30 000 ÷ (1 + 17%) × 17% = 4 358.97（元）

应纳消费税 = 31 000 ÷ (1 + 17%) × 30% = 7 948.72（元）

温馨提示： 将自产化妆品用于抵偿债务，增值税销项税额按照同类化妆品的平均销售价格计算，消费税按同类化妆品最高销售价格计算。

调账分录为：

借：库存商品 30 000

　　贷：主营业务收入 25 641.03

　　　　应交税费——应交增值税（销项税额） 4 358.97

借：主营业务成本 20 000

　　贷：库存商品 20 000

借：营业税金及附加 7 948.72

　　贷：应交税费——应交消费税 7 948.72

3. 2月22日，管理部门领用自产化妆品，按照会计制度不确认收入，按照增值税制度，不计算增值税销项税额，根据消费税政策，属于消费税征税范围，应缴纳消费税。

应冲减增值税销项税额340元，计提消费税 = 2 800 × 30% = 840（元）

调账分录为：

借：管理费用 340

　　贷：应交税费——应交增值税（销项税额） 340

借：管理费用 840

　　贷：应交税费——应交消费税 840

综上所述，企业应补消费税 = 7 500 + 7 948.72 + 840 = 16 288.72（元）

××税务师事务所（签章）

注册税务师：××（签章）

201×年3月8日

第四节　消费税纳税筹划代理

消费税是选择一些特殊的应税消费品，在生产环节已普遍征收增值税的基础上，又加征的一道特殊调节税种，税率结构复杂而且档次较多，某些消费品的税负是所有开征的税种中最高的，对纳税人来说，进行消费税纳税筹划的意义非常重大。

一、消费税纳税环节的纳税筹划

消费税只选择单环节征税，而且大部分消费品选择以销售额作为计税依据，可以这样认为，只要降低税法规定的纳税环节的销售额，就可以降低消费税的税收负担。

税法规定，纳税人通过自设非独立核算门市部销售的自产应税消费品，应当按照门市部对外销售额或者销售数量计算征收消费税。对通过独立核算的门市部销售，可以按照生产企业销售额或销售数量计算征收消费税。

根据这一政策精神，消费税纳税人可以通过设立独立核算的销售公司实现节税的目的。

生产（委托加工、进口）应税消费品的企业，如果以较低但不违反公平交易原则的销售价格将应税消费品销售给其独立核算的销售部门，销售部门再以市场价格销售应税消费品，则可以降低销售额，从而减少应纳消费税税额。而独立核算的销售部门，由于处在销售环节，只缴纳增值税，不缴纳消费税，可使纳税人整体消费税税负下降，但增值税税负不变。

在这一筹划方法中应注意的是，企业销售给独立核算门市部的价格应当参照销售给其他购买方当期的平均价格确定，如果销售价格"明显偏低"，主管税务机关将会对价格重新进行调整。

【案例 4－27】玉泉酒厂主要生产粮食白酒，产品销往各地的批发商，但也有消费者直接从工厂购买白酒。为了方便消费者，也为了保证本厂的利益，企业拟设立一门市部直接销售本厂的白酒。门市部对外销售价拟订为每箱（12 瓶，每瓶 1 斤）含增值税价 526.5 元，这一价格低于市场零售价 550 元，但高于工厂与批发商的结算价（含税）468 元，工厂与门市部按照与普通批发商的结算价结算。该门市部应选择如何核算呢？

当门市部与工厂统一核算时，门市部销售每箱白酒应纳消费税：$526.5 \div (1 + 17\%) \times 20\% + 12 \times 0.5 = 96$（元）

当门市部与工厂独立核算时，门市部不纳消费税，工厂应纳消费税：

$468 \div (1 + 17\%) \times 20\% + 12 \times 0.5 = 86$ （元）

整体来看，选择门市部独立核算每箱白酒可以节税：$96 - 86 = 10$ （元）

二、消费税计税依据的纳税筹划

消费税政策规定，消费税的计算方法有从价定率、从量定额和从价定率与从量定额相结合三种方法。对实行从价定率办法计算应纳税额的应税消费品，如果计税销售额大，则应纳消费税税额就多。计税销售额包括销售应税消费品从购买方收取的全部价款和价外费用。筹划的基本思路就是缩小计税依据，降低税收负担。

1. 价外费用中的代收款项应尽量符合不纳税的条件。消费税规定，同时符合以下条件代为收取的政府性基金或者行政事业性收费，不纳消费税：①由国务院或者财政部批准设立的政府性基金，由国务院或者省级人民政府及其财政、价格主管部门批准设立的行政事业性收费；②收取时开具省级以上财政部门印制的财政票据；③所收款项全额上缴财政。纳税人在销售应税消费品的同时收取政府性基金和行政事业性收费时，一定要开具省级以上财政部门印制的财政票据。

2. 以收取包装物押金代替销售包装物或收取包装物租金。消费税规定，实行从价定率办法计算应纳税额的应税消费品连同包装物销售的，无论包装物是否单独计价以及在会计上如何核算，均应并入应税消费品的销售额中缴纳消费税。在销售应税消费品的同时出租包装物，收取的包装物租金应视作价外费用计算消费税。如果包装物不作价随同产品销售，而是收取押金，此项押金则不应并入应税消费品（除酒类产品外）的销售额中征税。但对因逾期未收回的包装物不再退还的或者已收取的时间超过 12 个月的押金，应并入应税消费品的销售额，按照应税消费品的适用税率缴纳消费税。

对于生产酒类产品以外的纳税人来说，包装物处理与纳税有很大的关系。采用押金方式可在包装物不再退回时再纳税，采用一并销售或收取租金方式当时就需要纳税。尽管结果相同，但纳税人可以通过押金方式推迟纳税义务的实现，取得税款使用的时间价值，有时甚至可以把本属作价销售性质的包装物，以收取押金的名义取得价款，从而获得推迟纳税的好处。

【案例 4 – 28】佳美日化厂销售化妆品一批，产品及其包装物不含税售价为 13 000 元，即包装物随同产品一起销售。则当期应纳消费税为：

应纳税额 $= 13\,000 \times 30\% = 3\,900$ （元）

如果将其中的 1 000 元以包装物押金的形式收取，则当时只对消费品销售额征税。

应纳税额 $= 12\,000 \times 30\% = 3\,600$ （元）

包装物押金此时无须纳税，一年期满后，将包装物押金转入其他业务收入，并计算缴纳消费税：

应纳消费税额 $= 1\,000 \div (1 + 17\%) \times 30\% = 256.41$ （元）

假如银行同期同类贷款利率 6%，相当于为企业节省银行贷款利息：

$256.41 \times 6\% = 15.36$ （元）

另外节省税款：$3\,900 - (3\,600 + 256.41) = 43.59$ （元）

将部分货款作为包装物押金处理的好处有：（1）可以促使购货方及早退回包装物以便周转使用，从而一定程度上节省生产包装物的人力、物力，降低产品成本；（2）在产品售价中可以扣除原来包装物的价值，从而降低了产品售价，有利于增强产品的竞争能力；（3）可以节税。但是在实际操作中要注意尺度，过分地使用这一筹划方法，将使所售产品的销售价格明显偏低，税务机关将按照一定的方法进行销售额的调整，从而失去筹划的效果。

3. 慎用以物易物、以物抵债、以物投资。消费税税法规定，从价计征的应税消费品用于以物易物、以物抵债、以物投资时将以同类应税消费品的最高售价作为计税依据。在实际操作中，当纳税人用应税消费品换取货物或者投资入股时，其价值一般是按照双方的协议价或评估价确定的，而协议价往往是市场的平均价。按照同类应税消费品的最高售价作为计税依据，会加重纳税人的负担。由此不难看出，如果采取先销售后入股（换货、抵债），则会少缴消费税，从而达到减轻税负的目的。

三、消费税税率的纳税筹划

消费税不但规定了两种不同的税率形式——定额税率和比例税率，而且不同的应税消费品适用不同税率，对于经营不同税率应税消费品的纳税人来说，分开核算是至关重要的，否则就会增加消费税的负担。

1. 兼营不同税率货物应分开核算。消费税对适用税率的规定有：（1）凡生产、进口、委托加工应税消费品的单位和个人，均应根据产品对应的税目，按照消费税税目税率表所规定的税率（税额）征税；（2）纳税人兼营不同税率的应税消费品，应当分别核算不同税率应税消费品的销售额、销售数量，按不同税率分别征税，未分别核算销售额、销售数量的，从高适用税率。可见分别核算、分别纳税是消费税的基本要求，同时也可以尽量降低纳税人不必要的税收损失。

2. 成套销售的巧妙处理。企业为了提升商品档次，吸引更多的消费者，往往会采取将几种类似的消费品组成成套的消费品，并辅之以精美的包装，这样的组合产品固然会由于包装而产生一定的附加值，但也会由于包装而产生高额的消费税税负。消费税政策规定，纳税人将应税消费品和非应税消费品，以及适用不同税率的应税消费品组成成套消费品出售的，应根据组合产品的销售金额按应税消费品中适用税率最高的消费品的税率征税。某首饰厂既生产金银首饰，又生产宝石类首饰，如果将金银首饰、宝石类首饰、小工艺品等组成成套消费品销售，则对构成套装消费品的所有首饰在生产环节纳 10% 的消费税。金银首饰零售商既经营金银首饰，又经营宝石类首饰，如果将金银首饰、宝石类首饰、小工艺品等组成成套消费品销售，则对构成套装消费品的所有首饰在零售环节纳税，税率 5%。所以纳税人在纳税环节应慎重选择成套销售的方式。

3. 巧妙的定价将降低适用税率。从 2009 年 5 月 1 日起，每标准条卷烟（200 支，下同）不含增值税调拨价在 70 元（含 70 元）以上的为甲类卷烟，生产环节从价计税税率由 45% 调整为 56%；达不到 70 元的为乙类卷烟，从价计税税率由 30% 调整为 36%。

两档不同的税率之间有个临界点，即单条调拨价为 70 元以上时税率发生变化，消费税税率由 36% 跃升到 56%，税负必会突然加重。

啤酒消费税实行差别定额税率，每吨啤酒出厂价格在 3 000 元（含 3 000 元，不含增值税）以上的，单位税额 250 元/吨；在 3 000 元以下的，单位税额 220 元/吨。

当消费税税率的高低与消费品的售价高低有关时，高价将带来高的适用税率，可能出现价格提高收益反而变低的情况，这时纳税人应在高价与高税率之间进行权衡，选择使纳税人收益最高，又能保证市场竞争力的最佳定位。当然在筹划中也应尽量避免价格偏低，否则筹划将失败。

【案例 4 - 29】玉泉酒厂生产销售 A 品牌啤酒，每吨出厂价格为 3 000 元。5 月份，该厂对该品牌啤酒的生产工艺进行了改进，使啤酒喝起来口感更纯、更清爽。按理质量提高后，啤酒出厂价格会相应提高，但该厂反而降低了价格，每吨定为 2 980 元。原因是该厂在定价时充分考虑了啤酒消费税的影响。按税法规定，啤酒消费税实行从量课税制度，每吨啤酒出厂价格在 3 000 元（含 3 000 元，不含增值税）以上的，单位税额 250 元/吨；在 3 000 元以下的，单位税额 220 元/吨。

显然，按原厂家 3 000 元的定价，每吨需要缴纳 250 元消费税，收益 2 750 元；定价降为 2 980 元后，每吨缴纳 220 元消费税，收益 2 760 元，仅从此项考虑不仅增加了 10 元的收益，而且由于价格优势，可以增强市场竞争力。

四、消费税税额扣除的纳税筹划

纳税人销售自己生产的应税消费品时需要缴纳一道消费税，而购买方将该项应税消费品用于连续生产应税消费品时还需再缴纳一道消费税。纳税人收回委托加工的应税消费品时，受托方已经代收代缴消费税，将已税消费品用于连续生产应税消费品时也需再缴纳一道消费税。为了避免重复征税，现行税法规定了对外购或委托加工应税消费品（个别消费品除外）用于连续生产应税消费品允许抵扣已纳税额的避免重复征税的政策。为了充分享受这一政策，从纳税筹划的角度看，纳税人首先应了解准予扣税的应税消费品的范围，以防遗漏扣除税金；其次，要取得并保存购进时对方开具的增值税专用发票，取得和保存委托加工收回时受托方开具的代收代缴税款凭证；再次，对从不同渠道取得的属于应税消费品的原材料连续加工应税消费品时，应进行税负比较，尽可能选择税负轻的方式。

关键术语

1. 委托加工应税消费品
2. 利用外购已税消费品生产同税目（或相近税目）消费品
3. 消费税的纳税义务发生时间

实训练习

【实训题 1】
【实训资料】某县吉祥地板厂，主要经营实木地板的生产、加工等。会计核算采用新会计准则的规定。11 月份发生如下经济业务（假定该厂按规定的时间办理了增值税抵扣凭证的认证手续）：

1. 11 月 5 日，从附近林场购进原木一批，取得林场开具的普通发票一张，注明价款 50 万元，用支票支付货款。

2. 11 月 6 日，从长期供货商处购进生产实木地板的辅料一批，取得对方单位开具的增值税专用发票一张，注明价款 15 万元，税款 2.55 万元。辅料验收入库，货款尚未支付。

3. 11月8日，用银行存款向负责运输购进原木的运输公司支付运费，运输公司开具运费发票注明：运费5 000元，装卸及杂费500元。原木验收入库。

4. 11月10日，销售给某公司自产的实木地板900平方米，每平方米出厂价格（不含税）1 000元，开具增值税专用发票并收到对方开具的转账支票。

5. 11月11日，直接销售给消费者实木地板100平方米，开具普通发票，发票注明价格11 700元，并提供安装服务，收取安装费用500元，直接以现金方式收取。

6. 11月18日，与某大型装饰城达成协议，由装饰城代销公司生产的新型实木地板，对外零售价格每平方米1 100元，成本价800元，协议按售出地板零售价格的10%付给商场手续费，当期发出地板10 000平方米。

7. 11月21日，发现部分外购原木不含税成本价38 140元（其中运费520元），因管理不善造成了损失。

8. 11月31日，当月受托加工的一批实木地板完工并以银行存款结算，加工费含税收入为35 100元，同时加收优质费850元，代收相应的消费税，上月收到的原材料价值300 000元，无同类实木地板的销售价格。

9. 10月末，增值税进项留抵税额为10 000元。

【实训要求】

（1）根据资料的先后顺序作相关的会计处理；

（2）计算当期应纳的增值税和消费税，并作相关计提、缴纳税金的会计处理。

【实训题2】

【实训资料】清泉酒厂系增值税一般纳税人，5月份税务师事务所对该企业4月份的纳税资料进行审查，获得如下资料：

1. 外购一批生产用的低值易耗品，增值税专用发票注明的金额为20 000元，增值税3 400元，运输发票注明的运费为300元，装卸费为100元，货物已验收入库，款项通过银行转账，企业会计处理为：

借：低值易耗品　　　　　　　　　　　　　　　　　　　　　20 379
　　应交税费——应交增值税（进项税额）　　　　　　　　　 3 421
　　贷：银行存款　　　　　　　　　　　　　　　　　　　　　　　　23 800

审核人员发现，上述货物在运输途中，有1/3货物在运输过程中被盗，责任原因待查，企业未作相关会计处理。

2. 从农民手中收购粮食，开具税务机关监制的收购凭证，注明的金额为50 000元，货物已验收入库，款项未支付，企业会计处理为：

借：原材料　　　　　　　　　　　　　　　　　　　　　　　　44 247.79
　　应交税费——应交增值税（进项税额）　　　　　　　　　 5 752.21
　　贷：应付账款　　　　　　　　　　　　　　　　　　　　　　　　50 000

3. 将新开发出的高级粮食白酒1吨送往经销部作样品，账面成本计15 000元，企业会计处理为：

借：销售费用　　　　　　　　　　　　　　　　　　　　　　　15 000
　　贷：库存商品　　　　　　　　　　　　　　　　　　　　　　　　15 000

4. 销售一辆旧设备，售价为20 800元（原价80 000元），企业会计处理为：

　　借：应收账款　　　　　　　　　　　　　　　　　　　　　　　　20 800
　　　　贷：固定资产清理　　　　　　　　　　　　　　　　　　　　　20 400
　　　　　　应交税费——未交增值税　　　　　　　　　　　　　　　　　400

　　应交增值税＝20 800÷（1＋4%）×4%×50%＝400（元）

　　5. 生产车间将一批残次酒瓶直接对外销售，取得销售款共计11 700元，成本8 000元。
企业会计处理为：

　　借：库存现金　　　　　　　　　　　　　　　　　　　　　　　　11 700
　　　　贷：生产成本　　　　　　　　　　　　　　　　　　　　　　11 700

　　6. 本公司设立一非独立核算的门市部，4月份从酒厂购入粮食白酒15吨，每吨不含税
价3 800元，对外销售粮食白酒10吨，取得含税销售收入46 800元，企业会计处理为：

　　借：应收账款　　　　　　　　　　　　　　　　　　　　　　　　66 690
　　　　贷：主营业务收入　　　　　　　　　　　　　　　　　　　　57 000
　　　　　　应交税费——应交增值税（销项税额）　　　　　　　　　　9 690
　　借：营业税金及附加　　　　　　　　　　　　　　　　　　　　　26 400
　　　　贷：应交税费——应交消费税　　　　　　　　　　　　　　　26 400

　　【实训要求】审核上述资料，扼要指出存在的纳税影响问题，正确计算企业5月份应补
（退）的增值税及消费税税额，作出调整分录。

实践训练

　　通过本章学习，要求学生能熟练完成代理酒厂、卷烟厂、化妆品厂的各项代理业务。

　　【实习实训要求】

　　（1）完成各纳税人涉及消费税的经济业务的会计核算，并能熟练过账、编制会计报表
和消费税纳税申报表及其附表。

　　（2）能利用纳税审查的基本方法，完成酒厂、卷烟厂和化妆品厂的消费税纳税审查代
理业务，发现错账，能说明政策依据，并作出调账分录，最终完成纳税审查报告。

第 五 章

营业税代理

学习目标

1. 掌握提供应税劳务、转让无形资产、销售不动产营业税的会计核算

2. 理解代理营业税纳税申报操作规范，并运用于各行业营业税纳税申报代理实务

3. 理解营业税纳税审查内容及操作要点，并运用于各行业营业税纳税审查代理实务

4. 理解营业税纳税筹划的基本方法，并运用于各行业营业税纳税筹划代理实务

第一节　营业税会计核算

营业税的征税范围包括提供应税劳务、转让无形资产、销售不动产，有些属于纳税人的经营活动，有些属于纳税人的经营外活动，其会计核算是不同的。营业税纳税人与扣缴义务人的会计核算也存在差异。

一、会计科目设置

1. "营业税金及附加"科目。"营业税金及附加"科目核算企业经营活动发生的营业税等相关税费。企业按规定计算确定的与经营活动相关的营业税，借记"营业税金及附加"科目，贷记"应交税费"科目。期末，应将本科目余额转入"本年利润"科目，结转后本科目无余额。

2. "应交营业税"明细科目。在"应交税费"科目下设置"应交营业税"明细科目，该明细科目核算各类企业应交的营业税。本明细科目期末贷方余额，反映企业尚未缴纳的营业税；期末如为借方余额，反映企业多交的营业税。

3. "应代缴营业税"明细科目。在"应交税费"科目下设置"应代缴营业税"明细科目，该明细科目核算各类企业应代扣代缴的营业税。本明细科目期末贷方余额，反映企业尚未代缴的营业税；期末如为借方余额，反映企业多代缴的营业税。

二、提供应税劳务会计核算

企业提供应税劳务，包括交通运输业、建筑业、邮电通信业、文化体育业、金融保险业、服务业、娱乐业。企业提供应税劳务，属于企业的经营活动，不论主营业务还是其他业务，均应计算缴纳营业税。

纳税人计算应交的营业税，借记"营业税金及附加"科目，贷记"应交税费——应交营业税"科目；实际缴纳营业税时，借记"应交税费——应交营业税"科目，贷记"银行存款"等科目。

扣缴义务人代扣营业税时，借记"应付账款"等科目，贷记"应交税费——应代交营业税"科目；代缴营业税时，借记"应交税费——应代缴营业税"科目，贷记"银行存款"等科目。

（一）交通运输业应交营业税的会计核算

【案例5-1】某公路运输公司1月份取得运输收入为30万元，从中支付联运业务的金额为6万元。支付联运业务的金额均能提供合法有效凭证。计算应交营业税并作会计分录。

（1）取得运输收入时：

借：银行存款		300 000
贷：主营业务收入		240 000
应付账款		60 000

（2）支付联运费用时：

借：应付账款		60 000
贷：银行存款		60 000

（3）计算应交营业税：

应交营业税 = (300 000 - 60 000) × 3% = 7 200（元）

借：营业税金及附加		7 200
贷：应交税费——应交营业税		7 200

（4）上交营业税：

借：应交税费——应交营业税		7 200
贷：银行存款		7 200

（二）建筑业应交营业税的会计核算

【案例5-2】某建筑公司2月份工程承包收入500万元，其中支付给某工程队分包工程价款60万元，建设方提供材料40万元。计算应交营业税并作会计分录。

（1）确认收入实现时：

借：银行存款		5 000 000
贷：主营业务收入		4 400 000

| | 应付账款——应付分包款 | 600 000 |

(2) 计算应交营业税时：

应交营业税 = (5 000 000 + 400 000 − 600 000) × 3% = 144 000（元）

借：营业税金及附加　　　　　　　　　　　　　　　　144 000

　　贷：应交税费——应交营业税　　　　　　　　　　　　　144 000

(3) 计算应代扣代缴营业税：

应代扣代缴营业税 = 600 000 × 3% = 18 000（元）

借：应付账款——应付分包款　　　　　　　　　　　　18 000

　　贷：应交税费——应代缴营业税　　　　　　　　　　　　18 000

(4) 支付分包款并代扣营业税：

借：应付账款——应付分包款　　　　　　　　　　　　582 000

　　贷：银行存款　　　　　　　　　　　　　　　　　　　582 000

(5) 缴纳营业税和代缴营业税：

借：应交税费——应交营业税　　　　　　　　　　　　144 000

　　应交税费——应代缴营业税　　　　　　　　　　　18 000

　　贷：银行存款　　　　　　　　　　　　　　　　　　　162 000

（三）金融保险业应交营业税的会计核算

【案例 5 −3】某市商业银行第 1 季度发放人民币贷款利息收入 800 万元，吸收人民币存款利息支出 200 万元，手续费收入 70 万元，金融机构往来业务利息收入 30 万元，金融机构往来业务利息支出 25 万元。计算应交营业税并作会计分录。

(1) 确认贷款利息收入：

借：应收利息或吸收存款　　　　　　　　　　　　　　8 000 000

　　贷：利息收入——人民币贷款业务　　　　　　　　　　　8 000 000

(2) 确认存款利息支出：

借：利息支出——人民币贷款业务　　　　　　　　　　2 000 000

　　贷：应付利息或吸收存款　　　　　　　　　　　　　　2 000 000

(3) 确认手续费收入：

借：应收手续费及佣金或吸收存款　　　　　　　　　　700 000

　　贷：手续费及佣金收入　　　　　　　　　　　　　　　700 000

(4) 确认金融机构往来业务利息收入：

借：应收利息或存放中央银行款项　　　　　　　　　　300 000

　　贷：利息收入——金融机构往来业务　　　　　　　　　　300 000

(5) 确认金融机构往来业务利息支出：

借：利息支出——金融机构往来业务　　　　　　　　　250 000

　　贷：应付利息或存放中央银行款项　　　　　　　　　　250 000

(6) 计算应交营业税：

应交营业税 = (800 + 70) × 5% = 43.5（万元）

借：营业税金及附加　　　　　　　　　　　　　　　　435 000

　　贷：应交税费——应交营业税　　　　　　　　　　　　　435 000

（7）缴纳营业税：

借：应交税费——应交营业税　　　　　　　　　　　　　　435 000

　　贷：存放中央银行款项　　　　　　　　　　　　　　　　　435 000

（四）服务业应交营业税的会计核算

【案例5-4】某旅行社4月份组织100名游客去台湾，向每名游客收取旅游费10 000元，旅行社负担每名游客的运输费1 000元，餐费500元，住宿费1 000元，门票费1 000元。计算应交营业税并作会计分录。

（1）收取旅游费时：

借：银行存款　　　　　　　　　　　　　　　　　　　　　1 000 000

　　贷：主营业务收入　　　　　　　　　　　　　　　　　　　1 000 000

（2）支付有关费用：

借：主营业务成本　　　　　　　　　　　　　　　　　　　350 000

　　贷：银行存款　　　　　　　　　　　　　　　　　　　　　350 000

（3）计算应交营业税：

应交营业税=（10 000-1 000-500-1 000-1 000）×100×5%=32 500（元）

借：营业税金及附加　　　　　　　　　　　　　　　　　　32 500

　　贷：应交税费——应交营业税　　　　　　　　　　　　　　32 500

（4）缴纳营业税：

借：应交税费——应交营业税　　　　　　　　　　　　　　32 500

　　贷：银行存款　　　　　　　　　　　　　　　　　　　　　32 500

（五）娱乐业应交营业税的会计核算

【案例5-5】湖南某歌厅5月份收取台位费2万元，点歌费3万元，酒水费2万元，零食费3万元。该歌厅营业税税率10%，文化事业建设费率3%。计算应交营业税并作会计分录。

（1）收取费用时：

借：银行存款　　　　　　　　　　　　　　　　　　　　　100 000

　　贷：主营业务收入　　　　　　　　　　　　　　　　　　　100 000

（2）计算应交营业税及文化事业建设费：

应交营业税=（20 000+30 000+20 000+30 000）×10%=10 000（元）

应交文化事业建设费=（20 000+30 000+20 000+30 000）×3%=3 000（元）

借：营业税金及附加　　　　　　　　　　　　　　　　　　13 000

　　贷：应交税费——应交营业税　　　　　　　　　　　　　　10 000

　　　　　　　　——应交文化事业建设费　　　　　　　　　　3 000

（3）缴纳营业税及文化事业建设费：

借：应交税费——应交营业税　　　　　　　　　　　　　　10 000

　　　　　　——应交文化事业建设费　　　　　　　　　　　3 000

　　贷：银行存款　　　　　　　　　　　　　　　　　　　　　13 000

三、转让无形资产会计核算

转让无形资产分为转让无形资产所有权和使用权两种。

（一）转让无形资产所有权

转让无形资产所有权即出售无形资产，不属于企业的经营活动。转让收益记入"营业外收入"科目，转让损失记入"营业外支出"科目。

【案例 5 - 6】某企业将一项非专利技术出售，取得收入 100 000 元。该非专利技术的账面余额为 120 000 元，累计摊销 20 000 元，已计提的减值准备为 5 000 元。该企业城市维护建设税税率 7%，教育费附加率 3%，地方教育费附加率 1%。计算应交营业税及附加，编制会计分录。

（1）计算应交营业税及附加：

应交营业税 = 100 000 × 5% = 5 000（元）

应交城市维护建设税 = 5 000 × 7% = 350（元）

应交教育费附加 = 5 000 × 3% = 150（元）

应交地方教育费附加 = 5 000 × 1% = 50（元）

借：银行存款		100 000
累计摊销		20 000
无形资产减值准备		5 000
营业外支出——处置非流动资产损失		550
贷：无形资产		120 000
应交税费——应交营业税		5 000
——应交城市维护建设税		350
——应交教育费附加		150
——应交地方教育费附加		50

（2）缴纳营业税及附加：

借：应交税费——应交营业税		5 000
——应交城市维护建设税		350
——应交教育费附加		150
——应交地方教育费附加		50
贷：银行存款		5 550

（二）转让无形资产使用权

转让无形资产使用权即出租无形资产，属于企业其他经营活动。计算应交的营业税，借记"营业税金及附加"科目，贷记"应交税费——应交营业税"科目。实际缴纳营业税时，借记"应交税费——应交营业税"科目，贷记"银行存款"等科目。

【案例 5 - 7】某企业将一项专利权出租给另一企业，每年收取租金 30 000 元。该专利权账面余额 200 000 元，摊销年限为 10 年。计算应交营业税，编制会计分录。

（1）每年取得专利使用费时：

借：银行存款	30 000
贷：其他业务收入	30 000

（2）每年摊销无形资产：

借：其他业务成本	20 000
贷：累计摊销	20 000

（3）每年计算应缴纳的营业税：

应交营业税＝30 000×5%＝1 500（元）

借：营业税金及附加　　　　　　　　　　　　　　　　1 500
　　贷：应交税费——应交营业税　　　　　　　　　　　　　　　1 500

（4）每年缴纳营业税：

借：应交税费——应交营业税　　　　　　　　　　　　1 500
　　贷：银行存款　　　　　　　　　　　　　　　　　　　　　　1 500

四、销售不动产会计核算

（一）房地产开发企业销售不动产会计核算

房地产开发企业是经营房地产买卖业务的企业，其从事房地产开发、销售而取得的经营收入为其主营业务收入，应计算缴纳营业税。

计算应交的营业税，借记"营业税金及附加"科目，贷记"应交税费——应交营业税"科目。实际缴纳营业税时，借记"应交税费——应交营业税"科目，贷记"银行存款"等科目。

温馨提示： 纳税人转让土地使用权或者销售不动产，采取预收款方式的，其纳税义务发生时间为收到预收款的当天。纳税人提供建筑业或者租赁业劳务，采取预收款方式的，其纳税义务发生时间为收到预收款的当天。

【案例5-8】某房地产开发公司预售商品房一批，1月20日预收房款800万元，2月20日交付商品房并收到剩余房款1 000万元。计算应交营业税并作会计分录如下：

（1）1月20日收到预收款时：

借：银行存款　　　　　　　　　　　　　　　　　　8 000 000
　　贷：预收账款　　　　　　　　　　　　　　　　　　　　　8 000 000

（2）计算1月预收房款应交营业税：

应交营业税＝8 000 000×5%＝400 000（元）

借：营业税金及附加　　　　　　　　　　　　　　　400 000
　　贷：应交税费——应交营业税　　　　　　　　　　　　　　400 000

（3）2月15日前缴纳1月营业税：

借：应交税费——应交营业税　　　　　　　　　　　400 000
　　贷：银行存款　　　　　　　　　　　　　　　　　　　　　400 000

（4）2月20日交付商品房并收到剩余房款时：

借：预收账款　　　　　　　　　　　　　　　　　　8 000 000
　　银行存款　　　　　　　　　　　　　　　　　　10 000 000
　　贷：主营业务收入　　　　　　　　　　　　　　　　　　18 000 000

（5）计算2月收到剩余房款应交营业税：

应交营业税＝10 000 000×5%＝500 000（元）

借：营业税金及附加　　　　　　　　　　　　　　　500 000
　　贷：应交税费——应交营业税　　　　　　　　　　　　　　500 000

（6）3月15日前缴纳2月营业税：

借：应交税费——应交营业税 500 000
　　贷：银行存款 500 000

（二）其他企业销售不动产会计核算

房地产开发企业之外的企业销售不动产不是商品出售，不属于营业活动，而是财产处置，属于营业外活动。如企业处置作为固定资产使用的房屋建筑物，应通过"固定资产清理"科目。计算应交营业税，借记"固定资产清理"科目，贷记"应交税费——应交营业税"科目。实际缴纳营业税时，借记"应交税费——应交营业税"科目，贷记"银行存款"等科目。

【案例 5-9】某工业企业出售一栋办公楼，成交价 300 万元，该办公楼的账面原值 420 万元，已提折旧 180 万元，支付清理费 1 万元。该工业企业城市维护建设税税率 7%，教育费附加率 3%，地方教育费附加率 1%，作会计分录如下：

（1）将办公楼转作清理时：

借：固定资产清理 2 400 000
　　累计折旧 1 800 000
　　贷：固定资产 4 200 000

（2）收到转让收入时：

借：银行存款 3 000 000
　　贷：固定资产清理 3 000 000

（3）支付清理费用时：

借：固定资产清理 10 000
　　贷：银行存款 10 000

（4）计算应交营业税及附加：

应交营业税 = 3 000 000 × 5% = 150 000（元）

应交城市维护建设税 = 150 000 × 7% = 10 500（元）

应交教育费附加 = 150 000 × 3% = 4 500（元）

应交地方教育费附加 = 150 000 × 1% = 1 500（元）

借：固定资产清理 166 500
　　贷：应交税费——应交营业税 150 000
　　　　　　　　——应交城市维护建设税 10 500
　　　　　　　　——应交教育费附加 4 500
　　　　　　　　——应交地方教育费附加 1 500

（5）结转清理净收益时：

借：固定资产清理 423 500
　　贷：营业外收入 423 500

（6）缴纳营业税及附加时：

借：应交税费——应交营业税 150 000
　　　　　　——应交城市维护建设税 10 500
　　　　　　——应交教育费附加 4 500
　　　　　　——应交地方教育费附加 1 500
　　贷：银行存款 166 500

第二节 营业税纳税申报代理

注册税务师代理营业税纳税申报，必须熟悉营业税纳税申报表种类及表内项目，并根据纳税人会计资料及税法规定代理填制纳税申报表。现行营业税纳税申报表种类较多，按不同行业设置多个纳税申报表；格式多样，有的为 Excel 表格，有的为 Word 表格。

一、代理营业税纳税申报操作规范

注册税务师代理营业税纳税申报操作要点如下：

1. 确定纳税人和扣缴义务人。区分纳税项目和扣缴项目，并进行综合申报；

2. 确定应税营业额。核查"主营业务收入"、"其他业务收入"、"营业外收入"、"营业外支出"等账户及主要原始凭证，确定应税收入；根据"应付账款"、"主营业务成本"等账户及主要原始凭证，确定税收扣除；根据应税收入和税收扣除，正确计算应税营业额；

3. 确认税目税率。根据企业业务类型确认适用税目税率；

4. 确定税额减免。根据税法规定确定税额免征和减征；

5. 按期报税。计算填表后按规定期限向主管税务机关报送营业税纳税申报表及其他计税资料。

二、营业税纳税申报表种类

营业税纳税申报表的种类有：

1. "营业税纳税申报表（适用于查账征收的营业税纳税人）"，该申报表为 Excel 表格，如表5-1所示。

2. "交通运输业营业税纳税申报表"，该申报表为 Excel 表格，如表5-2所示。

3. "娱乐业营业税纳税申报表"，该申报表为 Excel表格，如表5-3所示。

4. "服务业营业税纳税申报表"，该申报表为 Excel表格，如表5-4所示；"服务业减除项目金额明细申报表"，该申报表为 Excel 表格，如表5-5所示。

动手操作： 营业税各类纳税申报表可通过网络下载。具体操作为：打开国家税务总局网站，点击首页 > 纳税服务 > 下载中心，下载营业税各类纳税申报表。

5. "建筑业营业税纳税申报表"，该申报表为 Excel 表格，如表5-6所示；"异地提供建筑业劳务税款缴纳情况申报表"，该申报表为 Excel 表格，如表5-7所示。

6. "金融保险营业税纳税申报表"，该申报表为 Word 表格，如表5-8所示。

三、代理营业税纳税申报案例分析

（一）代理查账征收营业税纳税申报案例分析

【案例5-10】2010年1月，某工业企业销售一栋办公楼，该办公楼5年前建造，原值300万元，已提折旧75万元，取得销售收入600万元。该月已预缴营业税22万元。注册税务师代理计算营业税并填写纳税申报表。

（1）代理计算营业税：

应交营业税 = 6 000 000 × 5% = 300 000（元）

应补交营业税 = 300 000 - 220 000 = 80 000（元）

（2）代理填写营业税纳税申报表，如表5-1所示。

表 5-1

附1

营业税纳税申报表

（适用于查账征收的营业税纳税人）

纳税人识别号

纳税人名称（公章）

税款所属时间：自2010年1月1日至2010年1月31日　　填表日期：2010年2月5日　　金额单位：元（列至角分）

税目	营业额			免税收入	税率(%)	本期税款计算			期初欠缴税额	前期多缴税额	税款缴纳						
											本期已缴税额				本期应缴税额计算		
	应税收入	应税减除项目金额	应税营业额	免税收入	税率(%)	小计	本期应纳税额	免(减)税额	期初欠缴税额	前期多缴税额	小计	已缴本期应纳税额	本期已减扣缴税额	本期已缴欠缴税额	小计	本期期末应缴欠税额	本期期末应缴欠税额
1	2	3	4=2-3	5	6	7=8+9	8=(4-5)×6	9=5×6	10	11	12=13+14+15	13	14	15	16=17+18	17=8-13-14	18=10-11-15
交通运输业			0			0	0	0			0				0	0	0
建筑业			0			0	0	0			0				0	0	0
邮电通讯业			0			0	0	0			0				0	0	0
服务业			0			0	0	0			0				0	0	0
娱乐业			0			0	0	0			0				0	0	0
金融保险业			0			0	0	0			0				0	0	0
文化体育业			0			0	0	0			0				0	0	0
销售不动产	6000000	0	6000000	0	5%	300000	300000	0	0	0	220000	220000	0	0	80000	80000	80000
转让无形资产			0			0	0	0			0				0	0	0
合　计	6000000	0	6000000	0		300000	300000	0	0	0	220000	220000	0	0	80000	80000	80000
代扣代缴项目				0													
总　计	6000000	0	6000000	0		300000	300000	0	0	0	220000	220000	0	0	80000	80000	80000

填表说明：

1. 根据《中华人民共和国税收征收管理法》及其实施细则、《中华人民共和国营业税暂行条例》的有关规定，制定本表。

2. 本表适用于除经主管税务机关核准实行简易申报方式以外的所有营业税纳税人（以下简称纳税人）。

3. 本表"纳税人识别号"栏，填写税务机关为纳税人确定的识别号，即：税务登记证号码。

4. 本表"纳税人名称"栏，填写纳税人单位名称全称，并加盖公章，不得填写简称。

5. 本表"税款所属期"填写纳税人申报的营业税应纳税额的所属时间，应填写具体的起止年、月、日。

6. 本表"填表日期"填写纳税人填写本表的具体日期。

7. 本表"娱乐业"行应区分不同的娱乐业税率填写数据。

8. 本表"代扣代缴项目"行应按照现行所应申报的事项，分不同税率填报。

9. 本表所有栏次数据均不包括本期纳税人经税务机关、财政、审计部门检查以及纳税人自查发生的相关数据。

10. 该栏数据为相应税目营业税目填报按照现行规定可扣除的项目金额，分营业税税目填报，分营业税税目核算或者因财务会计核算办法改变冲减营业额时，不在本栏次调减。

11. 本表第2栏"应税收入"填写纳税人本期因提供营业税应税劳务、转让无形资产或者销售不动产所取得的应税收入或纳税人提供营业税应税劳务、转让无形资产或者销售不动产所取得的应税收入中不需税务机关审批可直接免缴税款的应税收入或免税额，该栏数据为相应税目营业税纳税申报表中"应税收入"栏的"合计"数。

12. 本表第3栏"应税减除项目金额"应填写纳税人本期提供营业税应税劳务、转让无形资产或者销售不动产所取得的应税收入中按规定可扣除的项目金额，在第11栏"前期多缴税额"栏次内直接调减税额。

13. 本表第5栏"免税收入"应填写纳税人本期提供营业税应税劳务、转让无形资产或者销售不动产所取得的免税收入，分营业税税目填报，该栏数据为相应税目营业税纳税申报表中"免税收入"栏的"合计"数。

14. 本表第10栏"期初欠缴税额"填写纳税人截至本期（不含本期）纳税人截至本期（不含本期）多缴纳的营业税额分营业税税目填报，该栏数据为相应税目营业税纳税申报表中"期初欠缴税额"栏的"合计"数。已经税务机关批准的免缴税款，税务机关依照法律、行政法规规定纳税人多缴纳的税款，分营业税税目填报，该栏数据为相应税目营业税纳税申报表中"前期多缴税额"栏的"合计"数。

15. 本表第13栏"已缴本期应纳税额"填写纳税人已缴的本期应纳税营业税额。该栏数据为相应税目营业税纳税申报表中"已缴本期应纳税额"栏的"合计"数。

16. 本表第14栏"本期已被扣缴税额"填写纳税人本期发生扣缴义务入本期扣缴的营业税的营业税额，按现行税法规定被扣缴的营业税额。该栏数据为相应税目营业税纳税申报表中"本期已被扣缴税额"栏的"合计"数。

17. 本表第15栏"本期已缴欠缴税额"填写纳税人本期缴纳的前期欠税，包括本期缴纳的前期欠税。税务机关核定等确定应纳税额后，批准延期缴纳、超过法律、行政法规定或者税务机关依照法律、行政法规规定确定的税款缴纳期限未缴纳的税款。该栏数据为相应税目营业税纳税申报表中"本期已缴欠缴税额"栏的"合计"数。

（二）代理交通运输业营业税纳税申报案例分析

【案例5－11】2010年1月，某公路运输公司取得货运收入为30万元，从中支付联运业务的金额为6万元；取得客运收入20万元，从中支付联运业务的金额为4万元。支付联运业务的金额均能提供合法有效凭证。本月已预缴营业税1万元。注册税务师代理计算营业税并填写纳税申报表。

（1）代理计算营业税：

货运应交营业税 =（300 000 － 60 000）× 3% = 7 200（元）

客运应交营业税 =（200 000 － 40 000）× 3% = 4 800（元）

合计应交营业税 = 7 200 + 4 800 = 12 000（元）

应补交营业税 = 12 000 － 10 000 = 2 000（元）

（2）代理填写营业税纳税申报表，如表5－2所示。

（三）代理娱乐业营业税纳税申报案例分析

【案例5－12】2010年1月，湖南省某歌厅收取台位费2万元，点歌费3万元，酒水费2万元，零食费3万元。该月已预缴营业税8 000元。该歌厅营业税税率为10%。注册税务师计算营业税并填写纳税申报表。

（1）代理计算营业税：

应交营业税 =（20 000 + 30 000 + 20 000 + 30 000）× 10% = 10 000（元）

应补交营业税 = 10 000 － 8 000 = 2 000（元）

（2）代理填写营业税纳税申报表，如表5－3所示。

（四）代理服务业营业税纳税申报案例分析

【案例5－13】2010年1月，某旅行社组织100名游客去台湾，向每名游客收取旅游费10 000元，旅行社负担每名游客的运输费1 000元，餐费500元，住宿费1 000元，门票费1 000元。该月已预缴营业税25 000元。注册税务师代理计算营业税并填写纳税申报表。

（1）代理计算营业税：

应税收入 = 10 000 × 100 = 1 000 000（元）

税收扣除 =（1 000 + 500 + 1 000 + 1 000）× 100 = 350 000（元）

应交营业税 =（1 000 000 － 350 000）× 5% = 32 500（元）

应补交营业税 = 32 500 － 25 000 = 7 500（元）

（2）代理填写营业税纳税申报表，如表5－4、表5－5所示。

（五）代理建筑业营业税纳税申报案例分析

【案例5－14】2010年1月，某建筑公司在本地承包建筑工程，工程总价款800万元，部分工程分包给其他建筑公司，支付分包费100万元。该月已预缴营业税15万元，已为分包人预扣预缴营业税2万元。注册税务师代理计算营业税并填写纳税申报表。

（1）代理计算营业税：

应交营业税 =（8 000 000 － 1 000 000）× 3% = 210 000（元）

应补交营业税 = 210 000 － 150 000 = 60 000（元）

应代交营业税 = 1 000 000 × 3% = 30 000（元）

应代补交营业税 = 30 000 － 20 000 = 10 000（元）

（2）代理填写营业税纳税申报表，如表5－6、表5－7所示。

表 5 - 2

附2

交通运输营业税纳税申报表

纳税人识别号:
纳税人名称:(公章)
税款所属时间: 自2010年1月1日 日至2010年1月31日
填表日期: 2010年2月5日
金额单位: 元(列至角分)

交通运输营业税纳税申报表
(适用于交通运输营业税纳税人)

应税项目	营业额	应税减除项目金额			应纳营业额	免税收入	税率(%)	本期税款计算			期初欠缴税额	前期多缴税额	本期已缴税款			税款缴纳	本期应缴税额计算	
	应税收入	小计	支付给合作运输方运费金额	其他减除项目金额				小计	本期应纳税额	免(减)税额			小计	已缴本期应纳税额	本期已缴欠缴税额	小计	本期期末应缴税额	本期期末应缴欠缴税额
1	2	3=4+5	4	5	6=2-3	7	8	9=10+11	10=(6-7)×8	11=7×8	12	13	14=15+16	15	16	17=18+19	18=10-15	19=12-13-16
铁路运输	0.00	0.00		0.00	0.00	0.00		0.00	0.00	0.00			0.00			0.00	0.00	0.00
其中:货运		0.00		0.00	0.00	0.00		0.00	0.00	0.00			0.00			0.00	0.00	0.00
零运		0.00		0.00	0.00	0.00		0.00	0.00	0.00			0.00			0.00	0.00	0.00
公路运输	500,000.00	100,000.00	100,000.00	0.00	400,000.00	0.00		12,000.00	12,000.00	0.00			10,000.00	10,000.00	0.00	2,000.00	2,000.00	0.00
其中:货运	300,000.00	60,000.00	60,000.00	0.00	240,000.00		3%	7,200.00	7,200.00	0.00								
零运	200,000.00	40,000.00	40,000.00	0.00	160,000.00		3%	4,800.00	4,800.00	0.00								
水路运输		0.00		0.00	0.00	0.00		0.00	0.00	0.00			0.00			0.00	0.00	0.00
其中:货运		0.00		0.00	0.00	0.00		0.00	0.00	0.00			0.00			0.00	0.00	0.00
零运		0.00		0.00	0.00	0.00		0.00	0.00	0.00			0.00			0.00	0.00	0.00
航空运输		0.00		0.00	0.00	0.00		0.00	0.00	0.00			0.00			0.00	0.00	0.00
其中:货运		0.00		0.00	0.00	0.00		0.00	0.00	0.00			0.00			0.00	0.00	0.00
零运		0.00		0.00	0.00	0.00		0.00	0.00	0.00			0.00			0.00	0.00	0.00
管道运输		0.00		0.00	0.00	0.00		0.00	0.00	0.00			0.00			0.00	0.00	0.00
装卸搬运		0.00		0.00	0.00	0.00		0.00	0.00	0.00			0.00			0.00	0.00	0.00
合计	500,000.00	100,000.00	100,000.00	0.00	400,000.00	0.00		12,000.00	12,000.00	0.00	0.00	0.00	10,000.00	10,000.00	0.00	2,000.00	2,000.00	0.00

注:

1. 本表适用于除经主管税务机关核准实行简易申报方式以外的所有的交通运输营业税纳税人(以下简称纳税人)。

2. 本表第4栏"支付给合作运输方"应填写纳税人本期支付给合作运输方(包括境内、境外合作运输方)并依法取得交通运输业发票或其他有效扣除凭证的运费金额。

3. 本表第5栏"其他减除项目金额"应填写纳税人本期提供营业税应税劳务所取得的交通运输收入中按税法规定其他可扣除的项目金额。

4. 其余填表说明参考表5-1。

表 5－3

娱乐业营业税纳税申报表

附3

娱乐业营业税纳税申报表
（适用于娱乐业营业税纳税人）

纳税人识别号：

纳税人名称（公章）：

税款所属时间：自 2010 年 1 月 1 日至 2010 年 1 月 31 日

填表日期：2010年2月5日　　　金额单位：元（列至角分）

应税项目	营业额				税率（%）	本期税款计算				期初欠缴税额	前期多缴税额	本期应纳税额计算			税款缴纳		本期应缴税额计算	
	应税收入	应税减除项目金额	应税营业额	免税收入		小计	本期应纳税额	免（减）税额			小计	已缴本期应纳税额	本期已缴欠缴税额	小计	应纳税额	应缴欠缴税额
1	2	3	4=2-3	5	6	7=8+9	8=(4-5)×6	9=5×6	10	11	12=13+14	13	14	15=16+17	16=8-13	17=10-11-14
歌厅	100,000.00	0.00	100,000.00	0.00	10%	10,000.00	10,000.00	0.00	0.00	0.00	8,000.00	8,000.00	0.00	2,000.00	2,000.00	0.00
舞厅						0.00	0.00	0.00			0.00			0.00	0.00	0.00
夜总会						0.00	0.00	0.00			0.00			0.00	0.00	0.00
练歌房						0.00	0.00	0.00			0.00			0.00	0.00	0.00
恋歌房						0.00	0.00	0.00			0.00			0.00	0.00	0.00
卡拉OK歌舞厅						0.00	0.00	0.00			0.00			0.00	0.00	0.00
酒吧						0.00	0.00	0.00			0.00			0.00	0.00	0.00
音乐茶座						0.00	0.00	0.00			0.00			0.00	0.00	0.00
高尔夫球						0.00	0.00	0.00			0.00			0.00	0.00	0.00
台球、保龄球						0.00	0.00	0.00			0.00			0.00	0.00	0.00
游艺场						0.00	0.00	0.00			0.00			0.00	0.00	0.00
网吧						0.00	0.00	0.00			0.00			0.00	0.00	0.00
其他						0.00	0.00	0.00			0.00			0.00	0.00	0.00
合计	100,000.00	0.00	100,000.00	0.00		10,000.00	10,000.00	0.00	0.00	0.00	8,000.00	8,000.00	0.00	2,000.00	2,000.00	0.00

表5-4

附4

服务业营业税纳税申报表

服务业营业税纳税申报表
（适用于服务业营业税纳税人）

纳税人识别号：

纳税人名称：（公章）

税款所属时间：自2010年1月5日至2010年1月31日　　填表日期：2010年2月5日　　金额单位：元（列至角分）

应税项目	营业额					本期税款计算			期初欠缴税额	前期多缴税额	税款缴纳			本期应缴税额计算		
	应税收入	应税减除项目金额	应税营业额	免税收入	税率（%）	小计	本期应纳税额	免（减）税额	期初欠缴税额	前期多缴税额	本期已缴税额			本期期末应缴税额计算		
											小计	已缴本期应纳税额	本期已缴欠缴税额	小计	本期期末应缴税额	本期期末应缴欠缴税额
1	2	3	4=2-3	5	6	7=8+9	8=(4.5)×6	9=5×6	10	11	12=13+14	13	14	15=16+17	16=8-13	17=10-11-14
旅店业			0.00			0.00	0.00	0.00			0.00			0.00	0.00	0.00
饮食业			0.00			0.00	0.00	0.00			0.00			0.00	0.00	0.00
旅游业	1,000,000.00	350,000.00	650,000.00	0.00	5%	32,500.00	32,500.00	0.00	0.00	0.00	25,000.00	25,000.00	0.00	7,500.00	7,500.00	0.00
仓储业			0.00			0.00	0.00	0.00			0.00			0.00	0.00	0.00
租赁业			0.00			0.00	0.00	0.00			0.00			0.00	0.00	0.00
广告业		0.00	0.00			0.00	0.00	0.00			0.00			0.00	0.00	0.00
代理业			0.00			0.00	0.00	0.00			0.00			0.00	0.00	0.00
			0.00			0.00	0.00	0.00			0.00			0.00	0.00	0.00
			0.00			0.00	0.00	0.00			0.00			0.00	0.00	0.00
其他服务业			0.00			0.00	0.00	0.00			0.00			0.00	0.00	0.00
			0.00	0.00		0.00	0.00	0.00			0.00			0.00	0.00	0.00
合计	1,000,000.00	350,000.00	650,000.00	0.00		32,500.00	32,500.00	0.00	0.00	0.00	25,000.00	25,000.00	0.00	7,500.00	7,500.00	0.00

表 5-5

附 5

服务业减除项目金额明细申报表

纳税人识别号：

纳税人名称：（公章）

税款所属时间：自 2010 年 1 月 1 日至 2010 年 1 月 31 日　　填表日期：2010 年 2 月 5 日　　金额单位：元（列至角分）

应税项目	项目	减除项目名称及金额				金额小计
旅游业	减除项目名称	运输费	餐费	住宿费	门票费	
	金额	100,000.00	50,000.00	100,000.00	100,000.00	350,000.00
广告业	减除项目名称					
	金额					0.00
代理业	减除项目					
	金额					0.00
	减除项目					
	金额					0.00
	减除项目					
	金额					0.00
	减除项目					
	金额					0.00
	减除项目					
	金额					0.00
合　计						350,000.00

填表说明：1. 该表填列服务业应税收入中按照营业税有关规定允许减除的项目名称及金额；2. 每个应税项目按照应税收入中按照营业税有关规定允许填列的项目名称及金额，"小计"金额为该应税项目所有减除项目金额的合计数，"金额"、"小计"和"金额小计"分别；3. 代理业应区分不同代理事项允许减除的项目填写《服务业营业税纳税申报表》第 3 栏"应税减除项目名称"、"金额"；4. 本表"合计"行的"金额小计"数应与附 4《服务业营业税纳税申报表》第 3 栏"应税减除项目金额"的"合计"数相等。

以下由税务机关填写：

受理人：　　受理日期：　　年　　月　　日　　受理税务机关（签章）：

注：

本表为 A3 横式，一式三份，一份纳税人留存，一份主管税务机关留存，一份征收部门留存。

表5-6

附6

建筑业营业税纳税申报表

建筑业营业税纳税申报表
（适用于建筑业营业税纳税人）

纳税人识别号：
纳税人名称：（公章）
税款所属时间：自2010年1月1日至2010年1月31日　　填表日期：2010年2月5日

金额单位：元（列至角分）

应税项目	应税项目	应税收入	营业额 应税减免项目金额				应税营业额	免税收入	税率(%)	本期应纳税款计算			累加欠缴税额	期初多缴税额		本期已缴税款				本期应退税额计算		
			小计 4=5+6+7	支付接分（转）包人工程的款 5	减（除）设备价款 6	其他减（除）项目金额 7	8=3-4	9	10	小计 11=12+13	本期应纳税额 12=(8-9)×10	13=9×10	14	15	小计 16=17+18+19	已缴本期应纳税额 17	本期已缴扣缴税额 18	本期已缴欠缴税额 19	小计 20=21+22	本期应补税额 21=12-17-18	本期应退税额 22=14-15-19
1	2	3		5	6	7	8=3-4	9	10		12=(8-9)×10	13=9×10	14	15		17	18	19		21=12-17-18	22=14-15-19
本地税务所属建筑业纳税申报栏	建筑	8000000	1000000	1000000	0	0	7000000	0	3%				0	0		150000	0	0			
	安装	0	0				0														
	修缮																				
	装饰																				
	其他工程作业																				
	自建行为																				
	合计																				
	代扣代缴项目	1000000				0	1000000		3%	30000	30000				30000	20000	0			10000	
	总计	9000000	1000000	1000000	0	0	8000000									170000	0				
异地税务所属建筑业纳税申报栏	建筑																				
	安装																				
	修缮																				
	装饰																				
	其他工程作业																				
	自建行为																				
	合计																				
	代扣代缴项目																				
	总计																				

表 5—7

附7

异地提供建筑业劳务税款缴纳情况申报表

纳税人识别号：

纳税人名称（公章）：

税款所属时间：自2010年1月1日至2010年1月31日

填表日期：2010年2月5日

金额单位：元（列至角分）

应税项目	本期应纳税额情况			本期收到扣缴税款通知书情况					本期收到税收缴款书情况				本期收到减免税通知情况			
	应纳的税款金额	扣缴税款凭证号	本期已被代扣代缴税额	税收缴款凭证号	税款所属时间		扣缴单位的纳税人识别号	已入库税收缴款书所列营业税额	已入库税收缴款凭证号	税款所属时间		核准减免税税额	税务减免批准文书号	批准文书有效期		终止月份
					起始月份	终止月份				起始月份	终止月份			起始月份		
1	2	3	4	5	6	7	8	9	10	11	12	13	14	15		16
合计	0.00		0.00					0.00				0.00				
代扣代缴项目																
总计	0.00		0.00					0.00				0.00				

以下由税务机关填写：

受理人：   受理日期：   年   月   日

主管税务机关（盖章）：

本表为A3横式一式三份，一份纳税人留存，一份主管税务机关留存，一份征收部门留存。

本表适用于所有在中华人民共和国境内提供了"异地"建筑业劳务的营业税纳税人（以下简称纳税人）。经主管税务机关核准实行简易申报方式的纳税人，不填报此表。这里的"异地"是指独立核算纳税人机构所在地主管税务机关税收管辖权限范围以外的所有行政区域。

（六）代理保险业营业税纳税申报案例分析

【案例 5 – 15】2010 年第 1 季度，某市商业银行发放人民币贷款利息收入 800 万元，吸收人民币存款利息支出 200 万元，手续费收入 70 万元，金融机构往来业务利息收入 30 万元，金融机构往来业务利息支出 25 万元。该季度已预缴营业税 26 万元。注册税务师代理计算营业税并填写纳税申报表。

（1）代理计算营业税：

应交营业税 =（8 000 000 – 700 000）× 5% = 435 000（元）

应补交营业税 = 435 000 – 260 000 = 175 000（元）

（2）代理填写营业税纳税申报表，如表 5 – 8 所示。

第三节　营业税纳税审查代理

正确的会计核算是依法纳税的基础，依法纳税是会计核算的重要内容。因此，纳税审查的基本内容及依据有两个方面：一是审查其会计核算、报告是否符合会计准则；二是审查其税额计算、申报是否符合税收法律法规。

一、营业税审查内容

注册税务师代理营业税纳税审查内容及操作要点如下：

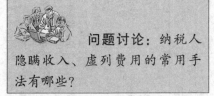

问题讨论：纳税人隐瞒收入、虚列费用的常用手法有哪些？

1. 审查应税收入。审查纳税人"主营业务收入"、"其他业务收入"、"营业外收入"等账户及主要原始凭证，有无多报或少报收入总额，有无多报或漏报免税收入；审查纳税成本费用支出情况，有无将营业收入直接冲减成本费用；审查纳税人往来账款，有无将营业收入长期挂账，不及时申报纳税；审查纳税人所有者权益账户，有无将营业收入直接计入所有者权益，瞒报营业收入。

2. 审查税收扣除。审查"应付账款"、"主营业务成本"、"其他业务成本"等账户及主要原始凭证，有无多扣除或少扣除。

3. 审查税目税率。审查纳税人各应税项目，适用税率是否混用。

4. 审查税额减免。审查纳税人减免项目，是否符合减免条件。

5. 审查扣缴项目。审查纳税人履行代扣代缴义务情况，是否进行综合申报。

表 5－8

金融保险营业税纳税申报表

纳税人识别号

填表日期：2010 年 4 月 5 日　　××市商业银行　　税款所属时间：自 2010 年 1 月 1 日至 2010 年 3 月 31 日

纳税人名称　　　　　　　　　　　　　　　　　　金额单位：元（列至角分）

经营项目	应税全部收入	应税减除项目额	应税营业额	免税全部收入	免税减除项目额	免税营业额	税率	本期			
								应纳税额	免（减）税额	已纳税额	应补（退）税额
1	2	3	$4=2-3$	5	6	$7=5-6$	8	$9=4*8$	$10=7*8$	11	$12=9-11$
一般贷款	8 000 000	0	8 000 000	0	0	0	5%	400 000	0		
外汇转贷											
融资租赁											
买卖股票											
买卖债券											
买卖外汇											
买卖其他金融商品											
金融经纪业务和其他金融业务	700 000	0	700 000	0	0	0	5%	35 000	0		
保险业务											
储金业务											
其他											
以上合计	8 700 000	0	8 700 000	300 000	0	300 000	5%	435 000	15 000	260 000	175 000
代扣代缴税款											
金融机构往来收入											
投资损益											

如纳税人填报，由纳税人填写以下各栏：

会计主管：（签章）　　法人代表或单位负责人：（签章）

收到申报表日期　　　　收到申报表日期

如委托代理人填报，由代理人填写以下各栏：

代理人名称　　　代理人地址　　　经办人

代理人（签章）　　电话

备注

以下由税务机关填写

接收人

填表说明：

1. 本申报表适用于金融保险业企业填报。
2. 第 2 栏"应税全部收入"系指税法规定的全部应税营业收入。融资租赁业务应填写包括出租货物价款（相当于贷款本金）在内的全部租金收入。
3. 第 3 栏"应税减除项目额"系指税法规定的可以从应税收入中减除的部分。对于外汇转贷业务，只有货物的购置价款等等。
4. 第 4 栏"应税营业额"系指税法规定的应税营业额。
5. 第 5 栏"免税全部收入"系指税法规定的免税营业额。
6. 第 6 栏"免税减除项目额"系指税法规定的可以从免税收入中减除的部分。
7. 第 7 栏"免税营业额"系指税务机关规定的营业税征收范围内的允许免税的项目的营业额。
8. 第 8 栏"税率"根据申报税务机关不同（国税和地税）填写相应的税率。如地税应税栏按 5% 执行，则国税应税栏应填写 0%。
9. 本表中的"保险业务"均不含金融类储金业务的保费收入。

（右侧说明续）融资租赁业务应填写该应税项目的全部收入，包括该应税项目中的减除项目。又如纳税人从事外汇转贷业务所支付的借款利息支出额；又如纳税人从事融资租赁业务所支付的本金，如果减去的结果为负值，本栏按 0 填写。即免税全部收入减去免税减除项目额的收入额。包括该免税项目额中的收入额。如地税应税栏应填 1%（2002 年）。但如有税法规定减税的，如政策性银行……

二、营业税纳税审查案例分析

(一) 交通运输业纳税审查案例分析

【案例 5 – 16】某汽车运输公司开展联运业务，5 月发生下列业务：

(1) 受某企业委托完成货物运输业务一项，运程为沈阳—大连—烟台。纳税人一次性收取运费 50 万元，途中转运费 20 万元由该汽车运输公司支付给某海运公司。

(2) 运输途中购进汽车用柴油 2 万元，支付码头停车费 1 万元。司机住宿、餐饮等费用 1 万元。该公司计算本月应交营业税为：

$(50 – 20 – 2 – 1 – 1) \times 3\% = 0.78$（万元）

要求：计算该公司本月实际应交营业税，分析说明并作会计处理。

(1) 计算本月应交营业税：

$(50 – 20) \times 3\% = 0.9$（万元）

(2) 分析说明：

根据《营业税暂行条例》及实施细则的有关规定，联运业务以实际取得的收入为营业额，即该汽车运输企业收到的收入扣除付给以后承运者某海运公司的运费后的余额。

(3) 作会计处理：

借：银行存款		500 000
贷：主营业务收入		300 000
应付账款		200 000
借：营业税金及附加		9 000
贷：应交税费——应交营业税		9 000

(二) 建筑业纳税审查案例分析

【案例 5 – 17】201×年 1 月税务代理人员受托对某建筑公司纳税情况进行审查。该建筑公司城市维护建设税税率 7%，教育费附加率 5%，地方教育费附加率 1%。

注册税务师采取外调方式对该企业纳税情况进行审查，首先到建设单位进行调查，查看建设单位的账目。经查发现建设单位 201×年 1 月 "应付账款——某建筑公司" 科目借方支出材料款共 10 笔，金额为 421 705.58 元，注册税务师询问建设单位有关人员后认定是建设单位用材料抵顶应付该建筑公司的工程款。然后税务代理人员开始对该建筑公司的工程款问题进行检查核实，确认该公司收到材料后，未作任何处理，亦未申报纳税。

注册税务师认为：该建筑公司未按会计及税法规定处理，少计主营业务收入 421 705.58 元。

少交营业税 $= 421\ 705.58 \times 3\% = 12\ 651.17$（元）

少交城市维护建设税 $= 12\ 651.17 \times 7\% = 885.58$（元）

少交教育费附加 $= 12\ 651.17 \times 3\% = 379.54$（元）

少交地方教育费附加 $= 12\ 651.17 \times 1\% = 126.51$（元）

为此，建议该建筑公司补缴税费并作相关调账分录：

(1) 调整漏计收入：

借：原材料		421 705.58
贷：主营业务收入		421 705.58

(2) 补提税费：

借：营业税金及附加   14 042.80
    贷：应交税费——应交营业税   12 651.17
         ——应交城市维护建设税   885.58
         ——应交教育费附加   379.54
         ——应交地方教育费附加   126.51

（3）补交税费：

借：应交税费——应交营业税   12 651.17
         ——应交城市维护建设税   885.58
         ——应交教育费附加   379.54
         ——应交地方教育费附加   126.51
    贷：银行存款   14 042.80

（三）邮电通信业纳税审查案例分析

【案例 5 - 18】 某电信公司系营业税纳税人，主要从事电信业务，某税务师事务所受托对该电信公司进行纳税审查，通过审查"盈余公积"明细账及有关会计凭证发现企业将装移机收入分开记账，向税务机关仅申报用户装移机工料收入和市内初装费收入，而将手续费收入 200 000 元直接转入"盈余公积"账户。其会计处理为：

借：银行存款   200 000
    贷：盈余公积   200 000

注册税务师认为企业应按税法规定补交营业税 200 000 × 3% = 6 000（元），并作当期调账分录为：

（1）调增收入：

借：盈余公积   200 000
    贷：主营业务收入   200 000

（2）计提税金：

借：营业税金及附加   6 000
    贷：应交税费——应交营业税   6 000

（四）服务业纳税审查案例分析

【案例 5 - 19】 某餐饮服务企业，经营范围是住宿、餐饮、服务等。2009 年 12 月份，累计实现营业收入 1 659 700 元，缴纳各税费合计 86 303 元。

××税务师事务所受托于 2010 年 1 月份对该餐饮服务企业 2009 年度的纳税情况进行审查。注册税务师用逆查法对该餐饮服务企业 2009 年度的会计账簿和会计凭证进行了审查。在审查资金往来账簿时，发现"应付账款"科目贷方有一笔本市某公司拨来的补助款 169 000 元，原会计分录为：

借：银行存款   169 000
    贷：应付账款   169 000

通过进一步审查核实，此笔款项实为该餐饮服务企业的营业收入。注册税务师认为，根据企业会计准则的规定，此笔款项应记入"主营业务收入"科目，并按照规定缴纳营业税 169 000 × 5% = 8 450（元），缴纳城市维护建设税 = 8 450 × 7% = 591.1（元），缴纳教育费附加 = 8 450 × 3% = 253.5（元），缴纳地方教育费附加 = 8 450 × 1% = 84.5（元）。假定注册税务师审查后，发现该餐饮服务企业2009年度尚未结账，则可作如下调账处理：

（1）调整收入：

借：应付账款　　　　　　　　　　　　　　　　　　　　　　169 000

　　贷：主营业务收入——餐饮收入　　　　　　　　　　　　　　169 000

（2）补提税金：

借：营业税金及附加　　　　　　　　　　　　　　　　　　　9 379.5

　　贷：应交税费——应交营业税　　　　　　　　　　　　　　　8 450

　　　　　　——应交城市维护建设税　　　　　　　　　　　　　591.5

　　　　　　——应交教育费附加　　　　　　　　　　　　　　　253.5

　　　　　　——应交地方教育费附加　　　　　　　　　　　　　 84.5

（3）补缴税费：

借：应交税费——应交营业税　　　　　　　　　　　　　　　　8 450

　　　　　——应交城市维护建设税　　　　　　　　　　　　　591.1

　　　　　——应交教育费附加　　　　　　　　　　　　　　　253.5

　　　　　——应交地方教育费附加　　　　　　　　　　　　　 84.5

　　贷：银行存款　　　　　　　　　　　　　　　　　　　　　9 379.5

假定注册税务师审查后，发现该餐饮服务企业2009年度账务已结，则应按调整上年损益的方法作如下调账处理：

（1）调整收入：

借：应付账款　　　　　　　　　　　　　　　　　　　　　　169 000

　　贷：以前年度损益调整　　　　　　　　　　　　　　　　　169 000

（2）补提税金：

借：以前年度损益调整　　　　　　　　　　　　　　　　　　9 379.5

　　贷：应交税费——应交营业税　　　　　　　　　　　　　　　8 450

　　　　　　——应交城市维护建设税　　　　　　　　　　　　　591.5

　　　　　　——应交教育费附加　　　　　　　　　　　　　　　253.5

　　　　　　——应交地方教育费附加　　　　　　　　　　　　　 84.5

（3）补缴税费：

借：应交税费——应交营业税　　　　　　　　　　　　　　　　8 450

　　　　　——应交城市维护建设税　　　　　　　　　　　　　591.1

　　　　　——应交教育费附加　　　　　　　　　　　　　　　253.5

　　　　　——应交地方教育费附加　　　　　　　　　　　　　 84.5

　　贷：银行存款　　　　　　　　　　　　　　　　　　　　　9 379.5

（五）金融保险业纳税审查案例分析

【案例5-20】某银行企业系营业税纳税人，主要经营金融业务，8月注册税务师受托对该企业1~7月营业税纳税情况进行审查。发现如下问题：

（1）审查企业"利息收入"明细账和贷款合同，发现企业部分贷款业务未计算利息收入，系企业以利息未收到为由，将逾期90天以内的应收利息2 000 000元未进行核算，未申报纳税。

（2）审查"贴现资产"、"其他应付款"等明细账，并核对相关会计凭证，发现企业的贴现业务收入 400 000 元挂往来账，未申报纳税。企业会计处理为：

借：贴现资产 400 000
　贷：其他应付款 400 000

（3）审查企业"手续费及佣金收入"明细账，发现企业取得受托发放贷款的手续费收入 30 000 元，进一步审查"委托存款"、"其他应付款"等明细账，核实受托发放贷款金额 3 000 000 元，取得受托贷款利息 300 000 元，并未申报代扣代缴营业税。企业会计处理为：

借：吸收存款 300 000
　贷：其他应付款 300 000
借：其他应付款 30 000
　贷：手续费及佣金收入 30 000

经核实，企业通过利息收入、手续费及佣金收入账户核算的收入均已依法缴纳了营业税。

要求：根据以上资料计算该银行应补缴的营业税和代扣代缴的营业税并加以分析说明，作当期调账分录。

（1）该银行应补缴营业税 =（2 000 000 + 400 000）×5% = 120 000（元）

该银行应补缴代扣代缴营业税 = 300 000 × 5% = 15 000（元）

（2）分析说明及当期调账

企业部分贷款业务逾期未超过 90 天，应按会计准则及税法规定计提应收未收利息，计征营业税。调账分录：

借：应收利息 2 000 000
　贷：利息收入 2 000 000

企业贴现业务属于其他金融业务，应依法计征营业税，企业将应税收入挂往来账户，少计营业税。调账分录：

借：其他应付款 400 000
　贷：其他业务收入 400 000

企业计算应补缴营业税，计提分录为：

借：营业税金及附加 120 000
　贷：应交税费——应交营业税 120 000

企业受托发放贷款，应按税法规定履行代扣代缴税款义务，企业少代扣代缴营业税。调账分录：

借：其他应付款 15 000
　贷：应交税费——应代缴营业税 15 000

企业缴纳应补缴营业税及解缴应代扣代缴营业税。会计分录：

借：应交税费——应交营业税 120 000
　　　　　——应代交营业税 15 000
　贷：银行存款 135 000

（六）转让无形资产纳税审查案例分析

【案例 5-21】注册税务师受托对某工业企业进行纳税审查，发现该企业签订了一份技术所有权转让合同（已按规定贴印花税票并划销）标明转让金额为 20 万元，该项无形资产账面余额 24 万元，累计摊销 12 万元。该企业会计处理如下：

（1）取得收入时：

借：银行存款   200 000

　　累计摊销   120 000

　　　贷：无形资产   240 000

　　　　　其他业务收入   80 000

（2）计提税费：

应交营业税 $= [200\,000 - (240\,000 - 120\,000)] \times 5\% = 4\,000$（元）

应交城市维护建设税 $= 4\,000 \times 5\% = 200$（元）

应交教育费附加 $= 4\,000 \times 3\% = 120$（元）

应交地方教育费附加 $= 4\,000 \times 1\% = 40$（元）

借：营业税金及附加   4 360

　　　贷：应交税费——应交营业税   4 000

　　　　　　　　——应交城市维护建设税   200

　　　　　　　　——应交教育费附加   120

　　　　　　　　——应交地方教育费附加   40

注册税务师认为：转让技术所有权属营业外活动，不属于其他营业活动。另外，企业将转让无形资产取得的收入先冲抵账面摊余价值，以余额作为应税营业额，应补提相应的税费，故建议企业作如下调账处理：

（1）红字冲销原会计处理。

（2）正确计算营业税及附加：

应交营业税 $= 200\,000 \times 5\% = 10\,000$（元）

应交城市维护建设税 $= 10\,000 \times 5\% = 500$（元）

应交教育费附加 $= 10\,000 \times 3\% = 300$（元）

应交地方教育费附加 $= 10\,000 \times 1\% = 100$（元）

（3）补作正确会计分录：

借：银行存款   200 000

　　累计摊销   120 000

　　　贷：无形资产   240 000

　　　　　应交税费——应交营业税   10 000

　　　　　　　　——应交城市维护建设税   500

　　　　　　　　——应交教育费附加   300

　　　　　　　　——应交地方教育费附加   100

　　　　　营业外收入——处置非流动资产利得   69 100

（七）销售不动产纳税审查案例分析

【案例 5-22】某房地产公司 201×年 2 月取得售房款 500 万元，在售房的同时代煤气公司收取气源费 50 万元，并分别开具商品房发票和收款收据，将 50 万元记入"应付账款"账户。月末将代收气源费交煤气公司后，冲"应付账款"账，公司确认本月营业收入 500

万元，计算缴纳营业税 500×5% =25（万元）。

要求：根据以上资料计算本月应交营业税并加以分析说明及调账。

（1）计算本月应交营业税 =（500 +50）×5% =27.5（万元）

（2）分析说明及调账：

根据规定，纳税人的营业额为纳税人提供应税劳务、转让无形资产或者销售不动产收取的全部价款和价外费用。价外费用，包括收取的手续费、补贴、基金、集资费、返还利润、奖励费、违约金、滞纳金、延期付款利息、赔偿金、代收款项、代垫款项、罚息及其他各种性质的价外收费。因此，该公司代收的气源费应计入当月营业收入，计算缴纳营业税，并作会计处理：

借：应付账款　　　　　　　　　　　　　　　　　　　　　　　　　25 000

　　营业税金及附加　　　　　　　　　　　　　　　　　　　　　　 250 000

　　贷：应交税费——应交营业税　　　　　　　　　　　　　　　　　　 275 000

三、纳税审查报告

【案例 5 –23】某建筑公司 201×年总承包一建筑安装工程，工程造价 1 000 万元。该建筑公司付给某规划设计院 100 万元，付给某物资公司材料款 300 万元，另将 300 万元的土建工程分包给了其他施工单位。该建筑公司计算应交营业税为：

应交营业税 =（1000 – 100 – 300 – 300）×3% =9（万元）

要求：根据以上资料编制纳税审查报告。

××建筑公司营业税纳税审查报告

××建筑公司：

我们受贵公司的委托，对贵公司的应缴营业税情况进行了审核，通过对《建筑业营业税纳税申报表》及"工程结算"、"主营业务收入"、"应付账款"、"应交税费——应交营业税"、"应交税费——应代交营业税"等账户的审查，发现以下问题：

1. 总承包人在计税时，可以从营业额中扣除分包工程的营业额后计税，设计费、材料费不准扣除。因此，你公司付给某规划设计院的 100 万元，付给某物资公司材料款 300 万元，均应并入营业额计征营业税。

2. 从总承包工程收入中扣除的分包收入由分包人承担纳税义务，但由总承包人代扣代缴。因此，你公司应将分包给其他施工单位的 300 万元工程收入计征营业税并代扣代缴。

据此，应作如下计算纳税和会计处理调整：

1. 计算应交营业税，并作会计处理：

应交营业税 =（1 000 – 300）×3% =21（万元）

借：营业税金及附加　　　　　　　　　　　　　　　　　　　　　 210 000

　　贷：应交税费——应交营业税　　　　　　　　　　　　　　　　　 210 000

2. 分包人应交的营业税由你公司代扣代缴，并作会计处理：

应代缴营业税 =300×3% =9（万元）

借：应付账款——应付分包款项　　　　　　　　　　　　　　　　　 90 000

　　贷：应交税费——应代交营业税　　　　　　　　　　　　　　　　　 90 000

3. 缴纳营业税和代缴营业税：

借：应交税费——应交营业税　　　　　　　　　　　　　210 000

　　　　　　——应代交营业税　　　　　　　　　　　　90 000

　　贷：银行存款　　　　　　　　　　　　　　　　　　　300 000

　　　　　　　　　　　　　　　　　××税务师事务所（签章）

　　　　　　　　　　　　　　　　　注册税务师：××（签章）

　　　　　　　　　　　　　　　　　201×年×月×日

第四节　营业税纳税筹划代理

纳税筹划的思路是：悉心研究税法，精心设计经济活动，将纳税人的经济活动与国家税法结合起来，最终实现纳税筹划目标。对纳税人来说，国家税法是不可控的，而自身经济活动是可控的，通过设计、调整自身经济活动，遵守和适应税法，利用税法优惠和漏洞，实现合理节税和合法避税。

一、营业税纳税筹划的基本方法

注册税务师代理营业税纳税筹划的基本方法如下：

1. 征税范围筹划。营业税的征税范围包括提供应税劳务、转让无形资产、销售不动产。现行税法规定，转让企业产权的行为不属于营业税征收范围，不应征收营业税；以无形资产、不动产投资入股，不征收营业税。纳税人若能避开征税范围，则无须缴纳营业税。一项销售行为既涉及营业税征税范围，又涉及增值税征税范围，为混合销售行为，现行税法根据经营主业或者核算方式缴纳营业税或者增值税，纳税人通过精心安排，选择税负较轻的税种。

问题讨论： 减少应税收入，一定会导致会计收入、利得减少吗？增加税收扣除，一定会导致会计费用、损失增加吗？减少税基，一定会导致会计利润减少吗？

2. 税率筹划。营业税实行比例税率，有3%、5%、5%~20%等档次，相差较大。纳税人若能适当改变税目，降低税率，则可节省营业税。纳税人兼营不同税率应税项目，如果分别核算，则分别适用税率，从而减轻营业税负担。

3. 税基筹划。营业税的税基为营业额，具体包括营业额全额、营业额差额和组成计税价格。但在很多情况下，税基为营业额全额，包括全部价款和价外费用，不允许扣除。纳税人应进行恰当筹划，降低税基，节减营业税。

4. 税额减免筹划。营业税有较多税收优惠，纳税人尽量使经济活动符合政策导向，主动申请税收优惠，积极创造条件享受税额减免。

5. 纳税时间筹划。营业税纳税义务发生时间，有的采用权责发生制，有的采用收付实现制。纳税人可利用不同的结算方式，推迟纳税，获取资金时间价值。

二、营业税典型业务纳税筹划

（一）建筑业典型业务的纳税筹划

筹划依据：纳税人提供建筑业劳务（不含装饰劳务）的，其营业额应当包括工程所用原材料、设备及其他物资和动力价款在内，但不包括建设方提供的设备的价款。

筹划思路：对于安装劳务，如果施工方提供设备，营业额包括设备价款；如果建设方提供设备，营业额不包括设备价款。建设方提供设备可降低营业额，减少营业税。

【案例5-24】某安装公司承包了一建设项目的安装工程，总承包价为1 800万元，其中工程所需的加热炉等设备由安装公司购买，价款为300万元。

安装公司应交营业税 = 1 800 × 3% = 54（万元）

注册税务师受托进行纳税筹划：

由建设单位购买加热炉等设备，这样，总承包价就成了1 500万元，则：

安装公司应交营业税 = 1 500 × 3% = 45（万元）

通过纳税筹划，安装公司可以少缴纳9万元的营业税。

（二）服务业典型业务的纳税筹划

筹划依据：服务业，是指利用设备、工具、场所、信息或技能为社会提供服务的业务。本税目的征收范围包括代理业、旅店业、饮食业、旅游业、仓储业、租赁业、广告业、其他服务业。代理业，是指代委托人办理受托事项的业务，包括代购代销货物、代办进出口、介绍服务、其他代理服务。代购代销货物，是指受托购买货物或销售货物，按实购或实销额进行结算并收取手续费的业务。

单位或个体经营者将货物交付他人代销，销售代销货物，均视同销售货物，征收增值税。

筹划思路：代销有收取手续费方式和视同买断方式，其会计核算方式不同，缴纳的税收也不同。收取手续费方式既要缴纳增值税，又要缴纳营业税；而视同买断方式只缴纳增值税，不缴纳营业税。纳税人应对代销方式进行筹划。

【案例5-25】某公司和某商城（均为一般纳税人）签订了一项代销协议，由商城代销公司的产品，不论采取何种销售方式，公司的产品在市场上以1 000元/件（不含增值税）的价格销售。到年末，商城共售出该产品1万件。

方案1，采取手续费代销方式。根据代销数量，商城向公司收取200元/件的代销手续费。

方案2，采取视同买断代销方式。商城每售出一件产品，公司按800元（不含增值税）的协议价收取货款。

注册税务师受托进行纳税筹划：

1. 税收计算与比较

方案1：

（1）公司税收：

销项税额 = 1 000 × 17% = 170（万元）

（2）商城税收：

应纳增值税 = 1 000 × 17% - 1 000 × 17% = 0

应纳营业税 $= 200 \times 5\% = 10$（万元）

商城税收合计 $= 10$（万元）

方案2：

（1）公司税收：

销项税额 $= 800 \times 17\% = 136$（万元）

（2）商城：

应纳增值税 $= 1\,000 \times 17\% - 800 \times 17\% = 34$（万元）

两个方案税收比较：

选择方案1，商城税收减少24万元，公司税收增加34万元。

选择方案2，公司税收减少34万元，商城税收增加24万元。

2. 现金流计算与比较：

 温馨提示： 代销有收取手续费和视同买断两种方式。总体来看，两种方式缴纳的增值税相同，但视同买断方式无须缴纳营业税，而收取手续费方式还应就手续费收入缴纳5%的营业税。因此，视同买断方式的税负要轻于收取手续费方式。但是在方案取舍的时候，不仅看增值税的增减，更要看税后利益的变化。

方案1：

公司现金流：

现金流入 $= 1\,000 \times (1 + 17\%) = 1\,170$（万元）

现金流出 $= 170 + 200 = 370$（万元）

现金净流入 $= 1\,170 - 370 = 800$（万元）

商城现金流：

现金流入 $= 1\,000 \times (1 + 17\%) + 200 = 1\,370$（万元）

现金流出 $= 1\,000 \times (1 + 17\%) + 10 = 1\,180$（万元）

现金净流入 $= 1\,370 - 1\,180 = 190$（万元）

方案2：

公司现金流：

现金流入 $= 800 \times (1 + 17\%) = 936$（万元）

现金流出 $= 136$ 万元

现金净流入 $= 936 - 136 = 800$（万元）

商城现金流：

现金流入 $= 1\,000 \times (1 + 17\%) = 1\,170$（万元）

现金流出 $= 800 \times (1 + 17\%) + 34 = 970$（万元）

现金净流入 $= 1\,170 - 970 = 200$（万元）

两个方案现金流比较：

两个方案公司现金净流入无差别。

选择方案2商城现金净流入增加10万元。

3. 筹划结果

从纳税角度分析，选择方案2，公司增值税减少34万元，商城税收增加24万元。选择方案2会使公司受益而商城受损。但从现金流角度分析，选择方案2，公司不受影响，而商城受益。

（三）娱乐业典型业务的纳税筹划

筹划依据：娱乐业的营业额为经营娱乐业收取的全部价款和价外费用，包括门票收费、台位费、点歌费、烟酒、饮料、茶水、鲜花、小吃等收费及经营娱乐业的其他各项收费。

筹划思路：娱乐业缴纳营业税，税率为 5%～20%；小规模纳税人销售烟酒饮料等货物缴纳增值税，征收率为 3%。如果将娱乐场所分立，分别缴纳营业税和增值税，则可降低税负。

【案例 5-26】长沙市某歌舞城是一家大型娱乐场所，每月点歌等收入 10 万元左右，组织歌舞表演收入 8 万元左右，提供烟酒饮料收入 5 万元左右，歌舞城总营业额合计 23 万元左右，当地营业税税率为 10%。

每月应交营业税 = (100 000 + 80 000 + 50 000) × 10% = 23 000 （元）

注册税务师受托对该歌舞城进行纳税筹划：

为了提高各部门经济效益，将销售酒烟饮料的部分独立成一家独立核算的小型超市，将组织歌舞表演的部分独立成一家独立核算的文艺公司。超市属小规模纳税人，增值税征收率为 3%；文艺公司的歌舞表演属"文化体育业"，适用 3% 的营业税税率。

歌舞城应交营业税 = 100 000 × 10% = 10 000 （元）

文艺公司应交营业税 = 80 000 × 3% = 2 400 （元）

小型超市应交增值税 = 50 000 ÷ (1 + 3%) × 3% = 1 456.31 （元）

应交税额合计 = 10 000 + 2 400 + 1 456.31 = 13 856.31 （元）

通过纳税筹划后，每月可节税 = 23 000 - 13 856.31 = 9 143.69 （元）

（四）金融保险业典型业务的纳税筹划

筹划依据：外汇、有价证券、期货等金融商品买卖业务，以卖出价减去买入价后的余额为营业额。

筹划思路：金融企业买卖金融商品，属于营业，缴纳营业税；而非金融企业买卖金融商品，属于投资，无须缴纳营业税。通过非金融企业买卖金融商品可节省营业税。

【案例 5-27】某证券公司以 12 元价格购入股票 1 000 000 股，拟在其价格涨到 20 元时全部售出。

则该业务应交营业税 = (20 - 12) × 1 000 000 × 5% = 400 000 （元）

注册税务师受托对该业务进行纳税筹划：

若该证券公司只进行买卖决策，证券买卖通过其关联企业（非金融企业）进行，则证券公司无须缴纳营业税，其关联企业也不缴纳营业税，该筹划节省营业税 400 000 元。

（五）销售不动产典型业务纳税筹划

筹划依据：单位或者个人将不动产或者土地使用权无偿赠送其他单位或者个人，视同发生应税行为，应缴纳营业税。纳税人提供应税劳务、转让无形资产或者销售不动产的价格明显偏低并无正当理由的，或者视同发生应税行为而无营业额的，由主管税务机关按下列顺序确定其营业额：

（1）按纳税人最近时期发生同类应税行为的平均价格核定；

（2）按其他纳税人最近时期发生同类应税行为的平均价格核定；

（3）按下列公式核定：

营业额 = 营业成本或者工程成本 × (1 + 成本利润率) ÷ (1 - 营业税税率)

公式中的成本利润率，由省、自治区、直辖市税务局确定。

税法规定：自2003年1月1日起，以无形资产、不动产投资入股，参与接受投资方利润分配，共同承担投资风险的行为，不征收营业税。对股权转让不征收营业税。

筹划思路：转让无形资产，销售不动产，无偿赠送不动产，应缴纳营业税，而以无形资产、不动产投资入股，则无须缴纳营业税，从而节省营业税。

【案例5-28】母公司有一家全资子公司，均为内资企业，母公司有一栋办公楼，市场价1000万元，现母公司欲将该栋办公楼无偿赠送给子公司。根据税法规定，无偿赠送不动产，视同销售不动产，应按市场价缴纳营业税。

应交营业税 = 1 000 × 5% = 50（万元）

注册税务师受托对该业务进行纳税筹划：

若母公司将该栋办公楼投资给子公司，签订投资合同，根据税法规定，无须缴纳营业税。

通过纳税筹划，节省营业税50万元。

（六）兼营不同税目应税行为的纳税筹划

筹划依据：纳税人兼有不同税目的应当缴纳营业税的劳务（以下简称应税劳务）、转让无形资产或者销售不动产，应当分别核算不同税目的营业额、转让额、销售额（以下统称营业额）；未分别核算营业额的，从高适用税率。

筹划思路：纳税人兼营不同税率的应税行为，分别核算可以降低税率，减轻营业税负担。

【案例5-29】某资讯服务公司，主要从事市场相关信息的服务。5月份，其资讯服务收入为50万元；组织了几场科技专题报告会，门票收入为30万元。该公司未将两项业务分别核算。则该公司应按服务业5%的税率计征营业税。

应交营业税 = (50 + 30) × 5% = 4（万元）

月底，该公司委托的税务代理机构在办理纳税事宜中发现了问题，税务师建议将上述两项业务分别核算，因为组织报告会属于文化体育业，适用税率为3%，并找出原始凭证调整了账目。

应交营业税 = 50 × 5% + 30 × 3% = 3.4（万元）

通过纳税筹划，节省营业税 = 4 - 3.4 = 0.6（万元）

关键术语

1. 营业税应税劳务 2. 混合销售行为 3. 兼营行为 4. 纳税筹划 5. 节税 6. 避税 7. 逃税

实训练习

【实训题1】

【实训资料】某建筑公司5月份在本地承包一项建筑工程，采取包工不包料方式，建设方购买材料价款200万元，工程承包价款300万元。该建筑公司将部分工程分包给其他建筑公司，支付分包费 50 万元。该月已预缴营业税 10 万元，已为分包人预扣预缴营业税 1 万元。

【实训要求】

(1) 计算该建筑公司应交营业税、应代交营业税。

(2) 编制相关会计分录。

(3) 填制营业税纳税申报表。

【实训题 2】

【实训资料】上海某展览公司是一家中介服务公司，主要业务是帮助外地客商在上海举办各种展览会推销其商品。该展览公司 5 月份在上海某展览馆举办了一期西服展览会，吸引了 100 家客商参展，对每家客商收费 2 万元，营业收入共计 200 万元。各种展览属于文化业，营业税税率为 3%。

展览公司应交营业税 = 200 × 3% = 6（万元）

实际上，该公司收到的 200 万元的一半，即 100 万元要付给展览馆作租金，但缴纳营业税时，租金 100 万元不能扣减。而且展览馆收到 100 万元租金，仍要按 5% 的税率缴纳营业税 5 万元。

【实训要求】

(1) 注册税务师受托进行纳税筹划，筹划依据与筹划思路是什么？

(2) 筹划后展览公司应缴营业税多少？

(3) 通过纳税筹划，节省营业税多少？

实践训练

注册税务师受托对某工业企业进行纳税审核，发现该企业当期出售房屋一幢，并连同房屋所在范围的土地使用权转让，取得全部收入 3 500 000 元，发生公证费、手续费等 50 000 元，该项固定资产原值 2 000 000 元，已提折旧 1 100 000 元，企业作的相关会计处理如下：

(1) 取得收入时：

借：银行存款　　　　　　　　　　　　　　　　　　3 500 000

　　贷：其他应付款　　　　　　　　　　　　　　　　　　3 500 000

(2) 支付费用时：

借：固定资产清理　　　　　　　　　　　　　　　　　50 000

　　贷：银行存款　　　　　　　　　　　　　　　　　　　50 000

(3) 转销固定资产时：

借：固定资产清理　　　　　　　　　　　　　　　　　900 000

　　累计折旧　　　　　　　　　　　　　　　　　　1 100 000

　　贷：固定资产　　　　　　　　　　　　　　　　　　2 000 000

(4) 结转净损失：

借：营业外支出——处置非流动资产损失　　　　　　950 000

　　贷：固定资产清理　　　　　　　　　　　　　　　　　950 000

【实习实训要求】

(1) 指出存在的问题。

(2) 计算应补缴的营业税及附加（该工业企业城市维护建设税税率7%、教育费附加率3%，地方教育费附加率1%）。

(3) 作当期调账分录。

第 六 章

企业所得税代理

学习目标

1. 掌握企业所得税会计核算方法
2. 掌握企业所得税纳税申报表的填制方法
3. 掌握企业所得税纳税审查内容与方法
4. 掌握企业所得税纳税筹划技巧

第一节　企业所得税会计核算

　　企业所得税的会计核算以资产负债表债务法为核心，本节详细介绍企业所得税的会计科目设置、会计科目的核算内容、会计核算程序以及具体的会计处理方法。

一、会计科目设置

（一）"所得税费用"科目

　　"所得税费用"科目核算企业确认的应从当期利润总额中扣除的所得税费用。借方反映从当期利润总额中扣除的所得税费用；贷方反映期末转入"本年利润"科目的所得税费用。期末本科目无余额。

（二）"应交所得税"科目

　　"应交所得税"科目专门核算企业缴纳的企业所得税。贷方发生额核算企业应缴纳的企业所得税；借方

问题讨论：

　　1. 暂时性差异是如何形成的？

　　2. 如何确认所得税费用？

　　3. 如何对所得税进行会计处理？

发生额核算实际缴纳的企业所得税。期末贷方余额表示企业应交而未交的企业所得税；期末借方余额表示企业多交应退还的企业所得税。

（三）"递延所得税资产"科目

"递延所得税资产"属于资产类科目，核算企业确认的可抵扣暂时性差异产生的递延所得税资产。增加记借方，减少记贷方，余额在借方。

（四）"递延所得税负债"科目

"递延所得税负债"属于负债类科目，核算企业确认的应纳税暂时性差异产生的递延所得税负债。增加记贷方，减少记借方，余额在贷方。

（五）"以前年度损益调整"科目

借方反映以前年度多计收入而调减的以前年度收益、以前年度少计费用而调减的以前年度收益以及因调增以前年度收益而调增的所得税费用；贷方反映以前年度多列费用而调增的以前年度收益、以前年度少计收入而调增的以前年度收益以及因调减以前年度收益而调减的所得税费用；期末余额转入"利润分配——未分配利润"科目，结转后该科目无余额。

二、企业所得税会计核算

（一）所得税会计核算方法

资产负债表债务法是从资产负债表出发，通过比较资产负债表上列示的资产、负债按照会计准则规定确定的账面价值与按税法确定的计税基础，对两者之间的差异分别应纳税暂时性差异与可抵扣暂时性差异确认相关的递延所得税负债与递延所得税资产，并在此基础上确定每一期间利润表中的所得税费用。

1. 确认资产、负债的账面价值与计税基础

（1）资产的计税基础。资产的计税基础是指企业收回资产账面价值过程中，计算应纳税所得额时按照税法规定可以自应税经济利益中抵扣的金额。资产的计税基础就是税法上认可的账面价值。

通常情况下资产取得时其入账价值与计税基础是相同的；后续计量过程中因会计准则规定与税法规定不同，可能产生账面价值与计税基础的差异。

（2）负债的计税基础。负债的计税基础是指负债的账面价值减去未来期间计算应纳税所得额时按照税法规定可予抵扣的金额。负债的计税基础＝账面价值－未来期间按照税法规定可税前扣除的金额。

一般而言，短期借款、应付票据、应付账款、其他应交款等负债的确认和偿还，不会对当期损益和应纳税所得额产生影响，其计税基础即为账面价值。

2. 计算暂时性差异

暂时性差异。以固定资产折旧方法为例，会计上可选择加速折旧法，税法上一般却只能用直线折旧法。这种差异是暂时的，从长远来看，两者计提的折旧总额相同，即当期出现的差异将来会慢慢消失。因此暂时性差异的本质在于会计和税法处理时间上有差异，最终会殊途同归。暂时性差异分为应纳税暂时性差异和可抵扣暂时性差异两种。

（1）应纳税暂时性差异。应纳税暂时性差异是指在确定未来收回资产或清偿负债期间的应纳税所得额时，将导致产生应税金额的暂时性差异。该差异在未来期间转回时，会增加转回期间的应纳税所得额，即在未来期间不考虑该事项影响的应纳税所得额的基础上，由于

该暂时性差异的转回，会进一步增加转回期间的应纳税所得额和应缴所得税金额。在应纳税暂时性差异产生当期，应当确认相关的递延所得税负债。应纳税暂时性差异通常产生于以下情况：

① 资产的账面价值大于其计税基础。一项资产的账面价值代表的是企业在持续使用或最终出售该项资产时将取得的经济利益的总额，而计税基础代表的是一项资产在未来期间可予税前扣除的金额。资产的账面价值大于其计税基础，该项资产未来期间产生的经济利益不能全部税前抵扣，两者之间的差额需要缴税，产生应纳税暂时性差异。

【案例 6 - 1】一项无形资产账面价值为 200 万元，计税基础如果为 150 万元，两者之间的差额会造成未来期间应纳税所得额和应缴所得税的增加。在其产生当期，在符合确认条件的情况下，应确认相关的递延所得税负债。

② 负债的账面价值小于其计税基础。一项负债的账面价值为企业预计在未来期间清偿该项负债时的经济利益流出，而其计税基础代表的是账面价值在扣除税法规定未来期间允许税前扣除的金额之后的差额。因负债的账面价值与其计税基础不同产生的暂时性差异，本质上是税法规定就该项负债在未来期间可以税前扣除的金额（即与该项负债相关的费用支出在未来期间可予税前扣除的金额）。负债的账面价值小于其计税基础，则意味着就该项负债在未来期间可以税前抵扣的金额为负数，即应在未来期间应纳税所得额的基础上调增，增加应纳税所得额和应缴所得税金额，产生应纳税暂时性差异，应确认相关的递延所得税负债。

（2）可抵扣暂时性差异。可抵扣暂时性差异，是指在确定未来收回资产或清偿负债期间的应纳税所得额时，将导致产生可抵扣金额的暂时性差异。该差异在未来期间转回时会减少转回期间的应纳税所得额，减少未来期间的应缴所得税。在可抵扣暂时性差异产生当期，应当确认相关的递延所得税资产。可抵扣暂时性差异一般产生于以下情况：

① 资产的账面价值小于其计税基础。当资产的账面价值小于其计税基础时，从经济含义来看，资产在未来期间产生的经济利益少，按照税法规定允许税前扣除的金额多，则就账面价值与计税基础之间的差额，企业在未来期间可以减少应纳税所得额并减少应缴所得税，符合有关条件时，应当确认相关的递延所得税资产。

【案例 6 - 2】一项资产的账面价值为 200 万元，计税基础为 260 万元，则企业在未来期间就该项资产可以在其自身取得经济利益的基础上多扣除 60 万元。从整体上来看，未来期间应纳税所得额会减少，应缴所得税也会减少，形成可抵扣暂时性差异，符合确认条件时，应确认相关的递延所得税资产。

② 负债的账面价值大于其计税基础。当负债的账面价值大于其计税基础时，负债产生的暂时性差异实质上是税法规定就该项负债可以在未来期间税前扣除的金额。即：负债产生的暂时性差异 = 账面价值 - 计税基础 = 账面价值 - （账面价值 - 未来期间计税时按照税法规定可予税前扣除的金额）= 未来期间计税时按照税法规定可予税前扣除的金额。

一项负债的账面价值大于其计税基础，意味着未来期间按照税法规定与该项负债相关的全部或部分支出可以从未来应税经济利益中扣除，减少未来期间的应纳税所得额和应缴所得税。

【案例 6 - 3】企业对将发生的产品保修费用在销售当期确认预计负债 200 万元，但税法规定有关费用支出只有在实际发生时才能够税前扣除，其计税基础为 0；企业确认预计负债的当期相关费用不允许税前扣除，但在以后期间有关费用实际发生时允许税前扣除，使得未来期间的应纳税所得额和应缴所得税减少，产生可抵扣暂时性差异，符合有关确认条件时，应确认相关的递延所得税资产。

3. 确认递延所得税

（1）计算递延所得税资产

递延所得税资产（期末余额）＝可抵扣暂时性差异×所得税税率

（2）计算递延所得税负债

递延所得税负债（期末余额）＝应纳税暂时性差异×所得税税率

（3）确认递延所得税

递延所得税＝递延所得税负债增加额－递延所得税资产增加额
　　　　　＝（递延所得税负债期末余额－递延所得税负债期初余额）
　　　　　　－（递延所得税资产期末余额－递延所得税资产期初余额）
　　　　　＝当期递延所得税负债的增加＋当期递延所得税资产的减少
　　　　　　－当期递延所得税负债的减少－当期递延所得税资产的增加

会计处理为：

① 递延所得税负债期末余额大于期初余额时：
借：所得税费用
　　贷：递延所得税负债
② 递延所得税负债期末余额小于期初余额时：
借：递延所得税负债
　　贷：所得税费用
③ 递延所得税资产期末余额大于期初余额时：
借：递延所得税资产
　　贷：所得税费用
④ 递延所得税资产期末余额小于期初余额时：
借：所得税费用
　　贷：递延所得税资产

4. 根据税法规定计算当期应交所得税

当期应交所得税＝应纳税所得额×适用税率－减免税额－抵免税额

会计处理为：
借：所得税费用
　　贷：应交税费——应交所得税

5. 确定利润表中的所得税费用

所得税费用＝当期应交所得税＋递延所得税
　　　　　＝当期应交所得税＋（递延所得税资产增加额＋递延所得税资产减少额
　　　　　　＋递延所得税负债增加额－递延所得税负债减少额）

借：所得税费用

　　递延所得税资产（增加）

　　递延所得税负债（减少）

　贷：应交税费——应交所得税（本期应交所得税）

　　　递延所得税资产（减少）

　　　递延所得税负债（增加）

（二）所得税会计核算案例分析

【案例 6－4】某公司 201×年度利润表中的利润总额为 3 000 万元，该公司适用的所得税税率为 25%，201×年度发生的有关交易和事项中，会计处理与税收处理存在差异的有以下各项：

1. 201×年 1 月 1 日开始投入使用一项设备，会计上采用双倍余额递减法计提折旧，税法规定采用直线法计提折旧。该设备取得成本为 1 500 万元，使用年限为 10 年，净残值为零。假定税法规定的使用年限及净残值与会计规定相同；

2. 通过民政局向某敬老院捐款 860 万元；

3. 支付环保罚款 250 万元；

4. 当期取得的作为交易性金融资产核算的股票投资成本为 800 万元，201×年 12 月 31 日的公允价值为 1 200 万元。税法规定，以公允价值计量的金融资产持有期间市价变动不计入应纳税所得额；

5. 期末对持有的存货计提了 75 万元的存货跌价准备，其账面价值为 700 万元。

除上述项目外，该企业其他资产、负债的账面价值与其计税基础不存在差异，且递延所得税资产和递延所得税负债不存在期初余额。

要求：根据上述资料，为企业进行企业所得税会计核算。

（1）计算 201×年应交的所得税：

① 应提折旧 = 1 500 ÷ 10 = 150 万元；已提折旧 = 1 500 × (2 ÷ 10) = 300 万元；调增所得额 150 万元。

② 捐赠扣除限额 = 3 000 × 12% = 360 万元；实际捐赠额 860 万元；调增所得额 500 万元。

③ 环保罚款不得税前扣除，调增所得额 250 万元。

④ 交易性金融资产变动损益不计入应纳税所得额，调减所得额 400 万元。

⑤ 存货跌价准备不得税前扣除，调增所得额 75 万元。

⑥ 应纳税所得额 = 3 000 + 150 + 500 + 250 － 400 + 75 = 3 575 万元

⑦ 应交所得税 = 3 575 × 25% = 893.75 万元

（2）计算递延所得税（见表 6－1）：

① 递延所得税负债的期末余额 = 400 × 25% = 100（万元）

② 递延所得税负债的期初余额 = 0

③ 递延所得税资产的期末余额 = 225 × 25% = 56.25（万元）

④ 递延所得税资产的期初余额 = 0

⑤ 递延所得税 = 100 － 56.25 = 43.75（万元）

表6-1　　企业201×年末资产负债表相关项目账面价值与计税基础汇总表　　单位：万元

项　目	账面价值	计税基础	应纳税暂时性差异	可抵扣暂时性差异
固定资产原值	1 500	1 500		
减：累计折旧	300	150		
固定资产净值	1 200	1 350		150
交易性金融资产	1 200	800	400	
存货	700	775		75
总　计			400	225

（3）计算利润表中应确认的所得税费用：

所得税费用 = 当期应交所得税 + 递延所得税 = 893.75 + 43.75 = 937.5（万元）

借：所得税费用　　　　　　　　　　　　　　　　　　　　　9 375 000

　　递延所得税资产　　　　　　　　　　　　　　　　　　　　562 500

　　贷：应交税费——应交所得税　　　　　　　　　　　　　　　8 937 500

　　　　递延所得税负债　　　　　　　　　　　　　　　　　　　1 000 000

依上例：假定该公司201×年初"递延所得税资产"账户余额为58.25万元，"递延所得税负债"账户余额为25万元，其他条件不变。则该企业201×年度有关所得税的会计处理如下：

（1）当期应交所得税 = 893.75（万元）

（2）计算递延所得税：

① 递延所得税负债的期末余额 = 400 × 25% = 100（万元）

② 递延所得税负债的期初余额 = 25（万元）

③ 递延所得税资产的期末余额 = 56.25（万元）

④ 递延所得税资产的期初余额 = 58.25（万元）

⑤ 递延所得税 = （100 - 25） - （56.25 - 58.25）= 77（万元）

（3）计算利润表中应确认的所得税费用：

所得税费用 = 当期应交所得税 + 递延所得税 = 893.75 + 77 = 970.75（万元）

借：所得税费用　　　　　　　　　　　　　　　　　　　　　9 707 500

　　贷：应交税费——应交所得税　　　　　　　　　　　　　　　8 937 500

　　　　递延所得税负债　　　　　　　　　　　　　　　　　　　750 000

　　　　递延所得税资产　　　　　　　　　　　　　　　　　　　20 000

　　　　知识链接：暂时性差异与递延所得税的对应关系

　　资产的账面价值 > 计税基础，形成应纳税暂时性差异，确认递延所得税负债；

　　资产的账面价值 < 计税基础，形成可抵扣暂时性差异，确认递延所得税资产；

　　负债的账面价值 > 计税基础，形成可抵扣暂时性差异，确认递延所得税资产；

　　负债的账面价值 < 计税基础，形成应纳税暂时性差异，确认递延所得税负债。

第二节 企业所得税纳税申报代理

填制企业所得税纳税申报表是企业所得税汇算清缴的重要环节。本节将详细介绍企业所得税纳税申报的具体步骤，企业所得税年度纳税申报表及十一个附表的填制方法。

一、代理企业所得税纳税申报操作规范

根据税法规定，注册税务师应替纳税人在月份或者季度终了后15日内报送申报表及月份或者季度财务报表，履行月份或者季度纳税申报手续。年度终了后5个月内向其所在地主管税务机关报送《企业所得税年度纳税申报表》和税务机关要求报送的其他有关资料，办理汇算清缴手续。

问题讨论：
1. 填制企业所得税纳税申报表有没有先后顺序？
2. 如果企业发生年度亏损是否要办理企业所得税申报？

（一）应税收入的核定

核查收入核算账户和主要的原始凭证，计算当期生产经营收入、财产转让收入、股息收入等各项应税收入。

（二）产品销售成本或营业成本的核定

核查成本核算账户和主要的原始凭证，根据行业会计核算制度，确定当期产品销售成本或营业成本。

（三）期间费用的核定

核查主要的期间费用账户和原始凭证，确定当期实际支出的销售费用、管理费用和财务费用。

（四）税金账户与损失核算账户的核查

1. 核查税金核算账户，确定税前应扣除的税金总额。

2. 核查损失核算账户，计算资产损失、投资损失和其他损失。

（五）营业外收支账户的核查

核查营业外收支账户及主要原始凭证，计算营业外收支净额。

（六）税额计算与申报

经过上述五个步骤的操作，注册税务师可据此计算出企业当期收入总额、不征税收入和免税收入额，再按税法规定核查允许的各项扣除及允许弥补的以前年度亏损，计算当期应纳税所得额；最后根据企业适用的所得税税率，计算应纳所得税额。

二、代理填制企业所得税纳税申报表

（一）企业所得税纳税申报表的内容

企业所得税纳税申报表是企业所得税的纳税人履行纳税义务，以规范格式向税务机关申报纳税的书面报告，也是税务机关审查纳税人税款缴纳情况的重要依据。企业所得税年度纳税申报表以利润表为起点，将会计利润按税法规定调整为应纳税所得额，进而计算应纳所得税额。

企业所得税纳税申报表由一个主表和十一个附表构成，主表的名称为《企业所得税年度纳税申报表》；十一个附表分别为《收入明细表》、《成本费用明细表》、《纳税调整项目明细表》、《企业所得税弥补亏损明细表》、《税收优惠明细表》、《境外所得税抵免计算明细表》、《以公允价值计量资产纳税调整表》、《广告费和业务宣传费跨年度纳税调整表》、《资产折旧、摊销纳税调整明细表》、《资产减值准备项目调整明细表》和《长期股权投资所得（损失）明细表》。

（二）企业所得税纳税申报表的填制方法（见表6－2至表6－13）

表6－2　　　　　中华人民共和国企业所得税年度纳税申报表（A类）

税款所属期间：　　　年　月　日至　　年　月　日

纳税人名称：

纳税人识别号：□□□□□□□□□□□□□□□　　　　　金额单位：元（列至角分）

类　别	行次	项　目	金　额
利润总额计算	1	一、营业收入（填附表一）	
	2	减：营业成本（填附表二）	
	3	营业税金及附加	
	4	销售费用（填附表二）	
	5	管理费用（填附表二）	
	6	财务费用（填附表二）	
	7	资产减值损失	
	8	加：公允价值变动收益	
	9	投资收益	
	10	二、营业利润	
	11	加：营业外收入（填附表一）	
	12	减：营业外支出（填附表二）	
	13	三、利润总额（10＋11－12）	
应纳税所得额计算	14	加：纳税调整增加额（填附表三）	
	15	减：纳税调整减少额（填附表三）	
	16	其中：不征税收入	
	17	免税收入	
	18	减计收入	
	19	减、免税项目所得	
	20	加计扣除	
	21	抵扣应纳税所得额	
	22	加：境外应税所得弥补境内亏损	
	23	纳税调整后所得（13＋14－15＋22）	
	24	减：弥补以前年度亏损（填附表四）	
	25	应纳税所得额（23－24）	

续表

类　别	行次	项　目	金　额
应纳税额计算	26	税率（25%）	
	27	应纳所得税额（25×26）	
	28	减：减免所得税额（填附表五）	
	29	减：抵免所得税额（填附表五）	
	30	应纳税额（27−28−29）	
	31	加：境外所得应纳所得税额（填附表六）	
	32	减：境外所得抵免所得税额（填附表六）	
	33	实际应纳所得税额（30+31−32）	
	34	减：本年累计实际已预缴的所得税额	
	35	其中：汇总纳税的总机构分摊预缴的税额	
	36	汇总纳税的总机构财政调库预缴的税额	
	37	汇总纳税的总机构所属分支机构分摊的预缴税额	
	38	合并纳税（母子体制）成员企业就地预缴比例	
	39	合并纳税企业就地预缴的所得税额	
	40	本年应补（退）的所得税额（33−34）	
附列资料	41	以前年度多缴的所得税额在本年抵减额	
	42	以前年度应缴未缴在本年入库所得税额	

纳税人公章： 经办人： 申报日期：　　年　月　日	代理申报中介机构公章： 经办人及执业证件号码： 代理申报日期：　　年　月　日	主管税务机关受理专用章： 受理人： 受理日期：　　年　月　日

1. 适用范围。本表适用于实行查账征收企业所得税的居民纳税人（以下简称纳税人）填报。

2. 填报依据及内容。根据《中华人民共和国企业所得税法》及其实施条例、相关税收政策，以及国家统一会计制度（企业会计制度、企业会计准则、小企业会计制度、分行业会计制度、事业单位会计制度和民间非营利组织会计制度）的规定，填报计算纳税人利润总额、应纳税所得额、应纳税额和附列资料等有关项目。

3. 有关项目填报说明。

（1）表头项目。

1）"税款所属期间"：正常经营的纳税人，填报公历当年1月1日至12月31日；纳税人年度中间开业的，填报实际生产经营之日的当月1日至同年12月31日；纳税人年度中间发生合并、分立、破产、停业等情况的，填报公历当年1月1日至实际停业或法院裁定并宣告破产之日的当月月末；纳税人年度中间开业且年度中间又发生合并、分立、破产、停业等情况的，填报实际生产经营之日的当月1日至实际停业或法院裁定并宣告破产之日的当月月末。

2）"纳税人识别号"：填报税务机关统一核发的税务登记证号码。

3）"纳税人名称"：填报税务登记证所载纳税人的全称。

（2）表体项目。

本表是在纳税人会计利润总额的基础上，加减纳税调整额后计算出"纳税调整后所得"（应纳税所得额）。会计与税法的差异（包括收入类、扣除类、资产类等差异）通过纳税调整项目明细表（附表三）集中体现。

本表包括利润总额计算、应纳税所得额计算、应纳税额计算和附列资料四个部分。

1）"利润总额计算"中的项目，按照国家统一会计制度口径计算填报。实行企业会计准则的纳税人，其数据直接取自损益表；实行其他国家统一会计制度的纳税人，与本表不一致的项目，按照其利润表项目进行分析填报。

利润总额部分的收入、成本、费用明细项目，一般工商企业纳税人，通过附表一（1）《收入明细表》和附表二（1）《成本费用明细表》相应栏次填报；金融企业纳税人，通过附表一（2）《金融企业收入明细表》、附表二（2）《金融企业成本费用明细表》相应栏次填报；事业单位、社会团体、民办非企业单位、非营利组织等纳税人，通过附表一（3）《事业单位、社会团体、民办非企业单位收入项目明细表》和附表二（3）《事业单位、社会团体、民办非企业单位支出项目明细表》相应栏次填报。

2）"应纳税所得额计算"和"应纳税额计算"中的项目，除根据主表逻辑关系计算的外，通过附表相应栏次填报。

3）"附列资料"填报用于税源统计分析的上一纳税年度税款在本纳税年度抵减或入库金额。

（3）行次说明。

1）第1行"营业收入"：填报纳税人主要经营业务和其他经营业务取得的收入总额。本行根据"主营业务收入"和"其他业务收入"科目的数额计算填报。一般工商企业纳税人，通过附表一（1）《收入明细表》计算填报；金融企业纳税人，通过附表一（2）《金融企业收入明细表》计算填报；事业单位、社会团体、民办非企业单位、非营利组织等纳税人，通过附表一（3）《事业单位、社会团体、民办非企业单位收入明细表》计算填报。

2）第2行"营业成本"项目：填报纳税人主要经营业务和其他经营业务发生的成本总额。本行根据"主营业务成本"和"其他业务成本"科目的数额计算填报。一般工商企业纳税人，通过附表二（1）《成本费用明细表》计算填报；金融企业纳税人，通过附表二（2）《金融企业成本费用明细表》计算填报；事业单位、社会团体、民办非企业单位、非营利组织等纳税人，通过附表二（3）《事业单位、社会团体、民办非企业单位支出明细表》计算填报。

3）第3行"营业税金及附加"：填报纳税人经营活动发生的营业税、消费税、城市维护建设税、资源税、土地增值税和教育费附加等相关税费。本行根据"营业税金及附加"科目的数额计算填报。

4）第4行"销售费用"：填报纳税人在销售商品和材料、提供劳务的过程中发生的各种费用。本行根据"销售费用"科目的数额计算填报。

5）第5行"管理费用"：填报纳税人为组织和管理企业生产经营发生的管理费用。本行根据"管理费用"科目的数额计算填报。

6）第6行"财务费用"：填报纳税人为筹集生产经营所需资金等发生的筹资费用。本行根据"财务费用"科目的数额计算填报。

7) 第7行"资产减值损失"：填报纳税人计提各项资产准备发生的减值损失。本行根据"资产减值损失"科目的数额计算填报。

8) 第8行"公允价值变动收益"：填报纳税人交易性金融资产、交易性金融负债，以及采用公允价值模式计量的投资性房地产、衍生工具、套期保值业务等公允价值变动形成的应计入当期损益的利得或损失。本行根据"公允价值变动损益"科目的数额计算填报。

9) 第9行"投资收益"：填报纳税人以各种方式对外投资确认所取得的收益或发生的损失。本行根据"投资收益"科目的数额计算填报。

10) 第10行"营业利润"：填报纳税人当期的营业利润。根据上述项目计算填列。

11) 第11行"营业外收入"：填报纳税人发生的与其经营活动无直接关系的各项收入。本行根据"营业外收入"科目的数额计算填报。一般工商企业纳税人，通过附表一（1）《收入明细表》相关项目计算填报；金融企业纳税人，通过附表一（2）《金融企业收入明细表》相关项目计算填报；事业单位、社会团体、民办非企业单位、非营利组织等纳税人，通过附表一（3）《事业单位、社会团体、民办非企业单位收入明细表》计算填报。

12) 第12行"营业外支出"：填报纳税人发生的与其经营活动无直接关系的各项支出。本行根据"营业外支出"科目的数额计算填报。一般工商企业纳税人，通过附表二（1）《成本费用明细表》相关项目计算填报；金融企业纳税人，通过附表二（2）《金融企业成本费用明细表》相关项目计算填报；事业单位、社会团体、民办非企业单位、非营利组织等纳税人，通过附表一（3）《事业单位、社会团体、民办非企业单位支出明细表》计算填报。

13) 第13行"利润总额"：填报纳税人当期的利润总额。

14) 第14行"纳税调整增加额"：填报纳税人会计处理与税收规定不一致，进行纳税调整增加的金额。本行通过附表三《纳税调整项目明细表》"调增金额"列计算填报。

15) 第15行"纳税调整减少额"：填报纳税人会计处理与税收规定不一致，进行纳税调整减少的金额。本行通过附表三《纳税调整项目明细表》"调减金额"列计算填报。

16) 第16行"不征税收入"：填报纳税人计入利润总额但属于税收规定不征税的财政拨款、依法收取并纳入财政管理的行政事业性收费、政府性基金以及国务院规定的其他不征税收入。本行通过附表一（3）《事业单位、社会团体、民办非企业单位收入明细表》计算填报。

17) 第17行"免税收入"：填报纳税人计入利润总额但属于税收规定免税的收入或收益，包括国债利息收入；符合条件的居民企业之间的股息、红利等权益性投资收益；从居民企业取得与该机构、场所有实际联系的股息、红利等权益性投资收益；符合条件的非营利组织的收入。本行通过附表五《税收优惠明细表》第1行计算填报。

18) 第18行"减计收入"：填报纳税人以《资源综合利用企业所得税优惠目录》规定的资源作为主要原材料，生产国家非限制和禁止并符合国家和行业相关标准的产品取得收入10%的数额。本行通过附表五《税收优惠明细表》第6行计算填报。

19) 第19行"减、免税项目所得"：填报纳税人按照税收规定减征、免征企业所得税的所得额。本行通过附表五《税收优惠明细表》第14行计算填报。

20) 第20行"加计扣除"：填报纳税人开发新技术、新产品、新工艺发生的研究开发费用，以及安置残疾人员及国家鼓励安置的其他就业人员所支付的工资，符合税收规定条件的准予按照支出额一定比例，在计算应纳税所得额时加计扣除的金额。本行通过附表五《税收优惠明细表》第9行计算填报。

21）第 21 行"抵扣应纳税所得额"：填报创业投资企业采取股权投资方式投资于未上市的中小高新技术企业 2 年以上的，可以按照其投资额的 70% 在股权持有满 2 年的当年抵扣该创业投资企业的应纳税所得额。当年不足抵扣的，可以在以后纳税年度结转抵扣。本行通过附表五《税收优惠明细表》第 39 行计算填报。

22）第 22 行"境外应税所得弥补境内亏损"：填报纳税人根据税收规定，境外所得可以弥补境内亏损的数额。

23）第 23 行"纳税调整后所得"：填报纳税人经过纳税调整计算后的所得额。

当本表第 23 行 <0 时，即为可结转以后年度弥补的亏损额；如本表第 23 行 >0 时，继续计算应纳税所得额。

24）第 24 行"弥补以前年度亏损"：填报纳税人按照税收规定可在税前弥补的以前年度亏损的数额。

本行通过附表四《企业所得税弥补亏损明细表》第 6 行第 10 列填报。但不得超过本表第 23 行"纳税调整后所得"。

25）第 25 行"应纳税所得额"：金额等于本表第 23 - 24 行。

本行不得为负数。本表第 23 行或者按照上述行次顺序计算结果本行为负数，本行金额填零。

26）第 26 行"税率"：填报税法规定的税率 25%。

27）第 27 行"应纳所得税额"：金额等于本表第 25 × 26 行。

28）28 行"减免所得税额"：填报纳税人按税收规定实际减免的企业所得税额，包括小型微利企业、国家需要重点扶持的高新技术企业、享受减免税优惠过渡政策的企业，其法定税率与实际执行税率的差额，以及其他享受企业所得税减免税的数额。本行通过附表五《税收优惠明细表》第 33 行计算填报。

29）第 29 行"抵免所得税额"：填报纳税人购置用于环境保护、节能节水、安全生产等专用设备的投资额，其设备投资额的 10% 可以从企业当年的应纳所得税额中抵免的金额；当年不足抵免的，可以在以后 5 个纳税年度结转抵免。本行通过附表五《税收优惠明细表》第 40 行计算填报。

30）第 30 行"应纳税额"：金额等于本表第 27 - 28 - 29 行。

31）第 31 行"境外所得应纳所得税额"：填报纳税人来源于中国境外的所得，按照企业所得税法及其实施条例以及相关税收规定计算的应纳所得税额。

32）第 32 行"境外所得抵免所得税额"：填报纳税人来源于中国境外所得依照中国境外税收法律以及相关规定应缴纳并实际缴纳的企业所得税性质的税款，准予抵免的数额。

企业已在境外缴纳的所得税额，小于抵免限额的，"境外所得抵免所得税额"按其在境外实际缴纳的所得税额填报；大于抵免限额的，按抵免限额填报，超过抵免限额的部分，可以在以后 5 个年度内，用每年度抵免限额抵免当年应抵税额后的余额进行抵补。

33）第 33 行"实际应纳所得税额"：填报纳税人当期的实际应纳所得税额。

34）第 34 行"本年累计实际已预缴的所得税额"：填报纳税人按照税收规定本纳税年度已在月（季）度累计预缴的所得税款。

35）第 35 行"汇总纳税的总机构分摊预缴的税额"：填报汇总纳税的总机构按照税收规定已在月（季）度在总机构所在地累计预缴的所得税款。

附报《中华人民共和国企业所得税汇总纳税分支机构企业所得税分配表》。

36）第36行"汇总纳税的总机构财政调库预缴的税额"：填报汇总纳税的总机构按照税收规定已在月（季）度在总机构所在地累计预缴在财政调节专户的所得税款。

附报《中华人民共和国企业所得税汇总纳税分支机构企业所得税分配表》。

37）第37行"汇总纳税的总机构所属分支机构分摊的预缴税额"：填报汇总纳税的分支机构已在月（季）度在分支机构所在地累计分摊预缴的所得税款。

附报《中华人民共和国企业所得税汇总纳税分支机构企业所得税分配表》。

38）第38行"合并纳税（母子体制）成员企业就地预缴比例"：填报经国务院批准的实行合并纳税（母子体制）的成员企业按照税收规定就地预缴税款的比例。

39）第39行"合并纳税企业就地预缴的所得税额"：填报合并纳税的成员企业已在月（季）度累计预缴的所得税款。

40）第40行"本年应补（退）的所得税额"：填报纳税人当期应补（退）的所得税额。

41）第41行"以前年度多缴的所得税在本年抵减额"：填报纳税人以前纳税年度汇算清缴多缴的税款尚未办理退税并在本纳税年度抵缴的所得税额。

42）第42行"以前年度应缴未缴在本年入库所得额"：填报纳税人以前纳税年度损益调整税款、上一纳税年度第四季度预缴税款和汇算清缴的税款，在本纳税年度入库所得税额。

表6-3 企业所得税年度纳税申报表附表一
收入明细表

填报时间：　　年　月　日　　　　　　　　　　　　　　金额单位：元（列至角分）

行次	项　　目	金　额
1	一、销售（营业）收入合计（2+13）	
2	（一）营业收入合计（3+8）	
3	1. 主营业务收入（4+5+6+7）	
4	（1）销售货物	
5	（2）提供劳务	
6	（3）让渡资产使用权	
7	（4）建造合同	
8	2. 其他业务收入（9+10+11+12）	
9	（1）材料销售收入	
10	（2）代购代销手续费收入	
11	（3）包装物出租收入	
12	（4）其他	
13	（二）视同销售收入（14+15+16）	
14	（1）非货币性交易视同销售收入	
15	（2）货物、财产、劳务视同销售收入	
16	（3）其他视同销售收入	

续表

行次	项　目	金　额
17	二、营业外收入（18＋19＋20＋21＋22＋23＋24＋25＋26）	
18	1. 固定资产盘盈	
19	2. 处置固定资产净收益	
20	3. 非货币性资产交易收益	
21	4. 出售无形资产收益	
22	5. 罚款净收入	
23	6. 债务重组收益	
24	7. 政府补助收入	
25	8. 捐赠收入	
26	9. 其他	

经办人（签章）：　　　　　　　　　　　　　　　　　　　　法定代表人（签章）：

注：本表适用于执行企业会计制度、小企业会计制度、企业会计准则以及分行业会计制度的一般工商企业的居民纳税人填报。根据《中华人民共和国企业所得税法》及其实施条例、相关税收政策、企业会计制度、小企业会计制度、企业会计准则，以及分行业会计制度规定，填报"主营业务收入"、"其他业务收入"和"营业外收入"，以及根据税收规定确认的"视同销售收入"。

表6-4　　　　　　　　　企业所得税年度纳税申报表附表二
成本费用明细表

填报时间：　　年　月　日　　　　　　　　　　　金额单位：元（列至角分）

行次	项　目	金　额
1	一、销售（营业）成本合计（2＋7＋12）	
2	（一）主营业务成本（3＋4＋5＋6）	
3	（1）销售货物成本	
4	（2）提供劳务成本	
5	（3）让渡资产使用权成本	
6	（4）建造合同成本	
7	（二）其他业务成本（8＋9＋10＋11）	
8	（1）材料销售成本	
9	（2）代购代销费用	
10	（3）包装物出租成本	
11	（4）其他	
12	（三）视同销售成本（13＋14＋15）	
13	（1）非货币性交易视同销售成本	
14	（2）货物、财产、劳务视同销售成本	
15	（3）其他视同销售成本	
16	二、营业外支出（17＋18＋…＋24）	
17	1. 固定资产盘亏	

续表

行次	项　目	金　额
18	2. 处置固定资产净损失	
19	3. 出售无形资产损失	
20	4. 债务重组损失	
21	5. 罚款支出	
22	6. 非常损失	
23	7. 捐赠支出	
24	8. 其他	
25	三、期间费用（26＋27＋28）	
26	1. 销售（营业）费用	
27	2. 管理费用	
28	3. 财务费用	

经办人（签章）：　　　　　　　　　　　　　　　　法定代表人（签章）：

注：本表适用于执行企业会计制度、小企业会计制度、企业会计准则，以及分行业会计制度的一般工商企业的居民纳税人填报。根据企业所得税相关法律、法规、政策、制度规定，填报"主营业务成本"、"其他业务成本"和"营业外支出"，以及根据税收规定确认的"视同销售成本"。

表 6 - 5　　　　　　　　　　　企业所得税年度纳税申报表附表三
纳税调整项目明细表

填报时间：　年　月　日　　　　　　　　　　　　金额单位：元（列至角分）

	行次	项　目	账载金额	税收金额	调增金额	调减金额
			1	2	3	4
	1	一、收入类调整项目	*	*		
	2	1. 视同销售收入（填写附表一）	*	*		*
#	3	2. 接受捐赠收入	*			*
	4	3. 不符合税收规定的销售折扣和折让				*
*	5	4. 未按权责发生制原则确认的收入				
*	6	5. 按权益法核算的长期股权投资对初始投资成本调整确认收益	*	*	*	
	7	6. 按权益法核算的长期股权投资持有期间的投资损益	*	*		
*	8	7. 特殊重组				
*	9	8. 一般重组				
*	10	9. 公允价值变动净收益（填写附表七）	*	*		
	11	10. 确认为递延收益的政府补助				
	12	11. 境外应税所得（填写附表六）	*	*	*	
	13	12. 不允许扣除的境外投资损失	*	*		*
	14	13. 不征税收入（填附表一［3］）	*	*	*	
	15	14. 免税收入（填附表五）	*	*	*	
	16	15. 减计收入（填附表五）	*	*	*	
	17	16. 减、免税项目所得（填附表五）	*	*	*	
	18	17. 抵扣应纳税所得额（填附表五）	*	*	*	
	19	18. 其他				
	20	二、扣除类调整项目	*	*		

续表

行次	项　　目	账载金额	税收金额	调增金额	调减金额
		1	2	3	4
21	1. 视同销售成本（填写附表二）	*	*	*	
22	2. 工资薪金支出				
23	3. 职工福利费支出				
24	4. 职工教育经费支出				
25	5. 工会经费支出				
26	6. 业务招待费支出				*
27	7. 广告费和业务宣传费支出（填写附表八）	*	*		
28	8. 捐赠支出				*
29	9. 利息支出				
30	10. 住房公积金				*
31	11. 罚金、罚款和被没收财物的损失		*	*	
32	12. 税收滞纳金		*	*	
33	13. 赞助支出		*	*	
34	14. 各类基本社会保障性缴款				
35	15. 补充养老保险、补充医疗保险				
36	16. 与未实现融资收益相关的在当期确认的财务费用				
37	17. 与取得收入无关的支出		*	*	
38	18. 不征税收入用于支出所形成的费用		*		*
39	19. 加计扣除（填附表五）	*	*	*	
40	20. 其他				
41	三、资产类调整项目	*	*		
42	1. 财产损失				
43	2. 固定资产折旧（填写附表九）	*	*		
44	3. 生产性生物资产折旧（填写附表九）	*	*		
45	4. 长期待摊费用的摊销（填写附表九）	*	*		
46	5. 无形资产摊销（填写附表九）	*	*		
47	6. 投资转让、处置所得（填写附表十一）	*	*		
48	7. 油气勘探投资（填写附表九）	*	*		
49	8. 油气开发投资（填写附表九）	*	*		
50	9. 其他				
51	四、准备金调整项目（填写附表十）	*	*		
52	五、房地产企业预售收入计算的预计利润	*	*		
53	六、特别纳税调整应税所得	*	*		*
54	七、其他	*	*		
55	合　　计	*	*		

经办人（签章）：　　　　　　　　　　　　　　　　　法定代表人（签章）：

注：1. 标有 * 的行次为执行新会计准则的企业填列，标有#的行次为除执行新会计准则以外的企业填列。

2. 没有标注的行次，无论执行何种会计核算办法，有差异就填报相应行次，填 * 号不可填列。

3. 有二级附表的项目只填调增金额、调减金额，账载金额、税收金额不再填写。

4. 本表适用于实行查账征收企业所得税的居民纳税人填报。填报企业财务会计处理与税收规定不一致、进行纳税调整项目的金额。

表6-6

企业所得税年度纳税申报表附表四
企业所得税弥补亏损明细表

填报时间：　　年　　月　　日　　　　　　　　　　　　　　　　　　　　金额单位：元（列至角分）

行次	项目	年度	盈利额或亏损额	合并分立企业转入可弥补亏损额	当年可弥补的所得额	以前年度亏损弥补额					本年度实际弥补的以前年度亏损额	可结转以后年度弥补的亏损额
						前四年度	前三年度	前二年度	前一年度	合计		
		1	2	3	4	5	6	7	8	9	10	11
1	第一年											*
2	第二年					*						
3	第三年					*	*					
4	第四年					*	*	*				
5	第五年					*	*	*	*			
6	本年					*	*	*	*	*		
7	可结转以后年度弥补的亏损额合计											

经办人（签章）：　　　　　　　　　　　　　　　　　　　法定代表人（签章）：

注：本表适用于实行查账征收企业所得税的居民纳税人填报。

表6-7

企业所得税年度纳税申报表附表五

税收优惠明细表

填报时间：　年　月　日　　　　　　　　　　　　　　　　　金额单位：元（列至角分）

行次	项　目	金　额
1	一、免税收入（2+3+4+5）	
2	1. 国债利息收入	
3	2. 符合条件的居民企业之间的股息、红利等权益性投资收益	
4	3. 符合条件的非营利组织的收入	
5	4. 其他	
6	二、减计收入（7+8）	
7	1. 企业综合利用资源，生产符合国家产业政策规定的产品所取得的收入	
8	2. 其他	
9	三、加计扣除额合计（10+11+12+13）	
10	1. 开发新技术、新产品、新工艺发生的研究开发费用	
11	2. 安置残疾人员所支付的工资	
12	3. 国家鼓励安置的其他就业人员支付的工资	
13	4. 其他	
14	四、减免所得额合计（15+25+29+30+31+32）	
15	（一）免税所得（16+17+…+24）	
16	1. 蔬菜、谷物、薯类、油料、豆类、棉花、麻类、糖料、水果、坚果的种植	
17	2. 农作物新品种的选育	
18	3. 中药材的种植	
19	4. 林木的培育和种植	
20	5. 牲畜、家禽的饲养	
21	6. 林产品的采集	
22	7. 灌溉、农产品初加工、兽医、农技推广、农机作业和维修等农、林、牧、渔服务业项目	
23	8. 远洋捕捞	
24	9. 其他	
25	（二）减税所得（26+27+28）	
26	1. 花卉、茶以及其他饮料作物和香料作物的种植	
27	2. 海水养殖、内陆养殖	

续表

行次	项　　目	金　额
28	3.其他	
29	（三）从事国家重点扶持的公共基础设施项目投资经营的所得	
30	（四）从事符合条件的环境保护、节能节水项目的所得	
31	（五）符合条件的技术转让所得	
32	（六）其他	
33	五、减免税合计（34＋35＋36＋37＋38）	
34	（一）符合条件的小型微利企业	
35	（二）国家需要重点扶持的高新技术企业	
36	（三）民族自治地方的企业应缴纳的企业所得税中属于地方分享的部分	
37	（四）过渡期税收优惠	
38	（五）其他	
39	六、创业投资企业抵扣的应纳税所得额	
40	七、抵免所得税额合计（41＋42＋43＋44）	
41	（一）企业购置用于环境保护专用设备的投资额抵免的税额	
42	（二）企业购置用于节能节水专用设备的投资额抵免的税额	
43	（三）企业购置用于安全生产专用设备的投资额抵免的税额	
44	（四）其他	
45	企业从业人数（全年平均人数）	
46	资产总额（全年平均数）	
47	所属行业（工业企业　其他企业）	

经办人（签章）：　　　　　　　　　　　　　　　　　　　　　法定代表人（签章）：

注：本表适用于实行查账征收企业所得税的居民纳税人填报。根据《中华人民共和国企业所得税法》及其实施条例、相关税收政策规定，填报纳税人本纳税年度发生的免税收入、减计收入、加计扣除、减免所得、减免税、抵扣的应纳税所得额和抵免税额。

表6-8

企业所得税年度纳税申报表附表六
境外所得税抵免计算明细表

抵免方式	国家或地区	境外所得	境外所得换算含税所得	弥补以前年度亏损	免税所得	弥补亏损前境外应税所得额	可弥补境内亏损	境外应纳税所得额	税率	境外所得应纳税额	境外所得可抵免税额	境外所得税款抵免限额	本年可抵免的境外所得税款	未超过境外所得税款抵免限额的余额	本年可抵免以前年度所得税额	前五年境外所得已缴税款未抵免余额	定率抵免
	1	2	3	4	5	6(3-4-5)	7	8(6-7)	9	10(8×9)	11	12	13	14(12-13)	15	16	17
直接抵免																	
间接抵免				*	*									*	*	*	
				*	*									*	*	*	
				*	*									*	*	*	
				*	*									*	*	*	
合计																	

经办人（签章）：　　　　　　　　法定代表人（签章）：

注：本表适用于实行查账征收企业所得税的居民纳税人填报。根据《中华人民共和国企业所得税法》及其实施条例、相关税收政策的规定，填报纳税人本纳税年度来源于不同国家或地区的境外所得，按照税收收规定应缴纳和应抵免的企业所得税额。

表 6 – 9　　　　　　企业所得税年度纳税申报表附表七

以公允价值计量资产纳税调整表

填报时间：　年　月　日　　　　　　　　　　　　金额单位：元（列至角分）

行次	资产种类	期初金额		期末金额		纳税调整额（纳税调减以"－"号表示）
		账载金额（公允价值）	计税基础	账载金额（公允价值）	计税基础	
		1	2	3	4	5
1	一、公允价值计量且其变动计入当期损益的金融资产					
2	1. 交易性金融资产					
3	2. 衍生金融工具					
4	3. 其他以公允价值计量的金融资产					
5	二、公允价值计量且其变动计入当期损益的金融负债					
6	1. 交易性金融负债					
7	2. 衍生金融工具					
8	3. 其他以公允价值计量的金融负债					
9	三、投资性房地产					
10	合计					

经办人（签章）：　　　　　　　　　　　　　　　　　　　法定代表人（签章）：

　　注：本表适用于实行查账征收企业所得税的居民纳税人填报。填报纳税人以公允价值计量且其变动计入当期损益的金融资产、金融负债、投资性房地产的期初公允价值、期末公允价值、计税基础以及纳税调整额。

表 6 – 10　　　　　　企业所得税年度纳税申报表附表八

广告费和业务宣传费跨年度纳税调整表

填报时间：　年　月　日　　　　　　　　　　　　金额单位：元（列至角分）

行次	项　目	金　额
1	本年度广告费和业务宣传费支出	
2	其中：不允许扣除的广告费和业务宣传费支出	
3	本年度符合条件的广告费和业务宣传费支出（1 - 2）	
4	本年计算广告费和业务宣传费扣除限额的销售（营业）收入	
5	税收规定的扣除率	
6	本年广告费和业务宣传费扣除限额（4 × 5）	
7	本年广告费和业务宣传费支出纳税调整额（3≤6，本行 = 2行；3 > 6，本行 = 1 - 6）	
8	本年结转以后年度扣除额（3 > 6，本行 = 3 - 6；3≤6，本行 = 0）	
9	加：以前年度累计结转扣除额	
10	减：本年扣除的以前年度结转额	
11	累计结转以后年度扣除额（8 + 9 - 10）	

经办人（签章）：　　　　　　　　　　　　　　　　　　　法定代表人（签章）：

　　注：本表适用于实行查账征收企业所得税的居民纳税人填报。填报纳税人本年发生的全部广告费和业务宣传费支出的有关情况，按税收规定可扣除额、本年结转以后年度扣除额及以前年度累计结转扣除额等。

表 6 – 11 　　　　　　　　　　企业所得税年度纳税申报表附表九

资产折旧、摊销纳税调整明细表

填报日期：　　年 月 日　　　　　　　　　　　　　　　　　　　金额单位：元（列至角分）

行次	资产类别	资产原值		折旧、摊销年限		本期折旧、摊销额		纳税调整额
		账载金额	计税基础	会计	税收	会计	税收	
		1	2	3	4	5	6	7
1	一、固定资产			*	*			
2	1. 房屋建筑物							
3	2. 飞机、火车、轮船、机器、机械和其他生产设备							
4	3. 与生产经营有关的器具、工具、家具							
5	4. 飞机、火车、轮船以外的运输工具							
6	5. 电子设备							
7	二、生产性生物资产			*	*			
8	1. 林木类							
9	2. 畜类							
10	三、长期待摊费用			*	*			
11	1. 已足额提取折旧的固定资产的改建支出							
12	2. 租入固定资产的改建支出							
13	3. 固定资产大修理支出							
14	4. 其他长期待摊费用							
15	四、无形资产							
16	五、油气勘探投资							
17	六、油气开发投资							
18	合计			*	*			

经办人（签章）：　　　　　　　　　　　　　　　　法定代表人（签章）：

注：本表适用于实行查账征收企业所得税的居民纳税人填报。根据《中华人民共和国企业所得税法》及其实施条例、相关税收政策，以及国家统一会计制度的规定，填报固定资产、生产性生物资产、长期待摊费用、无形资产、油气勘探投资、油气开发投资会计处理与税收处理的折旧、摊销，以及纳税调整额。

表 6 – 12   企业所得税年度纳税申报表附表十
资产减值准备项目调整明细表

填报日期：   年 月 日   金额单位：元（列至角分）

行次	准备金类别	期初余额	本期转回额	本期计提额	期末余额	纳税调整额
		1	2	3	4	5
1	坏（呆）账准备					
2	存货跌价准备					
3	*其中：消耗性生物资产减值准备					
4	*持有至到期投资减值准备					
5	*可供出售金融资产减值	—				
6	#短期投资跌价准备					
7	长期股权投资减值准备					
8	*投资性房地产减值准备					
9	固定资产减值准备					
10	在建工程（工程物资）减值准备					
11	*生产性生物资产减值准备					
12	无形资产减值准备					
13	商誉减值准备					
14	贷款损失准备					
15	矿区权益减值					
16	其他					
17	合计					

注：表中加 * 项目为执行新会计准则企业专用；表中加 # 项目为执行企业会计制度、小企业会计制度的企业专用。

经办人（签章）：   法定代表人（签章）：

本表适用于实行查账征收企业所得税的居民纳税人填报。填报各项资产减值准备、风险准备等准备金支出以及会计处理与税收处理差异的纳税调整额。

表 6－13

企业所得税年度纳税申报表附表十一

长期股权投资所得（损失）明细表

填报时间：　年　月　日　　　　　　　　　　　　　金额单位：元（列至角分）

行次	被投资企业	期初投资额	本年度增（减）投资额	投资成本		会计核算投资收益	股息红利				投资转让所得（损失）					
				初始投资成本	权益法核算对初始投资成本调整产生的收益		会计投资损益	税收确认的股息红利		会计与税收的差异	投资转让净收入	投资转让的会计成本	投资转让的税收成本	会计上确认的转让所得或损失	按税收计算的投资转让所得或损失	会计与税收收入的差异
								免税收入	全额征税收入							
	1	2	3	4	5	6（7＋14）	7	8	9	10（7－8－9）	11	12	13	14（11－12）	15（11－13）	16（14－15）
1																
2																
3																
4																
5																
6																
7																
8																
合计																

投资损失补充资料

行次	项目	年度	当年度结转金额	已弥补金额	本年度弥补金额	结转以后年度待弥补金额	备注
1	第一年						
2	第二年						
3	第三年						
4	第四年						
5	第五年						
	以前年度结转在本年度税前扣除的股权投资转让损失						

经办人（签章）：　　　　　　　　　　　　　　　法定代表人（签章）：

本表适用于实行查账征收企业所得税的居民纳税人填报。填报会计核算的长期股权投资成本、投资收益及其税收处理，以及会计处理与税收处理差异的纳税调整额。

第三节　企业所得税纳税审查代理

代理企业所得税纳税审查就是代理企业所得税纳税自查，学习代理企业所得税纳税审查知识可提高企业所得税税务代理的执业质量，规避执业风险。本节将详细介绍企业所得税纳税审查的内容、方法及纳税审查后的账务调整。

一、企业所得税审查内容

（一）收入总额的审查

1. 主营业务收入的审查（参见增值税、消费税、营业税的审查）

2. 其他业务收入的审查

（1）审查"其他业务收入"账户的贷方发生额，注意其他业务收入是否全部入账，有无少记、漏记其他业务收入的现象；有无将主营业务收入记入其他业务收入的现象；

问题讨论：
1. 企业所得税审查的重点是哪个环节？
2. 如何进行企业所得税纳税审查后的账务调整？

（2）审查"其他应收款"、"应付职工薪酬——应付福利费"、"盈余公积"等账户的贷方发生额，注意有无将已实现的其他业务收入长期挂账，或转入应付福利费及税后利润的现象；

（3）审查"其他业务成本"账户的贷方发生额，注意有无将出售原材料、包装物、出租固定资产、包装物、转让无形资产等取得的收入直接冲减原材料成本、包装物成本、无形资产成本的现象。

3. 投资收益的审查

（1）常见涉税问题：对外投资取得的净收益未及时入账，长期挂往来账或仍然留在被投资方账上或直接转为向被投资方的投资；采用权益法核算投资收益的企业，不按被投资单位的净收益中所拥有的数额反映投资收益，而是只反映实际已分回的股利或利润以及投资损失；溢价或折价购入的长期债券不按规定的计算方法计算摊销额；投资到期收回或中途转让所得的款项高于账面价值的差额，不反映投资收益，而是挪作他用；有无人为地多列投资损失。

（2）审查方法：

① 审查企业"长期股权投资"、"长期债权投资"、"可供出售金融资产"、"交易性金融资产"等账户的借方发生额，核对有关凭证，查阅投资协议合同，了解企业有无对外投资业务、投资的方式以及投资的金额；

② 审查企业"投资收益"账户的借、贷方发生额，对账户中的每一笔投资金额、投资收益、投资损失逐一进行核实，是否与投资方式、投资期限核算方式等相吻合；

③ 审查企业"其他应付款"、"应付账款"、"盈余公积"等账户的贷方发生额，注意企业是否将投资收益挂在结算往来账户的贷方或直接转入税后利润；

④ 审查企业"本年利润"账户的贷方或借方发生额，同时核对"投资收益"账户的贷方或借方发生额，注意企业在期末是否如实将投资收益或投资损失转入"本年利润"账户；

⑤ 运用外调方法审查企业投资收益。如果企业有对外投资业务，但长期没有实现或反映投资收益或投资收益偏小或发生较大的投资亏损，除了从账面上核实会计处理是否正确以外，必要时还可发函或派人直接到接受投资的企业查明真实情况。

4. 营业外收入的审查

（1）常见涉税问题：有无将应属于营业外收入项目不及时转账，长期挂在"其他应付款"、"应付账款"账户的情况；有无将营业外收入直接转入税后利润，或作账外处理，或直接抵付非法支出；有无将非营业外收入项目转入"营业外收入"账户。

（2）审查方法：审查"其他应付款"、"应付账款"等结算类账户的贷方发生额，重点注意含糊其辞的摘要记录，查明是否属于应转而未转的营业外收入（如逾期未退还的包装物押金、长期无法支付的应付款项），逾期包装物押金是否按规定缴纳了流转税和所得税；审查"银行存款"、"现金"、"应收账款"等账户的借方发生额及对应关系，注意企业有无将赔偿金、违约金、罚款收入、教育费附加返还款等未记营业外收入的情况；审查"待处理财产损溢——待处理固定资产损溢"、"固定资产清理"等账户的借方发生额及对应关系，注意企业的固定资产盘盈、出售固定资产净收益是否转入"营业外收入"账户；审查"营业外收入"账户的贷方发生额，同时核对有关凭证，注意企业有无将主营业务收入及其他业务收入记入营业外收入而逃避缴纳流转税的情况。

5. 视同销售收入的审查（参见增值税、消费税的审查）

6. 应税收入与不征税收入和免税收入划分的审查

审查企业有无错将应税收入当作不征税收入或免税收入从收入中予以扣除，减少应纳税所得额的问题。

（二）税前扣除项目的审查

1. 成本的审查

（1）材料成本的审查

① 外购材料成本的审查

常见涉税问题：买价是否真实；采购费用是否符合财务制度的规定；途中材料损耗是否合理，有无将超定额损耗计入采购成本；月末估价入账的材料，下月初是否原账冲销，有无重复入账；材料成本差异的计算和结转是否正确；购料数量与实际入库数量是否相符；采购成本项目是否齐全，有无只计买价，其他项目记入"管理费用"等账户的情况；有无将固定资产人为地压低价格或化整为零，记入"低值易耗品"账户的情况；有无将在建工程物资在购入时直接作生产用料入库的现象；有无将购料时支付材料包装物的押金不通过"其他应收款"账户核算，而加大材料成本；有无以购代耗。

审查方法：核对"原材料"、"材料采购"明细账借方发生额与有关记账凭证和原始凭证，审查购进材料的买价、采购费用是否真实正确。核对材料明细账的借方入库数、购料发票中的采购数量与材料入库单中的实际入库数量，审查材料入库数量是否短缺。将"原材料"等明细账的借方发生额与"应付账款"明细账的贷方相核对，审查估价入账的材料是否及时调整，是否存在估价入账的材料次月初不用红字冲销，收到发票后又重复记入材料账户的问题。

② 发出材料的审查

常见涉税问题：有无多计生产用料数量，虚增生产成本；有无以购代耗，将购进材料直接记入"生产成本"账户，从而多计生产用料成本；有无以领代耗，对生产车间已领未用的材料月末未办理退库手续，加大当月生产成本的情况；有无将生产经营过程中回收的各种边角料、下脚料不作价入账，长期留在账外，不冲减生产成本的现象；采用实际成本核算材料的，有无不按规定的方法计算发出材料单价，造成多计生产成本的情况；采用计划成本核算材料的，有无不按规定的方法计算材料成本差异率和发出材料应分配的差异额，造成多计生产成本的情况；有无将非生产领用的材料记入生产成本的情况。

审查方法：核对发料凭证汇总表、领料单、材料费用分配表，看生产用料数量是否一致；审查材料类账户的贷方发生额和生产成本明细账，看材料的计价是否真实合理。

【案例 6－5】某厂材料采用实际价格核算，甲材料部分明细账如表 6－14 所示：

表 6－14　　　　　　　　　　　　　　甲材料部分明细账

时　间		摘要	收　入			发　出			结　存		
月份	日期		数量	单价	金额	数量	单价	金额	数量	单价	金额
10 月	1 日								450	1.50	675
10 月	8 日	购入	600	1.60	960				1 050	1.56	1 635
10 月	10 日	发出	80			650	1.60	1 040	400	1.48	595
10 月	26 日	购入	800	1.50	1 200				1 200	1.50	1 795
10 月	26 日	发出				700	1.60	1 120	500	1.35	675
		本月合计	1 400	1.54	2 160	1 350	1.60	2 160	500	1.35	675

说明：本月发出材料全部系生产领用，试用加权平均法核实甲材料 10 月份发料成本。

a. 加权平均单位成本 $= (675 + 2\,160) \div (450 + 1\,400) = 1.53$（元）

b. 应转发出材料成本 $= 1.53 \times 1\,350 = 2\,065.5$（元）

c. 多转发材料成本 $= 2\,160 - 2\,065.50 = 94.5$（元）

d. 账务调整：

借：原材料——甲材料　　　　　　　　　　　　　　　　　　　　　　　94.5

　　贷：生产成本　　　　　　　　　　　　　　　　　　　　　　　　　　　94.5

③ 期末库存材料的审查

常见涉税问题：期末库存材料数量是否账实相符；材料明细账期末余额有无出现红字数量、红字金额等异常现象；有无隐瞒盘盈、虚列盘亏、盈亏相抵或不按规定报批擅自处理盘盈、盘亏的情况；有无随意调整库存材料单位成本，提高或压低库存材料成本；有无随意降低材料成本差异率，减少库存材料成本差异的问题。

审查方法：一是核对财务部门的材料明细账与仓库保管账，核实期末结存材料数量是否正确；二是比较应存金额与账存金额，核实期末结存材料金额是否正确；三是审查"待处理财产损溢——待处理流动资产损溢"明细账，与材料盘点表相核对，核实申报的材料盘盈、盘亏数量是否相符，审查有无擅自将盘亏、盘盈长时间挂账不作处理的问题。

【案例 6－6】某工业企业 201×年 6 月末"原材料"明细账结存栏有如下异常情况（见

表6－15）：

表6－15		某工业企业原材料明细账	
材料名称	月末结存		
	数量（公斤）	单价	金额（元）
甲	500		－800
乙	300		0
丙	－100	15	－400
丁	0		－4 900

其他有关资料如下：

a. 该企业采用实际成本核算材料成本，甲、乙、丙、丁四种材料的实际单位成本分别为25元、20元、10元、5元。

b. 甲、乙、丙、丁四种材料的实际库存数分别为：700公斤、600公斤、300公斤、0公斤。

c. 四种材料的月初结存及本月购进的无问题，且全部由生产领用。

要求：

a. 核实各种材料多计的发料成本金额。

b. 将虚增的发出材料成本额按期末在产品、库存商品和本期产品销售成本1∶2∶7的比例计算分配额并进行账务调整。

解答：

a. 各种材料多计的发料成本额为：

甲材料700×25－（－800）＝18 300（元）

乙材料600×20＝12 000（元）

丙材料300×10＋400＝3 400（元）

丁材料4 900（元）

合计18 300＋12 000＋3 400＋4 900＝38 600（元）

b. 多计生产成本额的分配

在产品38 600×1/10＝3 860（元）

库存商品38 600×2/10＝7 720（元）

本年利润38 600×7/10＝27 020（元）

c. 调整有关账务

借：原材料——甲材料　　　　　　　　　　18 300

　　　　　——乙材料　　　　　　　　　　12 000

　　　　　——丙材料　　　　　　　　　　3 400

　　　　　——丁材料　　　　　　　　　　4 900

　　贷：生产成本　　　　　　　　　　　　　　3 860

　　　库存商品　　　　　　　　　　　　　　7 720

　　　本年利润　　　　　　　　　　　　　　27 020

（2）工资及三项经费的审查

① 工资的审查

a. 审查企业的职工人数。

常见涉税问题：有无将福利人员、在建工程人员、下岗职工、离退休职工等人员的工资列入税前工资支出；有无虚设职工名单或将外单位人员当作本单位人员。

审查方法：审查企业的人事统计资料、职工花名册、企业机构设置和人员配备情况，核实企业的职工人数；核对"工资结算单"，注意"工资结算单"中所列的职工人数是否与人事部门提供的职工人数一致。"工资结算单"中是否有员工个人的真实签名。

b. 审查工资总额的组成。

常见涉税问题：实际支出的工资总额是否符合税法规定的内容，是否存在将非工资性的支出列入工资总额。

审查方法：以"工资结算单"和有关记账凭证为依据，逐笔对"工资结算单"上的项目进行排查，对其中不属于工资总额的内容进一步核对记账凭证中的会计分录，看是否将不属于工资总额的内容记入"应付职工薪酬"科目。

c. 审查企业的工资分配。

常见涉税问题：有无将生活福利部门人员的工资及在建工程人员的工资挤入成本费用的情况；有无将直接生产人员的工资以及车间管理人员的工资计入期间费用的情况。

审查方法：通过企业的人事、劳动工资部门或实地调查等途径了解、掌握企业生产部门和非生产部门的机构设置和人员配备情况，重点掌握有无在建工程人员和研发人员；审查"在建工程"、"研发支出"账户的借方发生额，是否有基建工程人员和福利人员工资的发生；如果没有，则进一步审查"应付职工薪酬——工资"的对应账户。

② 三项经费的审查

常见涉税问题：三项经费的计算基数及计算比例是否正确；有无将各种应税收入记入"应付职工薪酬——职工福利"账户；以自产产品或外购商品作为福利发给职工，是否缴纳有关税金；工会经费的税前扣除是否取得专用收据。

审查方法：审查"应付职工薪酬——职工福利"、"应付职工薪酬——工会经费"、"应付职工薪酬——职工教育经费"等账户的借方发生额，注意企业实际发生的三项经费是否超过税法规定的标准；审查"应付职工薪酬——职工福利"账户的贷方发生额及其摘要栏，注意企业有无将各种应税收入记入该账户而逃避缴纳流转税的现象。

（3）制造费用的审查

常见涉税问题：有无扩大制造费用的列支范围，如：将应计入在建工程的费用计入制造费用；将应计入期间费用的费用计入制造费用；有无将不属于当月列支的费用列作当月制造费用，如：将10月份支付的冬季取暖费一次全部列入当月的制造费用；有无提高制造费用的开支标准，如：缩短固定资产使用年限、扩大应提折旧的固定资产范围、提高折旧率；多列职工福利费。

审查方法：详细审查"制造费用"明细账各项目的具体内容，并对照记账凭证等来确定问题。

（4）产品制造成本的审查

① 生产费用归集的审查。生产费用的归集前面已讲述，不再重复。

② 生产费用分配的审查。一是审查分配标准。看分配标准是否适当、是否经常变换、与实际发生的统计数是否相符；二是审查分配额。有无将下期成本承担的费用提前在本期分配；有无将非生产项目的费用计入产品成本；有无将直接费用错作间接费用分配的；有无将免税产品的费用转嫁给应税产品；三是审查分配率和各产品应分配额。

③ 产品成本计算的审查。重点审查期末在产品成本是否正确。审查时一方面可核对期末在产品盘存表与产品成本计算单，看期末在产品数量是否正确；另一方面比较应结存的在产品成本和账面已结存的在产品成本，计算应调整的期末在产品成本。

【案例6－7】注册税务师受托审查某家具厂，收集到有关的资料如下：

a. 大衣柜经4道工序完工，本月总投产数200件，本月已完工入库100件，尚有100件分别处在一、二、三道工序；

b. 假定在产品结存数已核实，材料约当系数，工资与费用约当系数已计算核定，列示如表6－16所示：

表6－16　　　　　　　　　　材料、工资与费用约当系数表

工　序	在产产品数量（件）	材料约当系数（％）	工资与费用约当系数（％）
1	15	70	30
2	50	85	60
3	35	90	90

c. 期初和本期材料费用为12 000元，工资2 500元，其他费用2 200元，期末在产品账面余额4 800元；

d. 该企业期末库存商品库存数为零，全部销售。

要求：计算多转的完工产品成本。

解答：

a. 计算在产品约当产量

材料约当量 = 15 × 70% + 50 × 85% + 35 × 90% = 84.5（件）

工资、费用约当量 = 15 × 30% + 50 × 60% + 35 × 90% = 66（件）

b. 计算材料、工资、费用分配额

单位产品材料分配额 = 12 000 ÷ (100 + 84.5) = 65.04(元)

单位产品、工资、费用分配额 = (2 500 + 2 200) ÷ (100 + 66) = 28.3(元)

c. 计算在产品成本

在产品材料成本 = 65.04 × 84.5 = 5 495.88（元）

在产品工资、费用成本 = 28.31 × 66 = 1 868.46（元）

在产品总成本 = 5 495.88 + 1 868.46 = 7 364.34（元）

d. 计算多计的完工产品成本

7 364.34 − 4 800 = 2 564.34（元）

因为产品已全部销售，所以应调增当期利润2 564.34元。

(5) 主营业务成本的审查

常见涉税问题：有无不按实际销售产品的数量计算结转销售成本；有无不按规定的计价

方法计算和结转销售成本，或采用的计价方法前后各期不一致，造成多转或少转销售成本；采用计划成本核算的，有无不按月计算和结转销售产品应分摊的成本差异；有无销货退回只冲减销售收入，不冲减销售成本，造成多转销售成本；有无将尚未销售的产品视为已销产品结转销售成本；有无将其他销售成本列入产品销售成本，或将产品销售成本误列入其他销售成本的情况；采用分期收款销货方式结转销售成本的企业，有无不按合同规定的日期结转销售成本，而将一次发出的产品全部结转销售成本的情况；销售成本结转的时间与销售收入确认的时间是否对应，有无提前或推迟结转销售成本的现象。

审查方法：①结转销售成本数量的审查。一是核对"主营业务成本"明细账本月销售数、"库存商品"明细账贷方结转销售成本数、"主营业务收入"明细账本月销售数量、销售发票及其他出库凭证中的数量；二是采用以存计销法计算本期多转的销售成本数量。本月某产品应转的销售成本数量＝月初某产品结存数＋本月某产品完工入库数－月末某产品结存数；本月某产品多转的销售成本数量＝本月某产品已转销售成本数－本月某产品应转数量。②结转销售成本金额的审查。审查"库存商品"明细账记录，复算产品单位成本，计算企业多转或少转的销售成本；审查"产品成本差异"明细账贷方记录，注意企业是否按规定计算结转了产品成本差异。

2. 费用的审查

（1）管理费用的审查

① 固定资产折旧费的审查

常见涉税问题：有无扩大计提折旧的固定资产范围；有无不按税法规定选用折旧方法。

审查方法：审查被查企业的"固定资产折旧计算表"，掌握已提折旧的固定资产；审查已提折旧的"固定资产"明细账，同时核对相应的"固定资产登记簿"、"固定资产卡片"；到车间、工地等场所实地察看企业固定资产的使用、大修及出租情况，进一步查证被查企业有无超范围计提折旧的问题；审查"累计折旧"明细账贷方发生额，看各月提取的折旧金额是否均衡，如发现折旧额突增突减，应进一步审查是否有多提或少提折旧的问题；根据"固定资产"明细账、"固定资产折旧计算表"，审查固定资产的折旧年限、折旧方法是否符合税法规定，预计的净残值是否合理，折旧额的计算是否正确，有无擅自改变折旧方法。

【案例6-8】某通用机械厂，主要生产各种零配件，注册税务师受托对该厂当年的纳税情况进行审查时，通过审查固定资产明细账，发现3月份购入一台立式车床，入账总值30 000元，深入车间查看方得知该车床因短件，一直未使用，于是进一步审查折旧计算和"累计折旧"、"制造费用"等账户记录，查明该厂采用平均年限法提折旧，新购入的车床按折旧14年和残值5%计算，至年底共提取9个月的折旧费，且列入"制造费用"账户开支。

要求：计算多提的折旧费，应补交的所得税，并调整有关账务。

解答：

（1）违法事实：

该厂将未使用的固定资产提取折旧，虚增了当期成本，减少了当期利润，少交了企业所得税。

（2）计算：

年折旧率＝（1－5%）÷14＝6.79%

月折旧率＝6.79%÷12＝0.57%

多提折旧额 = 30 000 × 0.57% × 9 = 1 526.78（元）

应补交所得税 = 1 526.78 × 25% = 381.70（元）

（3）账务调整：

借：累计折旧　　　　　　　　　　　　　　　　　　　1 526.78

　　贷：以前年度损益调整　　　　　　　　　　　　　　　　　1 526.78

借：所得税　　　　　　　　　　　　　　　　　　　　381.70

　　贷：应交税费——应交所得税　　　　　　　　　　　　　　381.70

借：应交税费——应交所得税　　　　　　　　　　　　381.70

　　贷：银行存款　　　　　　　　　　　　　　　　　　　　　381.70

【案例 6 - 9】注册税务师受托审查某公司固定资产账簿资料时，发现该企业于 201×年 1 月份从外地购进一台管理部门用机器设备，该设备的价款是 100 000 元，增值税额 17 000 元，共发生运杂费 4 000 元。财务部门将其价款记入固定资产成本，运杂费记入了管理费用，增值税额也记入管理费用，同时发现该设备的安装费用 800 元，也记入了 1 月份的管理费用账户，（说明：注册税务师的审查时间为 201×年 12 月份，该固定资产采用直线法提取折旧，年折旧率为 8%）

要求：

（1）指出该企业存在问题；

（2）计算应调整的固定资产原价；

（3）计算应补提的固定资产折旧；

（4）计算应调增的本年利润；

（5）计算应补交的企业所得税。

解答：

（1）违法事实：

该公司将应计入固定资产账户的费用记入了管理费用，造成固定资产价款不实，虚增管理费用，减少了本年利润。

（2）计算：

固定资产原价 = 100 000 + 17 000 + 4 000 + 800 = 121 800（元）

应调增的固定资产原价 = 121 800 - 100 000 = 21 800（元）

应补提折旧费 = （21 800 × 8%）÷ 12 × 11 = 1 598.67（元）

应调增的利润 = 17 000 + 4 000 + 800 - 1 598.67 = 20 201.33（元）

应补交企业所得税 = 20 211.33 × 25% = 5 050.33（元）

② 固定资产修理费的审查

常见涉税问题：修理费用的支出是否真实，有无人为地扩大修理费用，各项支出的单据是否合法有效；采用预提办法的，有无实际发生的修理支出不冲减"预提费用"，仍记入"制造费用"、"管理费用"，年终已提未用的预提修理费用是否抵减有关费用；采用分摊办法的，应注意摊销期限及摊销额是否正确，跨年度修理费用有无提前摊销等问题。

审查方法：根据"制造费用"、"管理费用"账户借方修理费用项目的发生额与"待摊费用"、"预提费用"明细账对照，结合有关原始凭证进行审查。

③ 无形资产摊销的审查

常见涉税问题：外购的无形资产是否按实际支付成本入账，有无只记买价，而将买入过程中支付的有关费用计入管理费用，直接冲减当期损益；自行开发的无形资产是否包括了所有的开发费用，有无将研制费、设计费、申请费等费用一次性记入"管理费用"账户的情况；投资转入的无形资产是否经过法定的评估机构确认，有无任意估价入账；各期的摊销额是否均衡，有无忽高忽低的现象；有无缩短摊销期限、加速摊销的问题。

审查方法：逐笔审查"无形资产"明细账的借方发生额，同时核对有关的会计凭证、原始单据（发票）以其合同协议、计价资料等，核实各类无形资产的取得方式，注意无形资产入账是否确实有效，入账价值是否正确，原始单据是否合法，账证金额是否一致；核对"无形资产"明细账贷方发生额、"累计摊销"明细账的借方发生额、核实各期摊销额是否正确。

【案例 6 – 10】某粮食机械厂系集体所有制企业，主要生产饲料机械、粮食加工机械。该企业于 201× 年初引进非专利技术，生产经营情况良好。201× 年 10 月注册税务师受托对该厂审查时，发现"累计摊销"账户贷方发生额 1~4 月份每月摊销额为 1 250 元，而 5~9 月份每月摊销额为 5 000 元，于是审查"无形资产"账户，调阅记账凭证和原始凭证，并到技术科了解具体情况，查看有关合同，确认该厂 1 月份以 45 000 元购入非专利技术，有效使用期限为 3 年。

（1）违法事实：

该厂任意缩短改变无形资产的摊销期限，虚增了当期管理费用，应调增应纳税所得额，补交企业所得税。

（2）计算应补交的所得税：

每月应摊销额 $= 45\,000 \div (3 \times 12) = 1\,250$（元）

5~9 月多摊销额 $= (5\,000 - 1\,250) \times 5 = 18\,750$（元）

应补交企业所得税 $= 18\,750 \times 25\% = 4\,687.5$（元）

（3）调整有关账务：

调增本年利润：

借：无形资产——非专利技术	18 750
贷：本年利润	18 750

计提所得税：

借：所得税	4 687.50
贷：应交税费——应交所得税	4 687.50

补缴所得税：

借：应交税费——应交所得税	4 687.50
贷：银行存款	4 687.50

④ 开办费摊销的审查

常见涉税问题：筹建期与生产经营期的费用划分是否清楚，有无将开始生产经营后发生的费用计入开办费或将开办费直接计入成本费用；有无将试生产、试经营阶段所发生的费用作为筹建期间的开办费；有无将应计入材料物资及应计入固定资产和无形资产价值的支出项目计入开办费；有无将应由投资者负担的费用计入开办费；有无在开办费列支各种非法支出或以白条入账；开办费的摊销是否正确。

审查方法：审查"长期待摊费用——开办费"明细账的借方发生额，结合记账凭证和原始凭证，注意开办费的内容和数额是否正确；将"长期待摊费用——开办费"的贷方与"管理费用——开办费摊销"借方发生额相核对，注意开办费的摊销额是否正确。

【案例6-11】某服装厂于2009年11月开始筹建，至2010年7月底全部建成，2010年8月正式投产，2010年10月注册税务师受托审查该厂"长期待摊费用—开办费"账户时，发现借方发生额为264 000元，贷方发生额为8 000元（为2010年9月份摊销数），余额为256 000元。经进一步审查原始凭证，查实该厂2010年6月购入汽车一辆，价款80 000元，实物存在，手续完备。同时，有白条五张，内容为购买钢材和水泥，金额为4 000元，时间为2010年8月6日。

要求：核实该厂递延资产账户的入账价值及2010年9月份的摊销数。

解答：

（1）违法事实：

购入8 000元汽车应计入固定资产，不应计入开办费。

白条五张属假发票，且购入的钢材、水泥不属于筹建期间的费用，不计入开办费。

（2）重新计算9月份的摊销数：

应摊数 = (264 000 − 80 000 − 4 000) ÷ (3 × 12) = 5 000（元）

多摊数 = 8 000 − 5 000 = 3 000（元）

应补交企业所得税 = 3 000 × 25% = 750（元）

（3）账务调整：

借：在建工程——钢材、水泥	4 000	
固定资产	80 000	
贷：长期待摊费用——开办费		84 000
借：长期待摊费用——开办费	3 000	
贷：本年利润		3 000
借：所得税	750	
贷：应交税费——应交所得税		750

⑤ 坏账损失的审查

常见涉税问题：已列支的坏账损失是否真实，是否具备税法规定的确认条件；有无虚列"应收账款"，造成多列管理费用；对已确认核销的坏账以后又收回时，有无冲减当期管理费用。

审查方法：一是逐笔审查"管理费用——坏账损失"明细账的借方发生额，同时核对有关会计凭证，核实已列支的坏账损失是否真实，是否具备税法规定的确认条件；二是对照原始凭证逐笔审查已确认为坏账的应收账款的真实性，对摘要内容不明的应收账款，则必须向债务人进行函证或外调加以核实；三是审查"应收账款"账户的贷方发生额，同时核对"银行存款"的借方和"管理费用"账户的贷方发生额，注意已核销后又收回的坏账损失是否冲减了"管理费用"账户。

⑥ 研究开发费的审查

常见涉税问题：有无扩大研究开发费的扣除范围，有无将与研究开发无关的支出挤入研究开发费；研究开发费是否实行专账管理；有无将国家财政和上级部门拨付的经费也进行税前扣除。

审查方法：审查"管理费用——研究开发费"明细账的借方发生额，对照有关的记账凭证和原始凭证，注意有无超范围列支研究开发费。

⑦ 固定资产租赁费（经营租赁费）的审查

常见涉税问题。有无将融资租赁费列入经营租赁费；已列固定资产租赁费的金额是否正确。

审查方法：逐笔审查"管理费用"明细账，核对有关会计凭证，注意有无混淆融资租赁费与经营租赁费，已入账的经营租赁费金额是否与合同金额相符。

⑧ 业务招待费的审查

常见涉税问题：业务招待费的列支凭证是否符合报销审批手续，有无以"白条"入账；有无超范围列支业务招待费；以自制产品或经营商品用于业务招待有无视同销售缴纳有关销售税金；有无虚列销售（营业）收入，提高扣除比例；业务招待费纳税调整额的计算是否正确。

温馨提示：企业发生的与生产经营活动有关的业务招待费支出，按照发生额的60%扣除，但最高不得超过当年销售（营业）收入的5‰。

审查方法：核对全年应列业务招待费与全年已列业务招待费；审查列支业务招待费的原始凭证（注意无原始凭证、以白条形式报销、超范围列支等异常现象）；审查其他成本费用账户的借方发生额，看有无业务招待费支出，如有，应合并计算业务招待费支出总额。

（2）财务费用的审查

① 利息支出的审查

常见涉税问题：有无将各种资本性利息支出计入财务费用；向非金融机构的借款利息有无取得合法支出的单据，有无超过规定的标准；取得的存款利息收入是否冲减财务费用；各种利息支出的计算是否正确。

审查方法：一是审查"财务费用——利息支出"明细账借方发生额，结合有关会计凭证，查清各笔利息支出的性质；二是审查有关负债科目（如应付债券、短期〈长期〉借款）的贷方发生额，根据各种借款的数额、时间、用途、期限等，进一步核实各项借款利息支出是否符合实际；三是审查"银行存款日记账"，核实各期的存款利息收入，同时核对"财务费用"明细账贷方发生额，查明存款利息收入是否如实冲减利息支出。

② 汇兑损益的审查

常见涉税问题：平时采用的记账汇率是否正确，有无随意改变记账汇率的情况；期末（月末）汇兑损益的计算和结转是否正确，有无虚列汇兑损失，少列汇兑收益的情况。

审查方法：逐笔审查"财务费用——汇兑损益"的借、贷方发生额，同时核对有关的会计凭证，注意汇兑损益的计算及会计处理是否正确。

（3）销售费用的审查

常见涉税问题：开支范围是否正确，有无将不属于销售费用的支出列入销售费用；列支的各项销售费用是否取得合法的费用单据；有扣除限额的费用项目是否按税法规定进行了纳税调整。

审查方法：一是分析各月销售费用与销售收入的比例及趋势是否合理，对异常变动的情形，应追踪查明原因；二是审查"销售费用——运输费"明细账的借方发生额，注意有无将生产用料、工程用料支付的运费以及准予抵扣的进项税额也列入其中；三是审查"销售费用——广告费和业务宣传费"明细账借方发生额，注意是否符合税法规定的扣除条件及扣除标准；四是根据"销售费用"贷方发生额审查销售费用在销售产品之间的分配及分配标准是否合理，有无将免税产品负担的费用分配给应税产品。

3. 税金的审查

（1）计提税金的审查。核对"应交税费"明细账贷方发生额、纳税申报表中计提的税金及附加。

（2）缴纳税金的审查。审查"应交税费"明细账借方发生额，同时核对已提税金及完税凭证，注意有无提而不交及延期纳税的问题。

（3）结算税金的审查。审查企业应补（退）的营业税金及附加是否通过"以前年度损益调整"账户反映，有无记入本年"营业税金及附加"账户，抵减本年利润的情况。

4. 损失的审查

（1）营业外支出的审查

常见涉税问题：有无扩大营业外支出的核算范围；营业外支出的金额是否准确；按收支差额列支的支出是否扣除收入，按标准扣除的支出是否符合列支标准，税前不得扣除的项目是否进行了纳税调整；营业外支出涉及视同销售的业务，是否缴纳相关税金。

审查方法：逐笔审查企业"营业外支出"明细账借方发生额及摘要栏，特别注意数额较大、摘要不明的项目，具体分析是否应计、有无多计营业外支出；还要注意视同销售行为是否缴纳相关税金。

【案例 6－12】某家具厂不慎发生一起火灾，两个仓库和一个生产车间被焚毁。具体损失包括：烧毁原材料 40 万元；库存商品 60 万元（其中外购原材料占 50%）；烧毁一套生产设备，原价 100 万元，已提折旧 30 万元；烧坏部分厂房，经有关部门鉴定，厂房损失 50 万元，根据房产保险合同，可获保险公司理赔 30 万元。则该厂所得税前可扣除的损失为：

原材料损失：$40 + 40 \times 17\% = 46.8$（万元）

库存商品损失：$60 + 60 \times 50\% \times 17\% = 65.1$（万元）

固定资产损失：$100 - 30 - $残值$5(100 \times 5\%) = 65$（万元）

厂房损失：$50 - 30 = 20$（万元）

可扣除损失合计：$46.8 + 65.1 + 65 + 20 = 196.9$（万元）

（2）其他业务成本的审查

常见涉税问题：结转材料销售成本的计价是否符合规定，有无提高单位成本以及多转成本差异的现象；出租出借包装物报废时，是否扣除残料价值；企业取得的其他业务收入是否按规定计缴了有关税金；企业销售材料及包装物等应纳的增值税有无记入"其他业务成本"账户，造成虚增其他业务支出的现象。

审查方法：逐笔审查"其他业务成本"明细账的借方发生额及对应账户，注意支出的去向，有无不合理开支和多摊费用，有无只列支出不列相关收入的问题。

（三）应纳税所得额的审查

应纳税所得额的审查是在前述收入、税前扣除项目审查、计算得出会计期间利润总额的基础上，对按照税法规定进行纳税调整，将会计所得调整为应税所得的情况进行审查。

1. 审查超过规定标准项目。是指超过税法规定标准扣除的各种成本、费用和损失应予调增应纳税所得额的部分。既包括税法中单独作出明确规定的扣除标准，也包括税法虽未单独明确规定标准，但财务会计制度已作了规定的部分。

2. 审查不允许扣除项目。指税法不允许扣除，但企业已作为扣除项目而予以扣除的各项成本、费用和损失，应调增应纳税所得额。

（1）资本性支出。通过审查"低值易耗品"、"管理费用"、"制造费用"、"财务费用"、"长期借款"、"在建工程"、"应付债券"等账户，确认企业有无将资本性支出作收益性支出处理，有无将应资本化的利息费用作为期间费用，若有，作相关调账处理，调增应纳税所得额。

（2）无形资产受让开发支出。根据税法规定，无形资产开发支出未形成资产的部分可作为支出准予扣除，已形成无形资产不得直接扣除，须按直线法摊销。注册税务师应通过"管理费用"、"制造费用"、"无形资产"等账户，结合查询等方法予以确认，判明是否要调增应纳税所得额。

（3）违法经营罚款和被没收财物损失项目。此项是指纳税人生产、经营违反国家法律、法规和规章，被有关部门处以罚款以及被没收财物的损失，属于计算应纳税所得额时不允许扣除的项目。注册税务师应通过"营业外支出"、"管理费用"、"其他业务成本"等账户的审查，将上述支出金额调增应纳税所得额。

（4）税收滞纳金、罚金、罚款项目。现行会计制度允许企业将该项支出在"营业外支出"中核算，故注册税务师应通过"营业外支出"、"以前年度损益调整"等账户的审查，将该项支出在计算应纳税所得额时予以剔除，以调增应纳税所得额。

（5）灾害事故损失赔偿。按税法规定，该损失赔偿的部分，在计算应纳税所得额时不得扣除，注册税务师应通过"固定资产清理"、"待处理财产损溢"、"营业外支出"及"银行存款"、"其他应收款"等账户的审查，以判明企业对应该得到或已经得到损失赔偿的部分会计处理是否正确，若不正确，作相关调账处理，进而调增应纳税所得额。

（6）非公益救济性捐赠。按现行会计制度规定，该项支出在"营业外支出"科目中核算，故注册税务师应通过"营业外支出"等科目的审查，判明是否存在非公益救济性捐赠，若有，在计算应纳税所得额时，全额予以剔除，调增应纳税所得额。同时注册税务师要注意严格按税法规定，正确区分公益救济性捐赠与非公益救济性捐赠的界限，以准确调整应纳税所得额。

（7）各种赞助支出。各种非广告性的赞助支出不得在税前列支。注册税务师应特别注意对赞助支出取得原始单据的审查，以判明企业的赞助支出是否属于广告性质的赞助，若是广告性的赞助支出，可以在所得税前列支，若是注册税务师可以通过审查"营业外支出"、"销售费用"等账户，调阅相关原始凭证，核实确认。若是非广告性质的赞助支出，全额调增应纳税所得额。

（8）与收入无关的支出。是指与企业生产经营无关的支出部分。企业任何费用支出，必须与应税收入有关。如企业为其他纳税人提供与本身应纳税收入无关的贷款担保，因被担保方还不清贷款由该担保纳税人承担的本息等，不得在担保企业税前扣除。注册税务师在对"营业外支出"、"其他业务成本"、"管理费用"、"财务费用"等科目的审查过程中，若发现类似与企业收入无关的支出，应予以调账，进而调增应纳税所得额。

3. 审查应税收益项目。应税收益是指纳税人根据税法及有关政策规定应计入应纳税所得额的收益，以及由于其他原因少提或未计入应纳税所得额而应补报的收益。

（1）无赔款优待。企业参加财产保险和运输保险，按规定缴纳的保险费用，准予扣除。保险公司给予企业的无赔款优待，须计入应纳税所得额。

（2）收回的资产损失。税法规定，企业在计算应纳税所得额时已经扣除的资产损失，在以后纳税年度全部或者部分收回时，其收回部分应当作为收入计入收回当期的应纳税所得额。

（3）其他少计未计应税收益。是指企业应计而未计或少计应纳税所得额而应补报的收益，对属于计算上的差错或其他原因而多报的收益，可用"－"号表示。

4. 其他纳税调整项目的审查。主要审查按财务制度规定计入当期会计所得，而根据现行税法规定，应从当期应税所得抵减的项目。

（1）审查弥补亏损。注册税务师应审查企业弥补的上年亏损额是否符合税法规定；申请弥补的年度是否符合税法规定，有无超过 5 年，有无间断计算弥补亏损年度的现象；连续发生的亏损，是否遵循了先亏先补的原则。

（2）审查"投资收益"、"未分配利润"。对于税后利润从应税所得中调减。如联营分回利润、股息收入、境外收益，按税法规定免予征税的所得，企业事业单位进行技术转让 500 万元以下的收益，国库券利息收入等，直接从应税所得中扣除。注册税务师应根据所得税申报表及附表有关项目，结合"投资收益"科目进行核查。对于企业来源于中国境外的所得已在境外缴纳的所得税税款，准予在汇总纳税时从其应纳税额中扣除。因此，应重点审查企业境外所得税款扣除限额的计算是否正确，申请抵免的境外所得税额是否有投资税务机关填发的完税凭证原件等。

（四）应缴入库所得税额的审查

1. 适用税率的审查。审查申报优惠税率的小型微利企业以及高新技术企业是否符合税法规定的条件。

2. 减免税额的审查。审查符合减免税条件的企业是否充分运用了优惠政策；审查企业已享受的优惠政策是否有税务机关的批文；审查企业享受减免的金额是否正确。

3. 抵免税额的审查。审查境外所得已纳税额的抵免是否正确；审查专用设备投资额抵免所得税是否正确。

二、纳税审查报告

【案例 6－13】多味食品厂 201×年主营业务收入 4 000 万元，201×年利润表中反映的会计利润 500 万元，已预缴所得税 125 万元，注册税务师受托对该厂审查时发现有以下几项内容未作纳税调整：

1. 盘亏存货 10 万元已经批准转作营业外支出，企业还未作会计处理；

2. 销售产品取得含税收入 58.5 万元（成本 40 万元），企业作暂收款项入账；

3. 销售费用中包括广告费 120 万元；

4. 营业外支出中有向协作单位厂庆赞助费 4 万元，通过民政局向敬老院捐赠 50 万元，向贫困地区直接捐赠自产货物一批，无同类产品售价，成本 60 万元，已按规定缴纳增值税；

5. 管理费用中业务招待费 80 万元；

6. 本年实际发生工资支出 1 000 万元，企业已按工资支出的 14%、2%、2.5% 计提了职工福利费、工会经费以及职工教育经费，上述三项经费尚未实际支付。

要求：根据上述资料编制多味食品厂 201×年所得税汇算清缴纳税审查报告。

关于多味食品厂 201×年所得税汇算清缴的纳税审查报告

多味食品厂：

我们受贵厂的委托，对贵厂 201×年所得税汇算清缴情况进行了纳税审查，重点审查了利润表、有关收入及税前扣除项目，抽查了相关会计凭证和会计处理，提出纳税审查报告如下：

1. 调整会计利润

（1）盘亏存货及其不得从销项税额中抵扣的进项税额，均应计入营业外支出，应调减利润：$10 \times (1 + 17\%) = 11.7$（万元）

（2）销售产品收入应转入收入账户，同时结转成本，应调增利润：
$58.5 \div (1 + 17\%) - 40 = 10$（万元）

（3）调整后的利润总额 $= 500 - 11.7 + 10 = 498.3$（万元）

2. 纳税调整

（1）广告费的调整：扣除限额 $= (4\,000 + 50 + 66) \times 15\% = 617.4$（万元）；实际发生 120 万元；准予扣除 120 万元。

（2）赞助费的调整：非广告性赞助不得税前扣除，应调增所得额 4 万元。

（3）公益性捐赠的调整：扣除限额 $= 498.3 \times 12\% = 59.796$（万元）；实际捐赠 50 万元；准予扣除 50 万元。

（4）直接捐赠的调整：

① 向贫困地区直接捐赠自产货物，除视同销售缴增值税外，还应缴所得税，调增所得：$60 \times (1 + 10\%) - 60 = 6$（万元）。

② 直接捐赠不得税前扣除，应调增所得 $60 + 60 \times (1 + 10\%) \times 17\% = 71.22$（万元）

（5）业务招待费：折扣额 $= 80 \times 60\% = 48$（万元）；扣除限额 $= 4\,116 \times 5‰ = 20.58$（万元）；实际发生 80 万元；准予扣除 20.58 万元；调增所得 $= 80 - 20.58 = 59.42$（万元）。

（6）根据税法规定，未实际发生的三项经费不得税前扣除，因此贵厂计提的职工福利费、工会经费以及职工教育经费应全额调增应纳税所得额。

① 职工福利费调增所得 $= 1\,000 \times 14\% = 140$（万元）

② 工会经费调增所得 $= 1\,000 \times 2\% = 20$（万元）

③ 职工教育经费调增所得 $= 1\,000 \times 2.5\% = 25$（万元）

3. 应纳税所得额 $= 498.3 + 4 + 6 + 71.22 + 59.42 + 140 + 20 + 25 = 823.94$（万元）

4. 应纳企业所得税 $= 823.94 \times 25\% = 205.985$（万元）

5. 应补缴企业所得税 $= 205.985 - 125 = 80.985$（万元）

××税务师事务所（盖章）

注册税务师：××（盖章）

201×年 3 月 31 日

三、企业所得税纳税审查后的账务调整

（一）企业所得税调账方法

在所得税纳税审查中所发现的问题有两种类型：一种是直接影响本年利润的账项；另一种是间接影响本年利润的账项。对于直接影响本年利润的账项，如主营业务收入、其他业务收入、营业外收入、投资收益、管理费用、销售费用、财务费用、营业外支出等，可直接调整"本年利润"账户，计算补交所得税即可。但对于间接影响本年利润的账项，如原材料、工资、生产成本、库存商品等，则不得直接调增本年利润，否则会造成虚增利润，虚增应纳税所得额，造成多交所得税。

对于在材料采购成本、原材料成本的结转、生产成本的核算中发生的错误，如果尚未完成一个生产周期，其错误额会依次转入原材料、生产成本、库存商品、主营业务成本及本年利润中，在调整账务时，应将错误额根据具体情况在期末原材料、生产成本、库存商品和本期销售产品之间进行合理分摊。

计算分摊的方法是：按产品成本核算过程逐步剔除挤占因素，即将审查出的需分配的错误数额，按材料、生产成本、库存商品、主营业务成本等核算环节的程序，一步一步地往下分配。将计算出的各环节应分摊的成本数额，分别调整有关账户，在期末结账后，当期销售产品应分摊的错误数额应直接调整利润数。在实际工作中一般较多地采用"按比例分摊法"。计算步骤及计算公式如下：

第一步：计算分摊率。

分摊率＝审查出的错误额÷（原材料期末余额＋生产成本期末余额＋库存商品期末余额＋本期已销产品成本）×100%

上述公式是基本计算公式，具体运用时，应根据错误发生的环节，相应地选择某几个项目进行计算分摊，不涉及的项目则不参加分摊。①在"生产成本"账户贷方、"库存商品"账户借方查出的数额，只需在期末库存商品、本期产品销售成本之间分摊；②在"材料"账户贷方、"生产成本——基本生产成本"账户借方查出的错误额，即多转或少转成本的问题，应在公式中后三个项目之间分摊；③在"材料"账户借方查出的问题，即多计或少计材料成本，要在公式中的四个项目之间分摊。

第二步：计算分摊额。

（1）期末材料应分摊的数额＝期末材料成本×分摊率

（2）期末在产品成本应分摊的数额＝期末在产品成本×分摊率

（3）期末库存商品应分摊的数额＝期末库存商品成本×分摊率

（4）本期销售产品应分摊的数额＝本期销售产品成本×分摊率

第三步：调整相关账户。

将计算出的各环节应分摊的成本数额，分别调整有关账户，在期末结账后，当期销售产品应分摊的错误数额应直接调整利润数。

（二）企业所得税调账举例

【案例6-14】注册税务师受托对某企业进行纳税审查，发现该企业某月份将基建工程领用的生产用原材料30 000元计入生产成本。由于当期期末既有期末在产品，也有生产完

工产品。完工产品当月对外销售一部分。因此，多计入生产成本的30 000元，已随企业的生产经营过程分别进入了生产成本、库存商品、产品销售成本之中。经核实，期末在产品成本为150 000元，库存商品成本为150 000元，产品销售成本为300 000元。则注册税务师可按以下步骤计算分摊各环节的错误数额，并作相应调账处理。

第一步：计算分摊率。

分摊率 = 多计生产成本数额 ÷（期末在产品结存成本 + 期末库存商品结存成本 + 本期销售产品成本）

　　　　= 30 000 ÷（150 000 + 150 000 + 300 000）= 0.05

第二步：计算各环节的分摊数额。

（1）在产品应分摊的数额 = 150 000 × 0.05 = 7 500（元）

（2）库存商品应分摊的数额 = 150 000 × 0.05 = 7 500（元）

（3）本期产品销售成本应分摊的数额 = 300 000 × 0.05 = 15 000（元）

第三步：调整相关账户。

若审查期在当年，调账分录为：

借：在建工程		35 100
贷：生产成本		7 500
库存商品		7 500
本年利润		15 000
应交税费——应交增值税（进项税额转出）		5 100

若审查期在以后年度，则调账分录为：

借：在建工程		35 100
贷：生产成本		7 500
库存商品		7 500
以前年度损益调整		15 000
应交税费——应交增值税（进项税额转出）		5 100

第四节　企业所得税纳税筹划代理

每个企业都希望能够依法合理节税，减轻税收负担。本节将详细介绍企业所得税纳税筹划的基本方法及基本内容。

一、企业所得税纳税筹划基本方法

（一）税基式筹划

税基式筹划是指纳税人通过缩小税基的方式来减轻税收负担，由于税基是计税的依据，在适用税率一定的条件下，税额的大小与税基的大小成正比，税基越小，纳税人负有的纳税义务越轻。例如，企业所得税计算公式为：应纳所得税额 = 应纳税所得额 × 所得税税率，

"应纳税所得额"是税基，在所得税税率一定的情况下，"应纳所得税额"随"应纳税所得额"这一税基的减少而减少，此即税基式筹划原理。企业所得税税基式筹划的方式主要有减少应税收入、增加税前扣除等。

（二）税率式筹划

税率式筹划是指纳税人通过一定的合法途径，使其所拥有的课税对象直接适用于较低的税率计税，以达到减轻税收负担的目的。引起这种纳税筹划行为的外部原因主要在于税法对不同地区、不同行业以及对不同所有制性质的企业实行不同税率的结果。企业所得税税率式筹划的方式主要是尽可能符合小型微利企业、高新技术企业的条件，从而适用低税率。

（三）税额式筹划

税额式筹划是纳税人通过直接减少应纳税额的方式来减轻税收负担或者解除纳税义务。在税基式筹划和税率式筹划方式中，纳税人通过缩小税基或是降低适用税率进行筹划，其节税金额往往要经过较为复杂的计算过程才能知道。而在税额式筹划方式中，节税金额比较明确，一般不需经过复杂的计算过程。税额式筹划常常与税收优惠中的全部免征或减半免征相联系，因而，其主要筹划方式是利用税收优惠政策。企业所得税税额式筹划的方式主要通过产业政策的减免税优惠来实现。如：公共基础设施所得减免税，环保、节能节水项目所得减免税，技术转让所得减免税，专用设备投资抵免所得税。

二、企业所得税纳税筹划基本内容

（一）应税收入确认的纳税筹划

1. 利用推迟收入的实现时间进行筹划。企业所得税法规定：股息、红利等权益性投资收益按照被投资方作出利润分配决定的日期确认收入的实现；利息收入按照合同约定的债务人应付利息的日期确认收入的实现；租金收入按照合同约定的承租人应付租金的日期确认收入的实现；特许权使用费收入按照合同约定的特许权使用人应付特许权使用费的日期确认收入的实现；接受捐赠收入按照实际收到捐赠资产的日期确认收入的实现；以分期收款方式销售货物的，按照合同约定的收款日期确认收入的实现；采取产品分成方式取得收入的，按照企业分得产品的日期确认收入的实现。

上述明确规定了确认时点的收入，为收入的推迟实现提供了筹划空间，也就相当于企业取得了一项无息贷款，使企业获得了资金的时间价值。

2. 利用免税收入进行筹划。企业所得税法规定免征企业所得税的收入包括：（1）国债利息收入；（2）符合条件的居民企业之间的股息、红利等权益性投资收益；（3）在中国境内设立机构、场所的非居民企业从居民企业取得与该机构、场所有实际联系的股息、红利等权益性投资收益；（4）符合条件的非营利组织的收入。

具体筹划思路为：当企业有闲置资金时，可以与其他投资项目进行比较，准确估计项目的收益率，在取得同等收益率的情况下优先购买国债和权益性投资。

（二）成本费用税前扣除的纳税筹划

1. 合理选择存货计价方法

（1）税法规定：企业使用或者销售的存货的成本计算方法，可以在先进先出法、加权平均法、个别计价法中选用一种。不同的存货计价方法，对于产品成本、企业利润及所得税都有不同的影响，这就为企业进行存货计价方法的选择提供了空间，也为企业进行纳税筹划，减轻所得税税负，实现税后利润最大化提供了法律依据。

（2）筹划思路：①一般情况下，应选择加权平均法对企业存货进行计价，这样企业计入各期产品成本的材料等存货的价格比较均衡，不会忽高忽低，特别是在材料等存货价格差别较大时，可以起到缓冲的作用，使企业产品成本不致发生较大变化，各期利润比较均衡；②在物价持续下降的情况下，应选择先进先出法对企业存货进行计价，才能提高企业本期的销货成本，相对减少企业当期收益，减轻企业的所得税负担；③在物价持续上涨的情况下，应选择加权平均法和个别计价法对存货进行计价，有利于减轻企业的所得税负担。

2. 分设企业增加扣除限额

（1）税法规定：企业发生的与生产经营活动有关的业务招待费支出，按照发生额的60%扣除，但最高不得超过当年销售（营业）收入的5‰；企业发生的符合条件的广告费和业务宣传费支出，不超过当年销售（营业）收入15%的部分，准予扣除；超过部分，准予在以后纳税年度结转扣除。

（2）筹划思路：拆分企业的组织结构（分设企业），增加扣除限额，从而增加税前扣除费用，减轻企业所得税负担。

【案例6-15】 某生产企业某年度实现销售净收入20 000万元，企业当年发生业务招待费160万元，发生广告费和业务宣传费3 500万元。

新设企业前的扣除情况：

① 业务招待费：准扣额 $=160\times60\%=96$（万元）；扣除限额 $=20\,000\times5‰=100$（万元）；业务招待费超标 $=160-96=64$（万元）。

② 广告费和业务宣传费超标：$3\,500-20\,000\times15\%=500$（万元）。

③ 超标部分应交企业所得税：$(64+500)\times25\%=141$（万元）。

新设企业后的扣除情况：

将企业的销售部门分离出去，成立一个独立核算的销售公司。企业生产的产品以18 000万元卖给销售公司，销售公司再以20 000万元对外销售。费用在两个公司分配：生产企业与销售公司的业务招待费各分80万元，广告费和业务宣传费分别为1 500万元和2 000万元。由于增加了独立核算的销售公司这样一个新的组织形式，也就增加了扣除限额；因最后对外销售仍是20 000万元，没有增值，所以不会增加增值税的税负。这样，在整个利益集团的利润总额不变的情况下，业务招待费、广告费和业务宣传费分别以两家企业的销售收入为依据计算扣除限额，结果如下：

生产企业：

① 业务招待费：

实际发生额 $=80$（万元），准扣额 $=80\times60\%=48$（万元），扣除限额 $=18\,000\times5‰=90$（万元），业务招待费超标 $=80-48=32$（万元）。

② 广告费和业务宣传费：

实际发生额＝1 500（万元），扣除限额＝18 000×15%＝2 700（万元），未超标。

销售公司：

① 业务招待费：实际发生额＝80（万元），准扣额＝80×60%＝48（万元），扣除限额＝20 000×5‰＝100（万元），业务招待费超标＝80－48＝32（万元）。

② 广告费和业务宣传费：

实际发生额＝2 000（万元），扣除限额＝20 000×15%＝3 000（万元），未超标。

筹划结果：分设两个企业比一个企业节约企业所得税75万元。

3. 费用及时扣除不滞后

（1）税法规定：纳税人某一纳税年度应申报的可扣除费用不得提前或滞后申报扣除。

（2）筹划思路：应摊的费用及时摊销；应提的折旧及时计提；资产损失应在当年申报扣除。

【案例6－16】2009年10月发生招待费取得的发票如果在2009年入账可以税前扣除，若不及时入账而拖延至2010年入账，则此笔招待费用不管2009年还是2010年均不得税前扣除。再比如，2009年12月因为漏记"管理费用——无形资产摊销"2万元，而未申报扣除此项费用，则在2009年及以后年度是不允许补扣的。类似的还有开办费摊销、固定资产折旧、企业资产损失等。

（三）固定资产折旧的纳税筹划

1. 税法规定：企业的固定资产一般情况下采用直线法计提折旧，如果由于技术进步等原因，确需加速折旧的，可以缩短折旧年限或者采取加速折旧的方法。可以采取加速折旧方法的固定资产包括两类：一是由于技术进步，产品更新换代较快的固定资产；二是常年处于强震动、高腐蚀状态的固定资产。加速折旧的具体方法有三种：缩短折旧年限法、双倍余额递减法和年数总和法。其中，采取缩短折旧年限方法的，最低折旧年限不得低于税法规定折旧年限的60%。

2. 筹划思路：

（1）折旧方法的选择：对于符合条件的固定资产尽可能采用缩短折旧年限或者采取加速折旧的方法。这样可以使前期多提折旧，少缴企业所得税，从而获得资金的时间价值。

　　　温馨提示：*税收减免期不宜采用加速折旧法。由于加速折旧的特点是固定资产在使用前期多提折旧，后期少提折旧。在正常生产经营条件下，加速折旧可以递延缴纳税款的时间。但如果企业处于税收减免优惠期间，加速折旧对企业所得税的影响是负的，不仅不能少缴税，反而会多缴税。*

（2）折旧年限的选择：在税率不变的前提下，企业可尽量选择最低的折旧年限。

（3）净残值的估计：在税率不变的前提下，企业在估计净残值时，应尽量估计低一点，企业计提的折旧总额也就相对多一些，从而减轻企业的所得税负担。

【案例6－17】某机电设备制造厂，经济效益较好，企业逐年盈利，企业所得税税率为25%，201×年拟购进一项由于技术进步产品更新换代较快的固定资产，该项固定资产原值500万元，预计净残值20万元，预计使用寿命5年，与税法规定的折旧最低年限相同。根据税法规定，该项固定资产在折旧方面可享受税收优惠政策。假定按年复利利率10%计算，第1年至第5年的现值系数分别为：0.909、0.826、0.751、0.683、0.621。

方案一：采取直线折旧法

企业不考虑税收优惠政策而按通常折旧方法计提折旧，以年限平均法计提折旧，即将固定资产的应计折旧额均衡地分摊到固定资产预计使用寿命内。固定资产折旧年限5年，年折旧额为$(500-20)÷5=96$万元，累计折旧现值合计为$96×0.909+96×0.826+96×0.751+96×0.683+96×0.621=363.84$万元，因折旧可税前扣除，相应抵税$363.84×25\%=90.96$万元。

方案二：采取缩短折旧年限法

企业选择最低折旧年限为固定资产预计使用寿命的60%，则该固定资产最低折旧年限为$5×60\%=3$年，按年限平均法分析，年折旧额为$(500-20)÷3=160$万元，累计折旧现值合计为$160×0.909+160×0.826+160×0.751=397.76$万元，因折旧可税前扣除，相应抵税$397.76×25\%=99.44$万元。

方案三：采取双倍余额递减法

即在不考虑固定资产预计净残值的情况下，根据每期期初固定资产原值减去累计折旧后的金额和双倍的直线法折旧率计算固定资产折旧。第1年折旧额为$500×2÷5=200$万元，第2年折旧额为$(500-200)×2÷5=120$万元，第3年折旧额为$(500-200-120)×2÷5=72$万元，第4年、第5年折旧额为$(500-200-120-72-20)×2=44$万元。累计折旧现值合计为$200×0.909+120×0.826+72×0.751+44×0.683+44×0.621=392.368$万元，因折旧可税前扣除，相应抵税$392.368×25\%=98.092$万元。

方案四：采取年数总和法

即将固定资产的原值减去预计净残值后的余额，乘以一个固定资产可使用寿命为分子、以预计使用寿命逐年数字之和为分母的逐年递减的分数计算每年的折旧额。第1年折旧额为$(500-20)×5÷15=160$万元，第2年折旧额为$(500-20)×4÷15=128$万元，第3年折旧额为$(500-20)×3÷15=96$万元，第4年折旧额为$(500-20)×2÷15=64$万元，第5年折旧额为$(500-20)×1÷15=32$万元，累计折旧现值合计为$160×0.909+128×0.826+96×0.751+64×0.683+32×0.621=386.848$万元，因折旧可税前扣除，相应抵税$386.848×25\%=96.712$万元。

对上述4种方案比较分析，采取缩短折旧年限法或加速折旧方法，在固定资产预计使用寿命前期计提的折旧较多，因货币的时间价值效应，较采取通常折旧方法抵税效益明显。方案一采取直线折旧方法抵税最少，方案二采取缩短折旧年限方法抵税最多，采取缩短折旧年限方法较直线折旧方法多抵税$99.44-90.96=8.48$万元；方案三双倍余额递减法次之，采取双倍余额递减法较直线折旧方法多抵税$98.092-90.96=7.132$万元；采取方案四年数总和法，较直线折旧方法多抵税$96.712-90.96=5.752$万元。

（四）税收优惠政策的纳税筹划

利用税收优惠进行筹划能实现国家与企业双赢的局面，一方面国家可实现宏观调控；另一方面企业可优化产业结构，合理节税。利用税收优惠筹划是纳税筹划的最高境界，是零风险的节税。对企业来说，关键是要吃透税收优惠政策。

1. 税法规定：企业所得税的主要优惠政策有：免税收入优惠；减计收入优惠；减免

税所得优惠（包括：农业项目所得减免税，公共基础设施所得减免税，环保、节能节水项目所得减免税，技术转让所得减免税等）；加计扣除优惠（包括：研究开发费的加计扣除、支付残疾职工工资的加计扣除）；固定资产加速折旧优惠；创业投资额抵扣应纳税所得额优惠；高新技术企业低税率优惠；小型微利企业低税率优惠；专用设备投资抵免所得税优惠。

2. 筹划思路：一是选好投资方向。可考虑向农林牧渔、公共基础设施、环境保护、节能节水等产业投资；二是坚持技术创新。企业技术创新可享受系列税收优惠；三是用好税率优惠政策。主要有：小型微利企业低税率优惠和高新技术企业低税率优惠；四是用好地区优惠政策。主要有：西部大开发税收优惠，东北地区税收优惠，中部地区税收优惠。

【案例 6-18】 利用农业项目所得减免税优惠

某乡镇企业 201×年投资兴建一个分厂，决定投资 1 000 万元，预计每年获利 200 万元，假如不存在所得税调整事项，现有三个投资方案可供选择：

方案一：经过市场调研，投资大棚蔬菜种植，收益前景良好。

方案二：经过市场调研，投资大棚花卉种植，收益前景良好。

方案三：经过市场调研，投资大棚烟叶种植，收益前景良好。

根据税法规定，种植蔬菜所得免税；种植花卉所得减半计税；种植烟叶所得不免税。

方案一：应纳所得税为 0，税后收益为 200 万元

方案二：应纳所得税为 25 万元（200×25%×50%），税后收益为 175 万元

方案三：应纳所得税为 50 万元（200×25%），税后收益为 150 万元

结论：方案一最优，方案二次之，方案三税后收益最少。

【案例 6-19】 利用技术转让所得减免税优惠

对于企业技术转让所得，纳税人可以 500 万元为界，考虑免征与减半征收的边界税率，确定最佳税收负担。

某企业预计在两个纳税年度内可取得 1 000 万元技术转让所得，现有两个方案可以选择：

方案一：第一年实现 400 万元，第二年实现 600 万元；

方案二：第一年实现 500 万元，第二年实现 500 万元。

对方案一来说，根据税法规定，该企业应在第二年就超过 500 万元部分减半计税。对方案二来说，由于该企业每年都确认 500 万元的技术转让所得，所以不需负担企业所得税。

企业利用税收优惠筹划还需注意两个问题：一是纳税人要从事受政策鼓励和扶持的项目，必须符合税法规定的优惠条件；二是同时适用不同的优惠项目应单独计算所得并合理分摊费用，未单独计算的不得享受企业所得税优惠。

关键术语

1. 暂时性差异　2. 资产减值损失　3. 公允价值变动收益　4. 抵扣应纳税所得额
5. 不征税收入　6. 免税收入　7. 纳税调整后所得

实训练习

【实训题1】

【实训资料】 某企业 201×年相关财务数据如下：主营业务收入 1 000 万元，其他业务收入 150 万元；会计利润为 100 万元，已按规定预缴了企业所得税款 25 万元。某税务师事务所受托给该企业做年终汇算清缴时，发现如下问题：

1. 该企业全年发生了合理工资支出 100 万元（其中含向残疾员工支付的工资 12 万元）；本年实际发生职工福利费 18 万元。

2. 全年支出业务招待费 5 万元。

3. 审查"营业外支出"明细账，发现以下两笔业务：

（1）10 月通过政府部门向遭受自然灾害的地区捐赠自产货物一批，该批货物的正常对外不含税售价为 50 万元，成本为 40 万元，该企业直接以 40 万元的成本加上 8.5 万元的销项税结转到支出项目中；

（2）11 月主管国税局对公司的增值税进行审查，发现了违反税法规定的事项，对企业罚款 20 万元并加收税收滞纳金 1 万元。

4. 全年发生广告费和业务宣传费支出 150 万元，其中发现票据不符合规定的广告费支出为 10 万元，2009 年因广告费超过限额，有 20 万元纳税调增记录。

5. 本年 6 月购入电子设备一批，金额为 12 万元，会计上按直线法计提折旧，期限为 5 年，净残值 5%（假定残值率与税法一致），税法规定电子设备的折旧年限为 3 年。

6. 该企业于 12 月获得省科委及主管国、地税的审查认定，获得高新技术企业资格。

【实训要求】

（1）指出企业存在的税收问题；

（2）计算该企业当年汇算清缴应补（退）的所得税。

【实训题2】

【实训资料】 某中小企业购进一台新设备，原值为 30 万元，预计净残值率为 5%，经税务机关核定其折旧年限为 5 年。由于该设备属于高新技术产品生产设备，更新换代快，税务机关批准可以采用双倍余额递减法计提折旧。则企业按年限平均法折旧与按双倍余额递减法折旧对照如下（假定每年税前会计利润均为 20 万元，企业所得税率均为 20%）：

采用平均年限法和双倍余额递减法计算折旧和所得税额　　　　单位：元

年　份	平均年限法			双倍余额递减法		
	折旧额	税前利润	所得税额	折旧额	税前利润	所得税额
第一年						
第二年						
第三年						
第四年						
第五年						
合　计						

【实训要求】

（1）分别按年限平均法、双倍余额递减法计算各年的折旧及应纳的所得税，将结果填入表格；

（2）分析说明采用双倍余额递减法计提折旧给企业带来的好处。

【实训题3】

【实训资料】甲上市公司于201×年1月设立，采用资产负债表债务法核算所得税费用，适用的所得税税率为25%，该公司201×年利润总额为6 000万元，当年发生的交易或事项中，会计规定与税法规定存在差异的项目如下：

1. 201×年12月31日，甲公司应收账款余额为5 000万元，对该应收账款计提了500万元坏账准备。税法规定，企业按照应收账款期末余额的5‰计提了坏账准备允许税前扣除，除已税前扣除的坏账准备外，应收款项发生实质性损失时允许税前扣除。

2. 按照销售合同规定，甲公司承诺对销售的X产品提供3年免费售后服务。甲公司201×年销售的X产品预计在售后服务期间将发生的费用为400万元，已计入当期损益。税法规定，与产品售后服务相关的支出在实际发生时允许税前扣除。甲公司201×年没有发生售后服务支出。

3. 甲公司201×年以4 000万元取得一项到期还本付息的国债投资，作为持有至到期投资核算，该投资实际利率与票面利率相差较小，甲公司采用票面利率计算确定利息收入，当年确认国债利息收入200万元，计入持有至到期投资账面价值，该国债投资在持有期间未发生减值。税法规定，国债利息收入免征所得税。

4. 201×年12月31日，甲公司Y产品的账面余额为2 600万元，根据市场情况对Y产品计提跌价准备400万元，计入当期损益。税法规定，该类资产在发生实质性损失时允许税前扣除。

5. 201×年4月，甲公司自公开市场购入基金，作为交易性金融资产核算，取得成本为2 000万元，201×年12月31日该基金的公允价值为4 100万元，公允价值相对账面价值的变动已计入当期损益，持有期间基金未进行分配，税法规定。该类资产在持有期间公允价值变动不计入应纳税所得额，待处置时一并计算应计入应纳税所得额的金额。

其他相关资料：

（1）假定预期未来期间甲公司适用的所得税税率不发生变化。

（2）甲公司预计未来期间能够产生足够的应纳税所得额用以抵扣可抵扣暂时性差异。

【实训要求】

（1）确定甲公司上述交易或事项中资产、负债在201×年12月31日的计税基础，同时比较其账面价值与计税基础，计算所产生的应纳税暂时性差异或可抵扣暂时性差异的金额。

201×年利润总额为6 000万元，

（2）计算甲公司201×年应纳税所得额、应交所得税、递延所得税和所得税费用。

（3）编制甲公司201×年确认所得税费用的会计分录。（答案中的金额单位用万元表示）

实践训练

企业有关资料：某电视机厂企业所得税率为 25%。201×年已预缴所得税 850 万元。该厂 201×年生产经营情况如下：

1. 主营业务收入：9 200 万元
2. 主营业务成本：5 200 万元
3. 营业税金及附加：344.08 万元
4. 其他业务收入：20 万元（其中出租出借包装物收入 20 万元）
5. 营业费用：682.147 5 万元。其中：广告费用 320 万元；福利费 25.9 万元；经营租金 120 万元；固定资产折旧 31.247 5 万元；工资 185 万元
6. 管理费用：974.448 万元。其中：业务招待费 125 万元；无形资产摊销 40 万元；坏账准备金 4.5 万元；水电费 42 万元；存货跌价准备金 20 万元；工资 132.4 万元；固定资产折旧 81.7 万元；福利费 18.536 万元；审计费、咨询费 24 万元；职工工会经费 31.008 万元；差旅费 124 万元；职工教育经费 23.256 万元；租金 52 万元；其他费用 116.548 万元；社会保险缴款 57 万元；劳动保护费 17.5 万元；技术开发费 60 万元；长期待摊费用 5 万元
7. 财务费用：40 万元。其中：利息收入 7 万元；利息支出 46 万元（都是支付给金融机构的银行利息）；汇兑收益 5 万元；财务手续费支出 5 万元
8. 投资收益：580 万元。其中：债券利息收入 215 万元；股票转让收益 45 万元；股利收入 320 万元。具体情况如下：
   （1）短期股权投资：转让广东万和股票取得收益 45 万元（投资转让价 345 万元，投资转让成本 300 万元）；
   （2）长期投资（债券）：广东西飘债券利息收入 200 万元（投资成本 1 500 万元），国库券利息收入 15 万元（投资成本 187.5 万元）；
   （3）长期投资（股权）：权益法核算。从温州市和田电子有限公司分得股利 320 万元（本公司占和田公司的股权 40%，投资成本为 2 000 万元，和田公司本年度宣告发放股利 800 万元，和田公司的所得税税率为 15%）
9. 营业外收入：68.5 万元。其中：处置固定资产收益 58.5 万元；固定资产盘盈 10 万元
10. 营业外支出：157.6 万元。其中：固定资产报废损失 7 万元；固定资产盘亏 8.6 万元；捐赠支出 100 万元；在建工程减值准备 16 万元；固定资产减值准备 26 万元
11. 工资汇总表

应付职工薪酬汇总表
单位：万元

项　　目	应付工资	应付福利费	职工工会经费	职工教育经费
生产成本	1 150.00	161.00		
制造费用	57.00	7.98		
营业费用	185.00	25.90		
管理费用	132.40	18.536	31.008	23.256
在建工程	26	3.64		

12. 固定资产折旧表

固定资产折旧表

单位：万元

项　目	资产平均原值	折旧率	折旧额
生产部门			
房屋建筑物	19 200 000.00	0.025	480 000
机械及其他设备	28 058 157.89	0.095	2 665 525
电子设备及运输工具	1 184 210.53	0.19	225 000
管理部门			
房屋建筑物	13 200 000.00	0.025	330 000
机械及其他设备	1 210 526.32	0.095	115 000
电子设备及运输工具	1 957 894.74	0.19	372 000
销售部门			
房屋建筑物	1 680 000.00	0.025	42 000
机械及其他设备	236 578.95	0.095	22 475
电子设备及运输工具	1 305 263.16	0.19	248 000
合计			
房屋建筑物	34 080 000.00	0.025	852 000
机械及其他设备	29 505 263.16	0.095	2 803 000
电子设备及运输工具	447 368.42	0.19	845 000

注：房屋建筑物为 20 年，机械及其他设备为 10 年，电子设备及运输工具 3 年。

13. 无形资产、长期待摊费用摊销情况表

无形资产、长期待摊费用摊销情况表

单位：万元

项　目	年初余额	上年摊销额	本年增加的资产		本年减少的资产		本年摊销额
			原值	摊销额	原值	摊销额	
专利权	240.00	40.00					40.00
长期待摊费用	10.00	5.00					5.00
合计	250.00	45.00					45.00

注：专利权摊销年限 10 年，长期待摊费用摊销年限 5 年。

14. 坏账准备情况表

坏账准备情况表

单位：万元

项目	期初余额	年初坏账余额	期末余额	年末坏账余额	增提坏账准备金	本期发生的坏账	本期收回坏账
其他应收款	250.00		150.00		−0.50		
应收账款	100		1 100.00		5.00		
合计	350	1.75	1 250.00	6.25	4.50		

注：企业采用备抵法核算坏账，上年申报的坏账准备纳税调整额为 0。

15. 广告支出情况表

广告支出情况表 单位：万元

项　目	广告发布者名称	广告发布地址	金　额
电视广告			
阳光之星	广东东南电视台	广东省广州市	50.00
日升魅力	中央八台	北京市	260.00
小计			310.00
其他广告			
美丽的日升	雅虎网站	北京市	10.00
小计			10.00
合计			320.00

企业以前年度累计结转扣除额为0。

16. 企业本年度向广东省希望工程基金会捐赠100万元（公益性捐赠）。广东省希望工程基金会地址：广州市龙口西路898号

【实习实训要求】

（1）根据原始资料计算填制企业所得税年度纳税申报表附表。

（2）根据原始资料及附表计算填制企业所得税年度纳税申报表。

第 七 章

个人所得税代理

1. 掌握代扣代缴、自行申报个人所得税的会计核算
2. 掌握个人所得税代理纳税申报操作规范及应用
3. 理解个人所得税纳税审查内容及操作要点，并能应用于实务操作
4. 掌握个人所得税纳税筹划的基本方法

第一节　个人所得税会计核算

个人所得税十一项应税所得中有十项都规定了由支付单位和个人代扣代缴税款，有一项规定由纳税人自行申报。不同的纳税办法，决定了不同的会计核算方法。

一、代扣代缴个人所得税的会计核算

（一）税法规定

凡支付个人应纳税所得的企业（公司）、事业单位、机关、社团组织、军队、驻华机构（不包括外国驻华使馆和联合国及其他依法享有外交特权和豁免的国际组织驻华机构）、个体户等单位或者个人，为个人所得税的扣缴义务人。

扣缴义务人向个人支付除个体工商户（包括个人独资企业、合伙企业）的生产经营所得以外的各项应税所得，应代扣代缴个人所得税。

（二）会计科目设置

在"应交税费"科目下设置"应代交个人所得税"明细科目，该明细科目核算企业代扣代交的个人所得税。

企业向个人支付所得，代扣个人所得税时，借记"应付职工薪酬"、"应付利息"、"应付股利"、"管理费用"、"销售费用"、"生产成本"等科目，贷记"应交税费——应代交个人所得税"科目。企业代交个人所得税时，借记"应交税费——应代交个人所得税"科目，贷记"银行存款"或"库存现金"等科目。

（三）会计核算

1. 工资薪金所得税额的会计核算

【案例7-1】张某5月份从企业取得工资2 000元，津贴1 000元，补贴1 000元，单位代扣"三险一金"800元（按规定免税）。扣缴义务人计算应代交个人所得税，并作会计分录。

（1）计算应交个人所得税：

应纳税所得额 = 2 000 + 1 000 + 1 000 - 800 - 2 000 = 1 200（元）

应交个人所得税 = 1 200 × 10% - 25 = 95（元）

（2）发放工资并代扣"三险一金"和个人所得税时：

借：应付职工薪酬		4 000
贷：其他应付款		800
应交税费——应代交个人所得税		95
银行存款		3 105

（3）代交"三险一金"和个人所得税时：

借：其他应付款		800
应交税费——应代交个人所得税		95
贷：银行存款		895

2. 劳务报酬所得税额的会计核算

【案例7-2】王某为某公司进行工程设计，一次取得现金收入100 000元。扣缴义务人计算应代交个人所得税，并作会计分录。

（1）计算王某应交个人所得税：

应纳税所得额 = 100 000 × (1 - 20%) = 80 000（元）

应交个人所得税 = 80 000 × 40% - 7 000 = 25 000（元）

（2）该公司支付劳务报酬并代扣个人所得税时：

借：管理费用		100 000
贷：应交税费——应代交个人所得税		25 000
库存现金		75 000

（3）该公司代交个人所得税时：

借：应交税费——应代交个人所得税		25 000
贷：银行存款		25 000

3. 稿酬所得税额的会计核算

【案例7-3】李教授在某出版社出版教材一部，稿酬收入20 000元。扣缴义务人计算应代交个人所得税，并作会计分录。

（1）计算个人所得税：

应纳税所得额 = 20 000 × (1 - 20%) = 16 000 （元）

应交个人所得税 = 16 000 × 20% × (1 - 30%) = 2 240 （元）

（2）该出版社支付稿酬并代扣个人所得税时：

借：生产成本 20 000

　　贷：应交税费——应代交个人所得税 2 240

　　　　银行存款 17 760

（3）出版社代交个人所得税时：

借：应交税费——应代交个人所得税 2 240

　　贷：银行存款 2 240

4. 财产租赁所得税额的会计核算

【案例 7 - 4】刘某将其自有的 4 间面积为 150 平方米的房屋出租给某企业作管理用房，每月取得租金收入 2 500 元。扣缴义务人计算应代交个人所得税，并作会计分录。

（1）计算刘某租金收入应交个人所得税：

每月应纳税所得额 = 2 500 - 800 = 1 700 （元）

每月应交个人所得税 = 1 700 × 20% = 340 （元）

（2）该企业每月支付租金并代扣个人所得税时：

借：管理费用 2 500

　　贷：应交税费——应代交个人所得税 340

　　　　库存现金 2 160

（3）该企业每月代交个人所得税时：

借：应交税费——应代交个人所得税 340

　　贷：银行存款 340

温馨提示： 对个人投资者从上市公司取得的股息红利所得，暂减按 50% 计入个人应纳税所得额，依照现行税法规定计征个人所得税。

5. 利息、股息、红利所得税额的会计核算

【例 7 - 5】赵某购买某上市公司股票 10 万股，每股 10 元。201 × 年该上市公司每股派发现金股利 0.3 元，赵某现金股利 3 万元。扣缴义务人计算应代交个人所得税，并作会计分录。

（1）计算赵某股利所得应交个人所得税。

应纳税所得额 = 30 000 ÷ 2 = 15 000 （元）

应交个人所得税 = 15 000 × 20% = 3 000 （元）

（2）该上市公司支付股利并代扣个人所得税时：

借：应付股利 30 000

　　贷：应交税费——应代交个人所得税 3 000

　　　　银行存款 27 000

（3）该上市公司代交个人所得税时：

借：应交税费——应代交个人所得税 3 000

　　贷：银行存款 3 000

6. 偶然所得税额的会计核算

【案例 7 - 6】陈某在参加商场的有奖销售过程中，中奖所得现金 20 000 元。陈某领奖时告知商场，从中奖收入中拿出 4 000 元通过教育部门向某希望小学捐赠。扣缴义务人计算应代交个人所得税，并作会计分录。

（1）计算商场代扣代缴个人所得税后，陈某实际可得中奖金额。

可扣除捐赠额 = MIN(4 000, 20 000 × 30%) = 4 000（元）

应纳税所得额 = 20 000 - 4 000 = 16 000（元）

应交个人所得税 = 16 000 × 20% = 3 200（元）

陈某实际可得金额 = 20 000 - 4 000 - 3 200 = 12 800（元）

（2）该商场支付奖金并代扣个人所得税时：

借：销售费用 　　　　　　　　　　　　　　　　　　　　　　20 000

　　贷：其他应付款 　　　　　　　　　　　　　　　　　　　　4 000

　　　　应交税费——应代交个人所得税 　　　　　　　　　　　3 200

　　　　库存现金 　　　　　　　　　　　　　　　　　　　　12 800

（3）该商场代交捐赠款及代交个人所得税时：

借：其他应付款 　　　　　　　　　　　　　　　　　　　　　　4 000

　　应交税费——应代交个人所得税 　　　　　　　　　　　　　3 200

　　贷：银行存款 　　　　　　　　　　　　　　　　　　　　　7 200

二、自行申报个人所得税的会计核算

（一）税法规定

自行申报纳税的纳税人包括：（1）自 2006 年 1 月 1 日起，年所得 12 万元以上的；（2）从中国境内两处或者两处以上取得工资、薪金所得的；（3）从中国境外取得所得的；（4）取得应税所得，没有扣缴义务人的；（5）国务院规定的其他情形。

个体工商户（包括个人独资企业、合伙企业），取得生产经营所得，应自行申报缴纳个人所得税。

（二）个体工商户应税所得的核算

设置"本年应税所得"科目，该科目核算个体户本年生产经营活动的应纳税所得（或应弥补的亏损）。该科目应设置以下两个明细科目：本年经营所得和应弥补的亏损。

年末，个体户应结转收入、成本和费用，计算确定本年经营所得。结转时，应将"营业收入"科目的余额转入本科目，借记"营业收入"科目，贷记本科目（本年经营所得）；将"营业成本"、"营业费用"、"营业税金"科目的余额转入本科目，借记本科目（本年经营所得），贷记"营业成本"、"营业费用"、"营业税金"科目；将"营业外收支"科目的余额转入本科目，"营业外收支"科目如为借方余额，借记本科目（本年经营所得），贷记"营业外收支"科目；如为贷方余额，借记"营业外收支"科目，贷记本科目（本年经营所得）。

计算出的本年经营所得，如按"计税办法"规定，个体户不存在需要税前弥补的以前年度亏损，本年经营所得即为本年应税所得，转入"留存利润"科目，借记本科目（本年经营所得），贷记"留存利润"科目；如按"计税办法"规定，可在税前弥补以前年度亏损的，应按弥补金额，借记本科目（本年经营所得），贷记本科目（应弥补的亏损——××年度）；本年经营所得减去弥补以前年度亏损后如有余额的，为本年应纳税所得，应转入"留存利润"科目，借记本科目（本年经营所得），贷记"留存利润"科目。

计算出的本年经营亏损，应转入"应弥补的亏损"明细科目，借记本科目（应弥补的亏损——××年度），贷记本科目（本年经营所得）。

按照"计税办法"规定，从发生亏损的下一年度起，超过5年弥补期限的以前年度亏损，不再以经营所得税前弥补，应将不能再以经营所得税前弥补的亏损余额从本科目中的"应弥补的亏损"明细科目转到"留存利润"科目，借记"留存利润"科目，贷记本科目（应弥补的亏损——××年度）。

本科目年末如有余额，反映个体户至本年末尚可以用经营所得税前弥补的亏损。

【案例7-7】某个体工商户201×年计税资料如下：营业收入200万元，营业成本160万元，营业税金10万元，营业费用80万元，营业外收入20万元。

（1）结转本年收入时：

借：营业收入　　　　　　　　　　　　　　　　　　2 000 000
　　贷：本年应税所得——本年经营所得　　　　　　　　　　2 000 000

（2）结转本年成本费用时：

借：本年应税所得　　　　　　　　　　　　　　　　2 500 000
　　贷：营业成本　　　　　　　　　　　　　　　　　　1 600 000
　　　　营业税金　　　　　　　　　　　　　　　　　　 100 000
　　　　营业费用　　　　　　　　　　　　　　　　　　 800 000

（3）结转本年营业外收支时：

借：营业外收支　　　　　　　　　　　　　　　　　 200 000
　　贷：本年应税所得——本年经营所得　　　　　　　　　　 200 000

（4）该企业经营亏损30万元，应转入"应弥补亏损"明细账户：

借：本年应税所得——应弥补亏损（201×年度）　　　 300 000
　　贷：本年应税所得——本年经营所得　　　　　　　　　　 300 000

（三）个体工商户个人所得税的核算

设置"应交税费"科目，该科目核算个体户应缴纳的各项税金，如增值税、营业税、消费税、城市维护建设税、资源税、房产税、车船使用税、土地使用税、个人所得税、教育费附加等。个体户代扣代交的从业人员个人所得税，也在本科目核算。

根据税法规定，个体户的个人所得税按年计算，分月或分季预缴，年度终了后汇算清缴。个体户按月或按季预交个人所得税时，借记本科目（应交个人所得税），贷记"库存现金"、"银行存款"科目。年度终了，个体户按照"计税办法"的规定，计算出全年应交的个人所得税额，借记"留存利润"科目，贷记本科目（应交个人所得税）。如应交数大于预交数，表示少交的个人所得税，应于上交时，借记本科目（应交个人所得税），贷记"库存现金"、"银行存款"科目；如应交数小于预交数，表示多交的个人所得税，按规定给予退税时，借记"库存现金"、"银行存款"科目，贷记本科目（应交个人所得税）。

计算出由个体户代扣代交的从业人员个人所得税，借记"应付职工薪酬"科目，贷记本科目（代扣个人所得税）；实际上交时，借记本科目（代扣个人所得税），贷记"库存现金"、"银行存款"科目。

【**案例 7 - 8**】某独资企业 201×年应税所得是 300 000 元，税后列支费用为 50 000 元，超过弥补期而转入留存利润账户的以前年度亏损为 40 000 元。以前年度留存利润为零。该独资企业 201×年四个季度每季预缴个人所得税 20 000 元。

（1）201×年每季预缴个人所得税时：

借：应交税费——应交个人所得税   20 000
　　贷：银行存款   20 000

（2）转入经营所得时：

借：本年应税所得——本年经营所得   300 000
　　贷：留存利润   300 000

（3）计算应交个人所得税：

300 000 × 35% - 6 750 = 98 250（元）

借：留存利润   98 250
　　贷：应交税费——应交个人所得税   98 250

（4）结转税后列支费用时：

借：留存利润   50 000
　　贷：税后列支费用   50 000

（5）结转超过弥补期限的亏损时：

借：留存利润   40 000
　　贷：本年应税所得——应弥补亏损   40 000

留存利润 = 300 000 - 98 250 - 50 000 - 40 000 = 111 750（元）

（6）年终汇算清缴个人所得税时：

借：应交税费——应交个人所得税   18 250
　　贷：银行存款   18 250

第二节　个人所得税纳税申报代理

注册税务师代理个人所得税纳税申报，必须熟悉个人所得税纳税申报表种类及表内项目，并根据纳税人业务资料及税法规定代理填制纳税申报表。现行个人所得税纳税申报表种类较多，有扣缴报告表和自行申报表，有月份申报表和年度申报表，有单项申报表和综合申报表。其格式均为 Word 表格。

一、个人所得税代理纳税申报操作规范

注册税务师代理个人所得税纳税申报操作要点如下：

1. 确定纳税人类型。根据纳税人在境内有无住所，以及在境内居住时间长短，确定居民个人或非居民个人身份。

2. 确定纳税方式。纳税方式有自行申报纳税和代扣代缴两种。

3. 确定所得类型。个人所得包括劳务性所得、经营性所得、财产性所得、转移性所得，并细分为 11 个项目。

4. 确认应税所得。核查支付单位"应付职工薪酬"、"应付股利"、"应付利息"、"管理费用"、"销售费用"等账户及主要原始凭证，确认收入总额、免税收入；核查纳税人合法有效支付凭证，确认据实扣除、标准扣除、捐赠扣除；根据应税收入和税收扣除，正确计算应税所得。

5. 确认适用税率。工资薪金所得、劳务报酬所得、经营所得适用超额累进税率，除此之外适用比例税率。

6. 确定税额抵扣。核查居民个人境外纳税凭证，采用分国不分项限额抵扣法，确定税额抵扣。

7. 确定税额减免。根据税法规定确定税额免征和减征。

8. 按期报税。计算填表后按规定期限向主管税务机关报送个人所得税纳税申报表、扣缴个人所得税报告表及其他计税资料。

二、个人所得税纳税申报表种类

个人所得税纳税申报表的种类主要有：

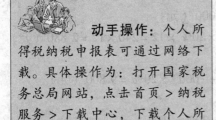

动手操作：个人所得税纳税申报表可通过网络下载。具体操作为：打开国家税务总局网站，点击首页 > 纳税服务 > 下载中心，下载个人所得税纳税申报表。

1. "个人所得税纳税申报表（适用于年所得 12 万元以上的纳税人申报）"，如表 7 - 1 所示。

2. "扣缴个人所得税报告表"，如表 7 - 3、表 7 - 4 所示。

3. "个人独资企业和合伙企业投资者个人所得税申报表"，如表 7 - 5 所示；"合伙企业投资者个人所得税汇总申报表"，如表 7 - 6 所示。

4. 个人所得税纳税申报表。

5. 特定行业个人所得税月份申报表。

6. 特定行业个人所得税年度申报表。

7. 个体工商户所得税年度申报表。

上述申报表均为 Word 表格。

三、代理个人所得税纳税申报案例分析

本节只阐述前三种申报表的填制方法。

（一）个人所得税申报表（适用于年所得 12 万元以上的纳税人申报）

【案例 7 - 9】李华系中国居民，2009 取得如下收入：

（1）每月从任职公司取得工资薪金 5 000 元，公司每月代扣三险一金 1 000 元（免税），每月代扣个人所得税 175 元。

（2）取得一次劳务报酬 30 000 元，支付单位代扣个人所得税 5 200 元。

（3）出版教材一部，稿酬收入 20 000 元，支付单位代扣个人所得税 2 240 元。

（4）将一项专利出租给 A 国使用，年收入折算人民币 50 000 元，已在 A 国纳税 5 000 元。

（5）将一套房子出租，每月取得租金 2 000 元。

（6）转让非上市公司股份，转让收入 100 000 元，转让税费 1 000 元，取得成本 50 000 元；转让上市公司非限售股票，转让收入 200 000 元，转让税费 2 000 元，取得成本 100 000 元。

（7）取得上市公司股利 1 000 元（含税），支付单位代扣个人所得税 100 元。

（8）中奖 50 000 元，从中奖收入中拿出 10 000 元通过红十字会向灾区捐赠，支付单位代扣个人所得税 8 000 元。

注册税务师代理计算个人所得税并填写纳税申报表。

1. 代理计算个人所得税：

（1）工资薪金全年应交个人所得税

$= [(5 000 - 1 000 - 2 000) \times 10\% - 25] \times 12 = 175 \times 12 = 2 100$（元）

工资薪金全年应补交个人所得税 $= 2 100 - 175 \times 12 = 0$（元）

（2）劳务报酬应交个人所得税 $= 30 000 \times (1 - 20\%) \times 30\% - 2 000 = 5 200$（元）

劳务报酬应补交个人所得税 $= 5 200 - 5 200 = 0$（元）

（3）稿酬应交个人所得税 $= 20 000 \times (1 - 20\%) \times 20\% \times (1 - 30\%) = 2 240$（元）

稿酬应补交个人所得税 $= 2 240 - 2 240 = 0$（元）

（4）特许权使用费应交个人所得税 $= 50 000 \times (1 - 20\%) \times 20\% = 8 000$（元）

特许权使用费应补交个人所得税 $= 8 000 - 5 000 = 3 000$（元）

（5）财产租赁全年应交个人所得税 $= (2 000 - 800) \times 20\% \times 12 = 240 \times 12 = 2 880$（元）

财产租赁全年应补交个人所得税 $= 2 880$（元）

（6）财产转让应交个人所得税 $= (100 000 - 50 000 - 1 000) \times 20\% = 9 800$（元）

财产转让应补交个人所得税 $= 9 800$（元）

（7）利息、股息、红利应交个人所得税 $= 1 000 \div 2 \times 20\% = 100$（元）

利息、股息、红利应补交个人所得税 $= 100 - 100 = 0$（元）

（8）偶然所得应交个人所得税 $= (50 000 - 10 000) \times 20\% = 8 000$（元）

偶然所得应补交个人所得税 $= 8 000 - 8 000 = 0$（元）

（9）李华全年应补交个人所得税 $= 3 000 + 2 880 + 9 800 = 15 680$（元）

2. 代理填写个人所得税纳税申报表，如表 7 - 1 所示。

表 7-1

个人所得税纳税申报表
（适用于年所得 12 万元以上的纳税人申报）

所得年份：2009 年　　　金额单位：人民币元（列至角分）　　　填表日期：2010 年 03 月 20 日

纳税人姓名	李华	国籍（地区）	中国	身份证照类型		身份证照号码	
任职、受雇单位		任职受雇单位税务代码		任职受雇单位所属行业		职务	职业
在华天数		境内有效联系地址		境内有效联系地址邮编		联系电话	
此行由取得经营所得的纳税人填写		经营单位纳税人识别号		经营单位纳税人名称			

所得项目	年所得额 境内	境外	合计	应纳税所得额	应纳税额	已缴（扣）税额	抵扣税额	减免税额	应补税额	应退税额	备注
1. 工资、薪金所得	48 000	0	48 000	24 000	2 100	2 100	0	0	0	0	
2. 个体工商户的生产、经营所得	0	0	0						0	0	
3. 对企事业单位的承包经营、承租经营所得	0	0	0						0	0	
4. 劳务报酬所得	30 000	0	30 000	24 000	5 200	5 200	0	0	0	0	
5. 稿酬所得	20 000	0	20 000	16 000	3 200	2 240	0	960	0	0	
6. 特许权使用费所得	0	50 000	50 000	40 000	8 000	0	5 000	0	3 000	0	
7. 利息、股息、红利所得	1 000	0	1 000	500	100	100	0	0	0	0	
8. 财产租赁所得	24 000	0	24 000	14 400	2 880	0	0	0	2 880	0	
9. 财产转让所得	147 000	0	147 000	49 000	9 800	0	0	0	9 800	0	
其中：股票转让所得	98 000	0	98 000	—	—	—	—	—	—	—	
个人房屋转让所得	0	0	0						—	—	
10. 偶然所得	50 000	0	50 000	40 000	8 000	8 000	0	0	0	0	
11. 其他所得	0	0	0		8 000	8 000			0	0	
合　计	418 000	50 000	468 000	207 900	39 280	17 640	5 000	960	15 680	0	

我声明，此纳税申报表是根据《中华人民共和国个人所得税法》及有关法律、法规规定填报的，我保证它是真实的、可靠的、完整的。

纳税人（签字）：

联系电话：

税务机关受理人（签字）：

受理申报税务机关名称（盖章）：

税务机关受理时间：　　年　月　日

代理人（签章）：

本表根据《中华人民共和国个人所得税法》及其实施条例和《个人所得税自行纳税申报办法（试行）》制定，适用于年所得 12 万元以上纳税人的年度自行申报。

本表为 A4 横式，一式两联，第一联报税务机关，第二联纳税人留存。

（二）扣缴个人所得税申报表

【案例 7 - 10】某公司共有 10 名职工，公司代扣代缴"三险一金"（假设为月薪的 20%，免税）及个人所得税，2010 年 1 月该公司发放月薪及 2009 年度年终奖如表 7 - 2 所示。

表 7 - 2　　　　　　　　　　　　　2010 年月薪及 2009 年度年终奖表

序号	职工姓名	国籍	2010 年 1 月月薪	2009 年度年终奖
1	李一	中国	30 000	60 000
2	王二	美国	20 000	40 000
3	张三	中国	10 000	20 000
4	刘四	中国	8 000	16 000
5	陈五	中国	6 000	12 000
6	杨六	中国	5 000	10 000
7	赵七	中国	4 000	8 000
8	黄八	中国	3 000	6 000
9	周九	中国	2 000	4 000
10	吴十	中国	1 500	3 000

注册税务师代理计算扣缴个人所得税并填写扣缴报告表。

1. 代理计算 2010 年 1 月月薪个人所得税：

（1）李一应交个人所得税 = （30 000 - 6 000 - 2 000）× 25% - 1 375 = 4 125（元）

（2）王二应交个人所得税 = （20 000 - 4 000 - 4 800）× 20% - 375 = 1 865（元）

（3）张三应交个人所得税 = （10 000 - 2 000 - 2 000）× 20% - 375 = 825（元）

（4）刘四应交个人所得税 = （8 000 - 1 600 - 2 000）× 15% - 125 = 535（元）

（5）陈五应交个人所得税 = （6 000 - 1 200 - 2 000）× 15% - 125 = 295（元）

（6）杨六应交个人所得税 = （5 000 - 1 000 - 2 000）× 10% - 25 = 175（元）

（7）赵七应交个人所得税 = （4 000 - 800 - 2 000）× 10% - 25 = 95（元）

（8）黄八应交个人所得税 = （3 000 - 600 - 2 000）× 5% = 20（元）

（9）周九应交个人所得税 = 0（元）

（10）吴十应交个人所得税 = 0（元）

（11）合计应交个人所得税 ＝4 125＋1 865＋825＋535＋295＋175＋95＋20 ＝7 935（元）

2. 代理计算2009年度年终奖个人所得税：

（1）60 000÷12 ＝5 000，适用税率15%，速算扣除数125。

李一应交个人所得税 ＝60 000×15% −125 ＝8 875（元）

（2）40 000÷12 ＝3 333.33，适用税率15%，速算扣除数125。

王二应交个人所得税 ＝40 000×15% −125 ＝5 875（元）

（3）20 000÷12 ＝1 666.67，适用税率10%，速算扣除数25。

张三应交个人所得税 ＝20 000×10% −25 ＝1 975（元）

（4）16 000÷12 ＝1 333.33，适用税率10%，速算扣除数25。

刘四应交个人所得税 ＝16 000×10% −25 ＝1 575（元）

（5）12 000÷12 ＝1 000，适用税率10%，速算扣除数25。

陈五应交个人所得税 ＝12 000×10% −25 ＝1 175（元）

（6）10 000÷12 ＝833.33，适用税率10%，速算扣除数25。

杨六应交个人所得税 ＝10 000×10% −25 ＝975（元）

（7）8 000÷12 ＝666.67，适用税率10%，速算扣除数25。

赵七应交个人所得税 ＝8 000×10% −25 ＝775（元）

（8）6 000÷12 ＝500，适用税率5%。

黄八应交个人所得税 ＝6 000×5% ＝300（元）

（9）[4 000＋（2 000−400−2 000）] ＝3 600（元）

3 600÷12 ＝300，适用税率5%。

周九应交个人所得税 ＝3 600×5% ＝180（元）

（10）[3 000＋（1 500−300−2 000）] ＝2 200（元）

2 200÷12 ＝183.33，适用税率5%。

吴十应交个人所得税 ＝2 200×5% ＝110（元）

（11）合计应交个人所得税

＝8 875＋5 875＋1 975＋1 575＋1 175＋975＋775＋300＋180＋110 ＝21 815（元）

3. 代理填写扣缴个人所得税报告表，如表7−3、表7−4所示。

（三）个人独资企业和合伙企业投资者个人所得税申报表

个人独资企业和合伙企业投资者个人所得税申报表见表7−5、表7−6。

表 7－3

扣缴个人所得税报告表

扣缴义务人编码：

扣缴义务人名称（公章）：

金额单位：元（列至角分）　　　　　　　　　　填表日期：2010 年 2 月 5 日

序号	纳税人姓名	身份证照类型	身份证照号码	国籍	所得项目	所得期间	收入额	免税收入额	允许扣除的税费	费用扣除标准	准予扣除的捐赠额	应纳税所得额	税率%	速算扣除数	应扣税额	已扣税额	备注
1	2	3	4	5	6	7	8	9	10	11	12	13	14	15	16	17	18
	合　计						89 500	17 900	0	—	—	—	—	—	7 935	7 935	
	李一			中国	月薪	2010.1	30 000	6 000	0	4 125	0	22 000	25%	1 375	4 125	4 125	
	王二			美国	月薪	2010.1	20 000	4 000	0	1 865	0	11 200	20%	375	1 865	1 865	
	张三			中国	月薪	2010.1	10 000	2 000	0	825	0	6 000	20%	375	825	825	
	刘四			中国	月薪	2010.1	8 000	1 600	0	535	0	4 400	15%	125	535	535	
	陈五			中国	月薪	2010.1	6 000	1 200	0	295	0	2 800	15%	125	295	295	
	杨六			中国	月薪	2010.1	5 000	1 000	0	175	0	2 000	10%	25	175	175	
	赵七			中国	月薪	2010.1	4 000	800	0	95	0	1 200	10%	25	95	95	
	黄八			中国	月薪	2010.1	3 000	600	0	20	0	400	5%	0	20	20	
	周九			中国	月薪	2010.1	2 000	400	0	0	0	0	5%	0	0	0	
	吴十			中国	月薪	2010.1	1 500	300	0	0	0	0	5%	0	0	0	

扣缴义务人声明：此扣缴报告表是根据国家税收法律、法规的规定填报的，我确定它是真实的、可靠的、完整的。

声明人签字：

合计主管签字：

受理人（签章）：　　　　　　　　　　负责人签字：　　　　　　　　　　扣缴单位（或法定代表人）（签章）：

本表适用于扣缴义务人申报扣缴的所得税额。扣缴义务人必须区分纳税人，所得项目逐人逐项目细填写本表。　　受理日期：　　年　月　日　　　　　受理税务机关（章）：

本表为 A4 横式。

表7—4

扣缴个人所得税报告表

扣缴义务人编码：

扣缴义务人名称（公章）：　　　　　金额单位：元（列至角分）　　　　　填表日期：2010 年 2 月 5 日

序号	纳税人姓名	身份证照类型	身份证照号码	国籍	所得项目	所得期间	收入额	免税收入额	允许扣除的税费	费用扣除标准	准予扣除的捐赠额	应纳税所得额	税率%	速算扣除数	应扣税额	已扣税额	备注
1	2	3	4	5	6	7	8	9	10	11	12	13	14	15	16	17	18
	合 计						179 000	0	0	—	—	—	—	—	21 815	21 815	
	李一			中国	年终奖	2009	60 000	0	0	8 875	0	60 000	15%	125	8 875	8 875	
	王二			美国	年终奖	2009	40 000	0	0	5 875	0	40 000	15%	125	5 875	5 875	
	张三			中国	年终奖	2009	20 000	0	0	1 975	0	20 000	10%	25	1 975	1 975	
	刘四			中国	年终奖	2009	16 000	0	0	1 575	0	16 000	10%	25	1 575	1 575	
	陈五			中国	年终奖	2009	12 000	0	0	1 175	0	12 000	10%	25	1 175	1 175	
	杨六			中国	年终奖	2009	10 000	0	0	975	0	10 000	10%	25	975	975	
	赵七			中国	年终奖	2009	8 000	0	0	775	0	8 000	10%	25	775	775	
	黄八			中国	年终奖	2009	6 000	0	0	300	0	6 000	5%	0	300	300	
	周九			中国	年终奖	2009	4 000	0	0	180	0	3 600	5%	0	180	180	
	吴十			中国	年终奖	2009	3 000	0	0	110	0	2 200	5%	0	110	110	

扣缴义务人声明

我声明：此扣缴报告表是根据国家税收法律、法规的规定填报的，我确定它是真实的、可靠的、完整的。

声明人签字：

合计主管签字：　　　　　负责人签字：　　　　　扣缴单位（或法定代表人）（签章）：

受理人　　　　　受理日期：　年　月　日　　　　　受理税务机关（章）：

表 7-5　　　　　　个人独资企业和合伙企业投资者个人所得税申报表

纳税人编码：　　　　　申报期：　年　月　日至　月　日　　　　　金额单位：元

投资者姓名			投资者身份证号码		
企业名称			企业税务登记证号		企业电话
企业地址		行业类别	企业银行账号		

项　目	行次	本期数	累计数	补充资料
一、收入总额	1			年平均职工人数 _____人
减：成本	2			工资总额 _____元
费用、税金	3			从其他企业取得的生产经营所得
营业外支出	4			（1）　（分配比例　%）
二、企业利润总额	5			（2）　（分配比例　%）
三、纳税调整增加额	6			（3）　（分配比例　%）
1. 超过规定标准扣除的项目	7			（4）　（分配比例　%）
（1）从业人员工资支出	8			
（2）职工福利费	9			
（3）职工教育经费	10			
（4）工会经费	11			
（5）利息支出	12			
（6）广告费	13			
（7）业务招待费	14			
（8）教育和公益事业捐赠	15			
（9）提取折旧费	16			
（10）无形资产摊销	17			
（11）其他	18			
2. 不允许扣除的项目	19			
（1）资本性支出	20			填表人签字：_____
（2）无形资产受让、开发支出	21			
（3）违法经营罚款和被没收财物损失	22			纳税人签字：_____
（4）税收滞纳金、罚金、罚款	23			
（5）灾害事故损失赔偿	24			

项　目	行次	本期数	累计数	补充资料
（6）非教育和公益事业捐赠	25			
（7）各种赞助支出	26			
（8）计提的各种准备金	27			
（9）投资者的工资	28			
（10）与收入无关的支出	29			
3. 应税收益项目	30			
（1）少计应税收益	31			
（2）未计应税收益	32			（本栏目由税务机关填写）
四、纳税调整减少额	33			
1. 弥补亏损	34			
2. 国库券利息收入	35			收到日期：
3. 投资者标准费用扣除额	36			接受人：
4. 其他	37			审核日期： 审核记录：
五、经纳税调整后的生产经营所得	38			
六、应纳税所得额（分配比例 ％）	39			主管税务机关盖章 　年　月　日
七、适用税率	40			主管税务官员签字：
八、应纳所得税额	41			
减：减、免所得税额	42			
九、应缴入库所得税额	43			
加：期初未缴所得税额	44			
减：实际已缴纳所得税额	45			
十、期末应补（退）所得税额	46			

注：本表适用于个人独资企业和合伙企业投资者年度申报纳税及月、季度申报纳税。本着求实、简便的原则，在月、季度申报纳税时，可对本表有关项目进行精简，具体由各地税务机关根据实际情况确定。

表中主要栏次的逻辑关系：

(1) 5 = 1 − 2 − 3 − 4；(2) 6 = 7 + 19 + 30；(3) 33 = 34 + 35 + 36 + 37

(4) 38 = 5 + 6 − 33；(5) 41 = 39 × 40；(6) 43 = 41 − 42

(7) 46 = 43 + 44 − 45

表 7 – 6   合伙企业投资者个人所得税汇总申报表

纳税人编码：   申报日期：   年 月 日至 月 日   金额单位：元

投资者姓名		投资者身份证号	
投资者经常居住地地址		投资者电话	
项　目	行次	数额	补充资料
一、应汇总申报的应纳税所得额	1		填表人签字：＿＿＿＿＿＿
1.	2		
2.	3		纳税人签字：＿＿＿＿＿＿
3.	4		
4.	5		
5.	6		（本栏目由税务机关填写）
6.	7		收到日期： 接收人：
二、适用税率	8		审核日期： 审核记录：
三、应纳所得税额	9		
减：减、免所得税额	10		
四、应缴入库所得税额	11		主管税务机关盖章 年　月　日
加：期初未缴所得税额	12		
减：实际已缴纳所得税额	13		主管税务官员签字：
五、期末应补（退）所得税额	14		

注：本表只适用于投资兴办两个或两个以上企业，并且其中含有合伙企业的投资者的年度汇总申报纳税。

表中主要栏次的逻辑关系：

1 = 2 + 3 + 4 + 5 + 6 + 7；9 = 1 × 8 – 速算扣除数；

11 = 9 – 10；14 = 11 + 12 – 13

第三节　个人所得税纳税审查代理

注册税务师进行纳税审查，要对纳税申报表内各个项目进行审查。纳税申报表主要项目包括：收入总额、免税收入、应税收入、税收扣除、应税所得、税率、税额抵扣、应纳税额、税额减免、应交税额、已交税额、应补税额等，这些项目也是注册税务师纳税审查的重点。审查纳税人的收入和扣除，要从会计资料入手，注册税务师既要熟悉税收法规，又要熟悉会计准则。因此，对收入和扣除的审查，成为注册税务师纳税审查的难点。

一、个人所得税纳税审查内容

注册税务师代理个人所得税纳税审查内容及操作要点如下：

1. 审查应税收入。审查扣缴义务人"应付职工薪酬"、"应付股利"、"应付利息"、"管

理费用"、"销售费用"、"财务费用"等账户及主要原始凭证，有无多报或少报收入总额，

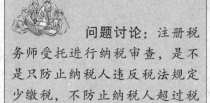

问题讨论：注册税务师受托进行纳税审查，是不是只防止纳税人违反税法规定少缴税，不防止纳税人超过税法规定多缴税？

有无多报或漏报免税收入。审查扣缴义务人"盈余公积"、"利润分配"等账户，有的企业年终时为奖励对生产、经营有突出贡献者，往往从"盈余公积"、"利润分配"中提取奖金，而不通过"应付职工薪酬"账户，审查时应加以注意。审查扣缴义务人有无虚列人数，降低工资薪金所得水平的现象。审查纳税人一个月内从两处或两次取得的工资收入是否合并纳税。

2. 审查税收扣除。审查纳税人合法有效支付凭证，有无扩大减除费用标准或分次多扣费用的情况。

3. 审查税目税率。核查所得项目适用税率和速算扣除数是否正确。

4. 审查税额抵扣。对于居民个人来源于中国境外的应税所得，按照该国税法规定实际缴纳的个人所得税额，核查是否持有完税凭证原件，抵扣额是否超过按我国税法规定计算的抵扣限额。

5. 审查税额减免。审查纳税人减免项目，是否符合减免条件。

注册税务师应本着客观公正的原则进行纳税审查，既要防止纳税人违反税法规定少纳税，也要避免纳税人超过税法规定多纳税。因此，纳税审查的目标是：依法纳税，不多纳税；诚信纳税，不少纳税，实现涉税零风险。

二、个人所得税纳税审查案例分析

（一）工资薪金所得纳税审查案例分析

【案例 7-11】注册税务师对某企业全年代扣代缴个人所得税情况进行审核，发现该企业 201×年 1 月至 12 月每月工资计算时均作如下分录：

借：生产成本——基本生产成本	360 000	
制造成本	108 000	
管理费用	135 000	
应付职工薪酬——职工福利	9 000	
在建工程	18 000	
贷：应付职工薪酬——工资		630 000

实发工资时：

借：应付职工薪酬——工资	630 000	
贷：银行存款		630 000

假定企业每月工资计提、发放数额均相等，经查每月工资分配情况表，发现实际签收数分别为：厂长 8 000 元/月，副厂长 5 000 元/月，车间主任 3 000 元/月，供销科长 3 000 元/月，行政科长 2 400 元/月，财务科长 2 400 元/月，其余 25 名职工月工资、奖金达不到计征个人所得税标准。企业每月代扣个人所得税时：

借：应付职工薪酬——工资	1 340	
贷：应交税费——应代交个人所得税		1 340

附：个人所得税计算表：

厂长：（8 000 - 2 000）× 20% - 375 = 825（元）

副厂长：（5 000 - 2 000）× 15% - 125 = 325（元）

车间主任：（3 000 - 2 000）× 10% - 25 = 75（元）

供销科长：（3 000 - 2 000）× 10% - 25 = 75（元）

行政科长：（2 400 - 2 000）× 5% = 20（元）

财务科长：（2 400 - 2 000）× 5% = 20（元）

每月合计代缴个人所得税 = 825 + 325 + 75 × 2 + 20 × 2 = 1 340（元）

要求：（1）扼要指出存在的问题；

（2）正确计算应代缴个人所得税税额；

（3）计算应补个人所得税税额。

注册税务师经过认真审核，认为该企业为职工个人负担个人所得税税款，未将税款计入应税所得，应将不含税收入换算成含税收入进行纳税调整。

每月厂长应交个人所得税

= [（8 000 - 2 000）× 20% - 375] ÷ （1 - 20%）= 1 031. 25（元）

每月副厂长应交个人所得税

= [（5 000 - 2 000）× 15% - 125] ÷ （1 - 15%）= 382. 35（元）

每月车间主任、供销科长分别应交个人所得税

= [（3 000 - 2 000）× 10% - 25] ÷ （1 - 10%）= 83. 33（元）

每月行政科长、财务科长分别应交个人所得税

= [（2 400 - 2 000）× 5% - 0] ÷ （1 - 5%）= 21. 05（元）

每月合计代缴个人所得税 = 1 031. 25 + 382. 35 + 83. 33 × 2 + 21. 05 × 2 = 1 622. 36（元）

全年应补个人所得税 = （1 622. 36 - 1 340）× 12 = 3 388. 32（元）

（二）劳务报酬所得纳税审查案例分析

【案例 7 - 12】 工程师张某为某工业企业提供设计服务，取得设计收入 3 000 元，按协议由支付单位负担个人所得税税款。该企业作如下处理：

（3 000 - 2 000）× 10% - 25 = 75（元）

注册税务师作审核后提出调整意见如下：

该工程师不属于该企业的雇员，该企业与该工程师之间不存在雇佣关系，该工程师提供设计服务属于独立劳务活动，所以应按"劳务报酬所得"税目计算缴纳个人所得税。由于个人所得税税款是由企业负担，应将不含税收入换算成含税收入。具体计算如下：

应交个人所得税 = （3 000 - 800）× 20% ÷ （1 - 20%）= 550（元）

应补个人所得税 = 550 - 75 = 475（元）

财务调整：

借：管理费用   475

    贷：银行存款   475

（三）利息、股息、红利所得纳税审查案例分析

【案例 7 - 13】 某机械厂主要从事机械加工、汽车零配件业务，税务代理人受托对该企业 201 × 年度个人所得税纳税情况进行审核。注册税务师发现该企业 201 × 年 6 月 12 日收取

个人集资款 1 584 000 元，在财务费用账户中发现 201×年 12 月 20 日兑现个人集资利息 142 560 元。经核对原始凭证及询问财会人员，证实是用于兑现职工个人集资款利息，该企业未履行代扣代缴义务。

注册税务师认为，根据《中华人民共和国个人所得税法》规定，扣缴义务人在向个人支付应税款项时，应当依照税法规定代扣代缴税款。按时缴库，并专项记载备查。因此，该企业应代缴个人所得税。

（1）具体代缴税款计算如下：

142 560 × 20% = 28 512 （元）

同时作相关调账分录为：

借：其他应收款　　　　　　　　　　　　　　　　　　　28 512
　　贷：应交税费——应代交个人所得税　　　　　　　　　　28 512

（2）代缴个人所得税时：

借：应交税费——应代交个人所得税　　　　　　　　　　28 512
　　贷：银行存款　　　　　　　　　　　　　　　　　　　28 512

（四）综合申报纳税审查案例分析

【案例 7-14】 中国公民李某是中资企业派遣到境内中外合资企业工作的高级管理人员，201×年的收入情况如下：

（1）雇佣单位每月支付工资、薪金 12 000 元；

（2）派遣单位每月支付工资、薪金 2 400 元；

（3）从国外一次取得特许权使用费折合人民币 18 000 元，并提供了来源国的纳税凭证，纳税折合人民币 2 000 元；

（4）参加国内某市举办的工程设计大赛，获奖一次取得奖金收入 10 000 元；

（5）201×年 4 月 1 日起承包一家商店，年底获利 100 000 元，按承包合同规定上缴发包人 60 000 元、40 000 元承包利润分两次领取，分别为 25 000 元、15 000 元；李某将上述承包所得中 8 000 元通过民政局向灾区捐赠。

李某已对 201×年度应交个人所得税办理了纳税申报，其计税过程如下：

（1）雇佣单位全年支付的工资、薪金代扣代缴的税额为：

$[(12\,000 - 4\,800) \times 20\% - 375] \times 12 = 1\,065 \times 12 = 12\,780$ （元）

（2）派遣单位全年支付的工资、薪金代扣代缴的税额为：

$(2\,400 - 2\,000) \times 5\% \times 12 = 20 \times 12 = 240$ （元）

（3）从国外取得特许权使用费收入 18 000 元，李某依据我国对来源地采取特许权使用地作为判定标准认定，该项特许权不在中国境内使用，因而不属于中国境内的所得，不须计缴个人所得税。

（4）奖金支付单位代扣代缴个人所得税：

$10\,000 \times 20\% = 2\,000$ （元）

（5）承包所得分两次领取，将其总额扣除捐赠支出后作为计算个人所得税的依据：

$(25\,000 + 15\,000 - 12 \times 2\,000 - 8\,000) \times 10\% - 250 = 550$ （元）

（6）综上所述各项所得应交和应代扣代缴的个人所得税，李某 201×年共缴纳税款为：

$12\,780 + 240 + 2\,000 + 550 = 15\,570$ （元）

注册税务师通过审查李某提供的纳税申报材料，并向其他有关人员进行了解，发现李某在计算应交个人所得税款时，对税法的理解、运用有误，现对有关问题进行调整、解释如下：

（1）在外商投资企业、外国企业和外国驻华机构工作的中方人员取得的工资、薪金收入，凡是由雇佣单位和派遣单位共同支付的，应由支付单位代扣代缴个人所得税。对雇佣单位和派遣单位分别支付工资、薪金的，采取只由雇佣单位在支付工资、薪金时，按规定减除费用，派遣单位支付的工资、薪金不再减除费用，以支付金额直接确定适用税率，然后，由纳税人选择并固定一地税务机关申报，汇算清缴其工资、薪金收入的个人所得税。

李某就其工资、薪金所得汇算清缴应交税额为：

$[(12\,000+2\,400-2\,000)\times20\%-375]\times12=2\,105\times12=25\,260$（元）

（2）中国公民李某为居民纳税人，应就其来源于境内和境外的所得缴纳个人所得税。因此，李某从境外取得的特许权使用费所得应当缴纳个人所得税。

同时，纳税义务人从境外取得的所得，准予其在应纳税额中扣除已在境外缴纳的个人所得税额，但扣除不得超过该纳税义务人境外所得依照我国税法规定计算的应纳税额（抵免限额）。超过抵免限额的境外已纳税款，可在以后5个纳税年度内，用该国或地区抵免限额的余额补扣。

李某从境外取得的特许权使用费应交个人所得税计算如下：

抵免限额 $=18\,000\times(1-20\%)\times20\%=2\,880$（元）

李某在境外实际缴纳税款2 000元，李某应补缴个人所得税：

$2\,880-2\,000=880$（元）

（3）奖金支付单位代扣代缴个人所得税2 000元计算正确。

（4）实行承包、承租经营的纳税人，应以每一年度取得的承包承租经营所得计算纳税，在一个纳税年度内，承包、承租经营所得不足12个月的，以其实际承包、承租经营的月份数为一个纳税年度计算纳税。李某自201×年4月1日起承包经营，至201×年年底实际经营月份数为9个月，应以此作为费用扣除的依据。

另外，李某将其承包所得通过民政部门向灾区捐赠，捐赠额不超过李某承包、承租经营所得应纳税所得额30%的部分，可以在税前扣除。

李某201×年度承包、承租经营所得应交个人所得税计算如下：

捐赠限额 $=(25\,000+15\,000-9\times2\,000)\times30\%=6\,600$（元）

李某实际捐赠额为8 000元，超过捐赠限额，可在税前扣除的捐赠额为6 600元。

承包所得应交税额 $=(25\,000+15\,000-9\times2\,000-6\,600)\times20\%-1\,250=1\,830$（元）

（5）综合所述，李某在201×年取得的各项所得，应缴纳的个人所得税为：

$25\,260+880+2\,000+1\,830=29\,970$（元）

201×年度李某已缴纳个人所得税15 570元，还应补缴个人所得税：

$29\,970-15\,570=14\,400$（元）

第四节 个人所得税纳税筹划代理

企业的经济活动有三个层次：成长阶段和生命流层次，财务循环和资金流层次，经营流程和存货流层次。对各类经济活动进行筹划，形成一系列纳税筹划方法。

一、个人所得税纳税筹划的基本方法

注册税务师代理个人所得税纳税筹划的基本方法如下：

1. 纳税人筹划。个人所得税是统一所得税，纳税人既包括居民个人，也包括非居民个人；个人所得税是非法人所得税，纳税人既包括个体经营者，也包括其他个人。居民个人承担无限纳税义务，非居民个人承担有限纳税义务，根据住所和居住时间划分居民和非居民，居住时间的量变可引起纳税人身份的质变。

2. 征税对象筹划。个人所得税属于分类所得税，个人所得分为11项所得，实行分项扣除，分项定率，分项计征。不同所得项目存在税负差异，若能转化所得项目，则可避重就轻节省个人所得税。

3. 税基筹划。个人所得税的税基是应税所得，是应税收入与税收扣除之差。税收扣除有据实扣除、定额或定率扣除、限额或限率扣除和不得扣除。在定额或定率扣除下，纳税人若能同步降低个人收入和费用，则可在税前利益不变的前提下，减少税基，节省个人所得税。

4. 税率筹划。个人所得税既有比例税率，又有超额累进税率，税率差异较大。纳税人若能降低累进税率档次，或者适用较低比例税率，可以降低个人所得税负担。

5. 税额抵扣筹划。个人所得税实行分国不分项限额抵扣法，纳税人应取得并保存境外合法有效完税凭证，实现应抵尽抵。

6. 税额减免筹划。个人所得税有较多税收优惠，纳税人用足、用好、用活税收优惠，增加税额减免，实现节税。

7. 纳税时间筹划。个人所得税有按月缴纳、按年缴纳和按次缴纳。纳税人若能分次纳税，则可节省个人所得税。

二、个人所得税纳税筹划案例分析

(一) 工资薪金所得的纳税筹划

1. 年终奖的纳税筹划

筹划依据：行政机关、企事业单位向其雇员发放的全年一次性奖金（俗称"年终奖"）单独作为一个月工资、薪金所得计算纳税，具体为将雇员当月内取得的全年一次性奖金，除以12个月，按其商数确定适用税率和速算抵扣数。

筹划思路：年终奖税收，从表面上看，按超额累进税率计算，实际上更接近全额累进税率，存在多个临界点和多个跳空缺口，即年终奖税收存在多个纳税禁区。当纳税人年终奖处于纳税禁区时，应减少年终奖，摆脱纳税禁区，实现税后利益的最大化。

【案例7-15】李某系某公司职员，201×年取得较好业绩，公司将发放年终奖24 100元。

公司为其代扣代缴个人所得税。

李某年终奖 24 100 元，应交个人所得税计算如下：

24 100 ÷ 12 = 2 008.33（元）

查工资薪金所得税率表，达到第 3 级，适用税率 15%，速算抵扣数 125。

李某应交个人所得税 = 24 100 × 15% – 125 = 3 490（元）

李某税后收入 = 24 100 – 3 490 = 20 610（元）

注册税务师受托进行纳税筹划：

如果李某要求年终奖少发 100 元（也可将这 100 元并入平时工资），则李某年终奖为 24 000 元，应交个人所得税计算如下：

24 000 ÷ 12 = 2 000（元）

查工资薪金所得税率表，达到第 2 级，适用税率 10%，速算抵扣数 25。

李某应交个人所得税 = 24 000 × 10% – 25 = 2 375（元）

李某税后收入 = 24 000 – 2 375 = 21 625（元）

通过纳税筹划，李某少发年终奖 100 元，税后收入反而增加

= 21 625 – 20 610 = 1 015（元）

> **温馨提示**：在一个纳税年度内，对每一个纳税人，年终奖计税办法只允许采用一次。雇员取得除全年一次性奖金以外的其他各种名目奖金，如半年奖、季度奖、加班奖、先进奖、考勤奖等，一律与当月工资、薪金收入合并，按税法规定缴纳个人所得税。

筹划结论：年终奖税收存在多个纳税禁区，年终奖的纳税禁区如表 7 – 7 所示。

表 7 – 7　　　　　　　　　年终奖的纳税禁区

序　列	年终奖的纳税禁区（元）
1	(6 000, 6 305.56)
2	(24 000, 25 294.12)
3	(60 000, 63 438.5)
4	(240 000, 254 666.67)
5	(480 000, 511 428.57)
6	(720 000, 770 769.23)
7	(960 000, 1 033 333.33)

2. 年薪的纳税筹划

筹划依据：国内人员月薪扣除 2 000 元，外籍人员月薪扣除 4 800 元，适用九级超额累进税率和速算抵扣数；而年终奖除以 12 个月，按其商数适用九级超额累进税率和速算抵扣数。

筹划思路：每月工资薪金与全年一次性奖金，都属工资薪金所得项目，但计税办法不同。因此，纳税人可对月薪和年终奖进行综合筹划。

【案例 7 – 16】李某系某公司经理，201 × 年年薪 72 000 元，每月月薪均为 6 000 元，无年终奖。则李某全年应缴个人所得税为：

[(6 000 – 2 000) × 15% – 125] × 12 = 5 700（元）

注册税务师受托进行纳税筹划：

若每月发放月薪4 000元，发放年终奖24 000元，则李某全年纳个人所得税为：

$[(4\,000-2\,000)\times10\%-25]\times12+(24\,000\times10\%-25)=4\,475$（元）

通过纳税筹划，节省个人所得税$=5\,700-4\,475=1\,225$（元）

筹划结论：发放年终奖应与月薪、年薪进行综合筹划：

第一，月薪应均衡发放，季度奖和半年奖也应平摊到每月；

第二，注意避开年终奖的纳税禁区；

第三，低薪职工发放年终奖多缴税；

第四，中高薪职工合理发放年终奖可节税；

第五，不论年薪多高，年终奖上限为72万元；

第六，工薪发放单位应估算职工的年薪，根据职工年薪所属区间，确定合理的月薪与年终奖最佳发放金额。不同应税年薪区间最佳应税月薪及最佳年终奖如表7-8、表7-9所示。

表7-8　　　不同应税年薪区间最佳应税月薪及最佳年终奖发放表（国内人员适用）　　单位：元

区　　间	应税年薪	最佳应税月薪	最佳年终奖
1	0 ~ 24 000	0 ~ 2 000	0
2	24 000 ~ 36 000	2 000 ~ 2 500	0 ~ 6 000
3	36 000 ~ 59 500	2 500 ~ 4 258.33	6 000
4	59 500 ~ 72 000	4 000	11 500 ~ 24 000
5	72 000 ~ 130 000	4 000 ~ 12 433.33	24 000
6	130 000 ~ 144 000	7 000	46 000 ~ 60 000
7	144 000 ~ 379 000	7 000 ~ 26 583.33	60 000
8	379 000 ~ 504 000	22 000	115 000 ~ 240 000
9	504 000 ~ 964 000	22 000 ~ 60 333.33	240 000
10	964 000 ~ 984 000	42 000	460 000 ~ 480 000
11	984 000 ~ 1 684 000	42 000 ~ 100 333.33	480 000
12	1 684 000 ~ 1 704 000	82 000	700 000 ~ 720 000
13	1 704 000 ~	82 000 ~	720 000

表7-9　　　不同应税年薪区间最佳应税月薪及最佳年终奖发放表（外籍人员适用）　　单位：元

区　　间	应税年薪	最佳应税月薪	最佳年终奖
1	0 ~ 57 600	0 ~ 4 800	0
2	57 600 ~ 69 600	4 800 ~ 5 300	0 ~ 6 000
3	69 600 ~ 93 100	5 300 ~ 7 258.33	6 000
4	93 100 ~ 105 600	6 800	11 500 ~ 24 000
5	105 600 ~ 163 600	6 800 ~ 11 633.33	24 000
6	163 600 ~ 177 600	9 800	46 000 ~ 60 000
7	177 600 ~ 412 600	9 800 ~ 29 383.33	60 000
8	412 600 ~ 537 600	24 800	115 000 ~ 240 000
9	537 600 ~ 997 600	24 800 ~ 63 133.33	240 000
10	997 600 ~ 1 017 600	44 800	460 000 ~ 480 000
11	1 017 600 ~ 1 717 600	44 800 ~ 103 133.33	480 000
12	1 717 600 ~ 1 737 600	84 800	700 000 ~ 720 000
13	1 737 600 ~	84 800 ~	720 000

（二）劳务报酬所得的纳税筹划

筹划依据：劳务报酬所得、稿酬所得、特许权使用费所得、财产租赁所得，每次收入不超过四千元的，减除费用八百元；四千元以上的，减除百分之二十的费用，其余额为应纳税所得额。

筹划思路：个人从企业取得收入，会发生一些费用，在计算个人所得税时一般不准据实扣除，而是定额或定率扣除。如果将个人发生的费用转化为企业的合理费用，个人收入和费用同步减少，个人所得税下降，个人税后收入增加。

【案例7-17】王教授10月份应邀到海南一家中外合资企业给该企业的经理层讲课，讲课时间是10天。关于讲课的劳务报酬，双方在合同书上这样写道"甲方（企业）给乙方（王教授）支付讲课费5万元人民币并代扣代缴个人所得税，往返交通费、住宿、伙食费等一概由乙方自负"。王教授10天以来的开销：往返飞机票4 000元，住宿费5 000元，伙食费1 000元，开销合计10 000元。

则企业代扣代缴王教授应交个人所得税：

$50\ 000 \times (1 - 20\%) \times 30\% - 2\ 000 = 10\ 000$（元）

王教授讲课10天税后所得为：

$50\ 000 - 10\ 000 - 10\ 000 = 30\ 000$（元）

注册税务师受托进行纳税筹划：

如果合同中的报酬条款改为"往返飞机票、住宿费、伙食费由甲方（企业）负担，甲方向乙方（王教授）支付讲课费40 000元并代扣代缴个人所得税"。

则企业支付讲课费40 000元，飞机票4 000元，住宿费5 000元，伙食费1 000元，支付总额仍为50 000元。

企业代扣代缴王教授个人所得税：

$40\ 000 \times (1 - 20\%) \times 30\% - 2\ 000 = 7\ 600$（元）

王教授个人税后所得为：$40\ 000 - 7\ 600 = 32\ 400$（元）

通过纳税筹划，王教授个人所得税减少：$10\ 000 - 7\ 600 = 2\ 400$（元）

王教授税后所得增加：$32\ 400 - 30\ 000 = 2\ 400$（元）

（三）劳动所得综合纳税筹划

1. 工资薪金所得与劳务报酬所得的筹划

筹划依据：工资、薪金所得是属于非独立个人劳务活动，即在机关、团体、学校、部队、企事业单位及其他组织中任职、受雇而得到的报酬；劳务报酬所得则是个人独立从事各种技艺、提供各项劳务取得的报酬。两者的主要区别在于，前者存在雇佣与被雇佣关系，后者则不存在这种关系。

筹划思路：工资薪金所得与劳务报酬所得均属于劳动所得，其税收待遇不同，纳税人若能相互转化，则可减轻个人所得税负担。

【案例7-18】王先生是高级工程师，201×年1月起每月从公司取得收入50 000元。现有两个方案可供选择：

方案一：王先生从事非独立劳动，任职或受雇于该公司；

方案二：王先生从事独立劳动，不任职、不受雇于该公司。

注册税务师受托进行纳税筹划：

两方案王先生每月应交个人所得税计算如下：

方案一，王先生任职或受雇于该公司所取得的收入为工资、薪金收入

每月应交个人所得税 = $(50\,000 - 2\,000) \times 30\% - 3\,375 = 11\,025$（元）

方案二，王先生从事独立劳动，其所取得的收入为劳务报酬收入

每月应交个人所得税 = $50\,000 \times (1 - 20\%) \times 30\% - 2\,000 = 10\,000$（元）

因此，王先生选择方案二，从事独立劳动

这样，可以节省个人所得税 = $11\,025 - 10\,000 = 1\,025$（元）

筹划结论：任职或受雇取得的收入，属于工资薪金，扣除 2 000 元后，适用九级超额累进税率；而从事独立劳动取得的收入，属于劳务报酬，定额扣除 800 元或定率扣除 20% 后，实际适用三级超额累进税率。工资薪金所得与劳务报酬所得存在纳税无差别点，纳税人应进行相机决策。工资薪金与劳务报酬的纳税无差别点如表 7 - 10 所示。

表 7 - 10　　　　　　　　　　　工资薪金与劳务报酬的纳税无差别点

区　　间	月收入（元）	方案选择
1	0 ~ 800	任意（推荐任职或受雇）
2	800 ~ 19 375	任职或受雇
3	19 375	任意
4	19 375 ~	独立劳动

2. 工资薪金所得与稿酬所得的筹划

筹划依据：任职、受雇于报刊、杂志等单位的记者、编辑等专业人员，在本单位的报刊、杂志上发表作品取得的所得，属于因任职、受雇而取得的所得，应与其当月工资收入合并，按"工资、薪金所得"项目征收个人所得税；除上述专业人员以外，其他人员在本单位的报刊、杂志上发表作品取得的所得，按"稿酬所得"项目征收个人所得税；出版社的专业作者撰写、编写或翻译的作品，由本社以图书形式出版而取得的稿费收入，按"稿酬所得"项目计算缴纳个人所得税。

筹划思路：工资薪金所得与稿酬所得均属于劳动所得，其税收待遇不同，纳税人若能相互转化，则可减轻个人所得税负担。

【案例 7 - 19】某女士为一报社专栏作家，201 × 年 1 月起每月从报社取得收入 30 000 元。现有两个方案可供选择：

方案一：该女士作为报社的职工，取得的收入为工资薪金；

方案二：该女士作为自由职业者，取得的收入作为稿酬。

注册税务师受托进行纳税筹划：

两个方案该女士每月应交个人所得税计算如下：

方案一，该女士作为报社的职工，每月从报社取得收入，按"工资薪金所得"纳税。

每月应交个人所得税 = $(30\,000 - 2\,000) \times 25\% - 1\,375 = 5\,625$（元）

方案二，该女士作为自由职业者，每月取得的收入，按"稿酬所得"计算纳税。

每月应交个人所得税 = $30\,000 \times (1 - 20\%) \times 20\% \times (1 - 30\%) = 3\,360$（元）

因此，该女士选择方案二，取得稿酬所得。

这样，可以节省个人所得税 = 5 625 - 3 360 = 2 265（元）

筹划结论：任职或受雇取得的收入，属于工资薪金，扣除 2 000 元后，适用九级超额累进税率；稿酬定额扣除 800 元或定率扣除 20% 后，实际适用 14% 的比例税率。工资薪金所得与稿酬所得存在纳税无差别点，纳税人应进行相机决策。工资薪金与稿酬的纳税无差别点如表 7 - 11 所示。

表 7 - 11 工资薪金与稿酬的纳税无差别点

区　间	月收入（元）	方案选择
1	0 ~ 800	任意（推荐工资）
2	800 ~ 8 806.82	工资
3	8 806.82	任意
4	8 806.82 ~	稿酬

（四）经营所得的纳税筹划

筹划依据：在中华人民共和国境内，企业和其他取得收入的组织为企业所得税的纳税人，依照规定缴纳企业所得税。个人独资企业、合伙企业不适用企业所得税法。个体工商户的生产经营所得，个人利息、股息、红利所得，应纳个人所得税。

筹划思路：营利组织从责任形式来看，有个人独资企业、合伙企业、公司（包括有限责任公司和股份有限公司）。一个自然人可设立个人独资企业或一人公司，两个或两个以上自然人可设立合伙企业或非一人公司。各类营利组织其责任形式和税收义务不同。个人独资企业和合伙企业的投资者承担无限责任，公司的投资者承担有限责任。个人独资企业和合伙企业无须缴纳企业所得税，其投资者分得收益比照"个体工商户生产经营所得"缴纳个人所得税。而公司要缴纳企业所得税，如果投资者是自然人，其分得的股息和红利还应按"利息股息红利所得"缴纳个人所得税，即公司制企业存在着两个层次的纳税义务。因此，纳税人应综合考虑，选择恰当的责任形式。

【案例 7 - 20】甲、乙两个自然人拟设立一家企业，两人分别出资 70% 和 30%，当年利润总额（假定与应纳税所得额相同）为 500 000 元，假设当年全部净利润按出资比例在两人之间进行分配。现有两个方案：

方案一，设立公司。

方案二，设立合伙企业。

注册税务师受托进行纳税筹划，对两个方案纳税情况计算如下：

方案一：

应交企业所得税 = 500 000 × 25% = 125 000（元）

净利润 = 500 000 - 125 000 = 375 000（元）

甲分得股息红利 = 375 000 × 70% = 262 500（元）

甲应交个人所得税 = 262 500 × 20% = 52 500（元）

甲税后所得 = 262 500 - 52 500 = 210 000（元）

乙分得股息红利 = 375 000 × 30% = 112 500（元）

温馨提示：合伙企业不缴纳企业所得税，但合伙人要承担无限责任；公司缴纳企业所得税，但出资人只承担有限责任。因此，投资人既要考虑税收利益，也要考虑非税利益，权衡利弊，实现税后利益的最大化。

乙应交个人所得税 = 112 500 × 20% = 22 500（元）

乙税后所得 = 112 500 − 22 500 = 90 000（元）

甲乙税后所得合计 = 210 000 + 90 000 = 300 000（元）

方案二：

甲生产经营所得 = 500 000 × 70% = 350 000（元）

甲应交个人所得税 = 350 000 × 35% − 6 750 = 115 750（元）

甲税后所得 = 350 000 − 115 750 = 234 250（元）

乙生产经营所得 = 500 000 × 30% = 150 000（元）

乙应交个人所得税 = 150 000 × 35% − 6 750 = 45 750（元）

乙税后所得 = 150 000 − 45 750 = 104 250（元）

甲乙税后所得合计 = 234 250 + 104 250 = 338 500（元）

方案二与方案一相比：

甲乙税后所得增加 = 338 500 − 300 000 = 38 500（元）

（五）财产转让所得的纳税筹划

筹划依据：企业转让股份所得征收企业所得税，个人转让股票所得暂免征收个人所得税。但自 2010 年 1 月 1 日起，对个人转让限售股票取得的所得，按照"财产转让所得"，适用 20% 的比例税率征收个人所得税。

筹划思路：对于通过公司账户和通过个人账户买入并卖出股票存在税负差异，应进行纳税筹划。

【案例 7 − 21】 张三、李四拟分别出资 70%、30% 设立公司，通过该公司买进并卖出股票，扣除印花税和手续费后炒股获利 5 000 万元，该公司适用所得税率 25%。

公司应交企业所得税 = 5 000 × 25% = 1 250（万元）

公司税后利润 = 5 000 − 1 270 = 3 750（万元）

若公司将全部税后利润按出资比例分配给张三与李四，张三与李四应按股息红利所得分别缴纳 20% 的个人所得税。

张三应交个人所得税 = 3 750 × 70% × 20% = 525（万元）

李四应交个人所得税 = 3 750 × 30% × 20% = 225（万元）

张三、李四个人所得税由支付红利的 A 公司代扣代缴。

公司代扣代缴税款 = 525 + 225 = 750（万元）

公司应交企业所得税和应代扣缴个人所得税合计 = 1 250 + 750 = 2 000（万元）

张三税后所得 = 3 750 × 70% − 525 = 2 100（万元）

李四税后所得 = 3 750 × 30% − 225 = 900（万元）

张三、李四税后所得合计 = 2 100 + 900 = 3 000（万元）

注册税务师受托进行纳税筹划：

如果张三与李四不通过公司账户买卖股票，而是通过个人账户买卖股票。张三股票转让所得 5 000 × 70% = 3 500 万元，李四股票转让所得 5 000 × 30% = 1 500 万元。

张三、李四取得股票转让所得暂免个人所得税。

张三税后所得 = 3 500（万元）

李四税后所得 = 1 500（万元）

张三、李四税后所得合计 = 3 500 + 1 500 = 5 000（万元）

通过纳税筹划，张三、李四税后所得合计增加 = 5 000 - 3 000 = 2 000（万元）

（六）利息股息红利所得的纳税筹划

筹划依据：对符合条件的居民企业之间的股息、红利等权益性投资收益免税。符合条件的居民企业之间的股息、红利等权益性投资收益，是指居民企业直接投资于其他居民企业取得的投资收益。不包括连续持有居民企业公开发行并上市流通的股票不足 12 个月取得的投资收益。

对个人投资者从非上市公司取得的股息红利所得，不扣除费用，按照 20% 的税率征收个人所得税；但对个人投资者从上市公司取得的股息红利所得，暂减按 50% 计入个人应税所得，按照 20% 的税率征收个人所得税。

筹划思路：对于通过公司账户和通过个人账户买入并持有股票存在税负差异，应进行纳税筹划。

【案例 7 - 22】持有股票的纳税筹划

张三、李四两个自然人拟共同出资买入并长期持有某上市公司股票，张三出资 70%、李四出资 30%，预计张三、李四合计每年可取得上市公司分红 100 万元。现有两套备选方案：

方案一，张三、李四出资设立公司，通过公司账户买入并持有股票。

方案二，张三、李四不设立公司，通过个人账户买入并持有股票。

注册税务师受托进行纳税筹划，对两个方案纳税情况计算如下：

方案一：

公司长期持有上市公司股票，取得分红免交企业所得税。

若公司将全部税后利润按出资比例分配给张三与李四，张三与李四应按股息红利所得分别缴纳 20% 的个人所得税。

张三应交个人所得税 = 100 × 70% × 20% = 14（万元）

李四应交个人所得税 = 100 × 30% × 20% = 6（万元）

张三、李四个人所得税由支付红利的 A 公司代扣代缴。

公司代扣代缴税款 = 14 + 6 = 20（万元）

张三税后所得 = 100 × 70% - 14 = 56（万元）

李四税后所得 = 100 × 30% - 6 = 24（万元）

张三、李四税后所得合计 = 56 + 24 = 80（万元）

方案二：

张三取得上市公司分红应交个人所得税 = 100 × 70% ÷ 2 × 20% = 7（万元）

李四取得上市公司分红应交个人所得税 = 100 × 30% ÷ 2 × 20% = 3（万元）

张三税后所得 = 100 × 70% - 7 = 63（万元）

李四税后所得 = 100 × 30% - 3 = 27（万元）

张三、李四税后所得合计 = 63 + 27 = 90（万元）

通过纳税筹划，张三、李四税后所得合计增加 = 90 - 80 = 10（万元）

关键术语

1. 代扣代缴 2. 自行申报纳税 3. 全年一次性奖金 4. 税负差异 5. 无差别点模型
6. 纳税禁区模型

实训练习

【实训题1】

【实训资料】 某公司共有 5 名职工，公司代扣代缴"三险一金"（假设为工资薪金的
20%，免税）及个人所得税，该公司 5 月份工资薪金发放如下表所示。

××公司 5 月份工资薪金发放表

序 号	职工姓名	国籍	5 月份工资薪金（元）
1	李×	中国	50 000
2	王×	美国	25 000
3	张×	中国	12 000
4	刘×	中国	6 000
5	陈×	中国	3 000

【实训要求】

（1）计算该公司应代交个人所得税。

（2）编制相关会计分录。

（3）填制扣缴个人所得税报告表。

【实训题2】

【实训资料】 方某 7 月至 9 月取得同一项目劳务收入 60 000 元，支付交通、食宿等费用
9 000 元。

方某 9 月底将 60 000 元收入一次领取。按税法规定：

应交个人所得税 = 60 000 × (1 − 20%) × 30% − 2 000 = 12 400（元）

个人税后收入 = 60 000 − 12 400 − 9 000 = 38 600（元）

【实训要求】

（1）注册税务师受托进行纳税筹划，筹划依据与筹划思路是什么？

（2）筹划后方某应交个人所得税及个人税后收入是多少？

（3）通过纳税筹划，节省个人所得税及增加个人税后收入多少？

实践训练

注册税务师审核某公司代扣个人所得税情况，审核 201× 年"应付职工薪酬"账户及
"盈余公积"等账户，从每月的记账凭证中发现，该公司经理每月应发和实发工资（包括奖

金、津贴）均为 3 420 元。因其经营有方，企业超额完成上级下达的各项经济指标，经上级领导批准，年终奖励 10 000 元，公司从盈余公积中提取，没有通过"应付职工薪酬"账户，同时，经查实，公司未履行代扣代缴纳税义务，未代扣其个人所得税。

【实习实训要求】

（1）指出存在的问题。

（2）计算应补交的个人所得税。

（3）公司作相关调账分录。

第 八 章

其他税种税务代理

学习目标

1. 掌握其他各税的核算方法，能熟练办理其他各税的会计核算代理

2. 掌握其他各税纳税申报主要业务流程，能熟练办理纳税申报代理

3. 熟悉其他各税纳税审查要点和基本方法，并能出具纳税审查报告

4. 熟悉纳税筹划的一般方法，为被代理企业提出合理的纳税筹划建议

第一节　其他税种会计核算

纳税人除了在发生日常经济业务时需要缴纳流转税、取得生产经营所得时需要缴纳企业所得税外，纳税人在经济活动中书立、使用、领受具有法律效力的应税凭证时，需要对应缴纳的印花税进行核算，纳税人拥有房产或土地，需要对缴纳的房产税和城镇土地使用税进行核算，印花税、房产税和城镇土地使用税的核算贯穿了纳税人的整个存续期。另外纳税人在销售不动产后也需要对应缴纳的土地增值税核算，在购买了车辆后也需要对车辆购置税进行核算。

一、土地增值税的会计核算

土地增值税的纳税人主要有三类，分别是以房地产开发与转让为主营业务的房地产开发

企业，兼营房地产开发的各类企业和单位，转让反映在企业"固定资产"账户中的房地产的各类企业和单位。以下将分别了解三类纳税人的土地增值税会计核算方法。

（一）土地增值税的会计核算需要设置的会计科目

1. 主营或兼营房地产开发业务的纳税人会计科目设置。土地增值税的纳税环节是房地产的销售环节，是为取得当期营业收入而支付的税金，所以，计提应缴纳的土地增值税应通过"营业税金及附加"科目核算，借方反映企业根据土地增值税税制规定实际支付的土地增值税，期末该科目结转到"本年利润"后无余额。

为了具体反映土地增值税的缴纳情况，应设置"应交税费——应交土地增值税"明细账，按规定计算的土地增值税核算在该科目的贷方，实际缴纳的税款反映在该科目的借方。

目前，对房地产开发企业在项目竣工前转让房地产取得的收入实行预征土地增值税的办法，纳税人预缴的土地增值税核算在"应交税费——应交土地增值税"的借方，清算时计算的应交土地增值税核算在该科目的贷方，当该科目出现借方余额时，反映的是纳税人多预缴的税款，当该科目出现贷方余额时，反映的是企业需要补缴的税款。

2. 转让反映在"固定资产"账户中的房地产的纳税人的会计科目设置。纳税人转让使用过的房地产，通过"固定资产清理"科目核算，转让过程中取得收入反映在该科目的贷方，转让过程中支付的清理费用、转让费用、支付的税金核算在该科目的借方。转让过程结束，该科目应结转至"营业外收入"或"营业外支出"科目。

同时，为了便于说明土地增值税实际缴纳情况，同样需要设置"应交税费——应交土地增值税"明细账，按规定计算的土地增值税核算在该科目的贷方，实际缴纳的税款反映在该科目的借方。

（二）在开发房地产项目土地增值税会计处理

纳税人在项目全部竣工结算前转让房地产取得的收入，由于涉及成本确定或其他问题，而无法据以计算土地增值税的，可以预征土地增值税，待该项目全部竣工、办理结算后再进行清算，多退少补。

1. 预缴土地增值税的会计处理。纳税人预缴土地增值税时，应借记"应交税费——应交土地增值税"科目，贷记"银行存款"科目。待清算时，再按应交的土地增值税，借记"营业税金及附加"科目，贷记"应交税费——应交土地增值税"科目。

> **温馨提示：** 预缴的土地增值税在计算当期企业所得税时允许扣除。

【案例 8 - 1】 安居房地产开发企业，投资开发一居住小区。已支付全部的土地出让金 100 万元，取得土地使用权证书，根据建设工程规划许可证，开发建设预计总投资额 1 000 万元，已投入 300 万元，工程完工进度 45%，预计明年 5 月份竣工并交付使用，10 月份向市级房产管理部门办理了预售登记，取得商品房预售许可证，当月取得预售收入 200 万元。当地规定的土地增值税预征率是预售收入的 5%。

取得预售收入时，作会计分录：

借：银行存款   2 000 000

    贷：预收账款   2 000 000

根据规定应预缴的土地增值税是 10 万元，作预缴时的会计分录：

借：应交税费——应交土地增值税　　　　　　　　　　　　　　　　　100 000
　　贷：银行存款　　　　　　　　　　　　　　　　　　　　　　　　　　100 000

2. 土地增值税清算时的会计处理。

符合下列情形之一的，纳税人应进行土地增值税的清算：

（1）房地产开发项目全部竣工、完成销售的；

（2）整体转让未竣工决算房地产开发项目的；

（3）直接转让土地使用权的。

符合下列情形之一的，主管税务机关可要求纳税人进行土地增值税清算：

（1）已竣工验收的房地产开发项目，已转让的房地产建筑面积占整个项目可售建筑面积的比例在85%以上，或该比例虽未超过85%，但剩余的可售建筑面积已经出租或自用的；

（2）取得销售（预售）许可证满三年仍未销售完毕的；

（3）纳税人申请注销税务登记但未办理土地增值税清算手续的；

（4）省税务机关规定的其他情况。

土地增值税以国家有关部门审批的房地产开发项目为单位进行清算，对于分期开发的项目，以分期项目为单位清算。

开发项目中同时包含普通住宅和非普通住宅的，应分别计算增值额。

【案例 8-2】上例的安居房地产开发公司在当年已将正开发的房地产全部售出，共取得收入 2 400 万元，第二年 5 月如期办理竣工结算，并交付房产。清算资料如下：该公司取得土地使用权支付金额 100 万元；支付契税 5 万元，支付有关拆迁补偿费 65 万元，支付前期开发费 120 万元，支付建筑安装工程费 500 万元，支付基础设施费 80 万元，支付开发间接费 50 万元；销售楼房时签订相关合同，并按规定缴纳了有关税金；该房地产开发企业为该工程从银行贷款，发生利息支出 28.75 万元（其中包括贷款逾期加收的罚息 0.75 万元），可按项目分摊并能够提供符合规定的凭证，已知房地产开发费用扣除比例为 5%。

办理土地增值税清算手续，土地增值税计算过程如下：

销售收入 = 2 400（万元）

扣除项目包括：

取得土地使用权支付的金额 = 100（万元）

开发成本 = 5 + 65 + 120 + 500 + 80 + 50 = 820（万元）

开发费用 = 28.75 - 0.75 + (100 + 820) × 5% = 74（万元）

营业税金及附加 = 2 400 × 5% × (1 + 7% + 3%) = 132（万元）

加计扣除金额 = (100 + 820) × 20% = 184（万元）

扣除项目合计 = 100 + 820 + 74 + 132 + 184 = 1 310（万元）

增值额 = 2 400 - 1 310 = 1 090（万元）

增值额占扣除项目金额之比 = 1 090 ÷ 1 310 × 100% = 83.2%

适用 40% 税率，速算扣除系数 5%

应纳税额 = 1 090 × 40% - 1 310 × 5% = 436 - 65.5 = 370.5（万元）

在房产交付使用，开出发票结算账单交给买主时，将预收账款转作收入，作如下分录：

借：预收账款　　　　　　　　　　　　　　　　　　　　　　　　　24 000 000
　　贷：主营业务收入　　　　　　　　　　　　　　　　　　　　　　24 000 000

办理土地增值税清算，计算应缴纳的土地增值税，作如下分录：

借：营业税金及附加 3 705 000

    贷：应交税费——应交土地增值税 3 705 000

补缴土地增值税，作如下会计分录：

借：应交税费——应交土地增值税 3 605 000

    贷：银行存款 3 605 000

（三）已完工房地产项目土地增值税会计处理

房地产开发企业销售已完工房地产，可以采用一次性收款和赊销、分期收款销售方式。在一次性收款销售方式下，应在房地产交付使用、发票账单交给买主时确认收入的实现，同时计算应缴纳的土地增值税，并将实现的收入负担的土地增值税，借记"营业税金及附加"科目，贷记"应交税费——应交土地增值税"科目。

在赊销、分期收款销售方式下，应在合同约定的收款时间确认销售实现，分次结转收入。销售实现时，借记"银行存款"或"应收账款"科目，贷记"主营业务收入"科目；同时，计算应由实现的营业收入负担的土地增值税，借记"营业税金及附加"等账户，贷记"应交税费——应交土地增值税"科目。

（四）房地产开发企业非直接销售或自用房地产的土地增值税的会计处理

房地产开发企业将开发的房地产用于职工福利、奖励、对外投资、分配给股东或投资人、抵偿债务、换取其他单位和个人的非货币性资产等，发生所有权转移时应视同销售房地产，按规定方法确认收入，作为计算土地增值税的应税收入。

【案例8-3】安佳房地产开发公司当年建造两栋楼房，A楼房土地使用权成本200万元，开发成本230万元，无法对该项目计算分摊利息，企业将该楼房的50%无偿提供给本单位具备条件的职工居住，并办理了职工个人的产权登记，50%偿还了欠施工单位的工程款400万元。按当地市场上同类楼房的平均销售价格计算的收入是800万元，当地规定的开发费用扣除比例是10%。

办理产权过户时作如下会计分录：

借：应付职工薪酬 4 000 000

    应付账款 4 000 000

    贷：主营业务收入 8 000 000

结转成本时作如下分录：

借：主营业务成本 4 300 000

    贷：开发产品 4 300 000

温馨提示：房地产开发企业将开发的房地产转为企业自用或用于出租等商业用途时，如产权未发生转移，不征收土地增值税。

计算应缴纳的营业税、城市维护建设税、教育费附加以及土地增值税：

应缴纳营业税 = 8 000 000 × 5% = 400 000（元）

应缴城市维护建设税 = 400 000 × 7% = 28 000（元）

应缴教育费附加 = 400 000 × 3% = 12 000（元）

计算土地增值税的过程如下：

销售收入 = 8 000 000（元）

土地使用权成本 = 2 000 000（元）

开发成本 = 2 300 000（元）

开发费用 =（2 000 000 + 2 300 000）× 10% = 43 000（元）

加计扣除费用 =（2 000 000 + 2 300 000）× 20% = 86 000（元）

允许扣除的税金 = 400 000 + 28 000 + 12 000 = 440 000（元）

扣除项目总额 = 2 000 000 + 2 300 000 + 43 000 + 86 000 + 440 000 = 4 869 000（元）

增值额 = 8 000 000 - 4 869 000 = 3 131 000（元）

增值额占扣除项目金额之比 = 3 131 000 ÷ 4 869 000 × 100% = 64.3%

适用税率40%，速算扣除系数5%

应纳税额 = 3 131 000 × 40% - 4 869 000 × 5% = 1 008 950（元）

作计提各项税收的会计分录：

借：营业税金及附加　　　　　　　　　　　　　　　　　1 448 950

　　贷：应交税费——应交营业税　　　　　　　　　　　　400 000

　　　　　　　——应交城市维护建设税　　　　　　　　　 28 000

　　　　　　　——应交教育费附加　　　　　　　　　　　 12 000

　　　　　　　——应交土地增值税　　　　　　　　　　1 008 950

（五）转让核算在"固定资产"科目的房地产的土地增值税会计处理

纳税人转让自己使用过的房地产，应通过"固定资产清理"科目核算，具体来说，当取得转让收入时，核算在"固定资产清理"科目的贷方，因为转让而发生的营业税及其附加、土地增值税、支付的清理费用核算在"固定资产清理"科目的借方，清理完毕，将该账户的余额结转到"营业外收入"或"营业外支出"科目。

温馨提示： 纳税人转让旧房及建筑物，凡不能取得评估价格，但能提供购房发票的，经当地税务部门确认，土地扣除项目和旧房建筑物评估价格扣除项目的金额，可按发票所载金额并从购买年度起至转让年度止每年加计5%计算。对纳税人购房时缴纳的契税，凡能提供契税完税凭证的，准予作为"与转让房地产有关的税金"予以扣除，但不作为加计5%的基数。

【案例8-4】通畅运输公司转让一幢2000年建造的公寓楼，当时的造价为1 500万元。在"固定资产"科目核算的原值为1 500万元，已提折旧700万元。经房地产评估机构评定，该公寓楼的重置成本价为3 000万元，该楼房为七成新。转让前为取得土地使用权支付的地价款和按规定缴纳的有关费用为1 200万元（可提供支付凭证），另支付房地产评估费用3万元，转让时取得转让收入6 800万元，已按规定缴纳了转让环节的有关税金（已纳税金均能提供完税凭证）。该公司的评估价格已经税务机关认定。

将该公寓楼转入清理程序，作如下分录：

借：固定资产清理　　　　　　8 000 000

　　累计折旧　　　　　　　　7 000 000

　　贷：固定资产　　　　　　　　　　15 000 000

取得转让收入时的分录为：

借：银行存款　　　　　　　68 000 000

　　贷：固定资产清理　　　　　　　　68 000 000

支付清理费用时作分录：

借：固定资产清理　　　　　　　　　　　　　　　　　　30 000

　　　　　贷：银行存款　　　　　　　　　　　　　　　　　　　　　　30 000
　　计算与转让房地产有关的营业税、城市维护建设税、教育费附加作分录：
　　借：固定资产清理　　　　　　　　　　　　　　　　　　　3 774 000
　　　　　贷：应交税费——应交营业税　　　　　　　　　　　　3 400 000
　　　　　　　　　　——应交城市维护建设税　　　　　　　　　238 000
　　　　　　　　　　——应交教育费附加　　　　　　　　　　　102 000
　　　　　　　　　　——应交印花税　　　　　　　　　　　　　34 000

　　则，该公司应纳土地增值税计算如下：

1. 转让房地产的收入为 6 800 万元

2. 准予扣除的项目金额：

（1）取得土地使用权支付的金额为 1 200 万元

（2）房地产的评估价格 = 3000 × 70% = 2 100（万元）

（3）房地产评估费用为 3 万元

（4）与转让房地产有关的税金为：

$6\ 800 × 5\% × (1 + 7\% + 3\%) + 6\ 800 × 0.5‰ = 377.4$（万元）

扣除项目金额合计：$1\ 200 + 2\ 100 + 3 + 377.4 = 3\ 680.4$（万元）

3. 土地增值额 = $6\ 800 - 3\ 680.4 = 3\ 119.6$（万元）

4. 土地增值率 = $3\ 119.6 ÷ 3\ 680.4 × 100\% = 84.76\%$

5. 应纳土地增值税 = $3\ 119.6 × 40\% - 3\ 680.4 × 5\% = 1\ 063.82$（万元）

作计提土地增值税的会计分录：

　　借：固定资产清理　　　　　　　　　　　　　　　　　　10 638 200
　　　　　贷：应交税费——应交土地增值税　　　　　　　　　10 638 200

将固定资产清理账户结转到"营业外收入"科目：

　　借：固定资产清理　　　　　　　　　　　　　　　　　　45 557 800
　　　　　贷：营业外收入　　　　　　　　　　　　　　　　　45 557 800

二、印花税的会计核算

　　印花税是对经济活动和经济交往中书立、领受各种应税凭证的行为征收的一种税。

　　印花税的主要应税凭证有各类经济合同或具有合同性质的凭证、产权转移书据、营业账簿、权利许可证照以及经财政部确定征税的其他凭证。

　　印花税的纳税人具体包括立合同人、立据人、立账簿人、权利许可证照的领受人，凡是由两方或两方以上当事人共同书立的，其当事人各方都是印花税的纳税人，各就其所持凭证的计税金额纳税。

（一）产权转移书据应纳印花税的会计处理

　　印花税对财产所有权、版权、商标专用权、专利权、专有技术使用权等转移书据征税，商品房转让合同、土地使用权转让合同按照产权转移书据纳税。

　　纳税人转让核算在"固定资产"科目中的房地产时，缴纳的印花税需核算在"固定资产清理"科目中。纳税人转让新开发的房地产时，缴纳的印花税需核算在"管理费用"中。购买方核算的印花税核算在所购房地产的成本中。

纳税人转让核算在"无形资产"科目中的版权、商标专用权、专利权、专有技术使用权缴纳的印花税核算在"管理费用"科目，购买方缴纳的印花税核算在"无形资产"科目。

纳税人缴纳印花税一般采取自行计算、购买、贴花、注销，不会形成税款债务，为了简化会计处理，可以不通过"应交税费"账户核算，在缴纳税款时直接核算在"银行存款"科目。

【案例8-5】通畅运输公司拥有的房产账面原值300万元，已累计提取折旧80万元，3月20日，与乙企业签订一份房产转让书据，拟将该房产转让，合同约定转让价格为450万元。

该合同应缴纳的印花税 = $4\,500\,000 \times 0.5‰ = 2\,250$（元）

通畅运输公司会计处理如下：

借：固定资产清理　　　　　　　　　　　　　　　　　　　　　2 250

　　贷：银行存款　　　　　　　　　　　　　　　　　　　　　　　　　2 250

乙企业会计处理为：

借：固定资产　　　　　　　　　　　　　　　　　　　　　　　2 250

　　贷：银行存款　　　　　　　　　　　　　　　　　　　　　　　　　2 250

（二）其他应税凭证应纳印花税的会计处理

企业签订各类应税合同、领取权利许可证照、设立账簿时缴纳的印花税应核算在"管理费用"科目。签订合同双方均需要核算印花税。

问题讨论：同一凭证有两个或两个以上经济事项该如何适用税率？

【案例8-6】某企业1月10日开业，领受工商营业执照、商标注册证各1件；订立产品购销合同1份，所载金额为200万元；与市银行订立借款合同1份，所载金额为500万元；企业记载资金的账簿，"实收资本"、"资本公积"为1 000万元；其他营业账簿8本。

该企业应纳的印花税 = $2 \times 5 + 2\,000\,000 \times 0.3‰ + 5\,000\,000 \times 0.05‰ + 10\,000\,000 \times 0.5‰ + 8 \times 5 = 5\,900$（元）

该企业应作如下会计处理：

借：管理费用　　　　　　　　　　　　　　　　　　　　　　　5 900

　　贷：银行存款　　　　　　　　　　　　　　　　　　　　　　　　　5 900

三、房产税的会计核算

房产税是以房屋为征税对象，按照房屋的计税余值或出租房屋的租金收入向产权所有人征收的一种财产税。

对于经营自用的房屋，以房产的计税余值为计税依据。房产余值是指房产原值一次减除10%～30%后的余值作为计税依据。具体减除幅度，由各省、自治区、直辖市人民政府确定。房产的原值，是指纳税人按照会计制度规定，在账簿"固定资产"科目中记载的房屋原值。适用的税率是1.2%。

对于出租的房屋,以房屋租金收入为房产税的计税依据。租金包括货币收入和实物收入。适用税率是12%。2008年3月1日起,对个人出租住房,不区分用途,按4%的税率征收房产税。对企事业单位、社会团体以及其他组织按市场价格向个人出租用于居住的住房,减按4%的税率征收房产税。

企业经营用房产缴纳的房产税应核算在"管理费用"账户,企业出租用房产缴纳的房产税,应核算在"其他业务成本"。

【案例8-7】通畅运输公司拥有办公楼一栋,总建筑面积4 300平方米,房产原值2 500万元。从7月1日起将部分楼层出租给教育局使用,每月租金5万元,这部分楼层的房产原值为1 300万元。假如,当地规定的房产原值一次扣除率为10%,当地规定每年6月、12月分两次缴纳。

1月~6月应纳房产税=2 500×(1-10%)×1.2%×6÷12=13.5(万元)

6月~12月应纳房产税=(2 500-1 300)×(1-10%)×1.2%×6÷12+30×12%=10.08(万元)

1月~6月份每月会计处理如下:

借:管理费用 135 000
　　贷:应交税费——应交房产税 135 000

6月~12月份每月会计处理如下:

借:管理费用 64 800
　　其他业务成本 36 000
　　贷:应交税费——应交房产税 100 800

温馨提示:从2009年12月1日起,对无租使用其他单位房产的应税单位和个人,依房产余值为计税依据计征房产税。

12月初纳税时的会计处理如下:

借:应交税费——应交房产税 100 800
　　贷:银行存款 100 800

四、城镇土地使用税的会计核算

城镇土地使用税的征税范围为城市、县城、建制镇和工矿区内的土地。凡在城市、县城、建制镇、工矿区范围内使用土地的单位和个人,都是城镇土地使用税的纳税义务人。应在"应交税费"账户下设置"应交城镇土地使用税"明细账户。该账户采用三栏式结构。纳税人计提城镇土地使用税时,记入该账户的贷方,缴纳城镇土地使用税时,记入该账户的借方,纳税期结束时,该账户贷方余额反映欠缴的城镇土地使用税。

纳税人按规定计算应纳城镇土地使用税时,借记"管理费用"科目,贷记"应交税费——应交城镇土地使用税"科目。缴纳城镇土地使用税时,借记"应交税费——应交城镇土地使用税",贷记"银行存款"科目。

【案例8-8】某市商贸公司年初拥有地处该市二等地区的应税土地面积为50 000平方米,另与乙公司共同拥有该市四等地区的应税土地面积35 000平方米,其中本公司占25 000平方米,乙公司占用10 000平方米,当年新征用四等地区耕地面积20 000平方米(该市二等土地适用年税额每平方米2元,四等土地适用年税额每平方米1元)。

当年应纳土地使用税=50 000×2+35 000×1×25 000÷35 000=125 000(元)

纳税人每年分别在6月份和12月份纳税,应于纳税期终了时预计应交税费数额,计入当期的"管理费用"科目，再与税务机关结算。每期具体分录为：

借：管理费用   62 500

    贷：应交税费——应交城镇土地使用税   62 500

上缴时：

借：应交税费——应交城镇土地使用税   62 500

    贷：银行存款   62 500

五、资源税的会计核算

目前资源税将矿产品、盐等列入征税对象。在中国境内从事开采应纳资源税的矿产品或者生产盐的单位和个人，均为资源税的纳税义务人。独立矿山、联合企业及其他收购未税矿产品的单位和其他专门从事矿产品原矿收购的单位，为资源税的扣缴义务人，在收购环节代扣代缴资源税。

纳税人和扣缴义务人应在"应交税费"科目下设置"应交资源税"二级科目。纳税人计提或者代扣代缴的资源税，记入该账户的贷方；缴纳资源税时，记入该账户的借方，纳税期满后，该账户贷方余额反映欠缴的资源税。

以外购液体盐加工固体盐的企业，外购液体盐价款中所包含的资源税记入"应交税费——应交资源税"账户的借方，待抵扣固体盐销售计算缴纳的资源税。该账户可能会出现借方余额，反映尚未抵扣的液体盐资源税。

资源税是在销售应税资源环节缴纳的，是为取得当期营业收入而支付的税金，所以，计提应缴纳的资源税应通过"营业税金及附加"科目核算。

（一）生产销售应纳资源税的核算

纳税人销售应税产品应在销售实现时，按实收的全部款项，借记"银行存款"或"应收账款"等科目，按实现的不含增值税的销售额，贷记"主营业务收入"科目，按收取的增值税税额，贷记"应交税费——应交增值税（销项税额）"科目。结转销售成本时，借记"主营业务成本"科目，贷记"库存商品"科目，计提资源税时，借记"营业税金及附加"科目，贷记"应交税费——应交资源税"科目。缴纳资源税时，借记"应交税费——应交资源税"科目，贷记"银行存款"科目。

> **温馨提示**：资源税只对未经加工的原矿征收，原矿用于连续生产时应以移送使用的原矿数量为计税依据。纳税人不能准确提供应税产品的销售数量或移送使用数量的，以应税产品的产量或主管税务机关确定的折算比换算成的数量为课税数量。

【案例 8-9】某钨矿企业 10 月份共开采钨矿石原矿 80 000 吨，以预收款方式对外销售钨矿石原矿 40 000 吨，已于 9 月 20 日取得预收款 46.8 万元，于 10 月 20 日发出货物；以分期收款方式销售 20 000 吨，约定当月取得货款的 30%，每吨不含增值税售价 11.7 万元，货物已于当月发出，每吨成本 4 万元，月底收到货款 7.8 万元。

预收款方式销售钨矿的会计处理为：

9 月份取得预收款时：

借：银行存款   468 000

    贷：预收账款   468 000

10 月份发出货物时，确认收入实现：

借：预收账款   468 000

    贷：主营业务收入   400 000

        应交税费——应交增值税（销项税额）   68 000

计提资源税：

应纳资源税 = 40 000 × 0.6 = 24 000（元）

借：营业税金及附加   24 000

    贷：应交税费——应交资源税   24 000

分期收款销售钨矿的会计处理为：

发出商品时：

借：发出商品   80 000

    贷：库存商品   80 000

按照增值税制规定，分期收款销售货物应在合同约定的收款日确认收入的实现，所以当月实现的收入是全部收入的 30%。资源税规定，分期收款销售的纳税义务发生时间是销售合同规定的收款日期的当天。所以应纳资源税的钨矿数量是 20 000 吨的 30% 部分。因此，取得货款时的会计处理如下：

借：银行存款   78 000

    贷：主营业务收入   66 666.67

        应交税费——应交增值税（销项税额）   11 333.33

应纳资源税 = 20 000 × 0.6 × 30% = 3 600（元）

计提资源税：

借：营业税金及附加   3 600

    贷：应交税费——应交资源税   3 600

（二）自产自用应税产品应纳资源税的核算

应税资源产品不论是用于继续生产精矿产品，还是用于集体福利或个人消费，都应在移送使用环节，按移送使用数量计算缴纳资源税。用于连续生产无法确定使用的原矿数量时，应按照应税产品的产量或主管税务机关确定的折算比，换算成的数量为计税依据。

1. 应税资源产品用于继续生产精矿产品。将自行开采的应税资源用于继续生产精矿产品，应按照移送使用的原矿数量计算缴纳资源税，不缴纳增值税。

【案例 8 – 10】某冶金矿山本月以开采的铁矿石入选铁精矿，入选铁矿量为 3 400 吨，选矿比为 1:3.2，该铁矿石适用资源税额为 15 元/吨。

资源税规定，从 2006 年 1 月 1 日起，对冶金矿山铁矿石资源税，暂按规定税额标准的 60% 征收。

应纳资源税 = 3 400 × 3.2 × 15 × 60% = 97 920（元）

借：生产成本   97 920

    贷：应交税费——应交资源税   97 920

2. 将自行开采的应税资源用于职工福利、个人消费。用于职工福利、个人消费的应税资源应该视同销售处理，按照同类资源产品的市场销售价格确认销售收入，并且计算缴纳增值税和资源税。

【案例 8-11】某煤矿（一般纳税人）将 500 吨原煤以福利形式分给企业职工，其中：一线矿工 350 吨，井下管理人员 50 吨，厂部管理人员 100 吨。原煤成本 300 元/吨，售价 400 元/吨；适用资源税税率 4 元/吨。

增值税销项税额 = 400×500×17% = 34 000（元）

借：应付职工薪酬——非货币性福利 234 000
    贷：主营业务收入 200 000
        应交税费——应交增值税 34 000

分配应付职工薪酬，其中生产成本应分摊 = 234 000×350÷500 = 163 800（元）

制造费用分摊 = 234 000×50÷500 = 23 400（元）

管理费用应分摊 = 234 000×100÷500 = 46 800（元）

借：生产成本 163 800
    制造费用 23 400
    管理费用 46 800
    贷：应付职工薪酬——非货币性福利 234 000

应纳资源税 = 500×4 = 2 000（元）

借：营业税金及附加 2 000
    贷：应交税费——应交资源税 2 000

3. 利用液体盐加工固体盐的资源税核算。纳税人以液体盐加工固体盐，按固体盐税额征税，以加工的固体盐数量为课税数量。如果纳税人以外购的液体盐加工固体盐，其加工固体盐所耗用液体盐的已纳税额准予在应纳固体盐税额中抵扣。

【案例 8-12】某纳税人本期外购液体盐 10 000 吨，支付价税合计款 2 340 000 元，取得增值税专用发票，货款已付，每吨负担资源税 2 元。自产液体盐 50 000 吨，当月将全部外购的和自产的液体盐用于加工固体盐，固体盐当月售出 12 000 吨，取得不含增值税销售收入 600 万元。已知固体盐税额为每吨 10 元。

购入液体盐时的会计处理：

借：原材料——液体盐 1 980 000
    应交税费——应交增值税（进项税额） 340 000
    应交税费——应交资源税 20 000
    贷：银行存款 2 340 000

销售固体盐时的会计处理：

借：银行存款 7 020 000
    贷：主营业务收入 6 000 000
        应交税费——应交增值税（销项税额） 1 020 000

计提资源税时的会计处理：

计提资源税 = 12 000×10 = 120 000（元）

借：营业税金及附加 120 000
    贷：应交税费——应交资源税 120 000

缴纳资源税时的会计处理：

应纳资源税 = 120 000 – 20 000 = 100 000（元）

借：应交税费——应交资源税　　　　　　　　　　　　　　100 000

　　贷：银行存款　　　　　　　　　　　　　　　　　　　　　100 000

（三）收购未税矿产品代扣代缴资源税的核算

企业收购未税矿产品，应代扣代缴资源税，并将代扣税款核算在"应交税费——应交资源税"账户的贷方，收购价款扣除代扣资源税后的余款贷记"银行存款"或"现金"，收购价款作为收购矿产品的入账价值核算在"原材料"等资产账户中。

【案例 8 – 13】 某矿山本月从附近小矿山收购铜矿石原矿 6 000 吨，收购价款 5 500 元/吨。该矿代扣了资源税，将余款支付小矿山。该企业铜矿石资源税税额 2.3 元/吨。

> **温馨提示：** 从 2009 年 1 月 20 日至 12 月 31 日，对 1.6 升及以下排量乘用车减按 5% 征收车辆购置税；从 2010 年开始将减征 1.6 升及以下小排量乘用车车辆购置税的政策延长至 2010 年底，减按 7.5% 征收。

应代扣资源税税额 = 6 000 × 2.3 = 13 800（元）

借：原材料　　　　　　　　　33 000 000

　　贷：应交税费——应交资源税　　13 800

　　　　银行存款　　　　　　　　　　　　　　　　　　　32 986 200

代缴资源税时作账：

借：应交税费——应交资源税　　　　　　　　　　　　　13 800

　　贷：银行存款　　　　　　　　　　　　　　　　　　　　13 800

六、车辆购置税的会计核算

车辆购置税的征收范围包括在我国境内购置的汽车、摩托车、电车、挂车、农用运输车等应税车辆。在中华人民共和国境内购置应税车辆的单位和个人，应当在向公安机关等车辆管理机构办理车辆登记注册手续前，以购买应税车辆而支付给销售者的全部价款和价外费用的 10%，计算应缴纳的车辆购置税。

纳税人购置的车辆符合固定资产的特征，为购买固定资产而发生的税金应核算在固定资产成本中，借记"固定资产"科目，贷记"应交税费——应交车辆购置税"科目。

【案例 8 – 14】 甲公司于 8 月 5 日进口一辆小汽车，报关地海关确定的到岸价格 600 000 元，已知关税税率 50%，消费税税率 20%。代为办理车辆购置税纳税申报。

（1）进口应纳关税 = 600 000 × 50% = 300 000（元）

（2）应纳消费税 =（600 000 + 300 000）÷（1 – 20%）× 20% = 225 000（元）

（3）计税价格 = 600 000 + 300 000 + 225 000 = 1 125 000（元）

（4）应纳税额 = 1 125 000 × 10% = 112 500（元）

有关车辆购置税的会计处理为：

借：固定资产　　　　　　　　　　　　　　　　　　　112 500

　　贷：应交税费——应交车辆购置税　　　　　　　　　　112 500

缴纳税款时，作账：

借：应交税费——应交车辆购置税　　　　　　　　　　112 500

　　贷：银行存款　　　　　　　　　　　　　　　　　　　112 500

第二节　其他税种申报代理

在学习了其他税种的会计核算代理内容后，我们已经能够完成企业日常涉税业务的会计核算工作，税法规定各税种应该在法定的纳税期限内办理纳税申报和税款缴纳手续，那么，我们如何为纳税人填制这些税种的纳税申报表呢？

一、土地增值税的申报代理

土地增值税的纳税人应自转让房地产合同签订之日起 7 日内，向房地产所在地的主管税务机关办理纳税申报，同时向税务机关提交房屋及建筑物产权、土地使用权书，土地转让、房产买卖合同，房地产评估报告及其与转让房地产有关的资料。

（一）土地增值税纳税申报操作规范

税务代理人员应从以下几方面入手，做好土地增值税纳税申报代理业务。

1. 明确投资项目。核查房地产投资立项合同、批准证书和房地产转让合同，确认投资立项与转让的时间及房地产开发项目的性质。如属于免税项目，应向税务机关申请办理免征土地增值税的申报手续。

2. 明确转让收入。核查应收账款、预收账款、主营业务收入、其他业务收入、固定资产清理等账户及主要原始凭证，确认本期应申报的转让房地产的收入。

3. 明确土地使用权成本。核查土地使用权转让合同及其付款凭证，确认土地出让金的实际缴付金额。

4. 明确开发成本。核查开发成本账户及开发建筑承包合同与付款凭证，确认土地征用及拆迁款、前期工程费等开发成本。

5. 明确开发费用。核查"财务费用"账户、"开发成本"账户以及相关借款合同，确认利息支出并按税法规定计算扣除。如果没有借款合同或利息无法在各项目之间分摊，则应按照土地使用权成本和开发成本为基数按规定比例计算。

6. 明确税前可以扣除的与转让房地产有关的税金。

7. 转让旧房时，明确可以扣除旧房的评估价格。

8. 根据土地增值税的规定计算应缴纳的土地增值税。

9. 在项目竣工前转让房地产的应办理土地增值税的预缴申报。

（二）代理编制土地增值税纳税申报表的方法

土地增值税的纳税申报表分为两种，分别适用于房地产开发企业和非从事房地产开发的纳税人。

1. 土地增值税纳税申报表（一）的填制方法举例。

接【案例 8 - 2】代安居房地产开发公司办理土地增值税清算，填制纳税申报表如表 8 - 1 所示：

表 8 - 1

土地增值税纳税申报表（一）
（从事房地产开发的纳税人适用）

税款所属时间： 年 月 日　　　　　　　　填表日期： 年 月 日
纳税人编码：　　　　　金额单位： 人民币万元　　　　　面积单位： 平方米

纳税人名称	安居房地产开发公司	项目名称		项目地址	
业　别		经济性质	纳税人地址	邮政编码	
开户银行		银行账号	主管部门	电　话	

项　目	行次	金　额
一、转让房地产收入总额　1 = 2 + 3	1	2 400
其中　货币收入	2	2 400
实物收入及其他收入	3	
二、扣除项目金额合计 4 = 5 + 6 + 13 + 16 + 20	4	1 310
1. 取得土地使用权所支付的金额	5	100
2. 房地产开发成本 6 = 7 + 8 + 9 + 10 + 11 + 12	6	820
其中　土地征用及拆迁补偿费	7	70
前期工程费	8	120
建筑安装工程费	9	500
基础设施费	10	80
公共配套设施费	11	
开发间接费用	12	50
3. 房地产开发费用　13 = 14 + 15	13	
其中　利息支出	14	28
其他房地产开发费用	15	46
4. 与转让房地产有关的税金等 16 = 17 + 18 + 19	16	132
其中　营业税	17	120
城市维护建设税	18	8.4
教育费附加	19	3.6
5. 财政部规定的其他扣除项目	20	184
三、增值额 21 = 1 - 4	21	1 090
四、增值额与扣除项目金额之比（%）22 = 21 ÷ 4	22	83.2
五、适用税率（%）	23	40
六、速算扣除系数（%）	24	5
七、应缴土地增值税税额 25 = 21 × 23 - 4 × 24	25	370.5
八、已缴土地增值税税额	26	10
九、应补（退）土地增值税税额 27 = 25 - 26	27	360.5

2. 土地增值税纳税申报表（二）的填制方法举例。

接【案例 8 - 3】，通畅运输公司填制的土地增值税纳税申报表如表 8 - 2 所示：

表 8-2   土地增值税纳税申报表（二）
                              （非从事房地产开发的纳税人适用）

税款所属时间：   年 月 日   填表日期：20××年8月12日
纳税人编码：   金额单位：人民币元   面积单位：平方米

纳税人名称		项目名称		项目地址		
业 别		经济性质		纳税人地址	邮政编码	
开户银行		银行账号		主管部门	电 话	
项 目				行次	金 额	
一、转让房地产收入总额　1＝2＋3				1	68 000 000	
其中	货币收入			2	68 000 000	
	实物收入及其他收入			3		
二、扣除项目金额合计　4＝5＋6＋9				4	36 804 000	
1. 取得土地使用权所支付的金额				5	12 000 000	
2. 旧房及建筑物的评估价格 6＝7×8				6	21 000 000	
其中	旧房及建筑物的重置成本价			7	30 000 000	
	成新度折扣率（％）			8	70	
4. 与转让房地产有关的税金等　9＝10＋11＋12＋13				9	3 774 000	
其中	营业税			10	3 400 000	
	城市维护建设税			11	238 000	
	印花税			12	34 000	
	教育费附加			13	102 000	
三、增值额 14＝1－4				14	31 196 000	
四、增值额与扣除项目金额之比（％）15＝14÷4				15	84.76	
五、适用税率（％）				16	40	
六、速算扣除系数（％）				17	5	
七、应缴土地增值税税额 18＝14×16－4×17				18	10 638 200	

二、印花税的申报代理

印花税在书立或领受时贴花。即在合同签订时、账簿启用时和证照领受时贴花。具体的纳税方法有自行贴花办法、汇贴和汇缴三种。

温馨提示：按比例税率计算纳税而应纳税额又不足一角的，免纳印花税；应纳税额在一角以上的，其税额尾数不满五分的不计，满五分的按一角计算纳税。对财产租赁合同的应纳税额超过一角但不足一元的，按一元贴花。

代理纳税申报，税务代理人员应详细了解纳税人应税凭证的范围，按期办理纳税申报和贴花工作。

（一）代理印花税纳税申报操作规范

1. 了解企业生产经营所属的行业以及生产经营项目的特点，确定应税凭证可能发生的主要范围。

2. 核查企业当期签订的合同及合同类凭证的类型，确定计算印花税的计税依据，选择适当的税率计算应纳税额。

3. 核查企业有无新设立的账簿、企业资金账簿记载金额有无增加情况，根据新增账簿件数和资金增加金额准确计算应纳税额。

4. 核查企业领取权利许可证照的情况，根据领取份数计算应缴纳的印花税。

（二）代理编制印花税纳税申报表的方法举例

接【案例8-6】该企业填制的印花税申报表如表8-3所示：

表8-3 　　　　　　　　　　　　　　**印花税纳税申报表**

填表日期：　　年　月　日

纳税人识别码　　　　　　　　　　　　　　　　　　　　金额单位：元（列至角分）

纳税人名称						税款所属时期				
应税凭证名称	件数	计税金额	适用税率	应纳税额	已纳税额	应补（退）税额	购花贴花情况			
							上期结存	本期购进	本期贴花	本期结存
1	2	3	4	5＝2×3或3×4	6	7＝5-6	8	9	10	11＝8+9-10
权利、许可证照	2	5		10		10				
产权转移书据										
购销合同	1	2 000 000	0.3‰	600		600				
借款合同	1	5 000 000	0.05‰	250		250				
技术开发合同										
营业账簿-资本	1	10 000 000	0.5‰	5 000		5 000				
营业账簿-其他	8	5		40		40				
合计				5 900		5 900				

如纳税人填报，由纳税人填写以下各栏		如委托代理人填报，由代理人填写以下各栏			备注
会计主管（签章）	经办人（签章）纳税人（签章）	代理人名称		代理人（签章）	
		代理人地址			
		经办人姓名	电话		
以下由税务机关填写					
收到申报表日期			接收人		

三、房产税的申报代理

房产税按年征收，分期缴纳，具体纳税期限，由各省、自治区、直辖市人民政府确定，房产税在房产所在地缴纳，房产不在同一地方的纳税人，应按房产的坐落地点分别向房产所在地的税务机关缴纳。

（一）房产税纳税申报操作规范

1. 核查纳税人应税房屋及与房屋不可分割的各种附属设施，或一般不单独计算价值的配套设施，确认产权所属关系，确定纳税人。

2. 核查"固定资产"、"在建工程"等账户，确认应税房产原值，确定自用房产的房产税计税依据。

3. 核查应税房产投入使用或竣工、验收的时间，确认纳税义务发生时间。

4. 核查"其他业务收入"账户，确认出租房产的租金收入，确定房产税的计税依据。

5. 核查在征税范围内按现行规定应予以减免税的房产，及时报请税务机关审核同意。

（二）代理编制房产税申报表的方法举例

接【案例8-7】代理12月底的房产税纳税申报填纳税申报表如表8-4所示：

表8-4

房产税纳税申报表

纳税人识别号　□□□□□□□□

填表日期 20××年12月10日　　　　单位：万元

纳税人名称：通畅运输公司　　　房产坐落地点　　　税款所属时期 20××年　　　建筑面积（m²）4 300

	本期实际房产原值	其中			以房产余值计征房产税				以租金收入计征房产税			全年应纳税额	缴纳次数	本期			备注
上期申报房产（原值）评估值		从价计税的房产原值	从租计税的房产原值	税法规定的免税房产原值	扣除率%	房产余值	适用税率1.2%	应纳税额	租金收入	适用税率12%	应纳税额			应纳税额	已纳税额	补（退）税额	
本期房产值增减																	
1	3=1+2	4=3-5-6	5=3-4-6	6	7	8=4-4×7	9	10=8×9	11	12	13=11×12	14=10+13	15	16=14÷15	17	18=16-17	
2 500	2 500	1 200	1 300		10	1 080	1.2%	12.96	60	12%	7.2	20.16	2	10.08	0	10.08	
合计		1 200	1 300		10	1 080	1.2%	12.96	60	12%	7.2	20.16	2	10.08	0	10.08	

房产税税收缴款书号

如纳税人填报，由纳税人填写下各栏

纳税人（公章）

会计主管（鉴章）

如委托代理人填报，由代理人填写以下各栏

代理人名称

代理人地址

经办人姓名

代理人（公章）

电话

以下由税务机关填写

收到申报表日期　　　接收人

四、城镇土地使用税的申报代理

城镇土地使用税实行按年计算，分期缴纳的征收方法。纳税人应依照当地税务机关规定的期限，填写《城镇土地使用税纳税申报表》，并提供有关的证明文件资料。纳税人新征用的土地，必须于批准新征用之日起 30 日内申报登记。纳税人如有住址变更、土地使用权属转移等情况，从转移之日起，按规定期限办理申报变更登记。

（一）城镇土地使用税纳税申报操作规范

1. 核查纳税人土地使用证标示的土地面积和实际占用土地面积，确认土地所处的位置和用途，确定应税土地面积和适用单位税额。

2. 核查拥有土地使用权的实际情况，确认纳税义务人。

3. 核查企业实际占用的减免税土地面积及核批手续，确认减免税土地面积。

4. 准确计算应纳税额，及时办理纳税申报。

（二）代理编制城镇土地使用税申报表的方法举例

接【案例 8-8】代纳税人办理城镇土地使用税纳税申报，填表如表 8-5 所示：

表 8-5

土地使用税纳税申报表

填表日期：20××年 12 月 5 日

纳税人识别号：☐☐☐☐☐☐☐☐☐☐☐☐☐☐☐   金额单位：元（列至角分）

纳税人名称				税款所属时期		20××年 6 月 1 日 至 20××年 12 月 31 日	
纳税人地址				开户行		账号	
应纳税项目	土地等级	占地面积（m²）	免税面积（m²）	应税面积（m²）	单位税额（元/m²）	全年应纳税额	本期应缴税额
	二等	50 000		50 000	2	100 000	50 000
	四等	25 000		25 000	1	25 000	12 500
	合计	75 000		75 000		125 000	62 500
减免税项目	合计						
如纳税人填报，由纳税人填写以下各栏			如委托代理人填报，由代理人填写以下各栏				
会计主管（签章）	经办人（签章）	纳税人（签章）	代理人名称		代理人（签章）		备注
			地址				
			经办人				
			电话				
以下由地方税务机关填写							
收到申报表日期			接收人		地方税务机关签章		

五、资源税的申报代理

纳税人应纳的资源税，向应税产品的开采或生产所在地税务机关缴纳。纳税期限为 1

日、3 日、5 日、10 日、15 日或者 1 个月，主管税务机关根据实际情况为纳税人确定纳税期限。不能按期限计算纳税的，可以按此纳税。纳税人纳税期限短于 1 个月的，在期满后 5 日内预缴税款，于次月 1 日起 10 日内申报纳税并结清上月税款；纳税期限为一个月的，在期满后 10 日内申报纳税，把税款缴入国家金库。

（一）资源税纳税申报操作规范

1. 核查应税资源项目，确定征税数量，对于纳税人既有应税资源销售也有非应税资源销售的，应注意判断应纳资源税的资源产品的销量。

2. 核查应税项目中按规定享受减免税政策的应税资源数量。

3. 根据纳税人所处地区或所属资源等级，确定适用税率，计算应纳资源税税额。

（二）代理编制资源税纳税申报表的方法举例

接【案例 8 - 9】代理资源税纳税申报，填制纳税申报表如表 8 - 6 所示：

表 8 - 6

资源税纳税申报表

填表日期：20××年 11 月 6 日

纳税人识别号 ☐☐☐☐☐☐☐☐☐☐☐☐☐☐☐ 　　金额单位：元（列至角分）

纳税人名称				税款所属时期		20××年 10 月 1 日至 20××年 10 月 31 日	
产品名称	课税单位	课税数量	单位税额	应纳税款	已纳税款	应补（退）税款	备注
应纳税项目	钨矿	吨	46 000	0.6	27 600	0	27 600	
减免税项目							
资源税税收缴款书号							

如纳税人填报，由纳税人填写以下各栏		如委托税务代理机构填报，由税务代理机构填写以下各栏		
会计主管（签章）	经办人（签章）	代理机构名称		税务代理机构（公章）
		代理机构地址		
申报声明	此纳税申报表是根据国家税收法律的规定填报的，我确信它是真实、可靠、完整的。声明人：（法人代表签字或盖章）（公章）	代理人（签章）	联系电话	
		以下由税务机关填写		
		收到申报表日期	接收人	

六、车辆购置税的申报代理

车辆购置税纳税人应当在向公安机关等车辆管理机构办理车辆登记注册手续前，向车辆登记注册地的主管税务机关申报纳税；购置无需办理车辆登记注册手续的应税车辆，应当向纳税人所在地的主管税务机关申报纳税。车辆登记注册地是指车辆的上牌落籍地或落户地。

纳税人购买自用的应税车辆,自购买之日起60日内申报纳税;进口自用的应税车辆,应当自进口之日起60日内申报纳税;自产、受赠、获奖和以其他方式取得并自用应税车辆的,应当在投入使用前60日内申报纳税。车辆购置税税款于纳税人办理纳税申报时一次缴清。"购买之日"是指纳税人购车发票上注明的销售日期。"进口之日"是指纳税人报关进口的当天。

(一) 车辆购置税申报操作规范

1. 根据"固定资产"账户资料及其原始凭证,核查纳税人新增应税车辆的情况。

2. 根据应税车辆取得方式的不同,分析应税车辆计算车辆购置税的计税依据。

3. 核查应税车辆的排气量大小,判断其是否可享受减免税优惠,确定适用的车辆购置税税率。

(二) 代理编制车辆购置税纳税申报表的方法举例

接【案例8-14】代理车辆购置税纳税申报,填制纳税申报表如表8-7所示:

表8-7 车辆购置税纳税申报表

填表日期:20××年9月25日　　行业代码:　　　　　　注册类型代码:

纳税人名称:　　　　　　　　　　　　　　　　　　　　金额单位:元

纳税人证件名称				证件号码	
联系电话		邮政编码		地　址	
车辆基本情况					
车辆类别		1、汽车√、2、摩托车、3、电车、4、挂车、5、农用运输车			
生产企业名称			机动车销售统一发票(或有效凭证)价格		
厂牌型号			关税完税价格		600 000
发动机号码			关　税		300 000
车辆识别代号(车架号码)			消费税		225 000
购置日期		20××年8月5日	免(减)税条件		
申报计税价格		计税价格	税率	免税、减税额	应纳税额
1		2	3	4 = 2×3	5 = 1×3 或 2×3
1 125 000		1 125 000	10%		112 500

申报人声明	授权声明
此纳税申报表是根据《中华人民共和国车辆购置税暂行条例》的规定填报的,我相信它是真实的、可靠的、完整的。 声明人签字:	如果你已委托代理人申报,请填写以下资料: 　为代理一切税务事宜,现授权(　　　),地址(　　　)为本纳税人的代理申报人,任何与本申报表有关的往来文件,都可寄予此人。 授权人签字:

	如委托代理人的,代理人应填写以下各栏		
纳税人签名或盖章	代理人名称		代理人(章)
	地　址		
	经办人		
	电　话		
接收人:	接收日期:		主管税务机关(章):

第三节　其他税种纳税审查代理

《中华人民共和国征收管理法》适用于所有由税务机关负责征收管理的税种，也包括印花税。纳税人在纳税申报过程由于各种原因造成少申报应纳税款，都将冒偷税的风险，都有可能承担不应有的损失。因此纳税人对委托税务代理进行纳税审查的愿望会越来越迫切。

一、土地增值税纳税审查代理

对土地增值税进行纳税审查，关键是核实转让房地产所取得的收入和法定的扣除项目金额，以此确定增值额和适用税率，并核查应纳税额。

（一）转让房地产收入审查要点

纳税人转让房地产取得的收入，应包括转让房地产的全部价款及有关的经济收益。从收入的形式来看，包括货币收入、实物收入和其他收入。着重审查以下内容：

审查收入明细账。审查房地产开发企业的"经营收入"明细账，工商企业的"其他业务收入"（转让土地使用权），"固定资产清理"（转让房地产）明细账等账户，并与房地产转让合同、记账凭证、原始凭证相核对，将纳税人分散核算的房地产收入准确汇总，以查明纳税人是否有漏记房地产收入的情况。

审查往来账户。审查"应付账款"、"预付账款"、"分期收款开发产品"、"其他应付款"等账户，并与有关转让房地产合同、会计凭证相核对，看是否有已经具备收入实现条件而未确认收入的情形。

对于"其他应付款"账户的审查，主要是了解销售房地产取得的代收款项是否根据县级以上人民政府的规定在售房时代收的各项费用，收取时是否计入房价向购买方一并收取的，如果是，应将代收费用作为转让房地产所取得的收入计税，对实际支付的代收费用，在计算扣除项目金额时，可予以扣除，但不允许作为加计扣除的基数。如果代收费用在房价之外单独收取且未计入房地产价格的，不作为转让房地产的收入，在计算增值额时不允许扣除代收费用。

审查纳税人有无将房地产用于职工福利、奖励、对外投资、分配给股东或投资人、抵偿债务、换取其他单位和个人的非货币性资产等的情形，督促纳税人按规定方法确定销售收入。

审查房地产的成交价格，看其是否正常合理。对于转让房地产的成交价格明显偏低于评估价格，而又无正当理由的，应由评估部门进行评估，按房地产评估价格计算应纳的土地增值税。

（二）扣除项目金额审查要点

1. 审查取得土地使用权所支付的金额。审查"无形资产"或"开发成本"账户及其原始凭证，确定取得土地使用权是否获取合法有效的凭证，口径是否一致；如果同一土地有多个开发项目时，根据"开发产品"、"分期收款开发产品"、"经营成本"明细账审查取得土地使用权支付金额的分配比例和具体金额的计算是否正确；审查"开发产品"账户判断有无将期间费用计入取得土地使用权支付金额的情形，有无预提的取得土地使用权支付金额，通过比较、分析相同地段、相同期间、相同档次项目，判断其取得土地使用权支付金额是否存在明显异常。

2. 审查房地产开发成本。审查房地产开发成本应围绕土地征用及拆迁补偿费、前期工程费、建筑安装工程费、基础设施费、公共配套设施费以及开发间接费用几方面审查。

针对土地征用及拆迁补偿费，应注意审查征地费用、拆迁费用等实际支出与概预算是否存在明显异常，审查支付给个人的拆迁补偿款所需的拆迁（回迁）合同和签收花名册，并与相关账目核对，审查纳税人在由政府或者他人承担已征用和拆迁好的土地上进行开发的相关扣除项目，是否按税收规定扣除。

针对前期工程费，应注意审查前期工程费的各项实际支出与概预算是否存在明显异常，审查纳税人是否虚列前期工程费，土地开发费用是否按税收规定扣除。

针对建筑安装工程费的审查，对出包方式建造应当重点审查完工决算成本与工程概预算成本是否存在明显异常；对自营方式建造应重点审查施工所发生的人工费、材料费、机械使用费、其他直接费和管理费支出是否取得合法有效的凭证，是否按规定进行会计处理和税务处理。

针对基础设施费和公共配套设施费，应当注意审查各项基础设施费和公共配套设施费用是否取得合法有效的凭证；如果有多个开发项目，基础设施费和公共配套设施费用是否分项目核算；审查各项基础设施费和公共配套设施费用是否含有其他企业的费用；审查各项基础设施费和公共配套设施费用是否含有以明显不合理的金额开具的各类凭证；审查是否将期间费用计入基础设施费和公共配套设施费用；审查有无预提的基础设施费和公共配套设施费用。

针对开发间接费用，应当注意审查各项开发间接费用是否取得合法有效凭证；如果有多个开发项目，开发间接费用是否分项目核算；审查各项开发间接费用是否含有其他企业的费用以及是否含有以明显不合理的金额开具的各类凭证；审查是否将期间费用计入开发间接费用；审查有无预提的开发间接费用。

3. 审查房地产开发费用。审查房地产开发费用，应注意判断应据实列支的财务费用是否取得合法有效的凭证，除据实列支的财务费用外的房地产开发费用是否按规定比例计算扣除。企业开发项目的利息支出不能够提供金融机构证明的，审查其利息支出是否按税收规定的比例计算扣除；开发项目的利息支出能够提供金融机构证明的，应审查各项利息费用是否取得合法有效的凭证，如果有多个开发项目，利息费用是否分项目核算，审查各项借款合同，判断其相应条款是否符合有关规定，同时应审查利息费用是否超过按商业银行同类同期贷款利率计算的金额。

4. 审查与转让房地产有关的税金。审查与转让房地产有关的税金，应当确认与转让房地产有关的税金及附加扣除的范围是否符合税收有关规定，计算的扣除金额是否正确。对于不属于转让房地产时发生的税金及附加，或者按照预售收入（不包括已经结转销售收入部分）计算并缴纳的税金及附加，不应作为清算的扣除项目。

5. 审查国家规定的加计扣除项目。对取得土地（不论是生地还是熟地）使用权后，未进行任何形式的开发即转让的，审核是否按税收规定计算扣除项目金额，核实有无违反税收规定加计扣除的情形；对于取得土地使用权后，仅进行土地开发（如"三通一平"等），不建造房屋即转让土地使用权的，审核是否按税收规定计算扣除项目金额，是否按取得土地使用权时支付的地价款和开发土地的成本之和计算加计扣除；对于取得了房地产产权后，未进行任何实质性的改良或开发即再行转让的，审核是否按税收规定计算扣除项目金额，核实有无违反税收规定加计扣除的情形；对于县级以上人民政府要求房地产开发企业在售房时代收的各项费用，审核其代收费用是否计入房价并向购买方一并收取，核实有无将代收费用作为加计扣除的基数的情形；在计算加计扣除项目基数时，审核是否剔除了已计入开发成本的借款费用。

（三）应纳税额的审核要点

税务代理人员应按照税法规定审核应税项目的收入总额、扣除项目金额，并确认其增值额及适用税率，正确计算应缴税款。

1. 如果企业有多个开发项目，审查收入与扣除项目金额是否属于同一项目。

2. 如果同一个项目既有普通住宅，又有非普通住宅，审查其收入额与扣除项目金额是否分开核算。

3. 对于同一项目，一段时间免税、一段时间征税的，应当特别关注收入的实现时间及其扣除项目的配比。

4. 审查增值额与扣除项目之比的计算是否正确，并确认土地增值税的适用税率。

5. 审查并确认清算项目当期土地增值税应纳税额及应补或应退税额。

【案例 8 – 15】 某税务代理人员代理某房地产开发公司的土地增值税纳税审查。在审查中了解到该公司本期转让一块土地，取得 2 500 万元的销售收入。在计算缴纳土地增值税时其扣除项目如下：取得土地使用权及开发投资 800 万元；缴纳营业税、城市维护建设税及教育费附加 137.5 万元；开发费用按取得土地使用权及开发成本 10% 扣除 80 万元；按取得土地使用权及开发成本的 20% 加计扣除 160 万元，扣除项目总额为 1 177.5 万元。房地产公司计算应缴土地增值税 484.625 万元。

税务代理人员经过进一步审查发现：该企业一共取得了 25 000 平方米的土地使用权，为此支付了 800 万元，未进行任何开发，便将其中 15 000 平方米的土地使用权转让，取得收入 2 500 万元。

要求：正确计算应缴土地增值税。

该公司转让的土地没有开发，计征土地增值税时不能享受 20% 的加计扣除。代理人重新计算其应纳土地增值税：

（1）收入总额为 2 500 万元。

（2）扣除项目金额为：

取得土地使用权支付金额 = 800 ÷ 25 000 × 15 000 = 480（万元）

可以扣除的开发费用 = 480 × 10% = 48（万元）

扣除项目金额合计 = 480 + 48 + 137.5 = 665.5（万元）

（3）增值额 2 500 – 665.5 = 1 834.5（万元）

（4）增值额占扣除项目金额的比 1 834.5 ÷ 665.5 = 275.66%

（5）适用税率为 60%，速算扣除系数为 25%

（6）应缴土地增值税 = 1 834.5 × 60% – 665.5 × 25% = 943.325（万元）

（7）企业少计提的土地增值税 = 943.325 – 484.625 = 449.7（万元）

作如下调账分录：

借：营业税金及附加 4 497 000
　　贷：应交税费——应交土地增值税 4 497 000

二、印花税纳税审查代理

（一）应税凭证的审查

1. 应税合同审查要点。

（1）审查有无漏纳印花税的凭证。据对纳税人经营范围的了解，初步确定纳税人签订合同的类型，审查纳税人有无错划凭证性质，将应税凭证划为非应税凭证，或因对政策规定理解有误，而将应税凭证作为免税凭证，造成漏纳印花税的问题。

（2）审查应税合同计税依据的准确性。合同所载金额有多项内容的，审查其是否按规定计算纳税。如货物运输合同的计税依据为取得的运费金额，不包括所运货物的金额、装卸费和保险费；如由受托方提供原材料的加工、定做合同，凡在合同中分别记载加工费金额和受托方提供的原材料金额的，加工费金额按"加工承揽合同"，原材料金额按"购销合同"计税，两项税额相加数，即为合同应贴印花；对于已税合同修订后增加金额的，审查其是否补贴印花；对于未注明金额或暂时无法确定金额的应税凭证，审查其是否已按规定贴花。如技术合同、租赁合同，在签订时因无法确定计税金额而暂时按每件 5 元计税贴花。

（3）审查应税合同适用税率的准确性。纳税人有无将性质相似的凭证误用税目税率。如将建设工程勘察设计合同错按建筑工程承包合同的税率计税贴花。

2. 其他凭证的审查要点。审查营业账簿计税情况。首先，审查企业有无错划核算形式，漏缴印花税的问题。如，采用分级核算形式的纳税人，仅就财会部门本身设置的账簿计税贴花，对设置在二级核算单位和车间的明细账就不按规定计税贴花。其次，审查资金账簿计税情况是否正确。如，企业"实收资本"和"资本公积"两项合计金额大于已贴花资金的，是否按规定就增加部分补贴印花税票。最后，审查其他账簿是否按规定计税贴花，除总分类账簿以外的账簿，包括日记账簿和各明细分类账等，是否按件贴花。

审查产权转移书据、权利许可证照计税情况。了解和掌握纳税人在经济活动和经济交往中都书立、领受了哪些产权转移书据。审阅产权转移书据的内容，并与"固定资产"、"无形资产"等账户发生额核对，核实其实际发生的计税金额；同时按规定的税率验算其应纳税额，并与产权转移书据上粘贴的印花税票核对，看是否存在错算或少缴印花税的问题。

（二）应纳税额的审查

审查纳税人是否按规定及时足额地履行完税手续，有无在应纳税凭证上未贴或少贴印花税票的情况；已贴印花税票有无未注销或未划销的情况；有无将已贴用的印花税票揭下重用的问题。

审查采用"汇缴"方式的纳税人是否在规定期限内缴纳印花税。同一种类应纳税凭证，需频繁贴花的，应向当地税务机关申请按期汇总缴纳印花税。获准汇总缴纳印花税的纳税人，应持税务机关发给的汇缴许可证，在当地税务机关确定的汇总缴纳期限内缴纳印花税。

【案例 8－16】税务代理人员代理审查某企业印花税缴纳情况。经审查有关账簿凭证，获得下列资料：（1）与某科研单位签订一份技术开发合同，合同总金额为 100 万元。合同规定，研究开发费用 80 万元、报酬 20 万元。企业在该合同上贴印花税票 300 元。（2）与 A

企业签订非专利技术转让合同，价款 30 万元，企业在该合同上贴印花税票 150 元。

税务代理人员认为企业印花税计算缴纳有错误：

技术合同的计税依据为合同所载的价款、报酬或使用费。为了鼓励技术的研究开发，对技术开发合同，只就合同所载的报酬金额计税，研究开发经费不作为计税依据。单对合同约定按研究开发经费一定比例作为报酬的，应按一定比例的报酬金额贴花。

应纳税额 = 200 000 × 0.3‰ = 60（元）

非专利技术的开发、转让、咨询、服务等合同应按照技术合同征税。

应纳税额 = 300 000 × 0.3‰ = 90（元）

印花税规定，凡多贴印花税票者，不得申请退税或者抵用。税务代理人员应提醒纳税人正确选择税目、税率。

三、房产税纳税审查代理

房产税以房屋为征税对象，按照房屋的计税余值或出租房屋的租金为计税依据，向产权所有人征收，审查的重点是房屋原值和租金收入。

（一）自用房产的审查

审查自用房产应重点审查其原值是否真实。审查"固定资产"账簿中房屋的造价或原值是否真实、完整，有无分解记账的情况。同时，要注意纳税人对原有房屋进行改建、扩建的，是否按规定增加其房屋原值，有无将其改建、扩建支出列作大修理范围处理的情况。审查纳税人"在建工程"明细账，看有无已完工交付使用的房产继续挂账，未及时办理转账手续、少计房产原值的情况。

（二）出租房产的审查

审查出租房产应重点审查租金收入的准确性。审查"其他业务收入"等账户和房屋租赁合同及租赁费用结算凭证，核实房产租金收入，有无出租房屋不申报纳税的问题；审查有无签订经营合同隐瞒租金收入，或以物抵租少报租金收入，或将房租收入计入营业收入未缴房产税的问题；审查是否存在无租使用免税单位房产和租用个人私有房产的问题。

（三）应纳税额的审查

审查征免界限的划分。税务代理人员应特别予以注意的是各免税单位的自用房产与生产、经营用房产以及出租房产的划分，以及免税单位房产与下属单位房产的划分是否明确，划分方法是否正确，以及免税房产在改变用途转为应税房产后是否按规定申报纳税。

审查房产税计算纳税的期限。对于新建、改造、翻建的房屋，已办理验收手续或未办理验收手续已经使用的，是否按规定期限申报纳税，有无拖延纳税期限而少计税额的问题。

审查房产税纳税申报表，核实计税依据和适用税率的计算是否正确。对于固定资产账户未记载的房产原值，或房产原值明显不合理的应提议纳税人按有关程序进行评估，以保证计税依据的准确完整。

【案例 8 – 17】12 月 25 日，税务代理人员受托对某企业当年房产税纳税情况进行代理审查，获得如下资料：（1）该企业年初固定资产账面显示，所有房屋及建筑物原价 5 000 万元。其中：管理部门及生产用房 4 幢，原值 4 650 万元；围墙原值 50 万元；从 6 月份开始大修而停用的房产原值为 300 万元，至今未恢复使用。（2）2 月 20 日，对刚建成的一座生产车间办理竣工决算，并于当月投入使用，原值 400 万元。6 月 5 日，企业因资金紧张，将这座车间抵押给工商银行取得贷款 80 万元，抵押期间房屋仍由企业使用。当地规定于 6 月、12 月分两次办理纳税申报和缴纳。自用房产原值扣减比例为 30%。

企业 12 月计算的应纳税额 $= 5\,000 \times (1 - 30\%) \times 1.2\% \times 6 \div 12 = 21$（万元）

税务代理人员认为，房产税的征税范围不包括独立于房屋之外的建筑物，如围墙。房屋大修停用在半年以上的，经纳税人申请，税务机关审核，在大修期间可免征房产税。当年新建的生产车间抵押给银行的期间内仍应缴纳房产税。

税务代理计算的应纳房产税税额 $= 4\,650 \times (1 - 30\%) \times 1.2\% \times 6 \div 12 + 400 \times (1 - 30\%) \times 1.2\% \times 6 \div 12 = 21.21$（万元）

企业应补提房产税 0.21 万元。作会计分录如下：

借：管理费用　　　　　　　　　　　　　　　　　　　　　　2 100
　　贷：应交税费——应交房产税　　　　　　　　　　　　　　　　2 100

税务代理人员应提醒纳税人办理大修停用期间的房产税免税申请。

四、城镇土地使用税纳税审查代理

城镇土地使用税应重点审查纳税人实际占用土地的面积、减免税土地面积、适用单位税额以及税款计算缴纳等问题。

（一）应税土地面积的审查

应税土地面积是纳税人实际占用土地的面积，它是计算土地使用税的直接依据。凡已由省、自治区、直辖市人民政府指定的单位组织测定土地面积的，以实际测定的土地面积为应税土地面积；凡未经省、自治区、直辖市人民政府指定的单位组织测定的，以政府部门核发的土地使用证书确认的土地面积为应税土地面积；对尚未核发土地使用证书的，暂以纳税人据实申报的土地面积为应税土地面积。检查时，应将"土地使用税纳税申报表"中填报的应税土地面积与实际测定的土地面积、土地使用证书确认的土地面积、"固定资产"明细账中记载的土地面积相核对，看其是否相符。

（二）减免税土地面积的审查

审查中应严格掌握土地使用税的减免税规定，对纳税人新征用的土地面积，可依据土地管理机关批准征地的文件来确定；对开山填海整治的土地和改造的废弃土地，可依据土地管理机关出具的证明文件来确定。另外，要审查是否将免税土地用于出租，或者多报免税土地面积的问题。

（三）应纳税额的审查

根据土地位置和用途，对照当地人民政府对本地区土地划分的等级及单位税额，审查纳税人适用税率是否正确。在此基础上，进一步复核土地使用税纳税申报表和有关完税凭证，审查纳税人应纳税款的计算正确与否，税款是否及时申报缴纳入库。

【案例 8-18】12 月 25 日，税务代理人员受托代理审查某商贸企业年度土地使用税纳税情况，该公司在市区有一商场，占地 25 000 平方米，该地段每平方米年应纳税额 25 元；在市郊有一仓库，占地 12 000 平方米，该地段每平方米年应纳税额 15 元，但该企业申报纳税时全按每平方米年应纳税额 15 元计算。税务代理人员经查实后，建议该公司补提土地使用税 $= 25\,000 \times (25 - 15) = 250\,000$（元）。作相关调账分录：

借：管理费用　　　　　　　　　　　　　　　　　　　　　　250 000

贷：应交税费——应交土地使用税　　　　　　　　　　　　　　250 000

五、资源税纳税审查代理

资源税的纳税审查主要应从应税资源产品的销售数量或自用数量、适用税率、减免税项目几方面入手。

（一）应税产品课税数量的审查

1. 销售应税产品审查。纳税人开采或者生产应税产品销售的应重点审查"营业税金及附加"、"应交税金——应交资源税"等账户，对照销售发票存根联等原始凭证，确认课税数量是否正确。对不能确认的，应以应税产品产量或主管税务机关确定的折算比换算成的数量为课税数量。

2. 自用应税产品审查。纳税人开采或者生产应税产品自用包括生产和非生产自用，应重点审查"生产成本"、"制造费用"、"应交税费——应交资源税"等账户，对照领料单等原始凭证，确认自产自用数量是否正确。对不能确认的，应以应税产品产量或主管税务机关确定的折算比换算成的数量为课税数量。

3. 收购应税产品审查。扣缴义务人属商品流通企业的，应审查"库存商品"明细账的借方发生额，并结合审查原始凭证，如"商品入库单"、"购货发票"等凭证，核实购进未税产品的数量。

扣缴义务人属工矿企业的，应审查其"原材料"账户，结合"材料入库单"、"发货票"的审查，查实购进未税产品的数量，再与企业申报纳税的计税数量相核对，若申报数量小于核实的数量，说明企业少扣缴了税款，应予及时补缴少扣税款。

（二）适用税目税率的审查

资源税的单位税额由于按开采条件、质量等级而设置，因此，不但不同产地的单位税额不同，而且同一地点、同一矿山的应税产品，因等级不同其单位税额也不尽相同。审查时一般应根据《资源税税目税额明细表》、《几个主要品种的矿山资源等级表》，对照审查企业的"生产成本"、"库存商品"、"主营业务收入"、"应交税费"明细账，以及"资源税税金计算表"，一看企业是否根据资源等级不同分别核算产品销售收入明细账，这时按税法规定应从高适用税率，蒙受不必要的损失；二看企业在计算税金时有无错用单位税额，税金的计算缴纳是否正确，注意按核实的计税数量和单位税额计算的应纳税额，与企业"应交税费——应交资源税"账户的贷方发生额以及纳税申报表上的应纳税额是否一致，如不一致则说明企业或适用税率有误，或申报缴纳不实。

（三）减免税项目的审查

资源税规定的减免税项目较少，大体上只有开采原油过程中用于加热、修井的原油；纳税人开采或者生产应税产品过程中，因意外事故或者自然灾害等原因遭受重大损失的，由省、自治区、直辖市人民政府酌情决定减税或者免税；独立矿山铁矿石资源税减按60%征收等。如果受托纳税人有发生上述事项，税务代理人员应注意了解纳税人是否将减免税产品与其他产品的销售收入准确分开核算，否则应建议纳税人作出正确的收入核算，享受正当的减免税权益。已经分开核算的要注意纳税人是否准确计算了应纳税额。

【案例 8–19】税务代理人员 9 月 5 日接受某大型铁矿山的 8 月份资源税纳税审查任务，通过审查纳税人 8 月份的"库存商品"、"主营业务收入"、"应交税费——应交资源税"等账户，发现如下几笔异常会计分录：

（1）借：原材料   20 000

    贷：银行存款   20 000

后附原始凭证为附近小煤窑开具的普通发票，表明是纳税人购进未纳资源税的原煤100吨，当地资源税单位税额为2.8元/吨。

（2）借：银行存款   234 000

    贷：库存商品   150 000

      营业外收入   84 000

后附原始凭证是开具给某乡镇冶炼厂的发票和商品出库单，说明纳税人售出铁矿石原矿20吨，含增值税售价每吨11 700元，企业未核算"主营业务收入"，未计算增值税销项税额，未计提应纳资源税。该矿山的铁矿石原矿适用的资源税税额是15元/吨。

税务代理应给出如下建议：

（1）收购未税原煤应代扣代缴资源税，补提代扣代交税金 = 100 × 2.8 = 280（元）

借：原材料   280

  贷：应交税费——应交资源税   280

（2）销售铁矿石原矿应计算缴纳资源税、增值税。

资源税应纳税额 = 20 × 15 × 60% = 180（元）

增值税销项税额 = 234 000 ÷ (1 + 17%) × 17% = 34 000（元）

调账分录如下：

借：库存商品   150 000

  营业外收入   84 000

  贷：主营业务收入   200 000

    应交税费——应交增值税（销项税额） 34 000

结转成本：

借：主营业务成本   150 000

  贷：库存商品   150 000

计提资源税：

借：营业税金及附加   180

  贷：应交税费——应交资源税   180

假定当期纳税人"应交税费——应交增值税"已结账，该账户余额为零。则需要结转应交增值税：

借：应交税费——应交增值税（转出未交增值税） 34 000

  贷：应交税费——未交增值税   34 000

六、车辆购置税纳税审查代理

车辆购置税实行从价定率办法计算应纳税额，应重点审查纳税人购置车辆的计税价格确定是否正确，是否符合减免、退税条件及税金会计处理是否正确等问题。

（一）计税价格确定的审查

车辆购置税的计税价格应重点审查以下内容：

1. 有无将价外费用并入计税价格。通过企业"管理费用"、"销售费用"等明细科目审查企业购买应税车辆而支付给销货方的手续费、基金、违约金、包装费、运输费、保管费、代收款项、代垫款项等价外费用，是否因错误核算，少计计税价格，少缴车辆购置税。

2. 车辆购置税计税价格是否为不含增值税的价格。当纳税人购买应税车辆取得普通发票时，发票上的销售价格是包含增值税的，这时应将含增值税的购买价换算为不含增值税的购买价，否则将多缴税款，造成不应有的损失。

3. 是否准确采用最低计税价格计算缴纳车辆购置税。纳税人以自产、受赠、获奖和以其他方式取得并自用的应税车辆，应积极取得同型号车辆的市场价格，否则按最低计税价格征税；纳税人购买的车辆申报的价格如果偏低又无正当理由，这时应主动按最低计税价格征税。

（二）减免、退税的审查

在审查中，应注意纳税人购置的车辆是否符合减免税规定；免税、减税车辆因转让、改变用途等原因不再属于免税、减税范围的是否在办理车辆过户手续前或者办理变更登记注册手续前缴纳车辆购置税。

【案例 8－20】 甲公司于 2 月 5 日从某汽车制造厂购买小汽车一辆，汽缸容量 1.6 升，支付含增值税车价款 234 000 元，另支付车辆装饰费 5 850 元。

该公司的会计处理如下：

借：固定资产　　　　　　　　　　　　　　　　　　　　　234 000
　　贷：银行存款　　　　　　　　　　　　　　　　　　　　234 000

后附购车发票。

借：管理费用　　　　　　　　　　　　　　　　　　　　　5 850
　　贷：银行存款　　　　　　　　　　　　　　　　　　　　5 850

后附车辆装饰费发票，销售方同属于某汽车销售商。

借：固定资产　　　　　　　　　　　　　　　　　　　　　10 000
　　贷：应交税费——应交车辆购置税　　　　　　　　　　　10 000

后附车辆购置税计算表。

税务代理人员认为，该公司车辆购置税计算有误。

车辆购置税的计税依据是纳税人购买应税车辆而支付给销售者的全部价款和价外费用（不包括增值税税款）。

应纳车辆购置税 =（234 000 + 5 850）÷（1 + 17%）× 7.5% = 15 375（元）

应补交车辆购置税 = 15 375 − 10 000 = 5 375（元）

应作调账分录：

借：固定资产　　　　　　　　　　　　　　　　　　　　　11 225
　　贷：管理费用　　　　　　　　　　　　　　　　　　　　5 850
　　　　应交税费——应交车辆购置税　　　　　　　　　　　5 375

第四节　其他税种纳税筹划代理

土地增值税是房地产开发企业缴纳的最重要的一种税，资源税对于开采矿产品和生产盐的纳税人来说也是非常重要的。房产税、城镇土地使用税和印花税是所有生产经营者都会面对的税种，如何合理安排生产经营和组织会计核算，达到在税法许可范围内尽可能少缴税，是每个纳税人追求的目标。

一、其他税种纳税筹划的基本方法

纳税筹划的方法有很多，应根据不同税种的特点，灵活选择合适的筹划空间和筹划切入点。对于本章学习的土地增值税、房产税、城镇土地使用税、印花税、资源税和车辆购置税，基本的纳税筹划方法有：

（一）利用税收优惠空间纳税筹划

税收优惠政策是国家从宏观上调控经济，引导资源流向的工具，符合国家总体的经济目标。纳税人可以对这些优惠政策直接加以利用，为自己企业的生产经营活动服务，也可以根据自己企业的实际情况，选择有税收优惠的项目经营或根据税收优惠适时安排企业的生产经营活动。如房产税规定，对企事业单位、社会团体以及其他组织按市场价格向个人出租用于居住的住房，减按4%的税率征收房产税。纳税人在选择承租人时，就可以选择居民个人，从而享受4%的优惠税率。再如，土地增值税规定，纳税人建造普通标准住宅出售，增值额未超过扣除项目金额20%的，免征土地增值税；增值额超过扣除项目金额20%的，应就其全部增值额按规定计税，根据这一规定，纳税人可以选择普通住宅开发项目。

（二）利用税法可选择适用规定纳税筹划

税法为满足不同情况下的税法适用，在某些税种中会规定选择适用的情形，纳税人可以结合自身经营实际，在各备选情形中选择一种有利于自己的政策规定，从而降低税负。在利用这种纳税筹划方法时，要注意不要为了少缴税而采取明显的隐瞒事实的手段。如，土地增值税规定，开发费用的扣除方法有两种：①凡能按转让房地产项目计算分摊利息并提供金融机构证明的，利息支出允许据实扣除，但最高不能超过按商业银行同类同期贷款利率计算的金额，超过贷款期限的利息部分和加罚的利息也不允许扣除；其他房地产开发费用，按取得土地使用权支付的金额和房地产开发成本两项金额之和的5%以内计算扣除。②凡不能按转让房地产项目计算分摊利息支出或不能提供金融机构证明的，利息支出不能单独计算。"房地产开发费用"的计算方法是，按取得土地使用权支付的金额和房地产开发成本的金额之和的10%以内计算扣除。计算扣除的具体比例，由省、自治区、直辖市人民政府规定。纳税人可以根据自身情况在两种方法中选择有利于自己的扣除方法，如实际发生的利息支出超过土地使用权支付金额和房地产开发成本两项金额之和的5%，纳税人应积极提供银行贷款证明，并将借款利息在各项目之间进行分摊，争取按实际利息扣除开发费用；如果纳税人实际支出的利息支出小于土地使用权支付金额和房地产开发成本两项金额之和的5%，纳税人可以不计算应分摊的利息支出，或不提供贷款证明，这样可以多扣除费用，降低税负。再如，印花税规定，应税合同在签订时无法确定计税金额的，可以先按件贴花 5 元，待以后结算时再按实际金额计税，补贴印花。纳税人签订租赁合同时，可以只就每月租金作出规定，先不规定租期，这时只纳 5 元印花税，待将来结算时，即使补税也获得了税款的时间价值。当然这样做也有一定的风险，那就是无法保障合同双方的正当权益。

（三）利用准确核算纳税筹划

纳税人经营活动范围往往会涉及两个或两个以上的税目，不同的税目适用不同的税率或政策规定，当两种政策差异悬殊时，纳税人应该牺牲会计核算成本，而追求税后利益较大。如，土地增值税规定，纳税人建造普通标准住宅出售，增值额未超过扣除项目金额20%的，免征土地增值税；增值额超过扣除项目金额20%的，应就其全部增值额按规定计税。同时规定，对纳税人既建造普通标准住宅，又搞其他房地产开发的，应分别核算增值额，不分别核算增值额或不能准确核算增值额的，其建造的普通标准住宅不适用该免税规定。为此，纳税人在有两种不同类型开发项目时，应首先做到分开核算增值额，为了让普通住宅享受到优惠好处，在确定房地产销售价格时，要考虑价格提高带来的收益与不能享受优惠政策而增加税负两者间的关系。所以，房地产转让企业关键要把握好上述影响因素，趋利避害，才能更好地达到筹划土地增值税的目的。再如，资源税规定，纳税人开采或者生产不同税目应税产品的，应当分别核算不同税目应税产品的课税数量，未分别核算或不能准确提供不同税目应税产品的课税数量的，从高适用税额计税；纳税人的减税、免税项目，应当分别核算课税数量，未分别核算或者不能准确提供课税数量的，不予减税或者免税。可见纳税人准确核算不同税目及应税和非税产品课税数量是非常重要的。

二、其他税种典型业务纳税筹划

土地增值税和资源税分别是房地产开发企业和矿产品开采企业缴纳的主要税种，这两个税种的纳税筹划对纳税人而言至关重要。

（一）土地增值税典型业务纳税筹划

土地增值税对房地产转让过程中取得的增值额，依照超率累进税率征收，因此，可以通过降低增值率从而降低适用税率的方法达到纳税筹划的目的。增值率的降低主要可以通过缩小销售收入和扩大扣除项目金额来实现，在实际筹划中既可以针对单一房地产转让进行筹划，也可以综合考虑各房地产转让项目，实现整体增值率下降，达到整体税负较低的效果。

1. 确定适当的房地产价格。影响土地增值税税额大小的因素主要有房地产销售价格和扣除项目金额，在计算土地增值税时，由于采用超率累进税率，收入的增长，意味着相同条件下增值额的增长，从而产生了税率攀升效应，使得税负增长很快。房地产销售价格的变化，直接影响房地产收入的增减，纳税人应慎重选择房地产销售价格，以达到筹划土地增值税的目的。

【案例 8 – 21】广厦房地产开发公司建成一批普通住宅商品房待售，除销售税金及附加外的全部允许扣除项目的金额为100，当其销售这批商品房的价格为 X，营业税税率为5%，城市维护建设税税率为7%，教育费附加率为3%时，相应的销售税金及附加如下：

$$X \times 5\% \times (1 + 7\% + 3\%) = 5.5\% \times X$$

这时，允许扣除项目金额为：$100 + 5.5\% \times X$

由于增值额未超过扣除项目金额20%的免征土地增值税，该企业享受起征点的最高售价如下：

$X - (100 + 5.5\% \times X) = 20\% \times (100 + 5.5\% \times X)$

即：$X = 1.2 \times (100 + 5.5\% \times X)$

解以上方程得知，此时的最高售价为 128.48，允许扣除金额为 107.07（100 + 5.5% × 128.48）。

可见，当纳税人的除税金外的扣除项目金额为 100 时，其定价在 128.48 时既可以享受到土地增值税的税收优惠，又可以获取较大的利润。

当增值率略高于 20% 时，即应适用"增值率在 50% 以下、税率为 30%"的规定。假如此时的售价为 128.48 + Y，由于售价提高 Y，相应的销售税金及附加和允许扣除项目金额都应提高 5.5% × Y，这时允许扣除项目的金额和增值额如下：

允许扣除项目的金额 = 107.07 + 5.5% × Y

增值额 = 128.48 + Y − (107.07 + 5.5% × Y)

化简后增值额的计算公式如下：

94.5% × Y + 21.41

所以，应纳土地增值税如下：

30% × (94.5% × Y + 21.41)

若企业欲使提价带来的效益超过因突破起征点而新增加的税收，就必须使：

Y > 30% × (94.5% × Y + 21.41)

即 Y > 8.96

温馨提示： 对于纳税人既建普通标准住宅又建造其他商品房的，应分别核算土地增值额。否则，普通标准住宅不得享受免税优惠。

这就是说，如果想通过提高售价获取更大的收益，就必须使价格高于 137.44（128.48 + 8.96）。

此时，价格最高提高幅度应满足：

128.48 + Y = 1.5（107.07 + 5.5% × Y）

解得，Y = 35.01

纳税人合理定价区间应为 137.44 ~ 163.49

可见，在扣除项目金额一定的情况下，适当的定价会保证纳税人既按较低税率纳税又能获得相对较多的利润，较低的价格还能为企业带来较好的销售额。这一筹划可以说是纳税人、购买方、国家三方均受益的一种筹划方法。

2. 选择利息扣除方式。土地增值税纳税人如果在建房过程中借用了大量资金，利息费用很多，纳税人则应采取据实扣除的办法，此时应尽量提供金融机构的贷款证明；如果建房过程中借款很少，利息费用很低，则可不计算应分摊的利息支出，或不提供贷款证明，这样可以多扣除费用，降低税负。

【案例 8 − 22】广厦房地产开发公司开发某写字楼，共支付地价款 250 万元，开发成本 500 万元，假设实际应当分摊利息为 100 万元。（扣除比例按 5% 计算）

则：房地产开发费用 = (250 + 500) × 5% + 100 = 137.5（万元）

如果不能分摊利息，或者不能提供金融机构证明（扣除比例按 10% 计算），则：

房地产开发费用 = (250 + 500) × 10% = 75（万元）

可见，该公司应当正确计算分摊利息，并如实向税务机关提供金融机构贷款证明，否则将导致扣除项目减少 52.5 万元。当纳税人实际分摊的利息小于 37.5 万元[75 – (250 + 500)×5%]时,采用第二种方式进行开发费用扣除将比较有利,此时纳税人应不提供金融机构的贷款证明。

在纳税筹划时应注意的是,当纳税人实际分摊的利息较多,但是高于金融机构同期同类贷款利率计算的金额时,纳税人应先计算按同期同类金融机构贷款利率计算的利息支出,然后进行两种计算方法运算结果的比较,从中选择对自己有利的利息扣除方法。

(二) 资源税典型业务纳税筹划

资源税主要通过缩小计税依据、避免属于应税资源范围、明确各税目应税矿产品的移送和销售数量等方法进行纳税筹划。

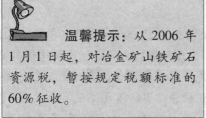

温馨提示:从 2006 年 1 月 1 日起,对冶金矿山铁矿石资源税,暂按规定税额标准的 60% 征收。

1. 准确核算筹划法。资源税规定,纳税人开采或者生产不同税目应税产品的,应当分别核算不同税目应税产品的课税数量。未分别核算或不能准确提供不同税目应税产品的课税数量的,从高适用税额计税。纳税人的减税、免税项目,应当分别核算课税数量,未分别核算或者不能准确提供课税数量的,不予减税或者免税。可见,纳税人准确核算不同税目及应税和非应税产品课税数量是非常重要的。

【案例 8 – 23】某铁矿山 2 月份共生产销售铁矿石原矿 2 万吨。在开采铁矿石的过程中开采销售了伴生锰矿石 2 000 吨,铬矿石 1 000 吨。已知该矿山铁矿石、锰矿石、铬矿石原矿的单位税额分别为 16 元、2 元、3 元。

当纳税人分别核算各税目矿产品的销售数量时:

应纳税额 = 20 000 × 16 × 60% + 2 000 × 2 + 1 000 × 3 = 199 000(元)

当纳税人不能分别核算各税目矿产品销售数量时:

应纳税额 = 23 000 × 16 = 368 000(元)

可见,分别核算可节省税款 169 000 元。

2. 利用折算比例筹划法。资源税法规定,纳税人不能准确提供应税产品销售数量或移送使用数量,以应税产品的产量或主管税务机关确定的折算比换算成的数量为课税数量。

税务机关确定的折算比一般是按照同行业的平均水平确定的,而各个企业的实际综合回收率或选矿比总是在围绕这个平均折算比上下波动。这种情况给纳税人进行纳税筹划提供了空间。即在准确核算移送使用数量和利用折算比之间作出选择。

【案例 8 – 24】某铁矿 9 月份销售铁原矿 10 000 吨,移送入选精矿 2 000 吨,该矿山铁矿属于五等,按规定适用单位税额为 1.2 元/吨,假定该矿山的实际选矿比为 20%,税务机关确定的选矿比为 35%。

当企业按实际选矿比折算原矿使用数量时:

该矿山应纳税额 = [10 000 × 1.2 + 2 000 ÷ 20% × 1.2] × 60% = 14 400(元)

当企业无法确定原矿使用数量,按税务机关确定的选矿比折算原矿使用数量时:

该矿山应纳税额 = [10 000 × 1.2 + 2 000 ÷ 35% × 1.2] × 60% = 11 314.28(元)

由于税务机关确定的选矿比比企业实际选矿比高,企业在无法确定原矿实际使用数量时的应纳税额比可以确定实际使用数量时小。当纳税人采选技术相对较高时应准确提供原矿移送使用数量，否则会由于使用税务机关确定的选矿比而多缴税金。

关键术语

1. 土地增值税准予扣除项目金额　2. 房产税的计税依据——房产余值
3. 土地使用税的计税依据——实际占用土地面积　4. 印花税的应税凭证范围
5. 资源税征税范围　6. 车辆购置税的征税范围

实训练习

【实训题1】

【实训资料】新华化工厂坐落在某市郊区，年初占地面积共25 000平方米（包括幼儿园占地1 000平方米，厂区绿化占地2 000平方米），6月15日和华美公司签订产权转移书据，将厂区内占地面积1 500平方米的一栋办公楼转让给华美公司，转让价格2 500万元，该办公楼账面原值1 500万元，累计折旧700万元，评估重置价值2 300万元，现有七成新。转让手续办妥，款项已收到。共发生清理费用0.5万元。除此之外，本厂还有房产价值共8 400万元（包括幼儿园房产1 500万元），其中原值1 200万元的门面房长期出租给某百货公司，年租金50万元。剩余房产全部自用。当地规定房产税计税余值的扣减比例是15%，土地使用税单位税额15元/平方米，企业已按规定计算并缴纳了与转让房产有关的税金，并取得完税凭证。

【实训要求】

（1）计算该企业下半年应纳的房产税和城镇土地使用税，并作计提税金的会计处理，填制房产税和城镇土地使用税纳税申报表。

（2）计算转让办公楼应缴纳的土地增值税，并作办公楼清理过程的会计处理，填制土地增值税纳税申报表。

【实训题2】

【实训资料】某铁矿山是增值税一般纳税人，占用土地面积245 000平方米，房产价值3 680万元，其中有价值540万元的房产长期出租给某学校使用，年租金20万元。2010年4月发生下列业务：

1. 购进十辆运输车，自重吨位每辆40吨，取得增值税专用发票，注明价款40万元，增值税款6.8万元。拟办理车辆购置税的计算和缴纳手续。

2. 收购附近小矿山的未税铁矿石原矿10吨，支付收购价款90 000元，开出收购发票，并代收代缴资源税，铁矿石单位税额10元/吨。

3. 当月开采原矿12 000吨，销售2 000吨，开具增值税专用发票，注明价款2 200万元，税款374万元。

4. 冶炼铁精矿领用了原矿5 000吨，成本3 500万元。

5. 销售铁精矿2 000吨，成本3 000万元，开出增值税专用发票注明价款4 400万元，增值税税款748万元，货物发出，款项已收到。

【实训要求】

(1) 假定纳税人 4 月、8 月、12 月份三次缴纳房产税和土地使用税。计算 4 月份企业应缴纳的房产税和城镇土地使用税，并作计提和缴纳的会计处理。当地规定的房产原值扣减比例为 20%，当地规定的土地使用税单位税额为 12 元/平方米。

(2) 给上述每一业务编制会计分录，并填制 4 月份资源税纳税申报表。

实践训练

通过本章学习，学生应该完成土地增值税、资源税、房产税、城镇土地使用税、印花税以及车辆购置税的代理会计核算、代理纳税申报和代理纳税审查业务。

【实习实训要求】

能够通过企业经济业务发生过程中取得或自制的原始凭证准确判断经济业务性质，及时计算涉及的各税种的应纳税额，制作记账凭证，根据企业会计核算程序完成过账程序，在会计期末编制相应税种的纳税申报表，在规定时间内完成纳税申报。

可以通过纳税人的会计核算资料发现纳税人日常会计核算过程中存在的错误，并且能说明政策依据，根据政策规定和会计制度作出调账建议，并制作纳税审查代理报告。

第 九 章

税务法律代理

学习目标

1. 掌握税务行政复议的规定和内容
2. 掌握税务行政诉讼的规定和内容
3. 掌握税务行政赔偿的规定和内容
4. 学会在实践中应用这些法律法规

第一节 税务行政复议代理

　　税务行政复议是解决纳税人与税务机关税务争议的最简捷的方法，通俗地讲，属于半司法程序。与司法程序相比，所用时间短、灵活性强、方便而有效。因此，税务代理人员应熟练运用这一方法，维护纳税人的合法权益。

　　税务行政复议是纳税人及其他行政当事人认为税务机关的某一具体行政行为侵犯其合法权益，依法向作出具体行政行为的税务机关的上一级税务机关提出申请，上级税务机关经审理对原税务机关具体行政行为依法作出维持、变更、撤销等决定的活动。

　　税务行政复议是我国行政复议制度的一个重要组成部分。为了规范税务行政行为，保护纳税人和当事人的合法权益，2004 年 5 月 1 日，国家税务总局制定了《税务行政复议规则（暂行）》，作为税务行政复议的依据。通过税务行政复议解决税务争端，纠正税务处理不当或错误，监督和维护税务机关正确执法，维护当事人合法权益，减少纠纷和诉讼，提高税收工作效率。

　　为规范和完善税务行政复议工作，国家税务总局对 2004 年《税务行政复议规则（暂行)》进行了修订，修订后的《税务行政复议规则》已于 2009 年 12 月 15 日经国家税务总局第 2 次局务会议审议通过，自 2010 年 4 月 1 日起施行。

一、税务行政复议的主要规定

（一）税务行政复议的受案范围

复议机关受理申请人对下列具体行政行为不服提出的行政复议申请：

1. 税务机关作出的征税行为。包括确认纳税主体、征税对象、征税范围、减税免税及退税、适用税率、计税依据、纳税环节、纳税期限、纳税地点以及税款征收方式等具体行政行为和征收税款、加收滞纳金及扣缴义务人、受税务机关委托征收的单位作出的代扣代缴、代收代缴行为。

2. 税务机关作出的税收保全措施。

（1）书面通知银行或者其他金融机构冻结存款；

（2）扣押、查封商品、货物或者其他财产。

3. 税务机关未及时解除保全措施，使纳税人及其他当事人合法权益遭受损失的行为。

4. 税务机关作出的强制执行措施。

（1）书面通知银行或者其他金融机构从其存款中扣缴税款；

（2）变卖、拍卖扣押、查封的商品、货物或者其他财产。

5. 税务机关作出的行政处罚行为。

（1）罚款；

（2）没收财物和违法所得；

（3）停止出口退税权。

6. 税务机关不予依法办理或者答复的行为。

（1）不予审批减免税或者出口退税；

（2）不予抵扣税款；

（3）不予退还税款；

（4）不予颁发税务登记证、发售发票；

（5）不予开具完税凭证和出具票据；

（6）不予认定为增值税一般纳税人；

（7）不予核准延期申报、批准延期缴纳税款。

7. 税务机关作出的取消增值税一般纳税人资格的行为。

8. 收缴发票、停止发售发票。

9. 税务机关责令纳税人提供纳税担保或者不依法确认纳税担保有效的行为。

10. 税务机关不依法给予举报奖励的行为。

11. 税务机关作出的通知出境管理机关阻止出境行为。

12. 税务机关作出的其他具体行政行为。

纳税人及其他当事人认为税务机关的具体行政行为所依据的下列规定不合法，在对具体行政行为申请行政复议时，可一并向复议机关提出对该规定的审查申请：

（1）国家税务总局和国务院其他部门的规定；

（2）其他各级税务机关的规定；

（3）地方各级人民政府的规定；

（4）地方人民政府工作部门的规定。

前款中的规定不含规章。

（二）税务行政复议的参加人

1. 税务行政复议的申请人。依法提起行政复议的纳税人或其他税务当事人为税务行政复议申请人，具体是指纳税人、扣缴义务人、纳税担保人和其他税务当事人。

有权申请行政复议的公民死亡的，其近亲属可以申请行政复议；有权申请行政复议的公民为无行为能力人或者限制行为能力人，其法定代理人可以代理申请行政复议；有权申请行政复议的法人或者其组织发生合并、分立或终止的，承受其权利的法人或其他组织可以申请行政复议。

2. 税务行政复议的被申请人。税务行政复议的被申请人是指作出引起争议的具体行政行为的税务机关。

① 申请人对税务机关的税务具体行为不服申请复议的，则该税务机关是被申请人；

② 申请人对税务机关的派出机构作出的税务具体行政行为不服申请复议的，该派出机构是被申请人；

③ 申请人对扣缴义务人作出的扣缴税款行为不服申请复议的，主管该扣缴义务人的税务机关是被申请人；

④ 申请人对两个或两个以上行政机关以共同名义作出的具体行政行为不服申请复议的，共同作出具体行政行为的行政机关是共同的被申请人；

⑤ 申请人对受税务机关委托的单位作出的代征税款行为不服的，委托的税务机关是被申请人；

⑥ 申请人对被撤销的税务机关在被撤销前作出的具体行政行为不服的，继续行使其职权的税务机关是被申请人。

3. 税务行政复议第三人。税务行政复议第三人是指与申请行政复议的具体行政行为有利害关系的个人或组织。这里所说的"利害关系"，一般是指经济上的债权、债务关系，股权控股关系等。

4. 税务行政复议的代理人。税务行政复议代理人是指接受当事人的委托，以被代理人的名义，在法律规定或当事人授予的权限范围内，为代理复议行为而参加复议的个人。

（三）税务行政复议的管辖权划分

税务行政复议管辖权的划分就是税务行政复议机关之间受理税务行政复议案件的职权划分。具体规定如下：

1. 对各级税务机关作出的具体行政行为不服的，向其上一级税务机关申请行政复议。

2. 对省、自治区、直辖市地方税务局作出的具体行政行为不服的，可以向国家税务总局或者省、自治区、直辖市人民政府申请行政复议。

3. 对国家税务总局作出的具体行政行为不服的，向国家税务总局申请行政复议。对行政复议决定不服，申请人可以向人民法院提起行政诉讼，也可以向国务院申请裁决，国务院的裁决为终局裁决。

4. 对其他税务机关、组织等作出的具体行政行为不服的，按照下列规定申请行政复议：

①　对计划单列市税务局作出的具体行政行为不服的，向省税务局申请行政复议。

②　对税务所、各级税务局的稽查局作出的具体行政行为不服的，向其主管税务局申请行政复议。

③　对扣缴义务人作出的扣缴税款行为不服的，向主管该扣缴义务人的税务机关的上一级税务机关申请行政复议；对受税务机关委托的单位作出的代征税款行为不服的，向委托税务机关的上一级税务机关申请行政复议。

④　国税局（稽查局、税务所）与地税局（稽查局、税务所）、税务机关与其他行政机关联合调查的涉税案件，应当根据各自的法定职权，经协商分别作出具体行政行为，不得共同作出具体行政行为。

对国税局（稽查局、税务所）与地税局（稽查局、税务所）共同作出的具体行政行为不服的，向国家税务总局申请行政复议；对税务机关与其他行政机关共同作出的具体行政行为不服的，向其共同上一级行政机关申请行政复议。

⑤　对被撤销的税务机关在撤销前所作出的具体行政行为不服的，向继续行使其职权的税务机关的上一级税务机关申请行政复议。

有前款②、③、④、⑤项所列情形之一的，申请人也可以向具体行政行为发生地的县级地方人民政府提出行政复议申请，由接受申请的县级地方人民政府依法进行转送。

（四）税务行政复议审理的基本规程

1. 税务行政复议申请。申请人可以在知道税务机关作出具体行政行为之日起 60 日内提出行政复议申请。

因不可抗力或者被申请人设置障碍等其他正当理由耽误法定申请期限的，申请期限自障碍清除之日起继续计算。

纳税人、扣缴义务人及纳税担保人对税务行政复议范围第（一）项和第（六）项第 1、2、3 目行为不服的，应当先向复议机关申请行政复议，对行政复议决定不服，可以再向人民法院提起行政诉讼。

申请人按前款规定申请行政复议的，必须先依照税务机关根据法律、行政法规确定的税额、期限，缴纳或者解缴税款及滞纳金或者提供相应的担保，方可在实际缴清税款和滞纳金后或者所提供的担保得到作出具体行政行为的税务机关确认之日起 60 日内提出行政复议申请。

申请人提供担保的方式包括保证、抵押及质押。作出具体行政行为的税务机关应当对保证人的资格、资信进行审核，对不具备法律规定资格，或者没有能力保证的，有权拒绝。作出具体行政行为的税务机关应当对抵押人、出质人提供的抵押担保、质押担保进行审核，对不符合法律规定的抵押担保、质押担保，不予确认。

申请人对税务行政复议范围第（一）项和第（六）项第 1、2、3 目以外的其他具体行政行为不服，可以申请行政复议，也可以直接向人民法院提起行政诉讼。

申请人申请行政复议，可以书面申请，也可以口头申请；口头申请的，复议机关应当当场记录申请人的基本情况、行政复议请求、申请行政复议的主要事实、理由和时间。

申请人向复议机关申请行政复议，复议机关已经受理的，在法定行政复议期限内申请人不得再向人民法院提起行政诉讼；申请人向人民法院提起行政诉讼，人民法院已经依法受理的，不得申请行政复议。

2. 税务行政复议的受理。

（1）复议机关收到行政复议申请后，应当在 5 日内进行审核，决定是否受理。负责税务行政复议、赔偿和组织听证的税务机关，应当自复议申请人提出要求或申请后，依法告知申请税务行政复议、赔偿以及举行听证的程序、时限和相关资料等事项。对不符合规定的复议行为，决定不予受理，并书面告知申请人。

对有下列情形之一的行政复议申请，决定不予受理：

① 不属于行政复议的受案范围；

② 超过法定的申请期限；

③ 没有明确的被申请人和行政复议对象；

④ 已向其他法定复议机关申请行政复议，且被受理；

⑤ 已向人民法院提起行政诉讼，人民法院已经受理；

⑥ 申请人就纳税发生争议，没有按规定缴清税款、滞纳金，并且没有提供担保或者担保无效；

⑦ 申请人不具备申请资格。

（2）对符合规定的行政复议申请，自复议机关法制工作机构收到之日起即为受理；受理行政复议申请，应当书面告知申请人。

（3）对应当先申请行政复议，对行政复议结果不服再向人民法院提起行政诉讼的具体行政行为，复议机关决定不予受理或者受理后超过复议期限不作答复的，纳税人或其他当事人可以自收到不予受理决定书之日起或者行政复议期满之日起 15 日内，依法向人民法院提起行政诉讼。

（4）纳税人及其他当事人依法提出行政复议申请，复议机关无正当理由而不予受理且申请人没有向人民法院提起行政诉讼的，上级税务机关应当责令其受理；必要时，上级税务机关也可以直接受理。

（5）行政复议期间具体行政行为不停止执行；但有下列情形之一的，可以停止执行：

① 被申请人认为需要停止执行的；

② 复议机关认为需要停止执行的；

③ 申请人申请停止执行，复议机关认为其要求合理，决定停止执行的；

④ 法律规定停止执行的。

（6）行政复议期间，有下列情形之一的，行政复议中止：

① 申请人死亡，须等待其继承人表明是否参加行政复议的；

② 申请人丧失行为能力，尚未确定法定代理人的；

③ 作为一方当事人的行政机关、法人或者其他组织终止，尚未确定其权利义务承受人的；

④ 因不可抗力原因，致使复议机关暂时无法调查了解情况的；

⑤ 依照本规则第三十九条和第四十条，依法对具体行政行为的依据进行处理的；

⑥ 案件的结果须以另一案件的审核结果为依据，而另一案件尚未审结的；

⑦ 申请人请求被申请人履行法定职责，被申请人正在履行的；

⑧ 其他应当中止行政复议的情形。

行政复议中止应当书面告知当事人。中止行政复议的情形消除后，应当立即恢复行政复议。

（7）行政复议期间，有下列情形之一的，行政复议终止：

① 依照本规则第三十八条规定撤回行政复议申请的；

② 行政复议申请受理后，发现其他复议机关或者人民法院已经先于本机关受理的；

③ 申请人死亡，没有继承人或者继承人放弃行政复议权利的；

④ 作为申请人的法人或者其他组织终止后，其权利义务的承受人放弃行政复议权利的；因前条第（一）、（二）项原因中止行政复议满60日仍无人继续复议的，行政复议终止，但有正当理由的除外；

⑤ 行政复议申请受理后，发现不符合受理条件的。

行政复议终止应当书面告知当事人。

3. 行政复议证据包括以下几类：书证；物证；视听资料；证人证言；当事人的陈述；鉴定结论；勘验笔录、现场笔录。税务行政复议机构要注意审核证据的合法性。

（1）在行政复议中，被申请人对其作出的具体行政行为负有举证责任。

（2）复议机关审核复议案件，应当以证据证明的案件事实为根据。

（3）复议机关应当根据案件的具体情况，从以下方面审查证据的合法性：

① 证据是否符合法定形式；

② 证据的取得是否符合法律、法规、规章、司法解释和其他规定的要求；

③ 是否有影响证据效力的其他违法情形。

（4）复议机关应当根据案件的具体情况，从以下方面审查证据的真实性：

① 证据形成的原因；

② 发现证据时的客观环境；

③ 证据是否为原件、原物，复制件、复制品与原件、原物是否相符；

④ 提供证据的人或者证人与当事人是否具有利害关系；

⑤ 影响证据真实性的其他因素。

（5）下列证据材料不得作为定案依据：

① 违反法定程序收集的证据材料；

② 以偷拍、偷录、窃听等手段获取侵害他人合法权益的证据材料；

③ 以利诱、欺诈、胁迫、暴力等不正当手段获取的证据材料；

④ 当事人无正当事由超出举证期限提供的证据材料；

⑤ 当事人无正当理由拒不提供原件、原物，又无其他证据印证，且对方当事人不予认可的证据的复制件或者复制品；

⑥ 无法辨明真伪的证据材料；

⑦ 不能正确表达意志的证人提供的证言；

⑧ 不具备合法性和真实性的其他证据材料。

法制工作机构依据《税务行政复议规则》规定的职责所取得的有关材料，不得作为支持被申请人具体行政行为的证据。

（6）在行政复议过程中，被申请人不得自行向申请人和其他有关组织或者个人收集证据。

（7）申请人和第三人可以查阅被申请人提出的书面答复、作出具体行政行为的证据、依据和其他有关材料，除涉及国家秘密、商业秘密或者个人隐私外，复议机关不得拒绝。

4. 税务行政复议的决定。行政复议原则上采用书面审核的办法，但是申请人提出要求或者法制工作机构认为有必要时，应当听取申请人、被申请人和第三人的意见，并可以向有关组织和人员调查了解情况。

(1) 复议机关对被申请人作出的具体行政行为所依据的事实证据、法律程序、法律依据及设定的权利义务内容之合法性、适当性进行全面审核。

(2) 复议机关法制工作机构应当自受理行政复议申请之日起 7 日内，将行政复议申请书副本或者行政复议申请笔录复印件发送被申请人。

被申请人应当自收到申请书副本或者申请笔录复印件之日起 10 日内，提出书面答复，并提交当初作出具体行政行为的证据、依据和其他有关材料。

(3) 行政复议决定作出前，申请人要求撤回行政复议申请的，可以撤回，但不得以同一基本事实或理由重新申请复议。

(4) 申请人在申请行政复议时，依据本规则第九条规定一并提出对有关规定的审核申请的，复议机关对该规定有权处理的，应当在 30 日内依法处理；无权处理的，应当在 7 日内按照法定程序转送有权处理的行政机关依法处理，有权处理的行政机关应当在 60 日内依法处理。处理期间，中止对具体行政行为的审核。

(5) 复议机关在对被申请人作出的具体行政行为进行审核时，认为其依据不合法，本机关有权处理的，应当在 30 日内依法处理；无权处理的，应当在 7 日内按照法定程序转送有权处理的国家机关依法处理。处理期间，中止对具体行政行为的审核。

(6) 法制工作机构应当对被申请人作出的具体行政行为进行合法性与适当性审核，提出意见，经复议机关负责人同意，按照下列规定作出行政复议决定：

① 具体行政行为认定事实清楚、证据确凿、适用依据正确、程序合法、内容适当的，决定维持；

② 被申请人不履行法定职责的，决定其在一定期限内履行；

③ 具体行政行为有下列情形之一的，决定撤销、变更或者确认该具体行政行为违法；决定撤销或者确认该具体行政行为违法的，可以责令被申请人在一定期限内重新作出具体行政行为：

a. 主要事实不清、证据不足的；

b. 适用依据错误的；

c. 违反法定程序的；

d. 超越或者滥用职权的；

e. 具体行政行为明显不当的。

复议机关责令被申请人重新作出具体行政行为的，被申请人不得以同一事实和理由作出与原具体行政行为相同或者基本相同的具体行政行为；但复议机关以原具体行政行为违反法定程序而决定撤销的，被申请人重新作出具体行政行为的，不受前述限制。

④ 被申请人不按照本规则第三十七条的规定提出书面答复，提交当初作出具体行政行为的证据、依据和其他有关材料的，视为该具体行政行为没有证据、依据，决定撤销该具体行政行为。

重大、疑难的行政复议申请，复议机关应当集体讨论决定。重大、疑难行政复议申请的标准，由复议机关自行确定。

（7）申请人在申请行政复议时可以一并提出行政赔偿请求，复议机关对符合国家赔偿法的有关规定应当给予赔偿的，在决定撤销、变更具体行政行为或者确认具体行政行为违法时，应当同时决定被申请人依法给予赔偿。

申请人在申请行政复议时没有提出行政赔偿请求的，复议机关在依法决定撤销或者变更原具体行政行为确定的税款、滞纳金、罚款以及对财产的扣押、查封等强制措施时，应当同时责令被申请人退还税款、滞纳金和罚款，解除对财产的扣押、查封等强制措施，或者赔偿相应的价款。

（8）复议机关应当自受理申请之日起60日内作出行政复议决定。情况复杂，不能在规定期限内作出行政复议决定的，经复议机关负责人批准，可以适当延长，并告知申请人和被申请人；但延长期限最多不超过30日。

复议机关作出行政复议决定，应当制作行政复议决定书，并加盖印章。

行政复议决定书一经送达，即发生法律效力。

（9）被申请人应当履行行政复议决定。

被申请人不履行或者无正当理由拖延履行行政复议决定的，复议机关或者有关上级行政机关应当责令其限期履行。

（10）申请人逾期不起诉又不履行行政复议决定的，或者不履行最终裁决的行政复议决定的，按照下列规定分别处理：

① 维持具体行政行为的行政复议决定，由作出具体行政行为的行政机关依法强制执行，或者申请人民法院强制执行。

② 变更具体行政行为的行政复议决定，由复议机关依法强制执行，或者申请人民法院强制执行。

5. 送达。行政复议期间的计算和行政复议文书的送达，依照民事诉讼法关于期间、送达的规定执行。

关于行政复议期间有关"5日"、"7日"的规定是指工作日，不含节假日。

二、代理税务行政复议的操作规范

（一）确定代理复议操作要点

《税务代理协议》书的签订标志着代理行政复议程序的开始。在正式签订协议之前，应当做好下列工作。

1. 了解税务争议双方争议的内容、焦点，税务机关的处理决定，税务行政复议申请人的申请理由与要求。

2. 审查税务行政复议申请人申请复议的条件是否具备，即在申请复议之前是否已缴纳税款及滞纳金，申请复议内容是否为税务行政复议受案范围，申请的期限有无超出复议规定的期限，申请人是否具备申请资格、有没有明确的被申请人和行政复议对象等。

3. 进行代理磋商，商定代理事项、价格和收费方法，签订《代理协议书》。在磋商过程中，注意代理复议的收费一般与代理技术难度、风险成正比。可以根据实际情况预先收取一定费用，以防范代理风险与过高的成本。

（二）代理复议申请操作要点

1. 代理复议申请工作以《复议申请书》的填写开始，注册税务师应认真填写申请书，简单清晰表达申请理由和要求，针对税务机关作出的具体行政行为，提出有异议的论据并加以论证。

2. 依据《税务行政复议规则》规定，复议机关收到行政复议申请后，应当在 5 日内进行审核，决定是否受理。对不符合本规则规定的行政复议申请，决定不予受理，并书面告知申请人。注册税务师可视下列情况分别处理：①复议机关决定受理，应做好参加审理的准备；②复议机关限期补正，应按限定时间提供有关资料；③复议机关通知不予受理，如果申请人对此裁决不服可以自收到不予受理裁决书之日起 15 日内，就复议机关不予受理的裁决向人民法院起诉。

3. 在法定的申请期限内，如因不可抗力而延误申请，注册税务师应在障碍消除后的 10 日内，向复议机关申请延长复议申请期限。

（三）代理复议审理

复议审理是税务行政复议机关对受理的案件进行调查、收集证据。运用法律、法规和规章，以查明具体行政行为是否合法、适当，从而为复议案件的最终裁决做准备的活动。复议审理是最终作出复议决定的基础。注册税务师应根据案情的发展而加以运作，以保证取得圆满的复议结果。

1. 在采取书面审理的方式下，被申请人自收到申请书副本或者申请笔录复印件之日起 10 日内，提出书面答复，并提交当初作出具体行政行为的证据、依据和其他有关材料，为支持原具体行政行为提供事实和法律方面的辩护。复议机关对争议双方所提出的论点和论据进行分析研究，责成专人调查取证，经复议委员会集体审议后作出复议决定。注册税务师应当密切注意案情发展，针对原税务行政行为合法性和适当性方面存在的问题，随时指导申请人在复议机关调查取证时提供详尽有力的证据。

2. 在采取公开审理的方式下，注册税务师要与被申请人公开辩论，陈诉申请复议请求，论证税务机关作出的具体行政行为在事实认定、适用法律及执法程序中存在的问题。在这个过程中，复议机关要从双方的陈诉、争辩中，查明真相，作出审理决定。因此，注册税务师要准备充分，要有雄辩的口才，为维护申请人的合法权益作出不懈的努力。

3. 复议决定后的代理策略。

（1）在复议机关作出维持原具体行政行为的决定时，分析是否是有意偏袒下级税务机关作出的原具体行政行为，如果是，可以向人民法院提起诉讼；另一种情况是看申请人是否隐瞒了某些重要的事实或提供了不真实的资料，或者是注册税务师在适用法律、法规方面存在问题而导致复议请求的被否定，如果是，那么注册税务师应以书面形式向申请人作出说明，并提示其今后应吸取的教训。

（2）在复议机关作出变更、撤销原具体行政行为的决定时，注册师以书面的形式告知申请人如何执行税务复议决定等。

（3）在复议机关认为原具体行政行为有程序上的不足，决定被申请人补正时，注册税务师根据情况决定是否服从。如果原具体行政行为不仅是程序上的不足，还有所依据事实不清等问题，而复议决定未加以纠正，可以与申请人研究通过进一步的申诉得到解决。

（4）在复议机关对税务机关的不作为行为裁决应在一定期限内履行时，注册税务师应尽快与税务机关沟通，将所请求的办税事项予以完成，并以书面形式告知申请人。

【案例 9-1】某市国家税务局稽查局查实，生产企业 A 在 2009 年 1 月至 6 月期间，少缴增值税 12 000 元。国家税务局稽查局遂就 A 企业的行为作出税务处理决定，要求其自接到税务处理决定书之日起 15 日内补缴增值税 12 000 元。

市国家税务局稽查局于 2009 年 10 月 20 日将税务处理决定书送达 A，A 于 2009 年 11 月 20 日将税款交入库并于 2009 年 12 月 18 日向市国家税务局申请行政复议。市国家税务局对 A 的行政复议申请进行了审核，作出了不予受理的决定。

A 对此十分不解，便向人民法院提起行政诉讼，请求撤销市国家税务局不予受理行政复议的决定。人民法院受理此案后，经审理，认定市国家税务局不予受理行政复议的决定是合法的，驳回了 A 的诉讼请求。A 就此向税务师事务所进行咨询。

本案中，A 未能在税务机关根据法律、行政法规确定的期限内缴纳税款，不符合税务行政复议受理的前置条件，所以，市国家税务局作出不予受理的决定是正确的。

第二节 税务行政诉讼代理

税务行政诉讼是完全利用司法程序来解决税务争议。注意，有的税务争议必须先经过税务行政复议，对复议结果不服，才能选择向法院提起诉讼。

一、税务行政诉讼法的主要内容

税务行政诉讼是指纳税人和其他税务当事人不服税务机关及其工作人员作出的具体税务行政行为，侵犯了其合法权益，依法向人民法院提起行政诉讼，由人民法院对具体税务行政行为的合法性和适当性进行审理并作出裁决的司法活动。其目的是保证人民法院正确、及时审理税务案件，保护税务当事人的合法权益，维护和监督税务机关依法行使行政职权。

税务行政诉讼制度，对加强税务司法、强化以法治税、促进税务机关及税务人员依法征收管理、保障公民和法人的合法权益，都有重要作用。

（一）税务行政诉讼的受案范围

税务行政诉讼的受案范围，是指人民法院审理税务行政争议的范围，它是税务行政诉讼制度的核心内容，回答的是人民法院对税务机关的哪些行为拥有司法审核权。根据《行政诉讼法》的规定，行政诉讼原则上只对具体的行政行为的合法性进行审核。税务行政诉讼与税务行政复议的受案范围相一致（具体见税务行政复议的受案范围）。

（二）税务行政诉讼的参加人

1. 原告。对税务机关作出的具体行政行为不服，依法向法院提起诉讼的纳税人和其他税务当事人（公民、法人或者其他组织）是原告。

有权提起诉讼的公民死亡，其近亲属可以提起诉讼。

有权提起诉讼的法人或者其他组织终止，承受其权利的法人或者其他组织可以提起诉讼。

2. 被告。当事人直接向人民法院提起诉讼的，作出具体行政行为的税务机关是被告。

经复议的案件，复议机关决定维持原具体行政行为的，作出原具体行政行为的税务机关是被告；复议机关改变原具体行政行为的，复议机关是被告。

税务机关的派出机构依法以自己的名义作出的具体行政行为，设立该派出机构的税务机关是被告。

扣缴义务人作出的扣缴税款行为，主管扣缴义务人的税务机关是被告。

受税务机关委托的单位作出的代征税款行为，委托的税务机关是被告。

被撤销的税务机关在撤销前作出的具体行政行为，继续行使其职权的税务机关是被告。

3. 代理人。没有诉讼行为能力的公民，由其法定代理人代为诉讼。

当事人、法定代理人，可以委托一至二人代为诉讼。律师、社会团体、提起诉讼的公民的近亲属或者所在单位推荐的人，以及经人民法院许可的其他公民，可以受委托为诉讼代理人。代理诉讼的律师，可以依照规定查阅本案有关材料，可以向有关组织和公民调查，收集证据。对涉及国家秘密和个人隐私的材料，应当依照法律规定保密。经人民法院许可，当事人和其他诉讼代理人可以查阅本案庭审材料，但涉及国家秘密和个人隐私的除外。

（三）税务行政诉讼受案时限

1. 对税务机关作出具体行政行为不服的，纳税人可以在税务机关作出具体行政行为之日起 3 个月内，向该税务机关所在地的人民法院提起诉讼。

2. 经过税务行政复议，复议机关未改变原税务机关的具体行政行为，纳税人对行政复议决定不服的，可在收到复议决定书之日起 15 日内向原税务机关所在地的人民法院提起诉讼。

3. 经过税务行政复议，复议机关改变了原税务机关的具体行政行为，纳税人对税务行政复议决定不服的，可在收到复议决定书之日起 15 日内向原税务机关或税务复议机关所在地的人民法院提出诉讼。

4. 复议机关决定不予受理或受理后超过复议期限不作答复的，申请人可以自收到不予受理决定书之日起或行政复议期限期满之日起 15 日内，依法向人民法院提起行政诉讼。

（四）税务行政诉讼的证据制度

1. 书证；

2. 物证；

3. 视听资料；

4. 证人证言；

5. 当事人的陈述；

6. 鉴定结论；

7. 勘验笔录、现场笔录。

以上证据经法庭审核属实，才能作为定案的根据。

行政诉讼中的证据规则包括：

（1）被告对作出的具体行政行为负有举证责任，应当提供作出该具体行政行为的证据和所依据的规范性文件。

被告应当在收到起诉状副本之日起 10 日内提交答辩状，并提供作出具体行政行为时的证据、依据；被告不提供或者无正当理由逾期提供的，应当认定该具体行政行为没有证据、依据。

　　（2）在诉讼过程中，被告不得自行向原告和证人收集证据。

　　（3）人民法院有权要求当事人提供或者补充证据。

　　（4）人民法院有权向有关行政机关以及其他组织、公民调取证据。

　　（5）在诉讼过程中，人民法院认为对专门性问题需要鉴定的，应当交由法定鉴定部门鉴定；没有法定鉴定部门的，由人民法院指定的鉴定部门鉴定。

　　（6）在证据可能灭失或者以后难以取得的情况下，诉讼参加人可以向人民法院申请保全证据，人民法院也可以主动采取保全措施。

　　（7）未经法庭质证的证据不能作为人民法院裁判的根据。

　　（8）复议机关在复议过程中收集和补充的证据，不能作为人民法院维持原具体行政行为的根据。

　　（9）被告在二审过程中向法庭提交在一审过程中没有提交的证据，不能作为二审法院撤销或者变更一审裁判的根据。

　　有下列情形之一的，被告经人民法院准许可以补充相关的证据：

　　（1）被告在作出具体行政行为时已经收集证据，但因不可抗力等正当事由不能提供的；

　　（2）原告或者第三人在诉讼过程中，提出了其在被告实施行政行为过程中没有提出的反驳理由或者证据的。

　　有下列情形之一的，人民法院有权调取证据：

　　（1）原告或者第三人及其诉讼代理人提供了证据线索，但无法自行收集而申请人民法院调取的；

　　（2）当事人应当提供而无法提供原件或者原物的。

　　下列证据不能作为认定被诉具体行政行为合法的根据：

　　（1）被告及其诉讼代理人在作出具体行政行为后自行收集的证据；

　　（2）被告严重违反法定程序收集的其他证据。

　　（五）税务行政诉讼的程序

　　1. 起诉。行政诉讼实行"不告不来"原则，即当事人不起诉，人民法院不能主动受理。起诉分为两类：一是直接向法院起诉；二是经复议后向法院起诉。对涉及不动产的具体行政行为从作出之日起超过 20 年、其他具体行政行为从作出之日起超过 5 年提起诉讼的，人民法院不予受理。

　　2. 受理。人民法院经审核认为符合起诉条件的，应当在 7 日内立案受理。经审核不符合起诉条件的，在法定期限内裁定不予受理。

　　3. 审理。人民法院审理的主要内容是对具体行政行为的合法性进行审核。人民法院审理行政案件，不适用调解。法院决定立案依法组织合议庭开庭审理。除涉及国家秘密、个人隐私、商业秘密及法律另有规定的外，都应公开审理。对一审法院判决不服的，自一审判决书送达之日起 15 日内提出上诉；对一审裁定不服的，自一审裁定书送达之日起 10 日内提出上诉。

　　4. 裁判（裁定和判决的合称）。裁定是法院在案件审理判决执行中，就程序问题或部分实体问题所作的决定。判决是法院就解决案件的实体问题所作的决定。

　　一审法院经过审理，根据不同情况，分别作出以下判决：

① 具体行政行为证据确凿，适用法律、法规正确，符合法定程序的，判决维持。

② 主要证据不足的；适用法律、法规错误的；违反法定程序的；超越职权的；滥用职权的，判决撤销或者部分撤销，并可以判决被告重新作出具体行政行为。

③ 被告不履行或者拖延履行法定职责的，判决其在一定期限内履行。

④ 行政处罚显失公正的，可以判决变更。

⑤ 造成损失，判决赔偿。

二审法院可以作出以下判决（二审指上级人民法院根据当事人的上诉，对下一级人民法院未发生法律效力的判决、裁定进行审理。我国行政案件的审理采取两审终审制度）：

① 原判决认定事实清楚，适用法律、法规正确的，判决驳回上诉，维持原判。

② 原判决认定事实清楚，但适用法律、法规错误的，依法改判。

5. 执行。行政案件裁定、判决的执行，是指人民法院作出的裁定、判决发生法律效力以后，一方当事人拒不履行人民法院的裁判，人民法院根据另一方当事人的申请，实施强制执行，或者由行政机关依照职权采取强制措施，以执行人民法院裁判的法律制度。

二、代理税务行政诉讼的操作规范

（一）确定代理税务行政诉讼操作要点

《税务代理协议书》的签订标志着代理行政诉讼程序的开始。在正式签订协议之前，应当做好下列工作。

1. 了解原告与税务机关发生税务争议的焦点、内容，是否经过复议，本案是否属于受诉法院管辖。

2. 审核原告向人民法院提起税务行政诉讼的条件是否具备，即原告起诉内容是否为税务行政诉讼的受案范围，诉讼的期限有无超出规定的期限等。

3. 进行代理磋商，商定代理事项、价格和收费方法，签订《代理协议书》。

（二）代理当事人起诉的程序及要求

1. 开庭审理前。

（1）首先要代理原告草拟《起诉状》，要简单清晰表达起诉事实经过，起诉理由和起诉要求。提出针对税务机关作出的具体行政行为，或税务行政复议机关作出的复议决定，提出有异议的论据并加以论证。同时按照行政诉讼证据制度规定，整理并向法院提供依据、证据及有关材料并在起诉状上注明数量及种类。在必要情况下，应代理原告填制《证据保全申请书》，向人民法院申请证据保全。

（2）依法到人民法院查阅有关案卷材料。

（3）认真查阅作出具体行政行为的案卷材料、诉讼卷宗；针对案情及庭审时可能出现的问题，拟定代理词和法庭辩论提纲。

（4）对情况有变的及时提醒原告撤诉。

（5）因特殊情况或不可抗力的原因不能按时出庭的，向人民法院申请延期开庭。

2. 代理审理。

（1）代理原告按照人民法院通知的开庭时间到庭。

（2）认为审判人员及书记员、翻译人员、鉴定人、勘验人与本案有利害关系或者其他关系，可能影响公正审判的，有权申请上述人员回避。申请回避应在案件开始审理时提出，回避事由在案件开始审理后知道的，也可以在法庭辩论终结前提出。

（3）法庭陈诉，言简意赅提出事实及要求，出示相关证据及依据的法律、法规及要求。

（4）对原告所出示的证据有疑问的，可以质证，经法庭许可，可以向证人、鉴定人、勘验人发问，可以申请重新鉴定、调查或者勘验。是否准许，由人民法院决定。

（5）在法庭辩论中应围绕案件事实、适用法律、证据效力和程序规范等方面进行辩论，指出税务机关具体行政行为不合理合法之处。

（6）开庭审理结束后，认真核对庭审笔录，发现问题及时向法庭提出。

（三）诉讼结果的代理策略

如果不服人民法院第一审判决或裁定的理由、事实根据及所依据的规范性文件，可与原告研究继续向上一级人民法院提起上诉。相反，要通知原告履行法院判决和裁决。

上诉和二审应诉。

原告不服人民法院的第一审判决或裁定的，代理人员应提醒原告上诉，在征得原告同意后，于接到行政判决书之日起 15 日内或接到行政裁定书之日起 10 日内，拟定上诉状，向其上一级人民法院提起上诉。其程序参照一审程序办理。

（1）申诉。

① 对已经发生法律效力的判决或裁定，认为确有错误的，拟定《申诉书》，可以向原审人民法院或上一级人民法院提出申诉，但判决或裁定不停止执行。

② 对人民法院违反法律、法规规定作出的已经发生法律效力的判决或裁定，可以请求人民检察院按照审判监督程序进行抗诉。

③ 人民检察院受理《申诉书》提出抗诉，原审人民法院对案件再审或原审人民法院受理《申诉书》决定再审，以及原审人民法院上一级人民法院受理《申诉书》决定提审或发回再审时，应配合再审或提审，积极举证和陈述案情。

（2）履行判决或裁决。

【案例 9－2】 2008 年 10 月 5 日，某县国税局某税务所干部陈某和廖某。来到个体工商户包某副食门市部进行税务检查，包某对陈、廖二人出示的税务检查证存有疑义而发生争执，并拒绝提供账簿。后经该镇派出所干警劝解，包某才将 10 本账簿拿出。检查人员在开具收据后将账簿带回。

次日，陈、廖二人因保管不善，将调取的 10 本账簿全部丢失。同年 11 月 28 日，包某以账簿上有 10 余万元的债权凭据为由，向县国税局申诉某税务所扣押账簿违法，并要求赔偿因债权凭据丢失而造成的全部经济损失。

2009 年 1 月 20 日，县国税局作出了《关于对包某来信的回复及处理意见》，认为"陈、廖二人对包某实施的税务检查合法，对其赔偿请求视为无依据而不予赔偿"。包某不服，于2009 年 4 月向县人民法院提起诉讼，将该县国税局推上了被告席。

法院判决

该县人民法院审理后，作出了如下判决：

一、确认税务所干部陈、廖二人于 2008 年 10 月 5 日对包某所实施的税务检查，收取包某账簿，以及《对包某来信的回复及处理意见》合法。

二、驳回包某要求被告赔偿直接经济损失 15 万元的诉讼请求。

对此，包某不服，并在法定期限内将本案上诉于××市中级人民法院，请求二审法院依法改判。

××市中级人民法院审理认为：根据国家税务总局发布的《税务稽查工作规程》规定，实施税务稽查应当二人以上，并出示税务检查证；调取账簿及有关资料应当填写《调取账簿资料通知书》、《调取账簿资料清单》，并在三个月内完整退还。被告某县国税局未举证证明在调取包某账簿时所填写的上述法规文书，且将原告包某的账簿丢失，故其调取包某账簿的具体程序违法，原判的此项认定属适用法律不当，应予纠正。某县国税局作出的《关于对包某来信的回复和处理意见》，且包某未就该行为起诉，故原判确认该回复及处理意见合法亦属不当，一并予以纠正。包某账簿中记载债权凭据，属非有价证券，并且债权凭证的丢失，也不必然导致债权的丧失。县国税局丢失包某记载有债权凭据账簿是事实，但包某在债权凭据丢失后，是否已经导致债权丧失尚不能确定的情况下，要求被告按债权数额赔偿其经济损失的请求于法无据，原判驳回其赔偿请求是正确的。

第三节　税务行政赔偿代理

税务行政赔偿具有很强的针对性，它保证了纳税人因税务机关某一具体行政行为而造成的人身和财产损失能够得到赔偿，有效地保护了纳税人的人身安全、经济利益免受不当损失，对税务工作人员的行为起到有效约束，促使税务人员文明执法、依法行政。

一、税务行政赔偿的主要规定

税务行政赔偿，是指纳税人、扣缴义务人、纳税担保人的合法权益受到税务机关作出的具体行政行为侵犯，造成损失时，有权依法请求赔偿，税务机关有责任予以赔偿。

税务行政赔偿即税务机关代表国家承担赔偿责任所应具备的前提条件为：

1. 税收行政赔偿的侵权主体是行使国家税收征收和管理权的税务机关及其工作人员。这里的"税务机关及其工作人员"还应包括经法律法规授权的组织和受委托的组织或个人。但其中的工作人员仅指具有税收征管职权的税务人员，不包括勤杂人员。

2. 税务机关及其工作人员行使职权的行为违法。这首先要求税务机关及其工作人员的行为必须是行使税收征收和管理职权的职务行为，税务机关以民事主体身份所实施的民事行为，税务工作人员的个人行为所引起的法律责任，不构成税收行政赔偿。其次，税务机关及其工作人员行使职权的行为具有违法性。这里的违法，既包括程序上的违法，也包括实体上的违法；既包括形式上的违法，也包括内容上的违法；既包括作为的违法，也包括不作为的违法。

3. 存在损害事实。税收行政赔偿以损害事实的存在为前提条件。所谓的损害事实的存在，是指损害结果已经发生。这种损害必须是已经发生并现实存在的，而不是虚构的、主观臆造的。同时所损害的必须是税收相对人合法的财产权和人身权。

4. 税务行政侵权行为与损害事实之间具有因果关系。在我国税收行政赔偿的实践中，如何确定因果关系，存在着不同的观点，其中较有代表性的观点是采用直接因果关系。所谓直接的因果关系是指行为与结果之间存在着逻辑上的因果关系，即作为原因的行为是导致结果发生的一个较近的原因，并不要求该行为是结果发生的根本性的原因。

（一）税务行政赔偿的范围

1. 侵犯人身权的赔偿

① 非法拘禁纳税人和其他税务当事人或以其他方式剥夺纳税人和其他当事人的人身自由的；

② 以殴打等暴力行为或者唆使他人以殴打等暴力行为造成纳税人和其他税务当事人身体伤害或死亡的；

③ 造成纳税人和其他税务当事人身体伤害或者死亡的其他违法行为。

2. 侵犯财产权的赔偿

① 违法征收税款及滞纳金的；

② 对纳税人和其他税务当事人违法实施罚款、没收非法所得等行政处罚的；

③ 对纳税人和其他税务当事人财产违法采取强制措施或者税收保全措施；

④ 违反国家规定向纳税人和其他税务当事人征收财物、摊派费用的；

⑤ 造成纳税人和其他税务当事人财产损害的其他违法行为。

（二）税务行政赔偿请求人和赔偿义务机关

税务行政赔偿请求人是指因税务机关及其工作人员违法行使职权造成合法权益遭到损害的纳税人、扣缴义务人、纳税担保人。

税务机关及其工作人员侵犯纳税人合法权益的，该税务机关为赔偿义务机关。

（三）赔偿的费用标准

1. 侵犯纳税人和其他涉税当事人人身权的赔偿。

（1）侵犯公民人身自由的，每日赔偿金按国家上年度职工日平均工资计算。

（2）造成公民身体伤害的，还应支付医疗费，以及赔偿因误工减少的收入。减少的收入最高限额为国家上年职工平均工资的5倍。

（3）造成部分或者全部丧失劳动能力，应支付医疗费，以及残疾赔偿金，最高额为国家上年度职工平均工资的10倍，全部丧失劳动能力的为20倍，。对其抚养的无劳动能力的人，还应当支付生活费。

（4）造成死亡的，应当支付死亡赔偿、丧葬费，总额为国家上年度职工平均工资的20倍，对死者生前抚养的无劳动能力的人，还应支付生活费。

2. 侵犯财产权的赔偿。

（1）违反征收税款，加收滞纳金的，应当返还税款及滞纳金。

（2）违法对应予出口退税而未退税的，由赔偿义务机关办理退税。

（3）处罚款、没收非法所得或者违反国家规定征收财物、摊派费用的，返还财产。

（4）查封、扣押、冻结财产的，解除对财产的查封、扣押、冻结，造成财产损坏或者灭失的，应当恢复原状或者给付相应赔偿金。

（5）应当返还的财产损坏的，能恢复原状的恢复原状，不能恢复原状的，按照损害程序给付赔偿金。

（6）应当返还财产丢失的，给付相应的赔偿金。

（7）财产已经拍卖的，给付拍卖所得的款项。

（8）对财产权造成损害的，按照直接损失给予赔偿。

二、代理税务行政赔偿的操作规范

（一）代理税务行政赔偿操作要点

签订《税务代理协议书》，代理税务行政赔偿程序开始。在正式签订协议之前，应当做好下列工作。

1. 了解税务机关及其工作人员的具体违法行为给纳税人造成的损失和伤害的事实，确定是否超出法定赔偿期限，申请赔偿的相关材料是否齐全，是否属于税务行政赔偿受理范围。

2. 指导纳税人选择正确的赔偿方式和与纳税人讨论赔偿费用额度。

3. 进行代理磋商，商定代理事项、价格和收费方法，签订《代理协议书》。

（二）请求税务行政赔偿的程序

税务行政赔偿程序分为诉讼程序和非诉讼程序。

1. 税务行政赔偿诉讼程序

（1）税务行政赔偿诉讼的提起必须以税务机关的先行处理为条件。

（2）税务行政赔偿诉讼可进行调解，对赔偿请求人的人身权、财产权受到的损害是否应赔偿，赔偿多少可进行调解。

（3）在税务行政赔偿诉讼中，税务机关不需承担对损害事实部分举证责任。

2. 税务行政赔偿非诉讼程序

（1）税务赔偿请求人向负有履行赔偿义务税务机关提出赔偿要求的。

（2）要求税务行政赔偿须递交申请书。

（三）代理税务行政赔偿的内容

税务行政赔偿可以单独提出，也可以一并提出。

1. 单独提出行政赔偿请求。请求权人单独提出行政赔偿请求的，应首先向赔偿义务机关提出，在赔偿义务机关不予赔偿或者双方对赔偿数额有异议时，请求权人才可以依法向行政复议机关申请行政复议或直接向人民法院提起行政诉讼。

2. 一并提出行政赔偿请求。一并提出行政赔偿请求是指请求权人在申请行政复议或提起行政诉讼中一并提出行政赔偿请求。例如，请求权人可以在请求确认行政机关具体行政行为违法时一并请求行政赔偿，并要求将两者并案处理。行政复议机关或人民法院通常对具体行政行为的违法性进行确认后，再决定是否给予行政赔偿。

代理税务行政赔偿其程序为，赔偿请求人在申请税务行政复议时，同时提出赔偿申请的，应当按照复议程序办理。赔偿请求人在税务行政诉讼中提出赔偿申请的，须按诉讼程序办理。其步骤为：

（1）代理人接受赔偿申请人的委托，要代申请人认真草拟《赔偿申请书》。在赔偿申请书中，充分维护纳税人合法权益，简单明确阐明事实，将申请人赔偿要求和理由，明确表示出来。

申请书应当载明下列事项：

① 受害人的姓名、性别、年龄、工作单位和住所，法人或者其他组织的名称、住所和法定代表人或者主要负责人的姓名、职务；

② 具体的要求、事实根据和理由；

③ 申请的年、月、日。

（2）提交申请赔偿的相关材料。

关键术语

1. 税务行政复议　2. 税务行政诉讼　3. 税务行政赔偿

实训练习

【实训题1】

【实训资料】某市F百货公司，主营日用百货的零售业务。201×年1月，该市某区地税局在对其上年的纳税情况进行检查中发现，其法人代表徐某指使有关人员采取发票开大头小尾手段进行偷税，偷税数额共计3196元。检查人员当即作出处罚决定，对法定代表人处以2000元罚款，追缴该公司所偷税款，并处以该公司偷税数额4倍的罚款。当事人不服，于次日向该市地税局申请行政复议。复议机关经审理，作出维持原处罚的复议决定。当事人对行政复议决定不服，以该市地税局为被告向管辖法院提起行政诉讼。

【实训要求】

根据案情，依据有关法律的规定，对以下问题作出肯定或否定的回答，并简要说明理由：

（1）检查人员对本案违法事实认定清楚、理由充分并有法定依据，可以当场作出处罚决定。

（2）检查人员告知当事人有申请行政复议或提起行政诉讼的权利即可。

（3）该案检查人员能否受领导指派主持处罚听证会？

（4）复议机关的复议决定是否正确？

（5）该市地税局作为行政复议机关，是该行政诉讼案的被告。

实践训练

为了保障纳税人和当事人的合法权益，国家制定了相关的法律法规。本章我们学习了税务行政复议、税务行政诉讼和税务行政赔偿三种涉税法律法规的内容。

【实习实训要求】

要求学生在老师的指导下分小组模拟复议场境，设计税务机关与税务代理人员的辩辞，进行复议辩论。

第 十 章

其他涉税业务与
涉税文书制作代理

学习目标

1. 了解税务咨询的含义与形式
2. 掌握税务咨询的业务流程与操作规范
3. 熟悉税务顾问的工作内容
4. 掌握注册税务师执业文书的基本操作程序
5. 学会涉税鉴证类执业文书的制作
6. 学会涉税服务类执业文书的制作

第一节 税务咨询与税务顾问

税务中介机构秉持企业价值最大化、纳税风险最小化的根本原则，从提高企业效益出发，专设"税务咨询与税务顾问"业务，利用顶级的专业知识与技能，为纳税人、扣缴义务人提供高水准的涉税咨询等专业服务。

一、税务咨询

（一）税务咨询的概念

税务咨询是指具有税务代理从业资质的人员运用税收相关知识，通过电话、信函、晤谈、网络等方式，对纳税人、扣缴义务人以及其他单位和个人的税务专业请求提供帮助的行为。帮助的内容主要有税收政策、办税程序及有关涉税事项等。税务咨询是税务代理业务中最普遍性的服务内容。

税务咨询的主体包括委托主体和受托主体。委托主体具有广泛性和咨询要求层次性的特点，受托主体具有独立性和咨询方式多样性的特点。

税务咨询机构分为税务机关和民间税务咨询机构两种形式。税务部门咨询机构一般只承担税收政策、法律法规的释义，民间税务咨询机构业务内容则比较广泛，既有税收政策、法律法规方面的咨询，也有办税程序、涉税会计等方面的咨询；税务部门咨询机构提供的是无偿服务，民间税务咨询机构作为社会中介机构提供的是有偿服务，其提供咨询的人员都具备一定资质或资格。本章只讨论后者。

税务咨询是一项智能和知识转让的服务行为。现行税收政策的复杂性，使得纳税主体在纳税方面或多或少都会遇到一些问题，税务咨询就是针对纳税人、扣缴义务人遇到的税务问题，有依据的给予咨询指导，避免因政策把握不准或操作不当而产生麻烦和损失。因此要求提供税务咨询服务的专业人员应当具有较高的专业知识、技能或经验，能够根据客户的实际情况，经济、有效地完成客户委托的业务。

税务咨询结论具有一定的权威性；税务咨询报告对委托人的纳税只起指导和参考作用，其目的是影响委托人的纳税行为，一般不对外产生作用，不直接涉及第三方即税务机关；税务咨询的结果对税务机关也不直接产生影响。

（二）税务咨询的形式

税务咨询的形式一般有口头咨询、书面咨询、网络咨询、常年税务顾问等。

1. 口头咨询。口头咨询主要是对简单明了的税务问题通过电话交谈、晤谈等方式给予咨询人以简要答复的一种咨询服务。包括电话咨询、中介机构场所咨询、委托方现场咨询、专场咨询会咨询等。咨询的内容一般涉及税收法律、法规条文的查询，税收政策主要规定的查询，办税程序的查询，以及由咨询双方经共同研讨，最后由专业咨询人员作出结论的问题。口头咨询的特点是简便快捷，但是，对涉及税收征免、应纳税额计算等复杂问题时要慎重对待，最好在口头答复之后再发出一份书面备忘函，以便分清责任。对不能够确定解答问题的内容时，税务咨询人员必须在进行案头书面准备之后，再予以答复。

2. 书面咨询。书面咨询是以书面的方式释疑解难涉税问题的咨询，是最为常用的一种咨询方式。咨询时，专业人员要根据纳税人、扣缴义务人提出的有关问题制作文书，予以解答。制作的文书要求题目明确、解答清楚、证据充分，引用的法律、法规准确。书面文书的形式如"税务咨询备忘函"、"关于××问题的解答"等，文书的格式可以固定化，以方便纳税人、扣缴义务人了解问题的要点所在。在计算机网络化的情况下，书面咨询也可以电子信件的形式传输。书面咨询的优点是程序规范，责任明确。

3. 网络咨询。网络咨询是以专业咨询网站为载体，通过在线咨询、预约咨询、留言解答等进行咨询的一种方式。网络咨询人员由专家、学者、具有实际工作经验或特长的专业人士组成，其服务内容比任何个人的知识和经验、技能更丰富。网络咨询与其他咨询最大的区别在于网络咨询不仅仅是咨询的手段、方式，更是咨询业务建立、开展、跟踪的集中场所，是税务中介服务的最大平台，虽然是虚拟的，但比现场咨询更便捷，不受时间和场所的限制。网络咨询是一种发展最快、影响最大、前景看好的咨询方式。

4. 常年税务顾问。常年税务顾问是综合性的税务咨询服务，是指税务咨询人员依照与委托人约定的时期，为委托人提供专门的税务咨询服务或其他相关服务，是通过上门服务的方式为纳税人、扣缴义务人提供税收方面的咨询服务。常年税务顾问服务的内容主要包括政策指导、办税指导、提供信息三个方面，税务咨询人员执行税务顾问业务应该在签订协议前与委托方沟通税务顾问服务范围。

（三）税务咨询的内容

税务咨询的内容较为广泛，其特点是以税收方面的疑难问题为主导，并涉及财务、会计、投资、金融、海关、外汇管理等诸多方面的专业知识和操作实务。税务咨询内容主要包括以下四个方面：

1. 税收法律、法规、政策规定方面的咨询。纳税人、扣缴义务人在日常投资、生产经营过程中，为了实现正确纳税、准确决策或者维护权益、避免涉税风险等，向中介机构查询有关的税收法律、法规、政策等具体规定。咨询的内容包括有关纳税义务人、征税对象、计税依据、适用税率、税目、纳税环节、减税免税等税收实体法方面的规定和有关税务登记、发票管理、纳税申报、建账建制等税收程序法方面的规定。注册税务师在进行这方面服务时，主要是提供税收法律、法规、规章制度等规范性文件的政策规定，以及其他法律法规关于税收方面问题的政策规定。

2. 税收法律、法规、政策运用方面的咨询。这是关于税收疑难问题的咨询，也是税务咨询最主要的内容。我国税法涉及的内容繁、条款杂、层次多、变化快，纳税人很难全面掌握和理解，因此纳税人会对税收法律法规、政策性的条款，对国务院财政部、国家税务总局以及地方政府所颁布和规定的税收政策在适用范围及具体执行等方面的问题进行咨询。特别是减免税政策和征免界限的划分问题，纳税责任的承担与回避问题，以及税务机关、司法机关的权利与义务等方面的问题咨询更多。税收法律、法规、政策运用方面的咨询涉及的税种多，政策面宽，问题具体，这就要求专业从事咨询工作的人员能够通晓各种税收法律、法规、政策，并能够正确理解和综合运用，准确地向咨询人提供适用的政策依据。

3. 办税操作方面的咨询。这是关于税收程序法方面政策操作、运用的咨询，是纳税人、扣缴义务人对具体办税过程中有关操作规程的咨询。纳税人、扣缴义务人在依法履行纳税义务过程中，为了能够准确、顺利、快捷地办理有关涉税事宜，会对税收征管规程，办税实务操作环节、操作程序，需报送的资料，需办理的相关手续以及技术处理等具体办税事项进行咨询。所以也就要求专业从事税务咨询的人员既要具备办税方面的专业知识，对税收征管法律、法规和税务机关日常管理的具体要求进行深入细致的研究，又应具备实务操作技能，具有丰富的办税经验，掌握办税技巧。以此来满足纳税人、扣缴义务人的咨询需求，使其能够顺利完成办税操作事宜。

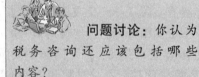
问题讨论：你认为税务咨询还应该包括哪些内容？

4. 涉税会计处理方面的咨询。主要是指纳税人、扣缴义务人对涉税会计处理的相关问题进行咨询。咨询内容包括现行各税税额计算、成本费用列支、税款缴纳的会计处理，减税、免税相关的会计处理，纳税审查及税务机关查补税款后所涉及会计账务的调整等。受理咨询人员提供会计处理方面的咨询，要以财务、会计、税收法律、法规等专业知识和操作实务为基础，在符合财务、会计处理一般原则的前提下，做到准确无误地运用会计科目。

（四）税务咨询业务流程及操作规范

1. 受理咨询委托。当委托人提出书面或口头的委托咨询意向后，税务咨询机构派人与委托人初步接触，了解委托人咨询要求解答的问题，了解委托人的基本情况。当初评认为项目具有合作意向时，用电子邮件或电话等方式约见委托人，确定所咨询问题，初步提交项目建议书。

2. 制订咨询计划。咨询双方达成协议后，受托方组建项目组，指派项目负责人，制订咨询计划，落实工作任务，作出工时预算、费用预算、工作程序、进度等安排。如需要外聘专家、或者需要其他单位协助、或者需要多个中介机构联合咨询的，应该提前安排。

3. 收集信息资料。受理方对委托方进行全面考察，对委托事项进行细致的了解，全面收集与咨询项目相关的委托方生产经营资料、财务核算资料、税务资料、政策资料，收集与咨询项目相关的市场信息资料、社会反映资料，战略性咨询还应收集国内外相关的政治、经济形势、环境变化、社会反映等各种资料。

4. 论证咨询结论。项目组内部对调查结果作进一步系统分析，全面分析所掌握的信息与委托咨询事项的关系，与委托方要求的咨询目标之间的关系，与现行税收政策、制度的关系，形成咨询建议，必要时邀请业内专业人士、税务官员等专家召开论证座谈会。保证向委托方提交一份高质量的税务咨询报告。

5. 后续跟踪服务。受托方必须委派咨询人员，对委托方实施咨询报告的过程提供全程指导服务，并对实施效果进行评价，及时听取反馈信息，并加以改进，提出补充建议。在委托方接受税务机关检查时，咨询人员要做好咨询事项的沟通和解释工作。

二、税务顾问

（一）税务顾问的概念

税务顾问与税务咨询密切相关，大概念的税务咨询包括税务顾问，税务顾问工作又主要是通过接受委托人的咨询来完成，税务顾问是一项综合性更强的税务咨询服务。税务顾问运用税法和税收政策，为纳税人的纳税行为达到最优化而提供多种方式的服务，解决税收难题，在纳税人委托授权情况下以纳税人名义处理税务事宜，协调处理税企关系，调节纳税争议。与一般税务咨询相比，税务顾问具有服务对象专一、服务时间连续、权威性更强、咨询内容更广泛的特点。

（二）税务顾问的工作范围和职责

税务顾问分为常年税务顾问与专项税务顾问。常年税务顾问是指常年担任企业税务顾问，提供日常税务咨询、税务复核、税收协调、涉税风险监控、税务培训以及汇算清缴等服务；专项税务顾问是针对单一具体事项所作的专项税务分析及调整方案设计与论证，该项税务顾问业务内容亦可归入税务筹划业务中。专项税务顾问通常在企业重组、内外资并购、股权转让、企业改制、境外上市事务中作为总体实施方案的组成部分。

1. 常年税务顾问的工作范围和职责

（1）财税法及相关法律、法规信息的咨询；

（2）税收优惠政策应用的指导；

（3）指导合同涉税条款的订立，修改、审定合同；

（4）指导涉税法律文书制作，修改、审定涉税法律文书；

（5）协助企业对其员工进行财税法律培训；

（6）根据授权，在媒体发表律师声明，针对特定对象发表律师函告。

问题讨论：常年税务顾问与专项税务顾问工作哪个更重要？

2. 专项税务顾问的工作范围和职责

（1）刑事案件、民事争议、行政争议代理；

（2）协助及指导企业进行税收健康检查，就特定问题、特定项目出具法律咨询意见书、合法性论证分析报告；

（3）代表企业参与涉税谈判；

（4）制订纳税筹划方案，辅导方案实施；

（5）参与制订年度纳税计划、健全内部管理制度、建立风险防范系统。

（三）常年税务顾问工作内容

1. 常年税务顾问的要求

（1）提供税务咨询及筹划。

① 对客户在经营活动过程中涉及的税种、税项进行解答，并协助对税务纠纷事项进行处理；

② 对客户提出的涉税事项处理方法按税法和有关会计法规的要求，及时进行解答，并对涉税疑难问题书面提出解决方案和会计处理意见；

③ 通过对客户的检查，发现税项处理过程中存在的不足或有可能带来税务风险的事项，及时进行纠正或改进处理的方法；

④ 根据客户提供的资料或适当参与客户业务的实际操作活动，提供税务筹划，通过对经营活动的合理安排和筹划，使客户达到税负最低的目的；

⑤ 具体负责客户与当地税务部门的协调、沟通工作；

⑥ 根据客户实际，及时办理有关税收减免或退税事项的税收优惠申请；

⑦ 及时传递有关财税政策方面的经济信息和相关文件。

（2）根据客户要求，提供业务合同的涉税部分咨询。

为客户提供合同签订前后的涉税咨询服务，从税收的角度出发，针对合同签订方式、内容描述，提出意见，帮助客户减少涉税风险，提高经济效益。

（3）为客户提供税务咨询报告。

① 每月提供经审核的税务报表，并附简单纳税说明；

② 每季度提供税务情况小结，对主要涉税事项进行分析，并提出专业意见；

③ 根据企业实际，提供不定期专项税务咨询报告；

④ 每会计年度至少提交一份有关税务策划的分析总结报告。

2. 常年税务顾问的工作内容

常年税务顾问的主要咨询形式是书面咨询与晤谈，其指导的主要内容有三个方面：

（1）政策指导。担任纳税人、扣缴义务人税务顾问的人员，应是在财税方面学有专长并有一定造诣的注册税务师，对于税收法律、法规、政策、财务处理方面的问题，能够给予专门性的指导。指导的内容包括税收政策疑难问题的解答；纳税人、扣缴义务人运用税收政策的策略与方法；纳税人、扣缴义务人如何享有税收权益等。有关税政方面的咨询，税务代理人不仅为企业释疑解难，更主要的是指导企业具体操作并最终将问题解决，这是税务顾问不同于税务咨询的一个重要方面。或者说，税务顾问所从事的税政指导工作比税务咨询更深入一步，具有服务层次高、操作性强的特点。税务顾问在为纳税人、扣缴义务人解决税政疑难问题的过程中应当参与实际运作。

（2）办税指导。税务顾问为纳税人、扣缴义务人提供日常办税咨询服务与操作指南。包括纳税框架的设计，适用税种、税目、税率的认定，办税程序指南，以及为避免风险提示关注的涉税事项等。对于担当企业税务顾问的税务代理人，应在签订合同书之后，全面了解企业的基本情况、历年纳税档案、办税人员的业务素质等，以书面形式为企业提供一份办税指南。在日常办税的过程中，税务顾问还要随时随地给予指导。

（3）提供信息。税务顾问可向客户提供税收方面的信息，也可向客户提供财务、会计、法律方面的信息，以及其他相关的国家政策、经济动态，可以通过举办讲座、发函寄送、登门传递等形式向客户提供信息，供客户参阅。

附：税务代理人受托税务顾问时与委托人签订的"税务顾问服务协议"。

税务顾问服务协议

甲方：＿＿＿＿＿＿＿＿＿＿＿＿＿

乙方：＿＿＿＿＿＿＿＿＿＿＿＿＿

为了适应工作的需要，甲方聘请乙方税务顾问提供专业服务。根据《中华人民共和国合同法》的有关规定，经双方协商订立如下合同：

一、乙方指派专人为甲方提供税务专业服务。指派人员应取得国家注册税务师资格（或会计师职称或其他等同资格）、拥有相关从业经验，以税务顾问的身份在本合同规定的工作范围内为甲方提供税务服务。如被派的税务顾问因故不能履行职务时，经甲方同意，可由乙方的其他税务顾问暂时代替职务。双方同意税务顾问的全部职责在于运用一切可能的手段最大限度地维护客户的合法利益，工作贯彻"预防为主，补救为辅"的原则。同时，甲方有义务为税务顾问全面、客观、及时地提供有关情况，以便保持税务意见的客观性、准确性和完整性。

二、税务顾问受甲方委托办理下列税务事宜：

1. 为甲方提供相关的税收法规及信息，以使甲方及时了解国家有关政策，为甲方财务部门做好税收计划及税收核算工作提供帮助；提供税法及相关法律、法规、信息的咨询；

2. 协助甲方进行纳税筹划，在不违反税收法律法规的前提下，对甲方经营、纳税情况进行分析，设计合理纳税方案，使其享受到应享受的税收优惠政策，降低税负，实现应纳税最小化；

3. 对企业财务人员进行税收基础知识、税收新政策、纳税程序、行业税收知识等方面的专业培训；

4. 双方商定的其他税务事宜。

三、税务顾问应享有的权利。

1. 查阅与承办的税务事宜有关的甲方内部文件和资料；甲方应提供乙方要求的全部资

料并保证资料的真实、合法、完整。如果因甲方提供资料不及时、不全面而给乙方工作造成重复，由此产生附加工作量，甲方有义务支付额外费用；如果甲方提供的资料不真实，造成偷税、欠税以及由此而受到处罚，由甲方负完全责任；

2. 了解甲方在企业税务和投资融资等业务方面的实际情况；

3. 列席甲方领导人的生产、经营、管理和对外活动中的有关会议；

4. 获得履行税务顾问职责所必需的办公、交通及其他工作条件和便利；履行税务顾问职责的差旅费和调查取证等必要费用由甲方负责实报实销。

四、税务顾问应尽的责任。

1. 应当及时承办委托办理的有关税务事宜，认真履行职责；

2. 应根据本合同规定和甲方委托授权的范围进行工作，不得超越委托代理权限；

3. 承诺不接受任何针对甲方的敌意业务委托，并将尽最大努力维护甲方的利益；

4. 接触、了解到的有关甲方生产、经营、管理和对外联系活动中的业务秘密，负有保守秘密的责任。

五、甲方认为乙方指派的税务顾问不能适应工作需要，可以要求乙方另行指派，乙方应予满足。

六、甲方遇有紧急税务事宜，可随时与税务顾问联系处理，甲方有责任向税务顾问详细真实地介绍有关情况，乙方应及时给予帮助和解决。

七、经双方协商，由甲方每年（月）向乙方支付顾问费人民币＿＿＿＿＿＿＿＿＿。支付方式为：＿＿＿＿＿＿。

八、甲方的重大的税务事宜，如涉税刑事案件、民事争议、行政争议代理，出具《税务审计报告》，根据甲方企业情况制作的《税务备忘录》等，如需委托税务顾问参与的，应办理委托手续，按照有关规定另行收费。

九、合同变更、中止和解除。

本合同内容经甲乙双方协商一致后可以进行修改、变更，以及中止和提前解除；当发生以下情况时合同可提前解除且合同双方均不承担责任：

1. 根据法律、法规、规章、行政命令规定和实施使本合同无法继续履行的；

2. 由于订立本合同时所处的外部客观情况发生重大变化使得合同无法继续履行的；

3. 由于战争、自然灾害和其他不可抗力而使合同无法继续履行的。

十、合同争议与解决。合同双方就合同内容发生争议时应本着相互谅解的原则协商解决，当无法协商一致时指定由中国国际经济贸易仲裁委员会仲裁解决。

十一、本合同自签订之日起生效，从＿＿＿＿＿年＿＿＿月＿＿＿＿日起，到＿＿＿＿＿＿年＿＿＿月＿＿＿＿日止。

十二、本合同一式四份，甲乙双方各持两份，具有同等税务效力。本合同规定内容之未尽事宜依照中华人民共和国有关税务规定及行业惯例执行。

甲方：＿＿＿＿＿代表人：＿＿＿＿＿地址：＿＿＿＿＿日期：＿＿＿＿＿签字地点：＿＿＿＿

乙方：＿＿＿＿＿代表人：＿＿＿＿＿地址：＿＿＿＿＿日期：＿＿＿＿＿签字地点：＿＿＿＿

第二节　涉税文书

制作与填制涉税文书是每一个税务人应具备的基本技能，要想做好涉税工作，首先就应当熟悉涉税文书的种类，明确涉税文书填制要求与方法。

一、涉税文书概述

（一）涉税文书的概念与特点

涉税文书是根据税收征管规程的要求，征纳双方为处理税务事宜所使用的具有固定格式的文表。税务代理人为纳税人、扣缴义务人填报的各类涉税文书大致分两类：一类是由纳税人、扣缴义务人为办理纳税事宜所使用的涉税文书；另一类是税务机关行使征收、管理、检讨权力时所使用的涉税文书。

涉税文书的特点主要有以下几点：

（1）目的性。涉税文书的目的性很强，都是为了解决某一具体涉税问题而制作的，或者纠正违法行为，或对违法行为采取措施，或根据法律规定保护合法权益。

（2）规范性。涉税文书几乎都有标准的固定格式，既便于税务机关履行审批程序，又方便制作和存档。

（3）时效性。涉税文书都有一定的时限规定，要求在规定的时间内报送，不能逾期。

（4）程序性。涉税文书要按照税收征管工作需要及时报送，不同程序对涉税文书的格式、报送时间都具有不同的要求，文书的填制和报送要按规定程序进行。

（5）法制性。税务机关代表国家行使征税权力，通过文书传递着国家机关的意图和要求，这个意图和要求具有强制性和约束力。征纳双方为解决某一特定税务问题，必须填制同意的涉税文书，代理人不能随便填报。

（二）涉税文书的种类及适用范围

涉税文书主要包括三个方面：

1. 国家税务机关用来处理税务公务活动所使用的国务院办公厅规定的税务公文；

2. 在税务公务活动中使用的其他税务公文；

3. 由税收法律法规确定的各种税务专用文书，包括各种税务登记表、纳税签订书、纳税申报表、税务专用报告书、税务专用申请书、税务专用通知书等。税务代理人代理填报的涉税文书主要是指由税收法律法规确定的各种税务专用文书。

注册税务师代理制作的涉税文书是按照税收征管的业务流程要求确定的，主要有税务登记文书、发票管理文书、减免税文书、纳税申报文书、税款征收文书和税务行政复议文书六大类。通常情况下，税务机关都规定有各种涉税文书的格式、填报要求和报送份数，注册税务师在代理填报时，应按要求填报使用。

二、填报涉税文书的基本程序

（一）涉税文书的基本格式

涉税文书因主送对象、目的要求及文书种类不同，有着不同格式、内容和书写方法。替委托人填报的涉税文书是目前税务代理执业文书中最常用的，通常有固定的格式和填报要求，其余税务代理执业文书一般由文头、正文和出具日期三部分构成。文头包括单位名称和文号两个部分，正文包括标题、主送部门、正文内容、附件、抄送或抄报部门、执业人员签章等。

（二）填报涉税文书的基本程序

涉税文书的一个显著特点是与办税有关，注册税务师代理填报涉税文书，除要有一般文书填报的知识外，还必须对文书所涉及的税收相关法律、法规有深入的了解，对实际操作的运行环节有一定的经验。填报涉税文书的基本程序主要有：

1. 搜集整理原始资料。首先，根据涉税文书的内容搜集有关的资料。例如，为纳税人制作《税务登记表》就要取得"营业执照"、"银行账号证明"、"企业法人代码证书"等证件，企业有关生产经营方面的基本情况的资料等；其次，要对搜集的资料进行整理、分析，将涉税文书所需要的数据和内容进行择录，为填报涉税文书做好准备。

2. 规范填写涉税文书。在搜集整理资料的基础上，根据涉税文书具体的格式要求填写各项内容，做到字迹清晰、工整、填列完整、内容不容缺漏。例如，填报属于申请类涉税文书，申请理由要符合纳税人的实际情况和政策规定，引用的法律条文要准确；属于纳税申报类涉税文书，反映的数据、逻辑关系要计算无误。

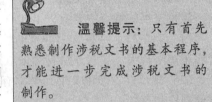

温馨提示：只有首先熟悉制作涉税文书的基本程序，才能进一步完成涉税文书的制作。

3. 交由纳税人审验签收。涉税文书制作完毕应将文书交给纳税人审验，确认文书中填报的内容和申办要求是否符合意愿，如果无异议，由纳税人签字、盖章。

4. 按规定时限报送主管税务机关。注册税务师应将填报完毕的涉税文书及附报的各种资料，按规定时限及时报送到主管税务机关。

【案例 10 - 1】森源林木有限公司成立于 2009 年 1 月 10 日，主要从事各种林木种子采集、苗木绿化、造林设计、农业技术推广服务等，注册资本 800 万元，生产经营期限 10 年。2010 年 1 月 20 日该公司了解到自己能够享受企业所得税免税待遇，随即委托山江税务师事务所为其办理企业所得税免税事宜。2010 年 1 月 25 日该事务所在出具了《关于森源林木有限公司免征企业所得税的核查报告》后，由于内部原因无法继续完成代理事项。2010 年 2 月 5 日该公司又委托成城税务师事务所代办企业所得税免税批文及填表。成城税务师事务所委派注册税务师李萍前去与公司洽谈签订协议并完成委托事宜。

案例分析：

1. 工作准备。税务师事务所在了解了该公司的基本情况后，签订了业务约定书，搜集分析了相关资料，如营业执照副本、税务登记证副本等，证实了森源林木有限公司具备享受企业所得税的优惠条件，确认享受免税金额为 70 万元。

2. 填报涉税文书：在搜集整理资料的基础上，李萍按照涉税文书的格式要求，为企业制作了申请报告，并填制了纳税人减免税申请审批表（见表 10 - 1、表 10 - 2）。

表10-1

森源林木有限公司申请减免企业所得税的报告

××市国税局东区税务分局：

森源林木有限公司注册资本800万元人民币，生产经营期10年，于2009年3月办理工商登记并正式经营，主要从事各种林木种子采集、苗木绿化、造林设计、农业技术推广服务等。

森源林木有限公司的经营注册地为××市东区迎宾街3号，企业所得税适用税率为25%，2009年的应纳税所得额为240万元，依据《中华人民共和国企业所得税法实施条例》第八十六条规定，企业从事林木培育和种植、林产品采集等免征企业所得税。故特申请免征企业所得税，批准为盼。

附件：

（1）山江税务师事务所《关于森源林木有限公司免征企业所得税的核查报告》

（2）森源林木有限公司2009年财务报表

（3）森源林木有限公司2009年度注册会计师审计报告

森源林木有限公司
2010年2月20日（公司盖章）

表10-2　　　　　　　　　　　　**纳税人减免税申请审批表**

纳税人识别号	000000000000012	生产经营地址	××市东区迎宾街3号		邮政编码	030000
纳税人名称	森源林木有限公司		办税人员	李萍	联系电话	3333333
注册登记类型	有限责任公司	开业日期	2009年3月2日	生产经营期限	2009年3月2日至2018年3月1日	
经营范围	林木种子采集、苗木绿化、造林设计、农业技术推广服务					

已享受减免税优惠情况

	文书凭证序号	税种	适用税率	减免种类	减免原因	减免退方式	所属时期起	所属时期止	税额	余额
1										
2										

企业欠税情况

	税　种	所属时期起	所属时期止	税额（幅度）	欠税原因
1					
2					

减免税申请情况

申请减免税种		第一次获利时间	

企业申请减免税理由：《中华人民共和国企业所得税法实施条例》第八十六条规定，企业从事林木培育和种植、林产品采集等免征企业所得税。

（签章）

负责人：　　　办税人：　　　时间：　　　年　月　日

	减免原因	减免种类 适用税率	适用税率	减免退方式	幅度/额度/税率	所属时期起	所属时期止
1	从事林木培育和种植、林产品采集等	免征企业所得税	25%		100%/60万元/25%	2009年1月1日	2009年12月31日
2							
3							

续表

	税　种	减免原因	减免种类	适用税率	减免退方式	幅度/额度/税率	所属时期起	所属时期止
1								
2								
3								

<table>
<tr><td colspan="2">批准减免税情况</td></tr>
</table>

主管税务机关：	县（区）国税局：
（签章） 经办人： 负责人：　　　　年　月　日	（签章） 经办人： 负责人：　　　　年　月　日
地（市）国税局：	省国税局：
（签章） 经办人： 负责人：　　　　年　月　日	（签章） 经办人： 负责人：　　　　年　月　日

3. 反馈：涉税文书制作完毕交由纳税人审核，确认文书中填报的内容和申办要求是否符合意愿，如果无异议，由纳税人签字、盖章。

2009 年 2 月 28 日，李萍将制作好的《森源林有限公司申请减免企业所得税的报告》和《纳税人减免税申请审批表》送森源林木有限公司，由财务经理王经理审验无异议后签字、盖章。

4. 报送税务机关：2009 年 3 月 1 日，注册税务师李萍将制作好的《森源林木有限公司申请减免企业所得税的报告》和《纳税人减免税申请审批表》送至××市国税局东区税务分局。

第三节　注册税务师执业文书

目前我国注册税务师从事的业务涉及面广、内容复杂、项目多样，决定了执业文书种类较多和格式不一，而且随着注册税务师业务的拓展和服务层次的提升，执业文书种类还将不断增加。这就要求注册税务师熟悉各种执业文书，能够熟练填制与制作各种涉税文书。

一、注册税务师执业文书的要求及种类

（一）注册税务师执业文书的基本要求

执业文书是注册税务师在执业过程中制作的各种书面报告，是注册税务师执业活动的综合反映。注册税务师一方面应完成委托人预定的委托目标，另一方面应符合国家规定的法

律、法规、规章和其他相关规定，遵循执业规程，避免执业风险。

注册税务师执业文书除了与一般文书一样应做到文字清楚、准确、严密，内容齐全，结构合理外，专业化的文书还应做到：

1. 记录情况真实可靠。执业文书是注册税务师根据调查、掌握的情况，按照委托人的要求或者涉税鉴证、服务的需要出具的书面报告。通常情况下，报告的使用人将会根据执业文书描述的情况作出相应的处理，或者作为重要的参考因素，这就要求注册税务师对报告所要反映的情况作深入调查，在充分了解事实真相的情况下出具。

2. 作出结论或提出意见、建议符合规定。执业文书是注册税务师在业务开展过程中出具的专业文书，处理的是涉税事宜，必须针对所了解的情况，按照国家规定的、相应适用的税收政策或者办税制度、措施、方法等程序要求提出处理意见，任何有悖于国家税收政策法规的税务代理执业文书，都会带来执业风险。

3. 使用数据准确无误。执业文书经常会涉及税额的计算和确定问题，这往往又跟征、免、退、抵税的金额或经营决策密切相关，税法刚性要求征税额不能有丝毫偏差，也就决定了报告所涉及的数据必须准确无误。

4. 附件资料完整真实。执业文书所阐述的情况通常不能局限于文字的表达，需要有相应的附件资料，通过相应附件资料来进一步佐证报告表达事实的真实性。一般情况下，鉴证类查证报告的执业文书附件资料是必不可少的。尽管执业文书种类不同，是否有附件资料及所附资料不尽统一，但对应附的附件资料总体应满足两方面基本要求：一是附件资料完整齐全，通过附件资料能反映事实的全貌；二是附件资料应真实，附件资料应是注册税务师从委托人或相关部门原始资料中收集的，而不是事后捏造的；附件资料应尽量用原件，确实需要由复印件替代的，应加上证明材料或签章以示负责；附件资料除用报表、凭证、单据等文字资料外，必要时，也可采用照片、录像等资料。

（二）注册税务师执业文书的分类

1. 执业文书按性质分类。执业文书按性质可以分为涉税鉴证类执业文书和涉税服务类执业文书。涉税鉴证类执业文书是注册税务师进行相关涉税鉴证业务时出具的含有鉴证结论或鉴证意见的书面报告。目前常用的涉税鉴证类执业文书主要有：企业所得税汇算清缴纳税申报的鉴证报告、企业财产损失所得税税前扣除的鉴证报告、企业所得税税前弥补亏损的鉴证报告、土地增值税清算税款的鉴证报告、房地产企业涉税调整的鉴证报告等；涉税服务类执业文书是注册税务师进行相关涉税服务业务时，根据需要出具的含有专业意见的书面报告。涉税服务类执业文书因服务内容不同，有着各种不同的文种，相对于涉税鉴证类文书而言，其运用更加灵活和多样，内容和格式因服务的项目、委托方的要求、执业风险控制等需要会有相应调整。目前常用的服务类执业文书主要有：纳税筹划报告、纳税审核报告、涉税咨询答复报告、纳税建议报告、办税事宜建议报告、执业活动有关问题沟通报告等。

2. 执业文书按收件人分类。执业文书按收件人可以分为向委托人出具、向相关税务机关出具和其他相关单位或部门出具等几种执业文书。①向委托人出具的执业文书主要有各种鉴证类查证报告、答复咨询问题、提出纳税建议、指导办税程序和方法、指出存在的纳税问题或风险、作出整改意见、制作纳税筹划方案、说明工作情况、报告纳税审核结果等。②向相关税务机关出具的执业文书主要是替委托人填报各种涉税文书，又可分为填报有固定格式的文表和替委托人代为制作的向税务机关报送的有关书面报告两种，这些书面报告主要有各类申请报告、陈述或申辩材料、情况说明和问题咨询沟通等。③向其他单位或部门出具的文书主要因在涉税鉴证或涉税服务时，委托人有关涉税事宜需要与客户或相关的机关、部门进行沟通说明，或者需要其配合支持的情况下，出具的一些书面报告，有的是提供政策依据并加以解释说明，有的是说明委托人实际情况起到旁证作用，有的则是提出操作建议等。

3. 执业文书按执业主张态度分类。执业文书按执业主张态度不同可以分为积极方式提出的执业文书和消极方式提出的执业文书。积极方式提出的执业文书是注册税务师在执业条件能够满足，即执业活动能合理保证、服务对象事实清楚、证据充分、符合相关法律、法规、规章和其他有关规定等条件下，出具的持明确态度或意见、结论的文书；消极方式提出的执业文书是指注册税务师执业时，在相应的条件不能满足的情况下，以否定意见或者无法表达意见方式提出的消极的执业文书。

二、涉税服务类执业文书

（一）涉税服务报告的基本结构

涉税服务报告是涉税服务类执业文书的书面形式，其基本结构由文头、正文和报告日期三部分组成。

文头由出具单位名称和文号组成。涉税服务报告作为对外发生效力的文书，通常情况下使用印有单位名称的报告专用纸；报告的文号一般由年份、报告性质简称和顺序编号等要素组成。

正文应当包括的要素有：

1. 标题。报告的标题应当统一规范为"涉税服务事项＋报告"。

2. 收件人。报告的收件人是指涉税服务的委托人。报告应当载明收件人的全称。

3. 引言段。报告的引言段应当表明约定事项的业务性质，委托人和受托人的责任。说明对委托事项已进行服务以及服务的原则和依据等。

4. 服务过程及实施情况。报告陈述的服务过程及实施内容因涉税服务项目不同而有差异。对于税收咨询类报告，应陈述咨询问题性质，所涉及税种、适用的税收政策及相关分析、必要的计算等；对于纳税筹划类报告，应陈述各种备选方案、适用的相关税收政策、计算税负及总体利益差异、各种方案环境和条件限制等；对于纳税审核类报告，应陈述所审核的各税种存在的问题、相应的税收政策依据、影响纳税数额等；对于纳税和办税建议类报告，应陈述涉税服务过程中发现的问题或委托方拟定进行的决策，所依据的相关税收政策、存在的纳税或办税风险、将会产生的其他不利后果等。

5. 专业意见。注册税务师应当根据委托人的情况提出服务结果和涉税专业意见。

6. 报告的其他要素。包括税务师事务所所长和注册税务师的签名或盖章，税务师事务所的名称、地址及盖章。

报告日期是涉税服务报告经过草拟、复核和签发后，形成正式报告交由委托方或者其他使用人的日期。

（二）涉税服务报告的基本操作程序

涉税服务报告是在注册税务师实施了具体的涉税服务基础上制作的，是根据已经掌握的信息资料、收到有足够的证据数据、弄清事实真相、填写必要的工作底稿后进行的。为了保证涉税服务报告的质量，一般应按如下程序操作：

1. 整理报告相关信息资料。注册税务师应对涉税服务所掌握的相关信息、资料、证据和工作底稿进行分析整理，根据需要补充资料证据，对照适用的税收政策，计算涉及税种的税额，初步形成报告的行文主张。

2. 草拟涉税服务报告。注册税务师应根据涉税服务的实际情况，按照涉税服务报告的撰写要求和格式，撰写涉税服务报告书的样稿，连同报告依据的信息资料交相关部门和人员复核。

3. 复核涉税服务报告。税务师事务所应按照管理要求和操作规范，对注册税务师出具的涉税服务报告进行复核。复核的主要内容为：报告所陈述的事实是否清楚、依据的税收政策是否适当、计算的税额是否正确、附送的资料和底稿是否齐全、报告与相关信息资料是否存在逻辑关系、注册税务师的执业主张是否适当等。对于复核中存在不足之处的涉税服务报告，应按相应的程序作出补充调整，直至符合要求。

4. 签发、编制文号，形成正式的涉税服务报告。经过复核后的涉税服务报告，应按税务师事务所内部管理要求，由所长或其他文书签发人员签发，编制涉税服务报告使用的文号，按委托人要求和业务档案管理需要，打印若干份，形成正式的涉税服务报告。

5. 交由委托人审核签收。涉税服务报告制作完毕应交给委托人审验，确认报告所陈述的事实、内容、政策依据等能否达成共识，如果委托人无异议，由委托方相关人员签收。

（三）制作涉税服务报告

【案例 10 - 2】东港市祥瑞有限公司成立于 2008 年 2 月 10 日，注册资本 500 万元，系增值税一般纳税人，并实行防伪税控系统管理，主要从事电机销售，主管税务机关为东港市城区国税局。为了合理避税，减少不必要的税收损失，该公司与有信税务师事务所经协商达成一致意见后，于 2009 年 6 月 15 日签订了税务顾问协议，协议期限一年，注册税务师为刘玲。2009 年 10 月 25 日，刘玲在提供顾问服务时发现 2009 年 8 月 23 日该公司按照东港市交通管理局通知，为门前道路维修支出费用 25 万元，将其直接记入了"营业外支出"科目。经与公司财务主管罗晓明沟通了解，其认为该笔费用为实际支出，不涉及缴纳税收问题。为此，刘玲准备出具纳税建议报告。

1. 工作准备。在制作涉税服务报告之前，代理人员应了解纳税人成立时间、注册资本、主管税务机关等基本情况；了解企业的内部控制制度是否有效执行；了解与制作文书相关事项的详细情况；并搜集相关的资料，主要有营业执照副本、税务登记证副本、记账凭证、东港市交通管理局关于集资修路的通知、银行转账单、行政事业单位收据等。

2. 分析相关资料。

（1）营业执照副本、税务登记证副本主要用作留底资料。

（2）查看原始凭证。

东港市交通管理局关于集资修路的通知——证实此笔支出用途明确。

银行转账单——通过核定开户银行及账号，证实此笔款确实已支出。

行政事业单位收据——通过核对收款单位及付款单位名称，证实收款方已收到此笔款项。

（3）查看记账凭证——证实会计处理正确。会计处理如下：

支付修路费　借：营业外支出　　　　　　　　　　　　　　　　　　　250 000

　　　　　　　贷：银行存款　　　　　　　　　　　　　　　　　　　　250 000

3. 按照涉税服务报告的基本结构制作涉税服务报告。

关于支付修路费问题的纳税建议报告

祥瑞有限公司：

我们在为贵公司提供涉税服务时发现，2009 年 8 月贵公司支付给东港市交通管理局维修道路费用 25 万元，并将其记入"营业外支出"，为此我们结合现行税收政策，提出如下建议：

一、支付修路费的性质认定

贵公司支付的修路费是东港市交通管理局在道路损坏严重的情况下让企业支付的维修费，是一种地方政策，我们认为该笔支出属于《中华人民共和国企业所得税法》第十条第六款规定的赞助支出，无论贵公司在财务上如何核算，该笔支出在计算应纳税所得额时不得扣除，应按规定缴纳企业所得税。

二、支付修路费的纳税建议

为了避免以后年度补税、罚款和加收滞纳金的风险，我们建议：在申报 2009 年度企业所得税时，将该笔支出作纳税调增，并入应纳税所得额缴纳企业所得税。

有信税务师事务所（盖章）　　　　　　　　中国注册税务师（刘玲签名或盖章）

中国·太原　　　　　　　　　　　　　　　　二零零九年十月三十日

4. 反馈。涉税服务报告制作完毕交给委托人审验，确认报告所陈述的事实、内容、政策依据等能否达成共识，如果委托人无异议，由委托方相关人员签收。

2009 年 11 月 2 日，刘玲将制作好的《关于支付修路费问题的纳税建议报告》送到东港市祥瑞有限公司，经财务主管罗晓明审验后签收。

三、涉税鉴证类执业文书

（一）涉税鉴证报告的基本结构

涉税鉴证报告作为发生法律效力的文书，尽管鉴证的项目或内容有所差异，但构成的内容有总体的要求。一般来说，涉税鉴证报告也由文头、正文和报告日期三部分组成。

文头由出具单位名称和文号组成。

正文应当包括的要素有：

1. 标题。鉴证报告的标题应当统一规范为"鉴证事项＋鉴证报告"。

2. 收件人。鉴证报告的收件人是指按照业务约定书的要求致送鉴证报告的对象，一般是指鉴证业务的委托人。鉴证报告应当载明收件人的全称。

3. 引言段。鉴证报告的引言段应当表明委托人和受托人的责任，说明委托事项审核鉴证内容以及审核的原则和依据等。

4. 审核过程及实施情况。鉴证报告的审核过程及实施情况应当披露以下内容：①简要陈述与鉴证对象信息相关的内部控制及其有效性；②简要陈述获取的鉴证对象信息、各类证据的充分性和适当性；③简要陈述鉴证事项进行审核、验证、计算和职业判断的情况。

5. 提出鉴证结论或鉴证意见。

6. 报告的其他要素。包括注册税务师及税务师事务所所长的签名或盖章，税务师事务所的名称、地址及盖章。

报告日期是鉴证报告经过草拟、复核和签发后，形成正式报告交由委托方或者其他使用人的日期。

（二）涉税鉴证报告的基本操作程序

涉税鉴证报告是在注册税务师实施了具体的审核鉴证基础上制作的。是根据已掌握证据资料、调查核实事实真相、填写必要的工作底稿、进行适当的职业推断和客观评判后进行的。为了保证涉税鉴证报告的质量，一般应按如下程序操作：

1. 整理分析鉴证相关证据和信息资料。注册税务师应对审核鉴证所掌握的证据、信息、资料和工作底稿进行整理，进而重点分析：各种证据资料之间是否印证；外部证据以及相关人员询证之间表述内容、金额是否一致；掌握的证据资料是否足以鉴证事项真相；相关证据是否权威或符合法定标准；证据资料不齐全、不充分的能否补充等。在整理分析基础上，对要鉴证事项作出职业推断和客观评判，取舍证据资料，对照适用的税收政策，计算相应涉及税种和税额，初步形成鉴证的结论或意见，确定鉴证报告的行文方式和主张。

2. 草拟涉税鉴证报告。注册税务师应根据审核鉴证和整理分析的实际情况，按照涉税鉴证报告的格式要求，撰写涉税鉴证报告书的样稿，连同报告依据的证据信息资料交相关部门和人员复核。

3. 复核涉税鉴证报告。税务师事务所应按照管理要求和操作规范，对注册税务师出具的涉税鉴证报告进行复核。复核的主要内容为：报告所陈述的事实是否清楚、依据的税收政策是否适当、计算的税额是否正确、附送的证据和底稿是否符合要求和齐全、报告与相关信息资料是否存在逻辑关系、注册税务师的职业判断和客观推断是否适当等。对于复核中存在不足之处的涉税鉴证报告，应按相应的程序作出补充调整，直至符合要求。

4. 签发、编制文号，形成正式的涉税鉴证报告。经过复核后的涉税鉴证报告，应按税务师事务所内部管理要求，由所长或其他文书签发人员签发。编制涉税鉴证报告使用的文号，按委托人要求和业务档案管理需要，打印若干份，形成正式的涉税鉴证报告。

5. 交由委托人审核签收。涉税鉴证报告制作完毕应交给委托人审验，确认报告所陈述的事实、内容、政策依据等能否达成共识，如果委托人无异议，由委托方相关人员签收。

（三）涉税鉴证报告的出具规范

注册税务师应当出具真实、合法的鉴证报告。涉税鉴证报告根据审核鉴证的情况不同，分为鉴证结论和鉴证意见。

1. 提出鉴证结论的涉税鉴证报告。在鉴证业务中，注册税务师应当以适当方式提出结论，出具含有鉴证结论的书面报告。包括无保留意见的鉴证报告和有保留意见的鉴证报告。

（1）无保留意见的鉴证报告。涉税鉴证事项符合下列所有条件，注册税务师应当出具无保留意见的鉴证报告：①鉴证事项完全符合法定性标准，涉及的会计资料及纳税资料符合国家法律、法规及税收有关规定；②注册税务师已经按照有关业务准则的规定，实施了必要的审核程序，审核过程未受到限制；③注册税务师获取的鉴证对象信息充分、适当，完全可以确认涉税鉴证事项的具体金额。

无保留意见的鉴证报告，应当以积极方式提出鉴证结论，对鉴证对象信息提供合理保证。

（2）保留意见的鉴证报告。涉税鉴证事项符合下列情形之一的，注册税务师应当出具保留意见的鉴证报告：①涉税鉴证的部分事项因税收法律、法规及其具体政策规定或执行时间不够明确，处理不当；②经过咨询或询证，对鉴证事项所涉及的具体税收政策在理解上与税收执法人员存在分歧，需要提请税务机关裁定；③部分涉税事项因审核范围受到限制，不能获取充分、适当的证据，虽然影响较大，但不至于出具无法表明意见的鉴证报告。

保留意见的鉴证报告，应当以适当方式提出鉴证结论，对鉴证对象信息提供合理保证，并对不能确认具体金额的部分涉税鉴证事项予以说明，以便提请使用者决策。

2. 提出鉴证意见的涉税鉴证报告。

（1）无法表明意见的鉴证报告。如果审核范围受到限制，对涉税鉴证事项可能产生的影响非常重大和广泛，不能获取充分、适当的证据，以至于无法对涉税事项发表审核意见，注册税务师应当出具无法表明意见的鉴证报告。

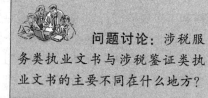

问题讨论：涉税服务类执业文书与涉税鉴证类执业文书的主要不同在什么地方？

无法表明意见的鉴证报告，应当以消极方式提出鉴证意见，对鉴证对象信息提供有限保证，并说明涉税鉴证事项无法表明意见的依据。

（2）否定意见的鉴证报告。如果发现涉税事项总体上没有遵从法定性标准，存在违反税收法律、法规或有关规定的情形，经与被审核方有关部门和人员沟通或磋商，在所有重大方面未能达成一致，不能真实、合法地反映鉴证结果，注册税务师应当出具否定意见的鉴证报告。

否定意见的鉴证报告，应当以消极方式提出鉴证意见，对鉴证对象信息提供有限保证，并说明持否定意见的依据。

（四）制作涉税鉴证报告

企业所得税汇算清缴纳税申报鉴证报告（示范文本）
（适用于无保留意见的鉴证报告）

编号：

××公司：

我们接受委托，对贵单位年度的企业所得税汇算清缴纳税申报进行鉴证审核。贵单位的责任是，对所提供的会计资料及纳税资料的真实性、合法性和完整性负责。我们的责任是，按照国家法律、法规及其有关规定，对所鉴证的企业所得税纳税申报表及其有关资料的真实性和准确性在进行职业判断和必要的审核程序的基础上，出具真实、合法的鉴证报告。

在审核过程中，我们本着独立、客观、公正的原则，依据《企业所得税法实施条例》及其有关政策规定，按照《企业所得税汇算清缴纳税申报鉴证业务准则（试行）》的要求，实施了包括抽查会计记录等我们认为必要的审核程序。现将鉴证结果报告如下：

一、企业所得税汇算清缴纳税申报的审核过程及主要实施情况（主要披露以下内容）

（一）简要陈述与企业所得税有关的内部控制及其有效性。

（二）简要陈述与企业所得税有关的各项内部证据和外部证据的相关性和可靠性。

（三）简要陈述对公司提供的会计资料及纳税资料等进行审核、验证、计算、职业推断的情况。

二、鉴证结论

经对贵公司年度企业所得税汇算清缴纳税申报进行审核，我们确认：

1. 收入总额：　　　　　元；

其中销售（营业）收入：　　　　　元；

2. 扣除项目金额合计：　　　　　元；

其中销售（营业）成本：　　　　元；

3. 纳税调整前所得额：　　　　　元；

4. 纳税调整增加额：　　　　　元；

5. 纳税调整减少额：　　　　　元；

6. 纳税调整后所得额：　　　　　元；

7. 应纳税所得额：　　　　元；

8. 适用税率：　　　%；

9. 实际应纳所得税额：　　　　元；

10. 已预缴的所得税额：　　　　元；

11. 本期应补（退）所得税额：　　　　元。

具体纳税调整项目及审核事项的说明详见附件。贵单位可以据此办理企业所得税汇算清缴纳税申报或审批事宜。

所长（签名或盖章）：　　　　　　　注册税务师（签名或盖章）：

地址：　　　　　　　　　　　　　税务师事务所（盖章）

年　月　日

关键术语

1. 税务咨询　2. 税务顾问　3. 涉税文书　4. 涉税鉴证类执业文书　5. 涉税服务类执业文书

实训练习

【实训题1】

【实训资料】万佳木业有限公司是中日合资经营企业，从事刨光材、集成材的生产销售并兼营室内装修业务，注册资本 1 200 万元，生产经营期限 15 年。2009 年 3 月该公司委托××税务师事务所办理企业所得税减免税优惠政策批文，提供 2006～2008 年度生产经营情况和应税所得额如下表所示：

金额单位：万元

年　度	生产性收入	非生产性收入	应税所得额
2006	300		−26.40
2007	500	80	−14.90
2008	900	300	60.50

××税务师事务所经详细核查有关计税资料，提出如下问题：

（1）2007年6月该公司以室内装修劳务费80万元冲减××木材销售公司的原材料价款。

（2）2008年11月该公司以产成品刨光材120万元作为与凯丽商厦联营的投资款项未作销售处理。

【实训要求】编制"关于万佳木业有限公司申请减免企业所得税的核查报告"

【实训题2】

【实训资料】江东建材有限公司从明瑞公司购进货物一批，取得由明瑞公司开具的普通发票一张。事后得知发票是明瑞公司从其他企业借来转开给本公司的。江东建材有限公司不知该如何处理此事，于是向有信税务师事务所咨询，税务师事务所受理此案后，按照规定程序进行了处理，并出具了税务咨询报告。

【实训要求】以有信税务师事务所的名义为江东建材有限公司出具一份无过错取得不合规发票的税务咨询报告。

实践训练

在前面章节内容中，我们学习了税务登记表、纳税申报表、税务审查报告等涉税文书的制作，熟悉了各种涉税文书制作的基本方法与步骤。

【实习实训要求】

要求学生深入企业，通过实习，了解企业的经营状况，选择某一个企业的几项涉税业务，以税务中介机构代理人员的身份，代企业制作2~3种涉税文书。

参考文献

[1] 全国注册税务师执业资格考试教材编写组：《税务代理实务》，中国税务出版社，2010 年版

[2] 中国注册会计师协会：《税法》，经济科学出版社，2009 年版

[3] 财政部会计司编写组：《企业会计准则讲解 2006》，人民出版社，2007 年版

[4] 财政部会计资格评价中心：《2010 年中级会计资格——中级会计实务》，2009 年版

[5] 李思温 王德平 张跃健：《税务代理实务操作》，中国商业出版社，2009 年版

[6] 杨智敏 刘向明 涂洪波：《纳税大思维——走出纳税筹划误区》，机械工业出版社，2002 年版

[7] 呼和浩特国际税收研究会中国税务自动答疑系统合编：《新修订营业税、消费税、增值税条例及实施细则运用解答》，2009 年版

[8] 盖 地：《税务会计与税务筹划》，中国人民大学出版社，2008 年版

[9] 李素平：《税务代理方法与实务》，机械工业出版社，2009 年版

[10] 刘玉龙：《纳税筹划与税务会计》，山东人民出版社，2009 年版

[11] 张 炜：《纳税会计》，中国财政经济出版社，2009 年版

[12] 贺飞跃：《Excel 税收计算、申报、分析与筹划》，西南财经大学出版社，2010 年版

[13] 贺飞跃：《税收筹划理论与实务》，西南财经大学出版社，2008 年版

[14] 盖 地：《税务会计》，北京师范大学出版社，2007 年版

[15] 梁伟样：《纳税筹划》，中国财政经济出版社，2005 年版

[16] 宁 健：《税务会计》，东北财经大学出版，2008 年版

[17]《中国税务报》，2008 年，2009 年，2010 年

[18] 中国注册税务师考试网：http：//www. shuiwushi. net/

[19] 中国税务师协会网：http：//www. taxexpert. com. cn/

[20] 百度百科网：http：//baike. baidu. com/

[21] 注册税务师考试网：http：//www. examda. com/cta/

[22] 中华会计网校：www. chinaacc. com/